Biopolítica

Biopolítica

UMA ABORDAGEM ÍTALO-BRASILEIRA

2024

COORDENADORES:
Ana Cláudia S. Scalquette
Gianpaolo Poggio Smanio
Rodrigo Arnoni Scalquette
Vitulia Ivone

ALMEDINA

BIOPOLÍTICA
UMA ABORDAGEM ÍTALO-BRASILEIRA

COORDENADORES: Ana Cláudia S. Scalquette, Gianpaolo Poggio Smanio, Rodrigo Arnoni Scalquette e Vitulia Ivone

DIRETOR ALMEDINA BRASIL: Rodrigo Mentz
EDITORA-CHEFE: Manuella Santos de Castro
EDITOR PLENO: Aurélio Cesar Nogueira
PRODUTORA EDITORIAL: Erika Alonso
ASSISTENTES EDITORIAIS: Laura Roberti, Tacila da Silva Souza e Patrícia Romero

DIAGRAMAÇÃO: Almedina
DESIGN DE CAPA: FBA

ISBN: 9788584936892
Abril, 2024

Dados Internacionais de Catalogação na Publicação (CIP)
(Câmara Brasileira do Livro, SP, Brasil)

Biopolítica: uma abordagem ítalo-brasileira /
coordenação Ana Cláudia S. Scalquette...[et al.].
– São Paulo : Almedina, 2024.

Vários autores
Outros organizadores: Gianpaolo Poggio Smanio,
Rodrigo Arnoni Scalquette, Vitulia Ivone
ISBN 978-85-8493-689-2

1. Artigos – Coletâneas 2. Bioética – Aspectos jurídicos 3. Biopolítica
4. Inteligência artificial 5. Saúde - Aspectos éticos e morais
I. Scalquette, Ana Cláudia S. II. Smanio, Gianpaolo Poggio.
III. Scalquette, Rodrigo Arnoni. IV. Ivone, Vitulia.

24-196711 CDU-340

Índices para catálogo sistemático:
1. Bioética: Aspectos jurídicos 340
Eliane de Freitas Leite – Bibliotecária – CRB 8/8415

Este livro segue as regras do novo Acordo Ortográfico da Língua Portuguesa (1990).

EDITORA: Almedina Brasil
Rua José Maria Lisboa, 860, Conj.131 e 132, Jardim Paulista | 01423-001 São Paulo | Brasil
www.almedina.com.br

SOBRE OS COORDENADORES

ANA CLÁUDIA S. SCALQUETTE

Doutora em Direito Civil pela Universidade de São Paulo (USP). Mestre em Direito Político e Econômico pela Universidade Presbiteriana Mackenzie (UPM). Professora de Direito Civil da Faculdade de Direito da Universidade Presbiteriana Mackenzie (UPM). Titular da cadeira n. 68 da Academia Paulista de Letras Jurídicas (APLJ). Titular da cadeira n. 33 da Academia Mackenzista de Letras (AML). Líder do Grupo de Pesquisa CNPq GBio. Autora do Anteprojeto de Lei n. 115/2015 que institui o Estatuto da Reprodução Assistida que tramita na Câmara dos Deputados em Brasília/DF. Pesquisadora Internacional do *Osservatorio sui Diritti Umani, Bioetica, Salute, Ambiente,* vinculado à *Università Degli Studi di Salerno/Italia.* Professora Visitante da Università degli Studi di Salerno/Italia. Conselheira Estadual da OABSP e Presidente da Comissão Permanente de Estágios e Exame de Ordem da OABSP. Membro-Consultor da Comissão de Juristas, nomeada pelo Senado Federal, para elaborar Anteprojeto de lei de Reforma do Código Civil Brasileiro.Site:scalquette.com.br

GIANPAOLO POGGIO SMANIO

Procurador de justiça. Mestre e doutor em direito pela Pontifícia Universidade Católica de São Paulo (PUC-SP). Diretor da Faculdade de Direito da Universidade Presbiteriana Mackenzie (UPM). Coordenador dos grupos de pesquisa "Políticas públicas como instrumento para a efetivação da cidadania" e "Segurança pública e cidadania" do Conselho Nacional de Desenvolvimento Científico e Tecnológico (CNPq).

RODRIGO ARNONI SCALQUETTE

Doutor em Filosofia do Direito e do Estado pela Pontifícia Universidade Católica de São Paulo (PUC/SP). Mestre em Direito Político e Econômico pela Universidade Presbiteriana Mackenzie (UPM). Professor de História do Direito e Direito Penal na Faculdade de Direito da Universidade Presbiteriana Mackenzie. Professor Pesquisador do Grupo de Pesquisa CNPq/GBio – Novas Fronteiras da Ciência Jurídica da UPM. Professor visitante da *Università degli Studi di Salerno (Italia)*. Líder do Polo São Paulo da Comissão Permanente de Estágios e Exame de Ordem da Ordem dos Advogados do Brasil Secção de São Paulo – OAB/SP. Advogado. Site: scalquette.com.br

VITULIA IVONE

Professoressa abilitata ordinaria di Istituzioni di Diritto Privato presso il Dipartimento di Scienze giuridiche dell'Università degli Studi di Salerno. Titolare dell'insegnamento di Diritto civile e di Nozioni giuridiche fondamentali. Già docente incaricata dell'insegnamento in Diritto dell'impresa industriale (aa. aa. 2010-2011 e 2011-2012), Facoltà di Ingegneria, Università degli Studi di Salerno. Già membro del Collegio dei Docenti del Dottorato di ricerca in "Diritto internazionale e diritto interno in materia internazionale" presso l'Università degli Studi di Salerno. Membro commissione brevetti e *spin off* (Università Salerno) del Comitato Scientifico delle riviste "Biodiritto", "Cuadernos de Bioetica" (Argentina), Direito imobiliario (Brasile). Membro della Juristen Vereinigung, dell'Institut fur Kunst und Recht (Germania) e della S.I.S.D.I.C.; membro dell'Osservatorio sui diritti umani: bioetica, salute, ambiente (ODUBSA) dal 2010; Membro del Comitato scientifico della rivista "Biodiritto" e della Collana Quaderni di Biodiritto, Aracne Editore; membro internazionale del Grupo de Pesquisa CNPq *noVAS* Fronteiras Da Ciência Jurídica – Desenvolvimento e Inovação Tecnológica: Biodireito E Biotecnologia – GBIO dal 2019; membro del Comitato consultivo esterno del CIJ (Centro de Investigação Interdisciplinar em Justiça) dal 2021; membro dell'Academia das Letras della Universidade Presbiteriana Mackenzie (Brasile).

SOBRE OS AUTORES

ALEXIS COUTO DE BRITO

Doutor em Direito Penal pela Universidade de São Paulo – USP. É pós-doutor pela Universidade de Coimbra (Portugal) e pela Universidad de Salmanca (Espanha). Mestre em Direito pela Pontifícia Universidade Católica de São Paulo e Pós-graduado em Direito pela Universidade Castilla-La Macha de Toledo (Espanha). Foi pesquisador convidado do Instituto de Filosofia do Direito da Universidade de Munique (Alemanha). É professor da Universidade Presbiteriana Mackenzie (Graduação, Pós-Graduação) e professor permanente do Programa de Pós-Graduação em Direito Político e Econômico (Mestrado e Doutorado). Chefe do Núcleo de Processo penal da Faculdade de direito da Universidade Presbiteriana Mackenzie. Pesquisador Líder do grupo de Pesquisas Cnpq Modernas Tendências da Teoria do Delito (MTTD). Faz parte do Conselho Editorial da Revista Opinión Jurídica (Colômbia), Revista Penal (Espanha), dentre outras. Tem experiência na área de Direito, com ênfase em Direito Penal, atuando principalmente nos seguintes temas: dogmática penal, direito penal econômico, política criminal e cidadania e execução penal. Obras mais importantes: Direito Penal – Parte Geral (em coautoria) e Execução Penal, ambas pela editora Saraiva; Processo Penal Brasileiro (em coautoria) e Imputação Objetiva, Crimes de Perigo e Direito Penal Brasileiro pela editora Atlas; Direito Penal – Aspectos Jurídicos controvertidos, pela editora Quartier Latin.

ANA CLÁUDIA S. SCALQUETTE

Doutora em Direito Civil pela Universidade de São Paulo (USP). Mestre em Direito Político e Econômico pela Universidade Presbiteriana Mackenzie

(UPM). Professora de Direito Civil da Faculdade de Direito da Universidade Presbiteriana Mackenzie (UPM). Titular da cadeira n. 68 da Academia Paulista de Letras Jurídicas (APLJ). Titular da cadeira n. 33 da Academia Mackenzista de Letras (AML). Líder do Grupo de Pesquisa CNPq GBio. Autora do Anteprojeto de Lei n. 115/2015 que institui o Estatuto da Reprodução Assistida que tramita na Câmara dos Deputados em Brasília/DF. Pesquisadora Internacional do *Osservatorio sui Diritti Umani, Bioetica, Salute, Ambiente,* vinculado à *Università Degli Studi di Salerno/Italia.* Professora Visitante da Università degli Studi di Salerno/Italia. Conselheira Estadual da OABSP e Presidente da Comissão Permanente de Estágios e Exame de Ordem da OABSP. Membro-Consultor da Comissão de Juristas, nomeada pelo Senado Federal, para elaborar Anteprojeto de lei de Reforma do Código Civil Brasileiro.Site:scalquette.com.br

ANNA CAVALIERE

Dottore di ricerca in "Etica e Filosofia politico-giuridica", IX Ciclo, Nuova Serie, Università degli Studi di Salerno. (Tutors, Proff. G. Preterossi, A. Catania) • Titolo della tesi di Dottorato "Il paradigma della secolarizzazione" a partire dalla produzione teorica di Ernst-Wolfgang Böckenförde. Già borsista presso l'Istituto Italiano per gli Studi Filosofici, è ricercatrice di Filosofia del Diritto presso il Dipartimento di Scienze Giuridiche dell'Università degli Studi di Salerno. Tra le sue pubblicazioni piú rilevanti *Le ragioni della secolarizzazione. Böckenförde tra diritto e teologia politica,* Giappichelli, Torino, 2016; *La comparsa delle donne. Uguaglianza, differenza, diritti,* Fattore Umano, Roma, 2016; Un bilancio (provvisorio) dell'età post-secolare. Religione e diritto a partire dalla riflessione di Jürgen Habermas in "Rivista di Filosofia del Diritto" 2/2018; La rivoluzione incompiuta. Il rapporto controverso tra femminismo e diritti sociali in "Ragion pratica" 2/2019. *L'invenzione della povertà. Dall'economia della salvezza ai diritti sociali.* La scuola di Pitagora, Napoli, 2019.

ANTONINO SESSA

Professore ordinario di diritto penale, insegna Diritto penale parte speciale e Legislazione penale minorile nell'Università degli studi di Salerno. Insegna Diritto penale nella Pontificia Università Lateranense, dove pure ha insegnato Criminologia e Diritto processuale penale. È docente, inoltre, di diritto penale nelle scuole di specializzazione per le professioni legali dell'Università degli studi di Salerno e di Napoli Federico II. Avvocato, borsista della fondazione "P. Pastore", del Consiglio dell'Ordine degli Avvocati di Salerno (Premio Cilento), del CNR e del progetto Socrates--Erasmus, nonché assegnista per le esigenze scientifiche della cattedra di diritto penale della Facoltà di giurisprudenza dell'Università degli studi di Salerno. Dottore di ricerca presso la Università degli studi di Napoli Federico II. E' membro del comitato scientifico del Corso di perfezionamento biennale in Scienze criminologiche, penalistiche e processual penalistiche, intitolato alla memoria del prof. A.A. Dalia e diretto dal prof. L. Kalb. È altresì membro del comitato scientifico della rivista Diritto e Giustizia minorile, nonché membro dei comitato dei revisori della rivista Critica del Diritto. Dal dicembre 2008 è, inoltre, anche docente incaricato di diritto penale per la formazione permanente dei Dirigenti presso la Scuola Superiore della Pubblica Amministrazione Locale e presso il Ministero dell'interno – Dipartimento per gli affari Interni e territoriali. Professore ordinario di diritto penale presso il Dipartimento di scienze giuridiche (Scuola di Giurisprudenza) nell'Università di Salerno.

ANTONIO TUCCI

Dottorato di ricerca in "Filosofia, teoria e storia del diritto e della politica" (XIV ciclo), presso l'Università di Napoli, Federcico II. Ricercatore per il settore scientifico disciplinare IUS/20 presso la Facoltà di Giurisprudenza dell'Università di Salerno (2004). Professore associato di Filosofia del diritto presso la Facoltà di Lettere e filosofia (2005) e poi presso il Dipartimento di Scienze giuridiche (2010). Professore ordinario Filosofia politica, SPS/01 (abilitato nella tornata 2013) presso lo stesso Dipartimento dove insegna anche Filosofia del diritto. Membro del collegio di dottorato in "Scienze giuridiche (Scuola di Giurisprudenza)", curriculum "Storico-filosofico" dell'Ateneo salernitano. Direttore della rivista internazionale "Soft Power. Revista euro-americana de teoría e historia de la política y del derecho" (Universidad Católica Bogotà – Università degli Studi di Salerno, Penguin, Random House). Componente del comitato direttivo della collana "Societas" (E.S.I., Napoli) e del comitato scientifico delle collane "Quaderni del Laboratorio Kelsen" (Mimesis, Milano) e "al--Dabaran" (Penguin, Random House) e della rivista "Iura & Legal Systems" (Dipartimento di Scienze Giuridiche – Università di Salerno). Membro dei seguenti Laboratori e gruppi di ricerca: Laboratorio Kelsen del Dipartimento di Teoria e storia del diritto e della politica (ora Dipartimento di Scienze giuridiche) dell'Università degli Studi di Salerno (membro fondatore); Centro di ricerca interuniversitario BBPS (Biopolitica, bioeconomia e processi di soggettivazione) (membro fondatore). Membro del comitato scientifico di "ODUBSA – Osservatorio sui Diritti Umani: Bioetica, Salute, Ambiente", Università di Salerno e della "Scuola di Filosofia giuridica e politica – G. Marotta", sede di Salerno, Istituto Italiano per gli Studi Filosofici.

CARLOS EDUARDO NICOLETTI CAMILLO
Bacharel, Mestre e PhD em Filosofia do Direito pela Pontifícia Universidade Católica de São Paulo. Pós-graduado em Filosofia Antiga pela Pontifícia Universidade Católica do Rio de Janeiro. Professor dos programas de Teoria Geral do Direito e Filosofia do Direito da Faculdade de Direito da Universidade Presbiteriana Mackenzie desde 2002. Advogado militante em São Paulo desde 1992.

EMANUELE CESTA
Laurea in Giurisprudenza, Università degli Studi di Roma "La Sapienza" e Master di II livello in "Competenze e Servizi Giuridici in Sanità", Università Cattolica del Sacro Cuore, Alta Scuola di Economia e Management dei Sistemi Sanitari. Abilitato all'esercizio della professione forense presso la Corte d'Appello di Roma (dal 2003). Dal 2009 è funzionario giuridico presso l'Ufficio Affari Contenziosi dell'Agenzia Italiana del Farmaco (AIFA). Dal 2015 Segretario e esperto legale del Tavolo Tecnico sulle Indisponibilità, istituito da AIFA con Ministero della Salute, Carabinieri NAS, Reg. Lazio, Reg. Lombardia e associazioni di categoria. Docente di *Italian Pharmaceutical Legislation* nell'ambito del Corso di Laurea Magistrale in Farmacia, Università di Roma Tor Vergata (dal 2018). Nominato dal Ministero della Salute componente della delegazione italiana della *Medical Countermeasures Task Force* nell'ambito della Global Health Security Initiative (GHSI) (dal 2017). Dal 2021 nominato dal Ministero della Salute membro della delegazione italiana di esperti per la partecipazione dell'Italia all'*Action Package on Legal Preparedness* della Global Health Security Agenda (GHSA) e designato dal Ministro della salute quale *Deputy National Focal Point* legale nell'ambito del Gruppo di supporto normativo per i farmaci e i prodotti sanitari dell'OMS/Europa. Ha collaborato a pro-

getti nazionali ed internazionali relativi alla prevenzione e contrasto della contraffazione di medicinali: Fakeshare e Fakeshare II, REPT, CHESSMAN. Membro del Comitato di Esperti su Farmaci e Cure Farmaceutiche (*European Committee on Pharmaceuticals and Pharmaceutical Care* – CD-P-PH) presso la European Directorate for the Quality of Medicines del Consiglio d'Europa con funzioni di Chairman (2018-2022, 2024-) e di Gender Equality Rapporteur (2016-2022). Membro del Centro di eccellenza Jean Monnet "*New Visions of the European Union's Role in Global Health*" (2023-2026) (azione cofinanziata dal Programma Erasmus+ dell'Unione Europea) presso l'Università di Salerno.

FABIO COPPOLA

Dottore di Ricerca (PhD), già Assegnista di Ricerca, è attualmente un Ricercatore e Docente di Diritto Penale e Intelligenza Artificiale presso la Facoltà di Giurisprudenza dell'Università degli studi di Salerno. È altresì *Visiting Research Fellow* presso la *Manchester Law School – MMU* dove studia le interconnessioni tra intelligenza artificiale e giustizia penale, in particolare per la prevenzione dei *corporate crimes.*

Ha ricoperto posizioni di *Visiting Research Fellow* presso prestigiose università come Cambridge e Oxford sotto la guida dei Proff. Julian V. Roberts e Nicola Padfield, nonché presso il *Center for Financial and Corporate Integrity* dell'Università di Coventry.

È stato Professore a contratto presso la Scuola di Specializzazione in Anticorruzione e Appalti Pubblici, e ha tenuto regolarmente corsi di formazione in materia di anticorruzione – in particolare sulla disciplina del *whistleblowing* – per enti pubblici e privati. Autore di numerose pubblicazioni in Riviste scientifiche, anche in lingua inglese, cinese e portoghese, ed è curatore di numerosi lavori collettanei. Ha concepito e curato la Raccolta giurisprudenziale "Un anno di sentenze", edita da Giappichelli e pubblicata con cadenza annuale. Nel 2022 ha pubblicato una monografia dal titolo "*Politica criminale e scelte sanzionatorie. Spunti per il recupero di razionalità dal Sentencing System inglese e dall'intelligenza artificiale*", edita da Giappichelli. È componente del Comitato Scientifico della Rivista "Direito Penal & Política Criminal" dell'Università Federale di Rio Grande do Sul a Porto Alegre (Brasile).

FERNANDA MASSAD DE AGUIAR FABRETTI

Mestre em Direito Político e Econômico, Pós-graduada em Direito Processual Civil e Graduada em Direito pela Universidade Presbiteriana Mackenzie (UPM). Doutoranda em Direito Difusos e Coletivos na Pontifícia Universidade Católica de São Paulo (PUC/SP). Advogada com atuação em Direito Civil com enfoque em Direito de Família e Sucessões desde 2007. Sócia fundadora do escritório Fabretti, Tolentino, Massad e Matos Advogados. Relatora do Tribunal de Ética da OAB/SP.

FRANCESCO FASOLINO

Direttore del Dipartimento di Scienze Giuridiche (Scuola di Giurisprudenza) dell'Università degli Studi di Salerno. Delegato del Rettore per la Ricerca per l'Area Umanistica. Dottore di ricerca in Storia delle strutture amministrative. Laureato in Giurisprudenza presso la Facoltà di Giurisprudenza dell'Università degli Studi di Salerno ed anche in Economia e Commercio, presso la Facoltà di Economia della stessa Università. Direttore della Rivista "Iura & Legal Systems". Membro del Comitato Scientifico della Rivista "Teoria e storia del diritto privato". Dal 2007 Membro del CIRPA – Centro Interdipartimentale per le Ricerche di Diritto, Economia e Management della Pubblica Amministrazione – Università degli studi di Salerno. Componente del Senato Accademico dell'Università degli studi di Salerno

FRANCESCO SCHIAFFO

Dottore di ricerca in "Sistema penale e processo" (Università di Firenze, 1997), tra il 1991 e il 1998 ha trascorso a vario titolo numerosi e prolungati soggiorni di studio presso l'Institut für die gesamten Strafrechtswissenschaften della Ludwig Maximilian Universität di München (BRD). Dal 2019 è professore ordinario diritto penale presso l'Università di Salerno. Dall'anno accademico 2001-2002 è affidatario di singoli moduli didattici presso la Scuola di Specializzazione per le Professioni Legali dell'Università di Napoli Federico II. È componente degli organi editoriali di varie riviste scientifiche nell'ambito del settore scientifico-disciplinare ius/17 tra cui "Critica del diritto" (Edizioni Scientifiche Italiana, Napoli), "Penale Diritto e Procedura" (Pacini Giuridica Editore, Pisa), "Teoria e Prassi del Diritto" (Edizioni Scientifiche Italiane, Napoli), "Iura and Legal Systems" (Rivista ufficiale del Dipartimento di Scienze Giuridiche dell'Università di Salerno). È stato ospite dell'Institut für die gesamten Strafrechtswissenschaften della Ludwig Maximilian Universität di München (BRD) nell'ambito di un progetto di ricerca su "Ontologismus und Normativismus in der Methodenlehre der Strafrechtswissenschaft", ammesso al finanziamento dall'Università di Salerno nel programma di mobilità internazionale 2010.

GIANPAOLO POGGIO SMANIO
Procurador de justiça. Mestre e Doutor em direito pela Pontifícia Universidade Católica de São Paulo (PUC-SP). Diretor da Faculdade de Direito da Universidade Presbiteriana Mackenzie (UPM). Coordenador dos grupos de pesquisa "Políticas públicas como instrumento para a efetivação da cidadania" e "Segurança pública e cidadania" do Conselho Nacional de Desenvolvimento Científico e Tecnológico (CNPq).

HUMBERTO BARRIONUEVO FABRETTI
Doutor e Mestre em Direito Político e Econômico pela Universidade Presbiteriana Mackenzie. Graduado pela Faculdade de Direito da Universidade Presbiteriana Mackenzie. Professor de Criminologia, Direito Penal e Direito Processual Penal na Graduação da Faculdade de Direito da Universidade Presbiteriana Mackenzie. Professor Pesquisador Permanente do Programa de Mestrado e Doutorado da Faculdade de Direito da Universidade Presbiteriana Mackenzie. Pesquisador Líder do Grupo de Pesquisa (CNPq) "Segurança Pública e Cidadania". Advogado Criminalista.

LUIGI KALB
Professore ordinario di Procedura penale (SSD IUS/16) presso il Dipartimento di Scienze giuridiche dell'Università di Salerno dal 2005; professore associato dal 1992, ricercatore dal 1983. Presso l'Ateneo di Salerno ha ricoperto i seguenti incarichi istituzionali: Direttore del Dipartimento di diritto pubblico generale e teoria delle istituzioni; Direttore del Dipartimento di Diritto pubblico e teoria e storia delle istituzioni; componente del Consiglio direttivo della Scuola di specializzazione per le professioni legali e del Consiglio di amministrazione dell'Ateneo. Attualmente fa parte del collegio docenti del dottorato di ricerca in Scienze giuridiche, del Comitato di indirizzo dell'Osservatorio multidisciplinare per il contrasto alla criminalità organizzata e al terrorismo, del Comitato scientifico per le pub-

blicazioni di Ateneo; è il responsabile scientifico del laboratorio multimediale "G. Sabatini" presso il Dipartimento di Scienze giuridiche (Scuola di Giurisprudenza). Ha fatto parte del Consiglio direttivo dell'Associazione tra gli studiosi del processo penale, ricoprendo le funzioni di segretario, del Consiglio giudiziario presso la Corte di appello di Potenza e della Commissione ministeriale per la riforma dell'ordinamento penitenziario. In relazione al suo ambito scientifico-disciplinare fa parte di numerosi comitati di direzione o scientifici di riviste e collane del settore quali: "*Diritto penale e processo*" (Ipsoa ed.), *Diritto di internet. Digital copyright e data protection* (Pacini ed.), "*Penale. Diritto e procedura*" (Pacini ed.); "*Studi di diritto processuale penale*" (Cedam Ed.), "*Studi di diritto e procedura penale*" (Pacini ed.), "*Quaderni del Laboratorio Sabatini*" (Wolters Cedam ed.), "*Processo penale e giustizia*" (Giappichelli ed.).

MAIRAN GONÇALVES MAIA JUNIOR

Estágio Pós-doutoral realizado no Instituto *Max Planck* de Direito Internacional Privado e Comparado, Hamburgo, de agosto a dezembro de 2018. Professor Visitante do Instituto de Direito Privado Comparado da Universidade de Oxford, 2019. Livre-docente em Direito Civil pela PUC/SP (2018). Doutor em Direito Civil (2008) e Mestre em Direito das Relações Sociais (1991) pela Pontifícia Universidade Católica de São Paulo. Professor Assistente Doutor da Pontifícia Universidade Católica de São Paulo. Presidente do Tribunal Regional Federal – TRF da 3ª Região no biênio (2020-2022), Vice-Presidente do TRF da 3ª Região no biênio (2018-2020). Diretor Presidente da Escola de Magistrados do TRF da 3ª Região (2012-2014). Conselheiro do CNJ (2007-2009). Desembargador Federal do TRF da 3ª Região. Endereço eletrônico: mairanjr@gmail.com

NELSON NERY JUNIOR

Mestre em Direito pela Pontifícia Universidade Católica de São Paulo (PUC/SP). Doutor em Direito pela Pontifícia Universidade Católica de São Paulo e pela Universität Friedrich-Alexander Erlangen-Nürnberg. Livre-Docente em Direito pela PUC/SP. Professor Titular da Pontifícia Universidade Católica de São Paulo e Professor Titular da Universidade Estadual Paulista Júlio de Mesquita Filho – UNESP. Coordenador do Núcleo de Direitos Difusos e Coletivos do Programa de Pós-Graduação em Direito da PUC/SP. É sócio fundador do escritório de advocacia Nery Sociedade de Advogados. Membro da Academia Paulista de Direito (cadeira n. 25), da Academia Paulista de Letras Jurídicas (cadeira n. 54). Fundador da União dos Juristas Católicos de São Paulo, da Wissenschaftliche Vereinigung für Internationales Verfahrensrecht (Alemanha), da International Association of Procedure Law, da Deutsch-Brasilianische Juristen Vereinigung, da Asociación Iberoamericana de Derecho Procesal, da Academia Brasileira de Direito Civil, da Associação de Direito de Família e das Sucessões (ADFAS). Coautor dos Projetos que se converteram na Lei da Ação Civil Pública (Lei n. 7.347/85) e no Código de Defesa do Consumidor (Lei n. 8.078/90).

ORLY KIBRIT
Mestre e Doutora em Direito Político e Econômico pela Universidade Presbiteriana Mackenzie (UPM) e professora na mesma instituição. Integrante dos grupos de pesquisa "Modernas Tendências da Teoria do Delito" (CNPq) e "Segurança pública e cidadania" (CNPq). Líder do grupo de estudos "Sistema interamericano de direitos humanos", perante a UPM. Assessora na Procuradoria Regional da 3ª Região.

RODRIGO ARNONI SCALQUETTE
Doutor em Filosofia do Direito e do Estado pela Pontifícia Universidade Católica de São Paulo (PUC/SP). Mestre em Direito Político e Econômico pela Universidade Presbiteriana Mackenzie (UPM). Professor de História do Direito e Direito Penal na Faculdade de Direito da Universidade Presbiteriana Mackenzie. Professor Pesquisador do Grupo de Pesquisa CNPq/GBio – Novas Fronteiras da Ciência Jurídica da UPM. Professor visitante da *Università degli Studi di Salerno (Italia)*. Líder do Polo São Paulo da Comissão Permanente de Estágios e Exame de Ordem da Ordem dos Advogados do Brasil Secção de São Paulo – OAB/SP. Advogado. Site: scalquette.com.br

ROSA MARIA BARRETO BORRIELLO DE ANDRADE NERY
Professora Associada de Direito Civil da Pontifícia Universidade Católica de São Paulo. Professora Livre-Docente nos Programas de Graduação e de Pós-Graduação (Especialização, Mestrado e Doutorado) da Faculdade de Direito da PUC/SP. Advogada, Parecerista e Consultora Jurídica da Banca de Advocacia Nery Advogados. Membro do Corpo de Árbitros da Câmara de Arbitragem e Mediação da FIESP e da Câmara de Arbitragem

e Mediação da Câmara de Comércio Brasil Canadá – CAM-CCBC. Desembargadora aposentada do Tribunal de Justiça do Estado de São Paulo. Foi Procuradora de Justiça do Ministério Público do Estado de São Paulo e é Correlatora Geral da Comissão de Juristas, nomeada pelo Senado Federal, para elaborar Anteprojeto de lei de Reforma do Código Civil Brasileiro. Membro da Academia Brasileira de Direito Civil (ABDC); Academia Paulista Direito (APD), da qual foi presidente; Academia Paulista de Letras Jurídicas (APLJ); Associação Brasileira de Pesquisadores de História e Genealogia (ASBRAP), Membro Honorário da Academia Brasileira de Direito Processual – ABDPRO, Membro da União de Juristas Católicos de São Paulo – UJUCASP. Membro da Academia Taubateana de Letras Jurídicas (ATLJ); Membro da Associação de Direito de Família e de Sucessões (ADFAS).

STEFANIA NEGRI
Dottore di ricerca in "Diritto internazionale e diritto interno in materia internazionale". Ricercatore di Diritto internazionale e dal 2004 Professore associato di Diritto internazionale presso il Dipartimento di Scienze Giuridiche (Scuola di Giurisprudenza), dove insegna Diritto internazionale pubblico e Diritto internazionale della salute e dell'ambiente. Fondatrice e direttore dell'*Osservatorio sui diritti umani: bioetica, salute, ambiente* (dal 2010); *National Contact Person* per l'Italia per la European Association of Health Law (dal 2016); Co-fondatrice e membro del Comitato di coordinamento dell'*Interest Group on International Health Law* presso la European Society of International Law (dal 2016); Co-fondatrice e membro del Comitato di coordinamento del *Gruppo d'interesse sul Diritto internazionale e dell'Unione europea in materia di salute* presso la Società Italiana di Diritto Internazionale (2016-2018); Membro del *Committee on Global Health Law* presso l'international Law Association in rappresentanza di ILA Italy (dal 2016); Membro fondatore del *Global Health Law Consortium* (dal 2019). Titolare della Cattedra Jean Monnet "*European Health, Environmental and Food Safety Law*" (2016-2019), Direttrice del Centro di eccellenza Jean Monnet "*New Visions of the European Union's Role in Global Health*" (2023-2026) (azione cofinanziata dal Programma Erasmus+ dell'Unione Europea). Dal 2018 delegata del Direttore del Dipartimento di Scienze Giuridiche alle Relazioni internazionali e Delegata alla Mobilità internazionale/Erasmus del Consiglio didattico del Corso di Laurea magistrale in Giurisprudenza.

Nel 2021 nominata dal Ministero della Salute membro della delegazione di esperti per la partecipazione dell'Italia l'*Action Package on Legal Preparedness* del *Global Health Security Agenda* (GHSA). Principali settori di ricerca: diritti umani, diritto internazionale sanitario, diritto internazionale ambientale, diritto internazionale penale, diritto internazionale processuale.

VITULIA IVONE

Professoressa abilitata ordinaria di Istituzioni di Diritto Privato presso il Dipartimento di Scienze giuridiche dell'Università degli Studi di Salerno. Titolare dell'insegnamento di Diritto civile e di Nozioni giuridiche fondamentali.Già docente incaricata dell'insegnamento in Diritto dell'impresa industriale (aa. aa. 2010-2011 e 2011-2012), Facoltà di Ingegneria, Università degli Studi di Salerno. Già membro del Collegio dei Docenti del Dottorato di ricerca in "Diritto internazionale e diritto interno in materia internazionale" presso l'Università degli Studi di Salerno. Già membro del Collegio dei Docenti del Dottorato Disciplina Libertà della Concorrenza (sede Perugia). Già membro del Collegio dei Docenti della "Scuola di specializzazione delle professioni legali" di Salerno. Già Direttore del Comitato Scientifico della Fondazione della Scuola Medica Salernitana. Membro commissione brevetti e *spin off* (Università Salerno) del Comitato Scientifico delle riviste "Biodiritto", "Cuadernos de Bioetica" (Argentina), Direito imobiliario (Brasile). Componente della Commissione per gli esami di abilitazione all'esercizio della professione di avvocato (dal 2005 al 2016). Membro della Juristen Vereinigung, dell'Institut fur Kunst und Recht (Germania) e della S.I.S.D.I.C. Membro dell'Academia das Letras della Universidade Presbiteriana Mackenzie (Brasile).

PREFÁCIO

Biopolítica, a política da vida.

Com imensa satisfação, recebi o honroso convite para prefaciar esta obra, sobre tema que reverbera nas mais diversas áreas do Direito e que ocupa lugar de destaque na agenda nacional e internacional. A Biopolítica foi o assunto escolhido pelos coordenadores desta obra, Professores Doutores Ana Cláudia Scalquette, Gianpaolo Smanio, Rodrigo Arnoni Scalquette e Vitulia Ivone, como resultado do V Congresso Internacional de Biodireito & Desenvolvimento Tecnológico, realizado na cidade de Salerno, na Itália.

Cada um dos textos deste livro apresenta questões que desafiam as estruturas jurídicas postas e que exigem de doutrinadores e pesquisadores um olhar inovador para que atuais situações da vida encontrem na ciência jurídica respostas que mantenham ou restabeleçam a almejada pacificação das relações humanas e a vida harmônica em sociedade.

A presente obra é fruto dos trabalhos do Grupo de Pesquisa CNPq *Novas Fronteiras da Ciência Jurídica – Desenvolvimento e Inovação Tecnológica: Biodireito e Biotecnologia* e conta com a colaboração de vinte e um juristas brasileiros e italianos, da Faculdade de Direito da Universidade Presbiteriana Mackenzie e da Facoltà di Giurisprudenza dell'Università degli Studi di Salerno, que buscam incentivar reflexões e apresentar possíveis caminhos para desafios que, até então, não foram solucionados.

Os autores, figuras de destaque em seus respectivos campos, logram em trazer à leitura uma riqueza ímpar de conhecimento e experiência, rara de se encontrar, ao mergulharem em uma abordagem única, que funde as tradições intelectuais brasileiras e italianas, enriquecendo a discussão em torno das temáticas propostas.

No início da obra a importância da filosofia e do direito romano para a adaptação aos novos desafios trazidos pela Biopolítica aos direitos humanos é abordada pelos professores Francesco Fasolino, Rodrigo Arnoni Scalquette, Carlos Eduardo Nicoletti Camillo, Antonio Tucci e Anna Cavaliere.

A Biopolítica e a saúde, com destaque para o uso da Tecnologia em favor da democratização do acesso à saúde ocupam os textos de Mairan Gonçalves Maia Junior, Stefania Negri, Emanuele Cesta, Fernanda Massad e Nelson Nery Junior.

Rosa Maria Barreto Borriello de Andrade Nery, Vitulia Ivone e Ana Cláudia Scalquette, por sua vez, analisam a Biopolítica e a proteção dos direitos individuais e como o avanço da tecnologia impacta o Direito Civil.

No âmbito Penal, a Biopolítica e sua adaptação à era tecnológica são analisadas por Gianpaolo Poggio Smanio, Orly Kibrit, Luigi Kalb e Antonino Sessa, enquanto Alexis Couto de Brito, Fabio Coppola, Humberto Barrionuevo Fabretti e Francesco Schiaffo refletem sobre a nova relação interativa entre tecnologia e o Direito Penal.

A parceria acadêmica e de pesquisa de professores e juristas brasileiros e italianos, no ano do Jubileu de 70 anos da Faculdade de Direito da Universidade Presbiteriana Mackenzie, demostra que com união e trabalho intelectual desenvolvidos em rede de cooperação internacional barreiras podem ser transpostas e possíveis soluções podem ser idealizadas sobre problemas que desestabilizam a vida em sociedade.

Suas páginas surgem como um verdadeiro ponto de luz no horizonte acadêmico, iluminando o vasto universo da biopolítica, por meio de uma perspectiva singularmente ítalo-brasileira, espero traduzir, nesta breve apresentação, o meu mais profundo respeito pela trajetória de cada um dos autores, bem como pelas mais diversas visões por eles apontadas.

Destaco ainda o grande acúmulo de pesquisas do Grupo liderado pela Professora Doutora Ana Scalquette, um trabalho que dignifica a densidade dos capítulos.

Esta é a obra que apresento aos leitores com a alegria de testemunhar que estamos todos em busca de um mundo mais humano, ainda que tecnológico.

FELIPE CHIARELLO DE SOUZA PINTO

Mestre e Doutor em Direito pela PUC/SP. Professor Titular da Faculdade de Direito e do PPGD da Universidade Presbiteriana Mackenzie, onde foi Pró-Reitor de Pesquisa e Pós-Graduação. Diretor da Faculdade de Direito. Professor Colaborador do PPGD/UPF e Bolsista de Produtividade em Pesquisa do CNPq. Foi coordenador Adjunto de Programas Acadêmicos da Área de Direito, membro do Conselho Técnico Científico e do Conselho Superior da CAPES-MEC.

PREFAZIONE

Biopolitica, la politica della vita.

Con immensa soddisfazione ho ricevuto l'onorevole invito a scrivere la premessa di quest'opera sull'argomento che riverbera nei più diversi ambiti del diritto e che occupa un posto di rilievo nell'agenda nazionale e internazionale. La Biopolitica è il tema scelto dai coordinatori di questo lavoro, i professori Ana Cláudia Scalquette, Gianpaolo Smanio, Rodrigo Arnoni Scalquette e Vitulia Ivone, come risultato del V Congresso Internazionale Biodiritto & Sviluppo Tecnologico, tenutosi nella città di Salerno, Italia.

Ciascuno dei lavori di questo libro presenta domande che mettono in discussione le strutture giuridiche consolidate e che richiedono a studiosi e ricercatori di adottare un approccio innovativo affinché le situazioni di vita attuali trovino risposte nella scienza giuridica che mantengano o ristabiliscano l'auspicata pacificazione delle relazioni umane e una vita armoniosa nella società.

Questo lavoro è il risultato del lavoro del Gruppo di ricerca CNPq Nuove frontiere della Scienza Giuridica – Sviluppo e Innovazione Tecnologica: Biodiritto e Biotecnologie e si avvale della collaborazione di ventuno giuristi brasiliani e italiani, della Facoltà di Giurisprudenza dell'Universidade Presbiteriana Mackenzie e della Facoltà di Giurisprudenza dell'Università degli Studi di Salerno, che provano ad incoraggiare la riflessione e presentare possibili percorsi verso sfide che, fino ad ora, non sono state risolte.

Gli autori, figure di spicco nei rispettivi ambiti, riescono a portare alla lettura un patrimonio unico di conoscenze ed esperienze, raro da trovare, approfondendo un approccio unico, che mescola tradizioni intellettuali brasiliane e italiane, arricchendo il dibattito attorno ai temi proposti.

All'inizio del lavoro, l'importanza della filosofia e del diritto romano per l'adattamento alle nuove sfide portate dalla Biopolitica ai diritti umani viene affrontata dai professori Francesco Fasolino, Rodrigo Arnoni Scalquette, Carlos Eduardo Nicoletti Camillo, Antonio Tucci e Anna Cavaliere.

Biopolitica e salute, con l'accento sull'uso della tecnologia a favore della democratizzazione dell'accesso alla salute, occupano i testi di Mairan Gonçalves Maia Junior, Stefania Negri, Emanuele Cesta, Fernanda Massad e Nelson Nery Junior.

Rosa Maria Barreto Borriello de Andrade Nery, Vitulia Ivone e Ana Cláudia Scalquette, a loro volta, analizzano la biopolitica e la tutela dei diritti individuali e l'impatto del progresso tecnologico sul Diritto Civile.

In ambito Criminale, la Biopolitica e il suo adattamento all'era tecnologica sono analizzati da Gianpaolo Poggio Smanio, Orly Kibrit, Luigi Kalb e Antonino Sessa, mentre Alexis Couto de Brito, Fabio Coppola, Humberto Barrionuevo Fabretti e Francesco Schiaffo riflettono sulla nuova relazione interattiva tra tecnologia e diritto penale.

Il partenariato accademico e di ricerca di professori e giuristi brasiliani e italiani, nell'anno del 70° anniversario della Facoltà di Giurisprudenza dell'Universidade Presbiteriana Mackenzie, dimostra che con l'unità e il lavoro intellettuale sviluppato in una rete di cooperazione internazionale, si possono superare le barriere e possibili soluzioni possono essere idealizzati riguardo ai problemi che destabilizzano la vita nella società.

Le sue pagine appaiono come un vero punto di luce sull'orizzonte accademico, illuminando il vasto universo della biopolitica, attraverso una prospettiva italo-brasiliana. Spero di tradurre, in questa breve presentazione, il mio più profondo rispetto per il percorso di ciascuno degli autori, nonché i punti di vista più diversi da essi evidenziati.

Sottolineo inoltre il grande impegno o di ricerche del Gruppo guidato dalla professoressa Ana Scalquette, un lavoro che nobilita la densità dei capitoli.

Questo è il lavoro che presento ai lettori con la gioia di testimoniare che siamo tutti alla ricerca di un mondo più umano, seppure tecnologico.

FELIPE CHIARELLO DE SOUZA PINTO

Master e Dottore in Giurisprudenza presso PUC/SP. Professore ordinario presso la Facoltà di Giurisprudenza e PPGD presso l'Universidade Presbiteriana Mackenzie, dove è stato Pro-Preside di Ricerca e Studi Post-Laurea. Direttore della Facoltà di Giurisprudenza. Professore Collaboratore presso PPGD/UPF e CNPq Research Productivity Fellow. È stato Vice Coordinatore dei Programmi Accademici nell'Area del Diritto, membro del Consiglio Tecnico Scientifico e del Consiglio Superiore del CAPES-MEC.

APRESENTAÇÃO DOS COORDENADORES

O século XXI teve início gestando uma revolução. A revolução digital.

A Internet havia chegado no final do século XX e a comunicação globalizada permitia a troca de conhecimento e de informações de forma instantânea, até então apenas imaginada nas obras de ficção.

Não se poderia visualizar, porém, que seriam anos tão intensos, tanto em termos de avanço tecnológico e científico quanto no âmbito da ciência jurídica. Contratos digitais, criopreservação, inteligência artificial, redes sociais, câmeras e monitoramento de pessoas e dados chegaram velozmente, impactando diretamente as relações sociais e desafiando as estruturas jurídicas.

As máquinas, idealizadas pelos seres humanos para serem mecanismos facilitadores das atividades rotineiras, agora trazem, na mesma medida da facilitação desejada, a preocupação com controle e limites.

Toda inovação criada parece indominável pelos criadores que buscam organizar a melhor forma para seu uso, adequada a limites éticos e que respeitem direitos e garantias consolidados internacionalmente.

Brasil e Itália vivem, assim como outros tantos países, o mesmo desafio: identificar problemas e encontrar soluções que protejam a vida humana e as relações em sociedade em tempos em que as máquinas parecem ganhar o papel de atrizes principais.

A Biopolítica é a área que engloba tudo o que se relaciona com a vida humana, desde seu início até o seu fim, sem relativizar qualquer dinâmica que dela derive e com ela se relacione. Esta obra é fruto da pesquisa de juristas brasileiros e italianos que dividem suas experiências e preocupações em busca de um caminho para que a pessoa possa retomar seu protagonismo, sem desprezar os benefícios trazidos por todo e qualquer avanço tecnológico e científico que deve, sempre e necessariamente, estar a serviço do humano, em um papel coadjuvante.

A herança dos ensinamentos dos juristas romanos e filósofos, o direito privado, a esfera criminal, a área da saúde e alguns dos seus problemas mais instigantes são abordados por doutrinadores que vivenciam, na academia e na prática, os conflitos da atualidade, compartilhados na presente obra.

No ano do Jubileu de 70 anos da Faculdade de Direito da Universidade Presbiteriana Mackenzie e dos 10 anos do Grupo de Pesquisa CNPq GBio, em um mundo que, em que pesem os problemas coincidentes, ainda prima pela falta de diálogo e extremismos, a escola de direito brasileira se une a professoras e professores da escola de direito da Università Degli Studi di Salerno para consolidar uma parceria internacional que é ponte para a troca de conhecimentos.

Desta união, surge a nossa contribuição para a Biopolítica, posta à prova na contemporaneidade.

Ana Cláudia S. Scalquette
Gianpaolo Poggio Smanio
Rodrigo Arnoni Scalquette
Vitulia Ivone

PRESENTAZIONE DEI COORDINATORI

Il 21º secolo è iniziato con una rivoluzione. La rivoluzione digitale.

Internet era arrivato alla fine del XX secolo e la comunicazione globalizzata permetteva lo scambio istantaneo di conoscenze e informazioni, fino ad allora solo immaginate nelle opere di narrativa.

Non si poteva immaginare, però, che fossero anni così intensi, sia sul piano dell'avanzamento tecnologico e scientifico, sia nell'ambito delle scienze giuridiche. Contratti digitali, crioconservazione, intelligenza artificiale, social network, telecamere e monitoraggio di persone e dati sono arrivati rapidamente, incidendo direttamente sulle relazioni sociali e mettendo in discussione le strutture legali.

Le macchine, progettate dagli esseri umani per essere meccanismi che facilitano le attività di routine, portano ora, nella stessa misura della facilitazione desiderata, una preoccupazione in termini di controllo e di limiti.

Tutta l'innovazione realizzata sembra essere ingestibile da parte dei creatori che cercano di organizzare il modo migliore per il suo utilizzo, adeguato ai limiti etici e che rispetti i diritti e le garanzie consolidati a livello internazionale.

Brasile e Italia, come molti altri paesi, si trovano ad affrontare la stessa sfida: identificare i problemi e trovare soluzioni che tutelino la vita umana e le relazioni nella società in tempi in cui le macchine sembrano acquisire il ruolo di attori principali.

La biopolitica è l'ambito che abbraccia tutto ciò che riguarda la vita umana, dal suo inizio alla sua fine, senza relativizzare alcuna dinamica che ne deriva e ad essa correlata. Questo lavoro è il risultato di una ricerca condotta da giuristi brasiliani e italiani che condividono le loro esperienze e preoccupazioni alla ricerca di un modo in cui le persone riconquistino il loro ruolo di primo piano, senza trascurare i benefici apportati da tutti i progressi tecnologici e scientifici che devono avere, sempre e necessariamente, un ruolo di supporto in quanto al servizio dell'uomo.

Il patrimonio degli insegnamenti dei giuristi romani e dei filosofi, il diritto privato, la sfera penale, l'area sanitaria e alcune delle sue problematiche più intriganti sono affrontati da studiosi che sperimentano, in ambito accademico e nella pratica, i conflitti odierni, condivisi nelle costruzioni attuali.

Nell'anno del 70º anniversario della Facoltà di Giurisprudenza dell'Universidade Presbiteriana Mackenzie e del 10º anniversario del Gruppo di Ricerca CNPq GBio, in un mondo che, nonostante le coincidenze dei problemi, si distingue ancora per la mancanza di dialogo e per un pericoloso estremismo, l'Accademia brasiliana si unisce ai professori della Facoltà di Giurisprudenza dell'Università degli Studi di Salerno per consolidare un partenariato internazionale che è un ponte per lo scambio di conoscenze.

Da questa unione nasce il nostro contributo alla Biopolitica, messa alla prova nella contemporaneità.

Ana Cláudia S. Scalquette
Gianpaolo Poggio Smanio
Rodrigo Arnoni Scalquette
Vitulia Ivone

SUMÁRIO

PARTE 5 – TECNOLOGIA E DIREITO PENAL: UMA NOVA RELAÇÃO INTERATIVA
TECNOLOGIA E DIRITTO PENALE: UN NUOVO RAPPORTO INTERATTIVO

PARTE 1

A IMPORTÂNCIA DA FILOSOFIA E DO DIREITO ROMANO NA ADAPTAÇÃO AOS NOVOS DESAFIOS TRAZIDOS PELA BIOPOLÍTICA AOS DIREITOS HUMANOS

L'IMPORTANZA DELLA FILOSOFIA E DEL DIRITTO ROMANO NELL'ADEGUAMENTO ALLE NUOVE SFIDE PORTATE DALLA BIOPOLITICA AI DIRITTI UMANI

1
IL DIRITTO IN FUNZIONE DELL'UOMO: RIFLESSIONI MINIME

Francesco Fasolino

I compilatori del Digesto, la grande opera destinata a raccogliere e conservare per sempre l'immenso tesoro sapienziale tratto dalle opere dei più grandi giuristi romani, fermamente voluta dall'imperatore Giustiniano nei primi decenni del VI sec. d.C., avevano ben chiaro quale fosse il fine ultimo del diritto: utilizzando e facendo proprie le parole di Ermogeniano, un giurista vissuto a cavallo tra il III ed il IV secolo, essi infatti, già nelle prime pagine della compilazione, affermavano che il diritto ha la sua ragion d'essere e il suo elemento fondante nell'uomo: "*hominum causa omne ius constitutum sit*" (Herm., Dig. 1.5.2).

Come è evidente, seguendo l'insegnamento dei giuristi che li avevano preceduti, i giuristi bizantini del VI secolo avevano piena consapevolezza della necessità che lo studio e l'applicazione del diritto si fondino sul presupposto di una indispensabile sensibilità per il mondo in cui viviamo e per la storia in cui siamo immersi, nello sforzo continuo di cogliere i segni dei mutamenti sociali incipienti e dei loro effetti sugli scenari del diritto e, di conseguenza, sulle dinamiche dell'ordinamento.

Ponendosi consapevolmente all'interno di una tradizione di cui essi si sentivano parte e di cui ben conoscevano la formazione e le tappe di evoluzione fino ai loro tempi, i compilatori del Digesto furono i protagonisti di un grandioso progetto, sposato dall'autorità imperiale, per il quale la storia della giurisprudenza dei secoli trascorsi era coniugata con la codificazione del diritto vigente, da un lato, e con l'elaborazione dei principi istituzionali per l'insegnamento del diritto, dall'altro, nella radicata convinzione che ai giuristi spettasse una funzione complessa ma intrinsecamente unitaria, per la quale la conoscenza del diritto del passato era indispensabile tanto per la corretta applicazione del diritto vigente che per il suo insegnamento.

Lo storico del diritto, invero, contrariamente a quanto in maniera superficiale oggi si ritiene dai più, possiede una non comune capacità di inserirsi e partecipare attivamente al dibattito attuale sulle principali questioni all'attenzione della scienza giuridica. L'indagine storico-giuridica può, infatti, sicuramente contribuire ad una migliore comprensione dei processi della società "globale" di cui siamo parte; ciò ovviamente senza scadere in una banalizzazione della storia o peggio nella sua strumentalizzazione, volta a piegarla per tracciare troppo dirette, e spesso inverosimili, analogie o confronti con la contemporaneità.

Non si tratta, come ho già avuto modo di dire in altre occasioni, di orientarsi verso scelte culturali "attualizzanti", in se e per sé spesso inconcludenti, quanto piuttosto di concepire la funzione del giurista "a tutto tondo", nella consapevolezza della proficuità di un dialogo costante tra la storia del diritto e le categorie concettuali del presente; dialogo certo non facile in quanto presuppone, da un lato, la capacità di percepire la complessità del presente, fuoriuscendo da comodi ma spesso logori steccati tematico dall'altro, la volontà, invero non così frequente, di riconoscere una dimensione di senso al patrimonio esperienziale recato dalla storia del passato.

Studiare oggi il diritto romano significa, dunque, adottare una prospettiva storica che aumenti la capacità di leggere criticamente e di comprendere in profondità le trasformazioni di cui siamo testimoni ed elaborare possibili soluzioni nella logica di un *ius* declinato come *hominum causa constitutum* e perciò fermamente orientato a ridurre, se non a superare, le molteplici situazioni di emarginazione e di vulnerabilità che costituiscono un oggettivo limite alla piena realizzazione ed alla dignità di ogni persona umana.

In tale prospettiva, lo studio del diritto romano e, più in generale, della storia del diritto non è mai mera erudizione e nemmeno scienza antiquaria, nella consapevolezza che concentrarsi sulla puntualità estrema della conoscenza può non di rado portare a risultati fuorvianti; men che mai esso è autoreferenzialità narcisistica e compiaciuta: l'analisi storica del diritto si giustifica, invece, soltanto se essa è intimamente legata al presente, in funzione della soddisfazione dei bisogni dell'uomo.

Il giurista, in altre parole, è veramente tale solo se, essendo pienamente inserito nel processo storico, ne percepisce seriamente l'incessante evoluzione e al contempo penetra il dinamismo dell'ordinamento; se, cioè, dalla conoscenza della storia egli riesce ad acquisire gli strumenti culturali e concettuali necessari per comprendere a pieno la realtà in cui è immerso, sapendo discernere gli elementi di transizione e di trasformazione del mondo in cui si trova a vivere.

Sulla scorta di tali premesse, il diritto dei Romani, rappresenta dunque un giacimento esperienziale dal quale l'interprete moderno può attingere, consapevolmente ma criticamente, modelli di bilanciamento degli interessi e statuti soggettivi, non teorici ed astratti bensì storicamente sperimentati, capaci di trasformarsi e ricomporsi fluidamente in relazione al variare delle materiali condizioni dell'esistenza umana.

In netta e ferma opposizione contro la corrente deriva oscurantista, che rifiuta ogni valore e considerazione alla storia, e dunque anche alla storia del diritto, occorre dunque, a mio avviso, privilegiare i contesti, anche culturali ed ideali, piuttosto che le ricostruzioni puntuali, non sempre attendibili, del regime giuridico di un istituto o le sottigliezze esegetiche, cui continuano ad essere molte volte orientati gli studi romanistici, elaborando quindi una prospettiva metodologica e culturale consapevole di un necessario rinnovamento della ricerca e della didattica nel campo della scienza romanistica.

Certo, si tratta di una sfida impegnativa perché richiede indispensabilmente, da parte dello storico del diritto, che non voglia trasformarsi in un mero antiquario, un'adeguata conoscenza del diritto positivo nella sua pratica attuazione e delle problematiche connesse; a tale riguardo, ad esempio, è indispensabile che lo storico del diritto abbia piena consapevolezza dei principali temi oggetto di discussione attraverso la conoscenza, non saltuaria né superficiale, quantomeno degli approdi più recenti del dibattito dottrinale nonché degli orientamenti delle principali Corti di giustizia.

Tale prospettiva di studi, tuttavia, si rivela oltremodo efficace al fine di consentire allo studioso del diritto di (tentare di) coniugare *ius* e *iustitia* attraverso l'interpretazione. Ovviamente non si tratta della mera esegesi tecnica delle norme ma della vera e propria *interpretatio iuris*, quell'arte che, come hanno dimostrato i giuristi romani, ha storicamente permesso di declinare l'applicazione del diritto coerentemente con i valori di una civile convivenza, rispettosa di valori fondanti quali l'*aequitas*, l'*humanitas*, la *benignitas*, ponendo in tal modo il diritto stesso al servizio della persona umana affinchè, appunto, "*hominum causa omne ius constitutum sit*", come già affermava con forza il giurista Ermogeniano sul finire del terzo secolo d.C.

In tale direzione, l'esperienza giuridica dei romani assurge dunque a patrimonio di tecniche argomentative, di princìpi e di concetti utili, nel tentativo di soddisfare una perenne domanda di giustizia, dando ai bisogni incessantemente mutevoli degli uomini le necessarie risposte concrete, oggi come mai non più rinviabili.

Lo studio della storia del diritto, in tal modo, acquista un rinnovato senso, non rischiando di diventare oggetto autoreferenziale, e per questo isolato dal complesso della tradizione giuridica contemporanea, bensì pienamente idoneo, al contrario, ad offrire gli strumenti necessari per discernere la complessità del presente e dare risposte ai bisogni, sempre mutevoli e sempre più complessi dell'uomo di oggi.

Il cultore del diritto romano, dunque, non può limitarsi a compiacersi della conoscenza di un diritto e di una scienza giuridica di un lontano passato, seppure glorioso, ma ha l'obbligo di essere consapevole che la storia attraversa le vicende del diritto, sottraendone le trasformazioni alla mera casualità. È per questa ragione che non esiste un diritto senza storia così come non può esistere un vero giurista privo di questa consapevolezza: un itinerario che dobbiamo tutti percorrere, con equilibrio e nella lucida consapevolezza che sarebbe illusorio pensare di rinvenire nella storia tutte le risposte di cui abbiamo bisogno laddove, invece, proprio la conoscenza delle vicende passate dell'uomo ci consente però di porre correttamente ed in maniera adeguata le domande.

2
DO DIREITO ROMANO À ERA TECNOLÓGICA: O QUE DIRIAM GAIO E TRIBONIANO?

Rodrigo Arnoni Scalquette

Introdução

Vivemos atualmente a Era da Tecnologia com a Inteligência Artificial (IA) e seus algoritmos...

Os carros voadores começaram a ser produzidos por algumas empresas, dentre elas, pela EMBRAER, no Brasil, para serem entregues no ano de 2026. Coisas que víamos até então nas telas dos cinemas como mera ficção científica estão acontecendo. Estamos vivendo uma revolução que mudou nossos hábitos, nosso jeito de viver, nossas relações pessoais e de trabalho com reflexos por milênios.

Por outro lado, o direito romano[1] – conjunto de regras jurídicas que vigoraram no Império Romano por cerca de 12 (doze) séculos[2]; ou seja, da fundação de Roma, em 754 antes do nascimento de Cristo, até a morte do imperador Justiniano, no ano de 565 da nossa era, influenciou e ainda influencia o direito na Europa continental e o direito na América Latina, norteando a história dos povos que são governados por um sistema de leis.

Afinal de contas qual é o ponto de tangência entre o Direito Romano e a Era Tecnológica? O que diriam os jurisconsultos romanos Gaio e Triboniano caso vivos estivessem em pleno século XXI?

[1] "A história do direito romano é uma história de 22 séculos, que vai do século VII a. C. a V d.C., com a queda do Império Romano do Ocidente, prolongada até o século XV com o Império Romano do Oriente, também conhecido como Império Bizantino". Maciel, José Fabio Rodrigues; Aguiar, Renan. **História do Direito**. 4ª ed. São Paulo: Saraiva, 2010, p. 74.

[2] Cf. Cretella Júnior, José. **Direito Romano Moderno: Introdução ao Direito Civil Brasileiro**. 11ª ed. Rio de Janeiro: Forense, 2002, p.1-2.

Esta possível projeção e as eventuais contribuições dos citados jurisconsultos romanos serão perseguidas neste texto.

1. Apontamentos sobre o Direito Romano

Tanto o caminho percorrido pelo direito romano como os avanços trazidos pela era tecnológica podem ser exemplos da dinâmica evolução da sociedade. Esta é a combinação e a mistura entre os dois assuntos. A sociedade está em constante modificação e ao longo dos anos incorpora hábitos, costumes, direitos e deveres.

Desta feita, com o intuito de tecer alguns apontamentos sobre as diversas fases do direito romano insta dividi-lo em 3 (três) grandes períodos: I) período arcaico; II) período clássico e, III) período pós-clássico[3].

Período arcaico do direito romano

O período arcaico do direito romano tem início com a fundação de Roma no século VIII antes de Cristo, estendendo-se até o século II antes de Cristo. Pode-se afirmar que, nesta época, o direito romano se expressava pela rigidez, ritualidade e formalismo[4], pois se baseava nos usos e costumes familiares. A família era o centro de tudo, inclusive do Direito. Na sociedade primitiva dos romanos, o pai exercia poder absoluto na família. Era o juiz, o sacerdote e o censor dos costumes. Os mandamentos e princípios eram determinados por ele – o *pater familias*.

Naquele tempo a sociedade romana fora dividida em dois grandes grupos: elite e plebeus. As leis costumeiras, até então, só eram conhecidas pela elite romana, isto é, pelos patrícios, e eram desconhecidas pelo povo de Roma. Diante deste cenário, os plebeus questionaram os privilégios, os direitos e os poderes dos patrícios que geravam constantes derrotas da plebe nos processos judiciais.

A plebe, portanto, se revoltou e o que aconteceu, na sequência, em Roma?

O objetivo do povo romano foi o de romper com esta sistemática e, dessa forma, passou a exigir que as regras costumeiras fossem escritas

[3] Cf. SCALQUETTE, Rodrigo Arnoni. **Lições Sistematizadas de História do Direito**. 2ª ed. São Paulo: Almedina, 2020, p. 37.

[4] Cf. CASTRO, Flávia Lages de. **História do Direito Geral e Brasil**. 3ª ed. Rio de Janeiro: Lumen Juris: 2006, p. 84.

para que pudessem conhecer as leis e não serem mais surpreendidos, a cada momento, com sua aplicação. Como, então, a elite romana acabou cedendo à vontade da plebe?

O instrumento de pressão usado pela plebe de Roma para forçar os patrícios a positivarem os usos e costumes familiares foi a ameaça de abandonar Roma -feita pelo *Tribuno da Plebe*, o que deixaria a elite romana sem mão de obra.

Foi assim que surgiu a principal lei do período arcaico chamada de Lei das XII Tábuas[5].

A Lei das XII Tábuas foi, portanto, a positivação do direito consuetudinário graças à intervenção do representante do povo romano na relação entre elite e plebe numa demonstração revolucionária do poder do povo de Roma, revelando a sua atuação prática na dinâmica social que interrompeu as constantes mudanças das normas jurídicas.

Interessante se faz notar que a Lei das XII Tábuas foi recepcionada por sistemas jurídicos de vários países modernos[6], dentre outros, destacamos o direito privado brasileiro que encampou vários institutos jurídicos romanos do período arcaico, como por exemplo, a usucapião, no Código Civil brasileiro.

Cumpre salientar, neste ponto, que o direito romano privado atingiu grande desenvolvimento e perfeição em Roma e, por outro lado, o direito público não teve o mesmo alcance e, por esta razão, um romanista afirmou: *"os romanos foram gigantes no direito privado e pigmeus no direito público"*[7].

Período clássico do direito romano

De outra parte, o período clássico do direito romano foi o de maior brilho e tem início no século II antes de Cristo até o século III. O poder do Estado não estava mais com a *Família*, mas sim centralizado entre os jurisconsultos e pretores, que tinham o poder de modificar e revolucionar as leis e, consequentemente, o *Direito*.

[5] Cf. Marky, Thomas. **Curso Elementar de Direito Romano.** 8ª ed. São Paulo: Saraiva, 2008, p. 6.

[6] Cf. Corrêa, Alexandre; Sciascia, Gaetano. **Manual de Direito Romano.** 6ª ed. São Paulo: Revista dos Tribunais, 1988, p. 13.

[7] Cf. Cretella Júnior, José. **Curso de Direito Romano: o direito romano e o direito civil brasileiro.** 27ª ed. Rio de Janeiro: Forense, 2002, p. 7.

Os jurisconsultos ou prudentes possuíam a mesma autoridade do imperador e tinham dupla função no direito romano clássico. Veja-se:

a) *função processualista*: os jurisconsultos na relação triangular do processo judicial determinavam as regras processuais aos juízes e às partes; vale dizer, demarcavam o caminho do processo ao juiz, ao autor e ao réu. O processo judicial tem início com o recebimento da petição inicial e termina no ato pelo qual o juiz põe termo ao processo através da sua decisão (sentença).[8]
b) *função parecerista*: os jurisconsultos emitiam opiniões sobre questões práticas do cotidiano que lhes eram apresentadas pelo Imperador tendo tais pareceres/opiniões força de lei. Possuíam, ainda, o conhecimento das instituições divinas (*fas*) e das instituições humanas (*ius*)[9] e, além disso, da *iurisprudentia* que significava a ciência do direito (prudentia = ciência; iuris= do direito). Aqui encontra-se o antecedente remoto da jurisprudência. Ulpiano a definiu como "o conhecimento das coisas divinas e humanas, a ciência do justo e do injusto".[10]

Bom lembrar, neste período, o importante trabalho desenvolvido pelo jurisconsulto Gaio que viveu no século II e escreveu as *Institutas*, uma exposição completa dos elementos do direito privado romano, dividida em quatro livros. Nas *Institutas de Gaio* o direito romano é tratado de maneira didática com escrita simples e ordenada[11].

No primeiro livro, Gaio tratou das fontes do direito e das pessoas; no segundo, abordou o direito das coisas, os direitos reais e as sucessões testamentárias; no terceiro livro disserta sobre o direito das obrigações e sucessões sem testamento; por fim, no quarto livro cuida das ações.

De todas as obras dos jurisconsultos as *Institutas de Gaio* foram as únicas que nos chegaram por inteiro sendo descoberta em Verona no ano de 1816. Digna de nota foi a imensa coletânea de dados históricos que Gaio anexou no exame de cada instituto jurídico e, com o confronto de outros

[8] Cf. Scalquette, Rodrigo Arnoni. **Lições Sistematizadas de História do Direito**. 2ª ed. São Paulo: Almedina, 2020, p. 53.

[9] Cf. Adragão, Paulo Pulido. **Lições de História do Direito Romano, Peninsular e Português**. 1ª ed. Coimbra/PT: Almedina, 2016, p. 33.

[10] Cf. Giordani, Mário Curtis. **Iniciação ao Direito Romano**. 5ª ed. Rio de Janeiro: Lumen Juris, 2003, p. 65.

[11] Cf. Costa, Moacyr Lobo da. **GAIO: estudo biobibliográfico**. São Paulo: Saraiva, 1989, p. 9.

textos ou fragmentos de leis, pode-se conhecer com profundidade o direito romano. Sem a descoberta das *Institutas de Gaio* até hoje estaríamos debruçados somente em pequenos trechos das demais obras jurídicas romanas.[12]

Ainda no período clássico temos a figura do pretor, administrador da justiça em Roma, que era uma espécie de magistrado republicano que fixava os limites da disputa judicial; vale dizer, cuidava da primeira fase do processo entre particulares, verificando as alegações do autor e do réu, delimitando a controvérsia, para remeter o caso posteriormente a um juiz particular que, após verificar a procedência das alegações, e diante das provas apresentadas, tomava sua decisão[13].

Na função de magistrado o pretor possuía duas especialidades: i) *pretor urbano*; e, ii) *pretor peregrino*.

i) *pretor urbano*: tinha competência para cuidar das causas relacionadas à cidade e, também, das questões jurídicas envolvendo cidadãos romanos. Exemplo: conflitos relacionados ao direito de vizinhança.[14]

ii) *pretor peregrino*: tinha competência para cuidar das causas fora da cidade, isto é, das causas relacionadas ao campo, além de tratar das questões jurídicas envolvendo estrangeiros (não-cidadãos romanos). Exemplo: usucapião de um imóvel fora da cidade (rural).[15]

Período pós-clássico do direito romano

Por fim, no período pós-clássico o direito romano vivia do passado – era seu declínio, período entre os séculos III a VI. Nesta época os romanos resolveram codificar o direito já existente em diversos diplomas legais, deixando um legado para vários sistemas jurídicos ocidentais.

O imperador Justiniano foi o grande responsável pela codificação do direito romano na decadência, codificação chamada de Justinianeia. Justiniano subiu ao trono do Império Romano do Oriente, em Constantinopla, no dia 1º de agosto de 527 e após obter êxito militar e político se dedicou à reforma legislativa.

[12] Cf. PEDROSA, Ronaldo Leite. **Direito em História**. 5ª ed. Rio de Janeiro: Lumen Juris, 2006, p. 137.

[13] Cf. MARKY, Thomas. **Curso Elementar de Direito Romano.** 8ª ed. São Paulo: Saraiva, 2008, p. 7.

[14] Cf. SCALQUETTE, Rodrigo Arnoni. **Lições Sistematizadas de História do Direito**. 2ª ed. São Paulo: Almedina, 2020, p. 55.

[15] **Idem.**

O imperador romano do Oriente teve particular interesse pela jurisprudência e a ela dedicou todas as suas forças.

No segundo ano de seu governo Justiniano deu início à sua obra legislativa. Para elaboração desta legislação o imperador designou uma comissão de 10 (dez) juristas, chefiados por Triboniano.

Triboniano, jurista bizantino, tinha, então, a incumbência de preparar o novo Código do Império[16] trabalhando na organização e recompilação sistemática do direito romano até então vigente. O resultado foi o advento do *Corpus Juris Civilis*[17] que fora dividido em 4 partes: *Codex; Digesto; Institutas e Novelas.*[18]

- *Codex*: foi o primeiro diploma legal do Código de Justiniano no qual foram reunidos os suportes legais do direito romano; isto é, foram reunidas todas as constituições do Império Romano depois do imperador Adriano. Visava substituir o Código Teodosiano. Para homenagear a Lei das XII Tábuas o Codex foi dividido em 12 livros; infelizmente, ao longo da história, os textos foram perdidos, não havendo o original desta obra, somente alguns fragmentos[19].
- *Digesto*[20]: é um repertório de jurisprudência romana. Aqui Triboniano fez o seu maior trabalho: o *digerere*; ou seja, juntamente com professores e práticos do direito, pôs em ordem os pareceres dos jurisconsultos que estavam dispersos por séculos. Fez cancelamentos, alterações, acréscimos, e procurou de modo particular garantir que no repertório não houvesse nenhuma repetição nem contradição[21]. O Digesto[22] foi dividido em 50 livros e cada livro em títulos.

[16] Conhecido como Código Justinianeu ou Código de Justiniano ou, ainda, *Corpus Juris Civilis*.

[17] Cf. CORRÊA, Alexandre; SCIASCIA, Gaetano. **Manual de Direito Romano**. 6ª ed. São Paulo: Revista dos Tribunais, 1988, p. 303.

[18] Cf. PALMA, Rodrigo Freitas. **História do Direito**. 4ª ed. São Paulo: Saraiva, 2011, p. 86-87.

[19] Cf. SCALQUETTE, Rodrigo Arnoni. **Lições Sistematizadas de História do Direito**. 2ª ed. São Paulo: Almedina, 2020, p. 56-57.

[20] Com relação ao estudo da pena no Digesto conferir as lições de FASOLINO, Francesco. **Pena, amnistia, emenda: una prospettiva storico-giuridica**. *In*: Abbrivi nuova serie 2. Napoli: Jovene editore, 2016.

[21] Cf. CORRÊA, Alexandre; SCIASCIA, Gaetano. **Manual de Direito Romano**. 6ª ed. São Paulo: Revista dos Tribunais, 1988, p. 304-305.

[22] Em grego Pandectas (pan=tudo e déchomai=encerrar, receber: "encerra tudo, abrange tudo"). Cf. CRETELLA JÚNIOR, José. **Curso de Direito Romano: o direito romano e o direito civil brasileiro**. 27ª ed. Rio de Janeiro: Forense, 2002, p. 51.

O original desta obra ainda existe e continua sendo fonte de inspiração para legislações e doutrinas no mundo atual;

- *Institutas*: são um Manual de direito romano para estudantes. O imperador Justiniano queria que o direito romano fosse entendido e aplicado por um número cada vez maior de pessoas e, por esta razão, Triboniano, com auxílio de outros juristas, inspirando-se nas *Institutas de Gaio,* fez uma exposição didática e elementar do direito romano, basicamente do direito privado. Foi dividida em 4 livros e teve força de lei por ordem de Justiniano;
- *Novelas*: a última parte do *Corpus Iuris Civilis,* também chamada de "leis novas". São leis e constituições de Justiniano que continham regras do cotidiano para serem aplicadas aos povos do Império Romano do Oriente e, por esta razão, quase todas foram escritas em grego. Ao todo somaram 154 leis.

Como visto até aqui, o estudo do direito romano é muito importante para o mundo atual, pois foi e continua sendo fonte de pesquisa de muitos sistemas jurídicos, doutrinas e legislações, determinando uma grande revolução em termos de ciência jurídica, propulsora de inúmeros elementos civilizatórios.

Nesse sentido, pode-se afirmar que somos herdeiros dos romanos em diversos aspectos: nossa língua é "filha" do latim, somos romanos na divisão das nossas cidades, somos romanos na política e na administração pública, somos romanos quando abordamos o Direito, quando fundamos nossa base social em um Estado de Direito que – como acima descrito – foi sistematizado pelos romanos antigos.[23]

2. Gaio e Triboniano

Logo no início deste texto, registrou-se que há uma ligação entre o direito romano e a era tecnológica, pois ambos se modificam conforme a dinâmica social. A sociedade, em constante transformação, exige que determinados comportamentos humanos sejam, de alguma forma, notados pelo legislador para que posteriormente sejam normatizados para uma vida social harmônica.

[23] Cf. CASTRO, Flávia Lages de. **História do Direito Geral e Brasil**. 3ª ed. Rio de Janeiro: Lumen Juris: 2006, p. 77.

O direito romano fez uma grande revolução na ciência jurídica e o que acontece na atualidade é que um outro marco se estabelece: a tecnologia. Ela é responsável por uma outra grande revolução na ciência jurídica. Seria muito oportuno que a própria tecnologia pudesse abrir uma espécie de "*portal intergeracional*" com Gaio e Triboniano para que eles pudessem deixar suas contribuições, assim como o fizeram nos períodos romanos citados.

Gaio faria valer os princípios do "*legal design*" para que em uma sistematização simplificada e direta fosse criada a regulamentação necessária para adaptar o arcabouço jurídico já existente às novas relações sociais que derivam da tecnologia ou que são por ela impactadas. O trabalho de Gaio só seria realmente completo se amparado no trabalho de Triboniano que "varreria" as mais diversas regulamentações e entendimentos jurisprudenciais ao redor do mundo para que Gaio pudesse com seus talentos os simplificar.

Gaio, como vimos anteriormente, foi jurista do período clássico do direito romano. Nesta época entrou em cena, depois da Lei das XII Tábuas, o direito proposto pelos pretores e jurisconsultos. Gaio, então, um jurista visionário, proativo e autodidata escreveu seus trabalhos na época dos imperadores romanos Antonino Pio[24] (138-161) e Marco Aurélio[25] (161-180). Seu empenho no estudo do direito romano resultou nas célebres *Institutas* escritas de forma didática, realista e prática que, com apenas 4 livros, serviram de modelo para a obra de Justiniano que também levou o nome de *Institutas*.

Pouco sabemos sobre a vida de Gaio mas, considerando seu legado com as *Institutas*, podemos afirmar que dos juristas da sua geração, teve um perfil diferenciado e crítico, inovando o mundo jurídico com uma obra simples, objetiva e perfeitamente prática, para que qualquer pessoa pudesse compreender e aplicar o direito romano vigente.

Ora estes atributos de Gaio são justamente os atributos da chamada "*geração Z*"; vale dizer, pessoas que têm um perfil diferenciado e crítico,

[24] Seu longo reinado deveu-se às suas virtudes de moderação e habilidade no trato da política. Nomeou sempre como auxiliares pessoas experientes e justas. Criou importantes instituições, inclusive um orfanato para jovens. Socorreu as cidades assoladas por calamidades públicas. Cf. FRÓES, Oswaldo. **Direito Romano: essência da cultura jurídica.** 1ª ed. São Paulo: Jurídica Brasileira, 2004, p. 87.

[25] Sua vida e reinado são exemplos de virtude, não apenas na filosofia estóica que adotou, revelando sua nobreza de espírito em seus escritos, notadamente em *Pensamentos*, grande compêndio de sabedoria e doutrina estóica. **Ibidem**, p. 88.

mas mantêm a mente aberta a novas experiências e aprendizados. São ligadas a figuras realistas e práticas, com tendências a buscar diferentes meios para atingir seus objetivos[26].

Gaio, valendo-se destes atributos, simplificou o direito romano, escreveu seu obra-prima *Institutas* que continua servindo de inspiração para legislações de diversos países e estudada em pleno século XXI.

E o que Gaio diria da era tecnológica atual? Qual seria seu papel?

Se vivesse entre nós, Gaio, como integrante da "Geração Z", possivelmente se autointitularia como um nativo digital que nasceu para simplificar as coisas, para quebrar estereótipos e tornar a vida mais simples. Priorizaria todos os processos de interação que agregam valor e, provavelmente, criaria um aplicativo jurídico para desembaraçar e facilitar a vida do operador do direito em resposta ao mosaico de legislações e jurisprudência conflitantes que se tem na atualidade.

Já Triboniano, como visto, foi o responsável por sistematizar o direito romano antigo –reorganizando o direito até então existente e criando a grande legislação de Justiniano, o *Corpus Iuris Civilis*.

O que diria Triboniano da nossa era tecnológica? Uma hipótese:

> *– Eu fiz justamente o que vocês chamam hoje de inovação: por meio de uma sequência de ações que foram executadas por mim e por outros jurisconsultos criamos a maior legislação romana de que se tem notícia na história e que serve, ainda hoje, como legado para diversos países que seguem o direito codificado.*

A reorganização legislativa, na era tecnológica, contudo, deve ocorrer na mesma medida do trabalho de Triboniano.

A sequência de decisões programadas para um algoritmo deve seguir parâmetros legais e éticos muito bem definidos, trabalho historicamente reconhecido como tendo sido feito pelo jurisconsulto romano.

É bom lembrar que Triboniano foi, mais um compilador de leis do que um criador. Idealizou um trabalho sistematizado para que seus auxiliares pudessem consultar cerca de 2 mil livros e um total de 3 milhões de linhas no período de 3 anos[27]. Trabalho essencial para aquele que busca criar uma maior "programação de ações sistematizadas".

[26] Cf. Disponível em: https://hospitalsantamonica.com.br/geracao-z. Acesso em 11/08/23.

[27] Cf. Giordani, Mário Curtis. **Iniciação ao Direito Romano**. 5ª ed. Rio de Janeiro: Lumen Juris, 2003, p. 199-200.

Só com uma sequência de atos totalmente programados e com um objetivo muito bem definido foi que o jurista bizantino conseguiu realizar uma obra jurídica verdadeiramente admirável para os padrões da época o que o coloca como um grande legislador de seu tempo, utilizando a inteligência humana e não a inteligência artificial[28] para tal feito.

Quando se pensa na dificuldade trazida por um algoritmo, pouco se fala da programação em si, mas muito se discute sobre parâmetros a serem seguidos e limites a serem observados nesta programação, além da questão envolvendo a subjetividade do próprio programador.

Triboniano fornece uma possível receita para solucionar estas questões. A criação de um algoritmo precisa estar calçada em bases jurídicas sólidas, em direitos garantidos por leis e constituições, em que se respeite o ser humano em toda a sua integralidade, e isso apenas pode ser conquistado com uma "varredura" dos ordenamentos jurídicos em toda a sua complexidade, envolvendo leis, jurisprudência e doutrina, sob pena de vir a existir uma programação rasa e tirânica em que uma máquina possa vir a dominar um ser.

Conclusões

Com Gaio e com sua dinâmica e contribuição, o direito romano passou a ser estudado e compreendido por um número cada vez maior de pessoas pelo simples fato de ele ter conseguido condensar os principais institutos jurídicos de então – facilitando a visão e o entendimento do direito vigente à época.

Seria valoroso contar com Gaio em nosso século, uma vez que os sistemas jurídicos, em sua maioria, estão compostos de um emaranhado de leis e decisões muitas vezes contraditórias, impedindo a compreensão do direito pelo especialista e, sobretudo, pelo leigo.

Já Triboniano e seu hercúleo trabalho de codificação, propiciou a reorganização e a sistematização do direito romano vigente no período de decadência, transformando-o no maior diploma legal do direito romano.

[28] A inteligência artificial é um ramo da ciência da computação que se dedica ao estudo e ao desenvolvimento de máquinas e programas de computadores capazes de reproduzir o comportamento humano na tomada de decisões e na realização de tarefas, desde as mais simples até as mais complexas. Cf. Disponível em: https://brasilescola.uol.com.br/informatica/inteligencia-artificial.htm. Acesso em 11/08/23.

Certamente, se vivesse entre nós, agora, poderia valer-se da inteligência artificial, para "compilar" todas as disciplinas legais e entendimentos jurisprudenciais sobre tecnologia, a fim de evitar o conflito de disposições legais nacionais e internacionais o que, indubitavelmente, traria grande pacificação de conflitos na era digital.

Chegando ao final, conclui-se que passado e futuro se entrelaçam, direito romano e era tecnológica tangenciam seus objetivos nas relações entre pessoas e, assim como na história que é cíclica, os problemas também se repetem, parecendo ser uma ideia razoável valer-se das experiências de sucesso para o enfrentamento de novas crises que, afinal, são sempre as mesmas, mas com novas roupagens.

Referências

Adragão, Paulo Pulido. **Lições de História do Direito Romano, Peninsular e Português.** 1ª ed. Coimbra/PT: Almedina, 2016.

Castro, Flávia Lages de. **História do Direito Geral e Brasil.** 3ª ed. Rio de Janeiro: Lumen Juris, 2006.

Corrêa, Alexandre; Sciascia, Gaetano. **Manual de Direito Romano.** 6ª ed. São Paulo: Revista dos Tribunais, 1988.

Costa, Moacyr Lobo da. **GAIO: estudo biobibliográfico.**São Paulo: Saraiva, 1989.

Cretella Júnior, José. **Curso de Direito Romano: o direito romano e o direito civil brasileiro.** 27ª ed. Rio de Janeiro: Forense, 2002.

_____________. **Direito Romano Moderno: Introdução ao direito civil brasileiro.** 11ª ed. Rio de Janeiro: Forense, 2002.

Fasolino, Francesco. **Pena, amnistia, emenda: una prospettiva storico-giuridica.** *In*: Abbrivi nuova serie 2. Napoli: Jovene editore, 2016.

Fróes, Oswaldo. **Direito Romano: essência da cultura jurídica.** 1ª ed. São Paulo: Jurídica Brasileira, 2004.

Giordani, Mário Curtis. **Iniciação ao Direito Romano.** 5ª ed. Rio de Janeiro: Lumen Juris, 2003.

Maciel, José Fabio Rodrigues; Aguiar, Renan. **História do Direito.** 4ª ed. São Paulo: Saraiva, 2010.

Marky, Thomas. **Curso Elementar de Direito Romano.** 8ª ed. São Paulo: Saraiva, 2008.

Palma, Rodrigo Freitas. **História do Direito.** 4ª ed. São Paulo: Saraiva, 2011.

Pedrosa, Ronaldo Leite. **Direito em História.** 5ª ed. Rio de Janeiro: Lumen Juris, 2006.

Scalquette, Rodrigo Arnoni. **Lições Sistematizadas de História do Direito.** 2ª ed. São Paulo: Almedina, 2020.

2
DAL DIRITTO ROMANO ALL'ERA TECNOLOGICA: COSA DIREBBERO GAIO E TRIBONIANO?

RODRIGO ARNONI SCALQUETTE

Introduzione

Viviamo attualmente l'Era della Tecnologia con l'Intelligenza Artificiale (IA) e i suoi algoritmi...

Le auto volanti sono iniziate ad essere prodotte da alcune aziende, tra cui l'EMBRAER, in Brasile, per essere consegnate nell'anno 2026. Stanno accadendo cose che finora vedevamo sugli schermi cinematografici come mera fantascienza. Stiamo vivendo una rivoluzione che ha cambiato le nostre abitudini, il nostro modo di vivere, i nostri rapporti personali e lavorativi, con riflessi per millenni.

D'altra parte, il diritto romano[1] – insieme di regole giuridiche che rimasero in vigore nell'Impero Romano per circa 12 (dodici) secoli[2], cioè dalla fondazione di Roma, nel 754 prima della nascita di Cristo, fino alla morte dell'imperatore Giustiniano, nell'anno 565 della nostra era, influenzò e influenza tuttora il diritto nell'Europa continentale e il diritto in America Latina, guidando la storia dei popoli che sono governati da un sistema di leggi.

[1] "La storia del diritto romano è una storia di 22 secoli, che va dal VII secolo a. C. al V secolo d.C., con la caduta dell'Impero Romano d'Occidente, prolungata fino al XV secolo con l'Impero Romano d'Oriente, noto anche come Impero Bizantino". MACIEL, José Fabio Rodrigues; AGUIAR, Renan. **História do Direito.** 4ª ed. São Paulo: Saraiva, 2010, p. 74.

[2] Cf. CRETELLA JÚNIOR, José. **Direito Romano Moderno: Introdução ao Direito Civil Brasileiro.** 11ª ed. Rio de Janeiro: Forense, 2002, p.1-2.

Quindi, qual è il punto di tangenza tra il Diritto Romano e l'Era Tecnologica? Cosa direbbero i giureconsulti romani Gaio e Triboniano se fossero vivi in pieno XXI secolo?

Questa possibile proiezione e gli eventuali contributi dei suddetti giureconsulti romani saranno perseguiti in questo testo.

1. Appunti sul diritto romano

Sia il percorso intrapreso dal diritto romano che i progressi portati dall'era tecnologica possono essere esempi della dinamica evoluzione della società. Questa è la combinazione e la miscela tra i due argomenti. La società è in continuo cambiamento e negli anni incorpora abitudini, consuetudini, diritti e doveri.

Questa volta, con l'intento di formulare alcune osservazioni sulle varie fasi del diritto romano, si sollecita a suddividerlo in 3 (tre) grandi periodi: I) periodo arcaico; II) periodo classico; e III) periodo post classico[3].

Periodo arcaico del diritto romano

Il periodo arcaico del diritto romano ha inizio con la fondazione di Roma nell'VIII secolo avanti Cristo, estendendosi fino al II secolo avanti Cristo. Si può affermare che, in questa epoca, il diritto romano si esprimesse attraverso rigidità, ritualità e formalismo[4], in quanto basato su usi e costumi familiari. La famiglia era il centro di tutto, compreso il Diritto. Nella società primitiva dei romani, il padre esercitava potere assoluto nella famiglia. Era il giudice, il sacerdote e il censore dei costumi. I comandamenti e i principi erano determinati da lui – il *pater familias*.

A quel tempo la società romana era divisa in due grandi gruppi: élite e plebei. Le leggi consuetudinarie, fino ad allora, erano conosciute solo dall'élite romana, cioè dai patrizi, ed erano sconosciute al popolo di Roma. Di fronte a questo scenario, i plebei misero in discussione i privilegi, i diritti e i poteri dei patrizi che generavano continue sconfitte della plebe nei processi giudiziari.

La plebe, quindi, si ribellò, e cosa accadde, successivamente, a Roma?

[3] Cf. SCALQUETTE, Rodrigo Arnoni. **Lições Sistematizadas de História do Direito**. 2ª ed. São Paulo: Almedina, 2020, p. 37.

[4] Cf. CASTRO, Flávia Lages de. **História do Direito Geral e Brasil**. 3ª ed. Rio de Janeiro: Lumen Juris: 2006, p. 84.

L'obiettivo del popolo romano fu quello di rompere con questa sistematica e, in questo modo, passò a esigere che le regole consuetudinarie fossero scritte in modo che potessero conoscere le leggi e non essere più sorpresi, in ogni momento, dalla loro applicazione. Come, allora, l'élite romana finì per cedere alla volontà della plebe?

Lo strumento di pressione utilizzato dalla plebe di Roma per costringere i patrizi a positivizzare gli usi e i costumi familiari fu la minaccia di abbandonare Roma – fatta dal *Tribuno della Plebe*, il che avrebbe lasciato l'élite romana senza manodopera.

Fu così che sorse la legge principale del periodo arcaico chiamata Legge delle XII Tavole[5].

La Legge delle XII Tavole fu, quindi, la positivizzazione del diritto consuetudinario grazie all'intervento del rappresentante del popolo romano nel rapporto tra élite e plebe in una dimostrazione rivoluzionaria del potere del popolo di Roma, rivelandone l'attuazione pratica nella dinamica sociale che interruppe i continui cambiamenti delle norme giuridiche.

È interessante notare che la Legge delle XII Tavole è stata accolta dai sistemi giuridici di diversi paesi moderni[6], tra gli altri, segnaliamo il diritto privato brasiliano, che ha adottato diversi istituti giuridici romani del periodo arcaico, come ad esempio l'usucapione, nel Codice Civile brasiliano.

Va sottolineato, a questo punto, che il diritto romano privato raggiunse grande sviluppo e perfezione a Roma e, d'altra parte, il diritto pubblico non ebbe la stessa portata e, per questo motivo, un romanista affermò: *"i romani furono giganti nel diritto privato e pigmei nel diritto pubblico"*[7].

Periodo classico del diritto romano

D'altra parte, il periodo classico del diritto romano fu quello più fulgido ed ebbe inizio nel II secolo avanti Cristo fino al III secolo. Il potere dello Stato non era più con la *Famiglia*, ma era centralizzato tra i giureconsulti e i pretori, che avevano il potere di modificare e rivoluzionare le leggi e, di conseguenza, il *Diritto*.

[5] Cf. Marky, Thomas. **Curso Elementar de Direito Romano**. 8ª ed. São Paulo: Saraiva, 2008, p. 6.

[6] Cf. Corrêa, Alexandre; Sciascia, Gaetano. **Manual de Direito Romano**. 6ª ed. São Paulo: Revista dos Tribunais, 1988, p. 13.

[7] Cf. Cretella Júnior, José. **Curso de Direito Romano: o direito romano e o direito civil brasileiro**. 27ª ed. Rio de Janeiro: Forense, 2002, p. 7.

I giureconsulti o prudenti possedevano la stessa autorità dell'imperatore e avevano una duplice funzione nel diritto romano classico. Ossia:

a) *funzione di processualista*: i giureconsulti nel rapporto triangolare del processo giudiziario determinavano le regole processuali ai giudici e alle parti; vale a dire, delimitavano il percorso del processo al giudice, all'attore e al convenuto. Il processo giudiziario ha inizio con la ricezione della petizione iniziale e termina nell'atto per cui il giudice pone termine al processo attraverso la sua decisione (sentenza).[8]
b) *funzione di parerista*: i giureconsulti emettevano opinioni su questioni pratiche quotidiane che venivano loro presentate dall'Imperatore, avendo tali pareri/opinioni forza di legge. Possedevano anche la conoscenza delle istituzioni divine (*fas*) e delle istituzioni umane (*ius*)[9] e, inoltre, della *iurisprudentia*, che significava la scienza del diritto (prudentia = scienza; iuris = del diritto). Qui si trova l'antecedente remoto della giurisprudenza. Ulpiano la definì come "la conoscenza delle cose divine e umane, la scienza del giusto e dell'ingiusto".[10]

È bene ricordare, in questo periodo, l'importante opera sviluppata dal giureconsulto Gaio, che visse nel II secolo e scrisse le *Istituzioni*, un'esposizione completa degli elementi del diritto privato romano, suddivisa in quattro libri. Nelle *Istituzioni di Gaio* il diritto romano è trattato in modo didattico con scrittura semplice e ordinata[11].

Nel primo libro, Gaio trattò delle fonti del diritto e delle persone; nel secondo, affrontò il diritto delle cose, i diritti reali e le successioni testamentarie; nel terzo libro disserta sul diritto delle obbligazioni e sulle successioni senza testamento; infine, nel quarto libro si occupa delle azioni.

Tra tutte le opere dei giureconsulti, le *Istituzioni di Gaio* furono le uniche che ci sono pervenute integralmente, essendo scoperte a Verona nell'anno

[8] Cf. Scalquette, Rodrigo Arnoni. **Lições Sistematizadas de História do Direito**. 2ª ed. São Paulo: Almedina, 2020, p. 53.

[9] Cf. Adragão, Paulo Pulido. **Lições de História do Direito Romano, Peninsular e Português**. 1ª ed. Coimbra/PT: Almedina, 2016, p. 33.

[10] Cf. Giordani, Mário Curtis. **Iniciação ao Direito Romano**. 5ª ed. Rio de Janeiro: Lumen Juris, 2003, p. 65.

[11] Cf. Costa, Moacyr Lobo da. **GAIO: estudo biobibliográfico**. São Paulo: Saraiva, 1989, p. 9.

1816. Degna di nota fu l'immensa raccolta di dati storici che Gaio annetté nell'esame di ogni istituto giuridico e, con il confronto di altri testi o frammenti di leggi, si può conoscere a fondo il diritto romano. Senza la scoperta delle *Istituzioni di Gaio*, fino ad oggi ci saremmo appoggiati solo su piccoli estratti delle altre opere giuridiche romane.[12]

Sempre nel periodo classico abbiamo la figura del pretore, amministratore della giustizia a Roma, che era una specie di magistrato repubblicano che fissava i limiti della controversia giudiziaria; vale a dire, si occupava della prima fase del processo tra privati, verificando le allegazioni dell'attore e del convenuto, delimitando la controversia, per poi rinviare la causa a un giudice privato che, dopo aver verificato la fondatezza delle allegazioni, e di fronte alle prove presentate, prendeva la sua decisione[13].

Nella funzione di magistrato il pretore possedeva due specialità: i) *pretore urbano*; e ii) *pretore pellegrino.*

i) *pretore urbano*: aveva competenza per occuparsi delle cause relative alla città e anche delle questioni giuridiche che coinvolgessero cittadini romani. Esempio: conflitti relativi al diritto di vicinato.[14]

ii) *pretore pellegrino*: aveva competenza per occuparsi delle cause fuori città, cioè delle cause relative alla campagna, oltre ad occuparsi delle questioni giuridiche che coinvolgessero stranieri (non cittadini romani). Esempio: usucapione di un immobile fuori città (rurale).[15]

Periodo post classico del diritto romano

Infine, nel periodo post classico il diritto romano viveva nel passato – era il suo declino, il periodo tra il III e il VI secolo. In questa epoca, i romani decisero di codificare il diritto già esistente in diversi diplomi legali, lasciando un'eredità a diversi sistemi giuridici occidentali.

L'imperatore Giustiniano fu il grande responsabile della codificazione del diritto romano nella decadenza, codificazione chiamata Giustinianea. Giustiniano salì al trono dell'Impero Romano d'Oriente, a Costantinopoli,

[12] Cf. PEDROSA, Ronaldo Leite. **Direito em História.** 5ª ed. Rio de Janeiro: Lumen Juris, 2006, p. 137.

[13] Cf. MARKY, Thomas. **Curso Elementar de Direito Romano.** 8ª ed. São Paulo: Saraiva, 2008, p. 7.

[14] Cf. SCALQUETTE, Rodrigo Arnoni. **Lições Sistematizadas de História do Direito.** 2ª ed. São Paulo: Almedina, 2020, p. 55.

[15] **Idem.**

il 1º agosto 527 e, dopo aver ottenuto un buon esito militare e politico, si dedicò alla riforma legislativa.

L'imperatore romano d'Oriente si interessò in modo particolare alla giurisprudenza e vi dedicò tutte le sue forze.

Nel secondo anno del suo governo Giustiniano iniziò la sua opera legislativa. Per l'elaborazione di questa legislazione l'imperatore nominò una commissione di 10 (dieci) giuristi, comandati da Triboniano.

Triboniano, giurista bizantino, aveva quindi il compito di preparare il nuovo Codice dell'Impero[16], lavorando all'organizzazione e alla ricompilazione sistematica del diritto romano fino ad allora vigente. Il risultato fu l'avvento del *Corpus iuris civilis*[17], che fu diviso in 4 parti: *Codice; Digesto; Istituzioni e Novelle.*[18]

- *Codice*: fu il primo diploma legale del Codice di Giustiniano in cui furono raccolti i supporti legali del diritto romano, cioè furono raccolte tutte le costituzioni dell'Impero Romano dopo l'imperatore Adriano. Mirava a sostituire il Codice teodosiano. Per onorare la Legge delle XII Tavole, il Codice fu diviso in 12 libri; purtroppo, nel corso della storia, i testi sono andati perduti, non vi essendo l'originale di quest'opera, solo qualche frammento[19].
- *Digesto*[20]: è un repertorio di giurisprudenza romana. Qui Triboniano fece il suo più grande lavoro: il *digerere*; cioè, insieme a professori e praticanti del diritto, mise in ordine i pareri dei giureconsulti che erano dispersi da secoli. Fece cancellazioni, modifiche, aggiunte e cercò in modo particolare di garantire che nel repertorio non vi fossero ripetizioni né contraddizioni[21]. Il Digesto[22] fu diviso in 50

[16] Conosciuto come Codice giustinianeo o Codice di Giustiniano o, ancora, *Corpus iuris civilis*.

[17] Cf. CORRÊA, Alexandre; SCIASCIA, Gaetano. **Manual de Direito Romano**. 6ª ed. São Paulo: Revista dos Tribunais, 1988, p. 303.

[18] Cf. PALMA, Rodrigo Freitas. **História do Direito**. 4ª ed. São Paulo: Saraiva, 2011, p. 86-87.

[19] Cf. SCALQUETTE, Rodrigo Arnoni. **Lições Sistematizadas de História do Direito**. 2ª ed. São Paulo: Almedina, 2020, p. 56-57.

[20] Per quanto riguarda lo studio della pena nel Digesto, vedere le lezioni di FASOLINO, Francesco. **Pena, amnistia, emenda: una prospettiva storico-giuridica**. *In*: Abbrivi nuova serie 2. Napoli: Jovene editore, 2016.

[21] Cf. CORRÊA, Alexandre; SCIASCIA, Gaetano. **Manual de Direito Romano**. 6ª ed. São Paulo: Revista dos Tribunais, 1988, p. 304-305.

[22] In greco Pandectas (pan=tutto e déchomai=racchiudere, ricevere: "tutto racchiude, tutto riguarda"). Cf. CRETELLA JÚNIOR, José. **Curso de Direito Romano: o direito romano e o direito civil brasileiro**. 27ª ed. Rio de Janeiro: Forense, 2002, p. 51.

libri e ogni libro in titoli. L'originale di quest'opera esiste ancora e continua ad essere fonte di ispirazione per le legislazioni e dottrine del mondo odierno;

- *Istituzioni*: sono un manuale di diritto romano per gli studenti. L'imperatore Giustiniano voleva che il diritto romano fosse compreso e applicato da un numero sempre maggiore di persone e, per questo motivo, Triboniano, con l'aiuto di altri giuristi, ispirandosi alle *Istituzioni di Gaio*, fece un'esposizione didattica ed elementare del diritto romano, fondamentalmente del diritto privato. Fu divisa in 4 libri ed ebbe forza di legge per ordine di Giustiniano;
- *Novelle*: l'ultima parte del *Corpus iuris civilis*, dette anche "leggi nuove". Sono leggi e costituzioni di Giustiniano che contenevano regole quotidiane da applicare ai popoli dell'Impero Romano d'Oriente e, per questo motivo, quasi tutte furono scritte in greco. Complessivamente c'erano 154 leggi.

Come visto finora, lo studio del diritto romano è molto importante per il mondo odierno, in quanto fu e continua ad essere fonte di ricerca di molti sistemi giuridici, dottrine e legislazioni, determinando una grande rivoluzione in termini di scienza giuridica, propulsiva di innumerevoli elementi civilizzatori.

In questo senso, si può affermare che siamo eredi dei romani in diversi aspetti: la nostra lingua è "figlia" del latino, siamo romani nella divisione delle nostre città, siamo romani nella politica e nella pubblica amministrazione, siamo romani quando trattiamo del Diritto, quando fondiamo la nostra base sociale in uno Stato di Diritto che – come descritto sopra – fu sistematizzato dagli antichi romani.[23]

2. Gaio e Triboniano

Proprio all'inizio di questo testo, si è notato che c'è un legame tra il diritto romano e l'era tecnologica, in quanto entrambi mutano secondo la dinamica sociale. La società, in continua trasformazione, esige che determinati comportamenti umani siano, in qualche modo, notati dal legislatore affinché vengano poi normalizzati per una vita sociale armoniosa.

[23] Cf. CASTRO, Flávia Lages de. **História do Direito Geral e Brasil**. 3ª ed. Rio de Janeiro: Lumen Juris: 2006, p. 77.

Il diritto romano ha fatto una grande rivoluzione nella scienza giuridica e quello che accade nell'attualità è che si stabilisce un'altra pietra miliare: la tecnologia. Essa è responsabile di un'altra grande rivoluzione nella scienza giuridica. Sarebbe molto opportuno che la tecnologia stessa potesse aprire una sorta di "*portale intergenerazionale*" con Gaio e Triboniano affinché potessero lasciare i loro contributi, come fecero nei citati periodi romani.

Gaio farebbe valere i principi del "*legal design*" affinché in una sistematizzazione semplificata e diretta fosse creata la regolamentazione necessaria per adattare il quadro giuridico esistente alle nuove relazioni sociali che derivano dalla tecnologia o che ne sono impattate. L'opera di Gaio sarebbe davvero completa solo se supportata dall'opera di Triboniano, che "spazzerebbe" le più diverse regolamentazioni e intese giurisprudenziali del mondo affinché Gaio le potesse semplificare con i suoi talenti.

Gaio, come abbiamo visto prima, fu giurista del periodo classico del diritto romano. A questo tempo entrò in scena, dopo la Legge delle XII Tavole, il diritto proposto dai pretori e giureconsulti. Gaio, quindi, un giurista visionario, propositivo e autodidatta, scrisse le sue opere al tempo degli imperatori romani Antonino Pio[24] (138-161) e Marco Aurelio[25] (161-180).

Il suo impegno nello studio del diritto romano risultò nelle celebri *Istituzioni* scritte in modo didattico, realistico e pratico che, con soli 4 libri, servirono da modello all'opera di Giustiniano, che prese anche il nome di *Istituzioni*.

Poco sappiamo della vita di Gaio, ma, considerando il suo lascito con le *Istituzioni*, possiamo dire che, tra i giuristi della sua generazione, ebbe un profilo distinto e critico, innovando il mondo giuridico con un'opera semplice, obiettiva e perfettamente pratica, affinché chiunque potesse comprendere e applicare il diritto romano vigente.

[24] Il suo lungo regno fu dovuto alle sue virtù di moderazione e abilità nell'affrontare la politica. Nominò sempre come assistenti persone esperte e giuste. Creò importanti istituzioni, tra cui un orfanotrofio per i giovani. Soccorse le città devastate da calamità pubbliche. Cf. FRÓES, Oswaldo. **Direito Romano: essência da cultura jurídica**. 1ª ed. São Paulo: Jurídica Brasileira, 2004, p. 87.

[25] La sua vita e il suo regno sono esempi di virtù, non solo nella filosofia stoica che adottò, rivelando la sua nobiltà di spirito nei suoi scritti, in particolare in *Pensieri*, grande compendio di saggezza e dottrina stoica. **Ibidem**, p. 88.

Ora questi attributi di Gaio sono proprio gli attributi della cosiddetta "*generazione Z*"; vale a dire, persone che hanno un profilo distinto e critico, ma tengono la mente aperta alle nuove esperienze e all'apprendimento. Sono legate a figure realistiche e pratiche, con la tendenza a cercare diversi mezzi per raggiungere i propri obiettivi[26].

Caio, valendosi di questi attributi, semplificò il diritto romano, scrisse il suo capolavoro *Istituzioni*, che continua a servire da ispirazione per le legislazioni di diversi paesi ed è studiato in pieno XXI secolo.

E cosa direbbe Gaio dell'era tecnologica attuale?Quale sarebbe il suo ruolo?

Se vivesse tra noi, Gaio, in quanto membro della "Generazione Z", possibilmente si autodefinirebbe un nativo digitale nato per semplificare le cose, per rompere gli stereotipi e rendere la vita più semplice.Darebbe priorità a tutti i processi di interazione che aggiungono valore e, probabilmente, creerebbe un'applicazione giuridica per districare e facilitare la vita dell'operatore del diritto in risposta al mosaico di legislazioni e giurisprudenza contrastanti che abbiamo nell'attualità.

Triboniano, come visto, fu il responsabile della sistematizzazione del diritto romano antico – riorganizzando il diritto finora esistente e creando la grande legislazione di Giustiniano, il *Corpus iuris civilis*.

Cosa direbbe Triboniano della nostra era tecnologica? Un'ipotesi:

> *– Ho fatto proprio quello che oggi chiamate innovazione: attraverso una sequenza di azioni che sono state eseguite da me e da altri giureconsulti, abbiamo creato la più grande legislazione romana che si conosca nella storia e che serve, ancora oggi, come eredità per diversi paesi che seguono il diritto codificato.*

La riorganizzazione legislativa, nell'era tecnologica, deve però avvenire nella stessa misura dell'opera di Triboniano.

La sequenza di decisioni programmate per un algoritmo deve seguire parametri legali ed etici molto ben definiti, lavoro storicamente riconosciuto come svolto dal giureconsulto romano.

È bene ricordare che Triboniano fu più un compilatore di leggi che un creatore. Ideò un lavoro sistematizzato in modo che i suoi assistenti potessero consultare circa 2mila libri e un totale di 3 milioni di righe nel

[26] Cf. Disponibile su: https://hospitalsantamonica.com.br/geracao-z. Accesso in data 11/08/23.

periodo di 3 anni[27]. È un'opera essenziale per chi cerca di creare una maggiore "programmazione di azioni sistematizzate".

Solo con una sequenza di atti totalmente programmati e con un obiettivo molto ben definito il giurista bizantino riuscì a svolgere un'opera giuridica veramente ammirevole per gli standard dell'epoca, il che lo pone come un grande legislatore del suo tempo, utilizzando l'intelligenza umana e non l'intelligenza artificiale[28] per una tale impresa.

Quando si pensa alla difficoltà portata da un algoritmo, poco si parla della programmazione in sé, ma molto si discute di parametri da seguire e limiti da osservare in questa programmazione, oltre alla questione che coinvolge la soggettività del programmatore stesso.

Triboniano fornisce una possibile ricetta per risolvere tali questioni. La creazione di un algoritmo deve fondarsi su basi giuridiche solide, su diritti garantiti da leggi e costituzioni, in cui si rispetti l'essere umano in tutta la sua integralità, e questo si può conquistare solo con uno "spazzamento" degli ordinamenti giuridici in tutta la loro complessità, coinvolgendo leggi, giurisprudenza e dottrina, a costo di venire all'esistenza una programmazione superficiale e tirannica in cui una macchina possa dominare un essere.

Conclusioni

Con Gaio e con la sua dinamica e il suo contributo, il diritto romano passò ad essere studiato e compreso da un numero sempre maggiore di persone per il semplice fatto che riuscì a condensare i principali istituti giuridici dell'epoca – facilitando la visione e la comprensione del diritto vigente all'epoca.

Sarebbe prezioso contare su Gaio nel nostro secolo, dato che i sistemi giuridici, per la maggior parte, sono composti da un groviglio di leggi e decisioni spesso contraddittorie, impedendo la comprensione del diritto da parte dello specialista e, soprattutto, del profano.

[27] Cf. GIORDANI, Mário Curtis. **Iniciação ao Direito Romano**. 5ª ed. Rio de Janeiro: Lumen Juris, 2003, p. 199-200.

[28] L'intelligenza artificiale è un ramo dell'informatica che si dedica allo studio e allo sviluppo di macchine e programmi per computer in grado di riprodurre il comportamento umano nel processo decisionale e nello svolgimento dei compiti, da quelli più semplici a quelli più complessi. Cf. Disponibile su: https://brasilescola.uol.com.br/informatica/inteligencia-artificial.htm. Accesso in data 11/08/23.

Triboniano, con il suo erculeo lavoro di codificazione, propiziò la riorganizzazione e la sistematizzazione del diritto romano vigente nel periodo della decadenza, trasformandolo nel più grande diploma legale del diritto romano.

Certamente, se vivesse tra noi, ora, potrebbe valersi dell'intelligenza artificiale, per "compilare" tutte le discipline legali e le intese giurisprudenziali sulla tecnologia, al fine di evitare il conflitto di disposizioni legali nazionali e internazionali, il che, senza dubbio, porterebbe una grande pacificazione di conflitti nell'era digitale.

Raggiungendo la fine, si conclude che passato e futuro si intrecciano, il diritto romano e l'era tecnologica tangono i loro obiettivi nei rapporti tra le persone e, così come nella storia che è ciclica, anche i problemi si ripetono, sembrando essere un'idea ragionevole valersi delle esperienze di successo per affrontare nuove crisi che, alla fine, sono sempre le stesse, ma sotto nuove vesti.

Riferimenti

ADRAGÃO, Paulo Pulido. **Lições de História do Direito Romano, Peninsular e Português**. 1ª ed. Coimbra/PT: Almedina, 2016.

CASTRO, Flávia Lages de. **História do Direito Geral e Brasil**. 3ª ed. Rio de Janeiro: Lumen Juris, 2006.

CORRÊA, Alexandre; SCIASCIA, Gaetano. **Manual de Direito Romano**. 6ª ed. São Paulo: Revista dos Tribunais, 1988.

COSTA, Moacyr Lobo da. **GAIO: estudo biobibliográfico**.São Paulo: Saraiva, 1989.

CRETELLA JÚNIOR, José. **Curso de Direito Romano: o direito romano e o direito civil brasileiro**. 27ª ed. Rio de Janeiro: Forense, 2002.

______________. **Direito Romano Moderno: Introdução ao direito civil brasileiro**. 11ª ed. Rio de Janeiro: Forense, 2002.

FASOLINO, Francesco. **Pena, amnistia, emenda: una prospettiva storico-giuridica**. *In*: Abbrivi nuova serie 2. Napoli: Jovene editore, 2016.

FRÓES, Oswaldo. **Direito Romano: essência da cultura jurídica**. 1ª ed. São Paulo: Jurídica Brasileira, 2004.

GIORDANI, Mário Curtis. **Iniciação ao Direito Romano**. 5ª ed. Rio de Janeiro: Lumen Juris, 2003.

MACIEL, José Fabio Rodrigues; AGUIAR, Renan. **História do Direito**. 4ª ed. São Paulo: Saraiva, 2010.

MARKY, Thomas. **Curso Elementar de Direito Romano**. 8ª ed. São Paulo: Saraiva, 2008.

PALMA, Rodrigo Freitas. **História do Direito**. 4ª ed. São Paulo: Saraiva, 2011.

PEDROSA, Ronaldo Leite. **Direito em História**. 5ª ed. Rio de Janeiro: Lumen Juris, 2006.

SCALQUETTE, Rodrigo Arnoni. **Lições Sistematizadas de História do Direito**. 2ª ed. São Paulo: Almedina, 2020.

3
BIOPOLÍTICA, FILOSOFIA E ALTERIDADE: UM DIÁLOGO NECESSÁRIO ENTRE FOUCAULT, ESPOSITO E LÉVINAS

Carlos Eduardo Nicoletti Camillo

> A verdadeira dimensão ética começa quando o Outro entra em cena.[1]
>
> Umberto Eco

Introdução

Que coisa é o poder?

A etimologia da palavra poder deriva do latim *potere* que, em sua acepção mais generalizada, designa a capacidade ou a possibilidade de agir ou, mais apropriadamente, para exprimir a imposição da vontade de uma pessoa sobre uma outra ou mais pessoas, daí porque Hannah Arendt pontuará, com razão, que o poder é sempre relacional entre aquele que manda e aquele que obedece[2]. A concepção de poder alcança a sua melhor compreensão toda vez que o âmbito de sua aplicação se restringir ao meio social e, mais precisamente, como pontifica Norberto Bobbio, quando empregado na sua relação com a vida da pessoa em sociedade[3], o que nos permite aferir que a pessoa humana pode ser objeto, assim como titular do poder social, daí que o estudo sobre o poder se mostra imprescindível no universo da sociologia, antropologia, política e, bem assim, da filosofia do direito.

Nesta perspectiva, dois aspectos do poder se mostram fundamentais para seu alcance e sentido: (i) sua origem, enquanto justificação do poder, e (ii) a legitimidade do exercício do poder.

[1] Eco, Humberto. **Il Sole 24 Ore**, 14/02/2021.

[2] Arendt, Hannah. **Entre o passado e o futuro**, p. 129.

[3] Bobbio, Norberto. **Dicionário de Política** – vol. 2, p. 933.

No que se refere à origem, é possível afirmar que o poder provém da legítima autoridade que o ampara. Por essa ótica, o poder poderia provir de uma origem divina, transmissível a determinadas pessoas e estas, por conseguinte, aos seus sucessores.

É interessante observar como a concepção de poder nas sociedades antigas, como no Egito, muitas vezes estava ligada a crenças religiosas e mitológicas. O Faraó egípcio, por exemplo, era considerado divino e detinha múltiplos papéis, como líder político, chefe militar e sacerdote supremo. Sua autoridade era transmitida hereditariamente, reforçando a ideia de um poder ilimitado sobre a vida e a morte dos súditos. Essa noção de poder não é exclusiva do Egito antigo, mas também pode ser observada em outras épocas, como na Idade Média e na era das monarquias absolutistas na Europa. O termo "dinastia" deriva do grego δυναστεία, que significa poder, domínio, autoridade[4].

A perspectiva do exercício do poder nos remete a outro viés: os fundamentos de sua atuação e sua aceitação pela sociedade, imprescindíveis para a compreensão do Estado contemporâneo.

Especialmente durante a Idade Moderna, as várias crises levaram a transformações sociais e ao surgimento de uma nova dimensão do poder. O manifesto de Emmanuel Joseph Sieyès, *Qu'est-ce que le tiers État?*, desempenhou um papel importante nessa mudança, ao expressar as reivindicações do Terceiro Estado e distinguir entre poder constituinte e poder constituído.

O poder constituinte estabelece a Constituição e cria poderes para governar uma comunidade, enquanto o poder constituído é uma criação desse poder constituinte. A nação, representando a continuidade e os interesses do povo, é a única titular do poder constituinte. O exercício de um poder absoluto e ilimitado, como o do monarca Luís XIV da França, tornou-se insustentável. A revolução não se limitou à França e os lemas de liberdade, igualdade e fraternidade preconizaram uma nova era. A legalidade se tornou essencial para moldar um novo formato de Estado, estabelecendo limites para o exercício do poder.

A partir desse momento, o Direito passou a regular a origem e o uso do poder legítimo do Estado, por meio de leis fundamentais e da Constituição.

[4] GALVÃO, Ramiz. **Vocabulário etimológico das palavras portuguesas derivadas da língua grega.** p. 213.

Surgiram diferentes modelos, como o liberalismo, que enfatiza a autorregulação econômica e social, e o socialismo, com a propriedade estatal dos meios de produção e uma economia centralmente planejada. Em ambos os casos, o bem-estar social se tornou uma preocupação do Estado, que deixou de ser apenas um garantidor das liberdades individuais.

Seria possível se libertar dessa concepção tradicionalista de poder?

As investigações propugnadas por Michel Foucault e Roberto Esposito promovem uma verdadeira releitura na concepção de poder, mudando o eixo da investigação do objeto para o verdadeiro sentido que deveríamos nos ocupar ao tratar dessa questão: as relações de força que permeiam o ser humano para, assim, se o fenômeno da biopolítica.

Ainda, guiados pela releitura do sentido e alcance de poder por esses filósofos nos depararemos com a única perspectiva viável da validade da biopolítica, isto é, a alteridade.

É o que veremos a seguir.

1. A contribuição de Michel Foucault para o advento da Biopolítica

Como nos ensina Deleuze, a definição de Michel Foucault para o poder parece bem simples: toda relação de forças é "uma relação de poder"[5].

Para Foucault, o poder não é uma entidade fixa ou controlada por um grupo ou indivíduo específico, mas sim uma rede complexa e difusa de relações que permeiam todas as esferas da vida social. O poder, assim, se afigura plural, já que se opera de maneira descentralizada, exercido por meio de práticas, instituições e discursos que moldam e regulam o comportamento das pessoas.

Foucault rejeita a ideia de que o poder seja apenas repressivo ou coercitivo, argumentando que ele também pode ser produtivo, criando possibilidades e moldando identidades.

O poder para Foucault, ademais, não é exclusivo apenas para algumas pessoas, uma vez que ele está distribuído de forma ampla e é exercido por todos os indivíduos em diferentes graus. Não se poderia, enfim, rejeitar ou se livrar do poder, pelo que deveremos lidar criticamente e entender suas dinâmicas e implicações na sociedade.

Rompendo com o modelo tradicional, Foucault prospecta os contornos de uma concepção não-jurídica do poder, pretendendo demonstrar que

[5] Deleuze, Giles. **Foucault**, p. 78.

o poder, enquanto coisa ou objeto, é uma ficção. O que realmente existe para ele são as práticas e as relações de poder, pelo que se deve concordar com Fernando Danner para quem, dentro das perspectivas das investigações de Foucault, constata a "funcionalidade" do poder, isto é, a ideia de que o poder funciona como uma maquinaria que se dissemina por toda a estrutura social e a perpassa[6].

Embora não tivesse a intenção de teorizar qualquer doutrina acerca do poder, as investigações de Foucault o guiaram para muito além das categorias do ser e poder. Como Platão em meio à segunda navegação, Foucault liberta-se radicalmente das amarras do tradicional viés do poder, agora constatando os efeitos do seu exercício sobre a vida humana ao que ele denominará de biopolítica.[7].

A biopolítica é, assim, um conceito central na obra Foucault. Para o genial pensador, a biopolítica refere-se ao exercício de poder sobre a vida humana em nível coletivo, ou seja, sobre as populações e os corpos individuais que as compõem.

Foucault argumenta que, ao longo da história, o poder soberano, que antes se concentrava no controle da vida e da morte dos indivíduos, foi substituído por uma forma de poder que se expande para além dos limites do indivíduo, passando a se exercer sobre a vida em sua totalidade. Esse novo poder, a biopolítica, se manifesta por meio de estratégias e técnicas que visam regular e controlar a vida da população.

A biopolítica opera através de mecanismos disciplinares e regulatórios que visam otimizar a vida e maximizar sua utilidade para o Estado ou outras instituições de poder. Foucault destaca que ela se manifesta em diversas esferas, como a medicina, a psiquiatria, a política social e a biologia, entre outras. Essas práticas buscam normalizar e regular os corpos, padronizando comportamentos, normas de saúde, reprodutividade e até mesmo a própria identidade.

[6] Danner, Fernando. **O sentido da biopolítica em Michel Foucault**, p. 146.

[7] O conceito de Biopolítica surgiu Foucault nos anos 70 a partir da palestra proferida no Rio de Janeiro intitulada *O nascimento da medicina social*, ganhando a amplitude após a publicação de algumas de suas consagradas obras, como *A vontade de saber* (1976) e os cursos ministrados no *Collège de France*, com ênfase para: *Em defesa da Sociedade* 1975-1976), *Segurança, Território e População* (1977-1978) e *Nascimento da Biopolítica* (1978-1979), cf. Danner, Fernando. ***Op. cit.***, p. 153.

Um exemplo de biopolítica é a gestão da saúde pública. Foucault argumenta que, ao longo do século XIX, surgiram tecnologias e instituições, como os hospitais e os sistemas de vigilância epidemiológica, que têm como objetivo monitorar, controlar e regular a saúde da população. Essas práticas incluem a vacinação em massa, a quarentena, a higiene pública e outras medidas que visam garantir a saúde coletiva.

No entanto, Foucault também alerta para os efeitos negativos da biopolítica. Ele argumenta que, ao buscar regular e controlar a vida, a biopolítica pode levar à exclusão e marginalização de certos grupos sociais, estigmatizando-os como "anormais" ou "perigosos". Além disso, a biopolítica pode restringir a liberdade individual ao impor normas e padrões que limitam as possibilidades de escolha e autodeterminação.

Em resumo, para Foucault, a biopolítica é um tipo de poder que se exerce sobre a vida em sua totalidade, buscando regular e controlar as populações e os corpos individuais. Ela se manifesta em práticas e instituições que visam otimizar e disciplinar a vida, mas também pode ter efeitos negativos ao restringir a liberdade e excluir certos grupos sociais.

2. A perspectiva de Roberto Esposito para a Biopolítica

Roberto Esposito, o conceituado filósofo italiano contemporâneo, que se notabilizou pelas reflexões sobre o impolítico, a comunidade, a imunidade, a desconstrução do paradigma da pessoa e, sobretudo, sobre a biopolítica.

Para Esposito, a biopolítica é uma forma de poder que se concentra na gestão e controle da vida biológica dos indivíduos e da população em geral. Ele argumenta que a biopolítica emerge da necessidade do Estado de regular aspectos fundamentais da vida, como a saúde, a reprodução e a mortalidade.

A diferença entre o pensamento de Esposito e Foucault reside, fundamentalmente, em suas abordagens e ênfases distintas. Foucault enfatiza o papel do poder disciplinar, que se concentra na vigilância e na disciplina dos corpos individuais, enquanto Esposito se concentra na dimensão coletiva da biopolítica.

Esposito argumenta que a biopolítica é uma forma de poder que busca regular não apenas os corpos individuais, mas também a vida em sua totalidade, incluindo aspectos populacionais, reprodutivos e epidemiológicos. Ele destaca a importância da noção de imunização na biopolítica, referindo-se à tentativa de proteger a vida contra ameaças e perigos.

Além disso, Esposito critica a biopolítica por sua tendência ao biocentrismo, ou seja, ao privilegiar a vida biológica em detrimento de outras formas de vida, como a vida social e política. Ele argumenta que essa ênfase excessiva na vida biológica pode levar a formas de exclusão e violência.

Em resumo, enquanto Foucault enfatiza a disciplina individual e os mecanismos de poder, Esposito amplia o escopo da biopolítica para incluir a dimensão coletiva da vida, enfatizando a importância da imunização e criticando o biocentrismo.

3. Biopolítica e Alteridade

Se o século XX foi marcado por uma série de atrocidades, guerras e conflitos e por diversas oportunidades flertou com o avatar egoístico do "eu mando", "eu faço", "eu posso", o século XXI, dentro do espírito da pós-modernidade, deveria estar eticamente esculpido pelo "nós", especialmente porque uma relação trivialmente concebida é, no mínimo, bilateral e até mesmo multilateral – mas nunca unilateral.

Emmanuel Lévinas nos ensina a colocar o Outro como protagonista do seu discurso filosófico. Diante do rosto do Outro, o sujeito se descobre responsável e lhe vem a perspectiva do Infinito[8]. A alteridade é uma verdade fundante do pensamento levinasiano, formada pela distinção de algo que se caracteriza como não sendo o "meu Eu" – mas por aquilo que se localiza além do ego do particular.

O "eu", frise-se, é precário, limitado e fadado ao egoísmo, egocentrismo e outras doenças típicas do ser, enquanto não se dignar mover-se em relação ao outro para, enfim, constituir o "nós".

Não se trata, aqui, de fazer, essencialmente, caridade aos necessitados, aos excluídos, aos sem-direitos, porque não é assistência que se reclama – mas de se reconhecer, de uma vez por todas, que somente há relação jurídica se existir uma outra parte e não apenas o "Eu", isolado e petrificado no mundo.

O "Eu", isolado e sob a perspectiva universal, nada representa de originalidade mais que uma entre inúmeras outras nervuras que formam o esplendor da vida e dentro do contexto social humano, não vive isolado. O que se reclama, enfim, é que se reconheça a deposição do "Eu" para permitir que o "Outro" – aqui está o sentido genuíno da alteridade – seja

[8] Piva, Angela et al.. **Origens do conceito de intersubjetividade: uma trajetória entre a filosofia e a psicanálise contemporânea**, p. 74.

acolhido e que a minha responsabilidade (do "Eu") seja ecoada no mesmo sentido propugnado magistralmente por Fiódor Dostoiévski, verbalizado pelo personagem Markel na sua imortal obra "Os irmãos Karamazov":

> "Cada um de nós é, indubitavelmente, culpado por todos e por tudo na Terra, não só pelo pecado de todos no mundo, como cada um é, pessoalmente, culpado por todos e cada um dos homens nesta Terra".

A alteridade, enfim, demarca a responsabilidade que cada um de nós tem pelo Outro, que aqui deve ser entendido como a humanidade, e não apenas o seu melhor amigo ou amiga.

Dentro dessa perspectiva, ainda que se aceite que a política, em essência, nada tem a ver com a alteridade, a biopolítica pode e deve ser temperada pela alteridade. Se partirmos do pressuposto de que a biopolítica é uma forma de poder que busca regular, além dos corpos individuais, a vida em sua totalidade, com o olhar de Esposito, que inclui aspectos populacionais, reprodutivos e epidemiológicos, a biopolítica somente fará sentido e, em uma palavra, atingir seus éticos propósitos, se a alteridade for o seu lastro.

Conclusões

Como visto, a diferença entre o pensamento de Esposito e Foucault, que também estudou a biopolítica, reside em suas abordagens e ênfases distintas. Foucault enfatiza o papel do poder disciplinar, que se concentra na vigilância e na disciplina dos corpos individuais. Esposito argumenta que a biopolítica é uma forma de poder que busca regular não apenas os corpos individuais, mas também a vida em sua totalidade, incluindo aspectos populacionais, reprodutivos e epidemiológicos. Ele destaca a importância da noção de "imunização" na biopolítica, referindo-se à tentativa de proteger a vida contra ameaças e perigos.

Em síntese, enquanto Foucault enfatiza a disciplina individual e os mecanismos de poder, Esposito amplia o escopo da biopolítica para incluir a dimensão coletiva da vida, enfatizando a importância da imunização e criticando o biocentrismo.

E é exatamente a partir da releitura proposta por Esposito que a alteridade se afigura imprescindível na concepção da biopolítica.

Já se sustentou que é o pensar que nos faz começar a ser humanos (Karl Jaspers). Está mais que na hora, contudo e com muita ousadia, atualizar o movimento desse pensamento, para afirmar que é **o pensar no Outro**

que nos faz ser mais humanos, mais solidários, mais fraternos, mais amigos e mais justos.

Nessa ordem de ideias, toda e qualquer a biopolítica somente se apresentará eticamente válida e verdadeira se, e somente se, estiver lastreada na alteridade.

Referências

ARENDT, Hannah. **Entre o passado e futuro**. 3ª edição. Tradução de Mauro W. Barbosa de Almeida. São Paulo: Editora Perspectiva, 1992.

BOBBIO, Norberto. **Dicionário de política.** Tradução para a língua portuguesa de Carmen C. Varriale, Gaetano Lo Mônaco, João Ferreira, Luís Guerreiro Pinto Cacais. Vol. 2. 4ª edição. Brasília: Editora Universidade de Brasília, 1992.

CAMILLO, Carlos Eduardo Nicoletti. **Teoria da alteridade jurídica – em busca do conceito de Direito em Emmanuel Lévinas**. São Paulo: Editora Perspectiva, 2016.

CAMILLO, Carlos Eduardo Nicoletti. **Manual da Teoria Geral do Direito**. São Paulo: Editora Almedina, 2019.

CAMILLO, Carlos Eduardo Nicoletti. **A alteridade como causa primeira da bioética** in Revista de Direito e Medicina, São Paulo, v. 3, n. 8, p. 1-11, jan. 2021. Disponível em https://www.thomsonreuters.com.br/pt/juridico/webrevistas/rdm-revista-de-direito-e-medicina.html, acessado em 09/08/2023.

DANNER, Fernando. **O sentido da biopolítica em Michel Foucault** in Revista *Estudos Filosóficos* nº 4/2010 – DFIME – UFSJ – São João del-Rei/MG, pp. 143/157, disponível em https://www.ufsj.edu.br/portal2-repositorio/File/revistaestudosfilosoficos/art9-rev4.pdf, acessado em 10/08/2023.

DELEUZE, Gilles. **Foucault**. Tradução para a língua portuguesa de Claudia Sant'Anna Martins. 1ª edição – 5ª reimpressão. São Paulo: Brasiliense, 2005.

ESPOSITO, Roberto. **Bios – biopolítica e filosofia.** Tradução para a língua portuguesa de M. Freitas da Costa. Lisboa: Edições 70, 2010.

FOUCAULT, Michel. **Microfisica do poder.** Tradução para a língua portuguesa de Roberto Machado. 26ª edição. Rio de Janeiro: Graal, 2008.

FOUCAULT, Michel. **Nascimento da biopolítica.** Tradução para a língua portuguesa de Eduardo Brandão. 2ª edição. São Paulo: Martins Fontes, 2022.

GALVÃO, Ramiz. **Vocabulário etimológico, ortográfico e prosódico das palavras portuguesas derivadas da língua grega.** Rio de Janeiro: Garnier, 1994.

LÉVINAS, Emmanuel. **Totalidade e infinito – Ensaio sobre a exterioridade.** Tradução para a língua portuguesa de José Pinto Ribeiro. Lisboa: Edições 70, 2008.

PIVA, Angela; PONSI, Andréia; SALDANHA, Carime; GOMES, Elisabel; MARTINI, Janice; DARIANO, Jussara; FERRARO, Karla; SILVA, Mara Luiza D. da e SPIZZIRRI, Rosane, *Origens do conceito de Intersubjetividade – uma trajetória entre a filosofia e a psicanálise contemporânea* in Revista Contemporânea – Psicanálise e Transdisciplinaridade, Porto Alegre, n. 09, Jan/Jun 2010, disponível em http://www.revistacontemporanea.org.br/revistacontemporaneaanterior/site/wp-content/artigos/artigo234.pdf, pp. 71/91 acessado em 11/08/2023.

3

BIOPOLITICA, FILOSOFIA E ALTERITÀ: UN DIALOGO NECESSARIO TRA FOUCAULT, ESPOSITO E LÉVINAS

CARLOS EDUARDO NICOLETTI CAMILLO

La vera dimensione etica inizia quando l'Altro appare sulla scena.[9]
UMBERTO ECO

Introduzione

Che cos'è il potere?

L'etimologia della parola potere deriva dal latino *potere* che, nella sua accezione più generalizzata, designa la capacità o la possibilità di agire o, più appropriatamente, per esprimere l'imposizione della volontà di una persona su un'altra o più persone, ecco perché Hannah Arendt sottolineerà, con ragione, che il potere è sempre relazionale tra chi comanda e chi obbedisce[10]. La concezione di potere raggiunge la sua migliore comprensione ogni volta che l'ambito della sua applicazione è ristretto all'ambiente sociale e, più precisamente, come sottolinea Norberto Bobbio, quando impiegato nel suo rapporto con la vita della persona nella società[11], il che ci consente di valutare che la persona umana può essere l'oggetto, oltre che il titolare del potere sociale, ecco perché lo studio sul potere si mostra imprescindibile nell'universo della sociologia, dell'antropologia, della politica e, inoltre, della filosofia del diritto.

[9] ECO, Humberto. **Il Sole 24 Ore**, 14/02/2021.
[10] ARENDT, Hannah. **Entre o passado e o futuro**, p. 129.
[11] BOBBIO, Norberto. **Dicionário de Política** – vol. 2, p. 933.

In questa prospettiva, due aspetti del potere si mostrano fondamentali per la sua portata e il suo senso: (i) la sua origine, in quanto giustificazione del potere, e (ii) la legittimità dell'esercizio del potere.

Per quanto riguarda l'origine, è possibile affermare che il potere proviene dalla legittima autorità che lo sostiene. In questa ottica, il potere potrebbe provenire da un'origine divina, trasmissibile a determinate persone e queste, quindi, ai loro successori.

È interessante osservare come la concezione del potere nelle società antiche, come in Egitto, fosse spesso legata a credenze religiose e mitologiche. Il faraone egiziano, ad esempio, era considerato divino e deteneva molteplici ruoli, come leader politico, capo militare e sacerdote supremo. La sua autorità era trasmessa ereditariamente, rafforzando l'idea di un potere illimitato sulla vita e sulla morte dei sudditi. Questa nozione di potere non è esclusiva dell'antico Egitto, ma può essere osservata anche in altre epoche, come nel Medioevo e nell'era delle monarchie assolute in Europa. Il termine "dinastia" deriva dal greco δυναστεία, che significa potere, dominio, autorità[12].

La prospettiva dell'esercizio del potere ci porta ad un altro punto di vista: i fondamenti della sua attuazione e della sua accettazione da parte della società, imprescindibili per la comprensione dello Stato contemporaneo.

Soprattutto durante l'età moderna, le varie crisi hanno portato a trasformazioni sociali e all'insorgenza di una nuova dimensione del potere. Il manifesto di Emmanuel Joseph Sieyès, *Qu'est-ce que le tiers État?*, svolse un ruolo importante in questo cambiamento, esprimendo le rivendicazioni del Terzo Stato e distinguendo tra potere costituente e potere costituito.

Il potere costituente stabilisce la Costituzione e crea poteri per governare una comunità, mentre il potere costituito è una creazione di questo potere costituente. La nazione, rappresentando la continuità e gli interessi del popolo, è l'unica titolare del potere costituente. L'esercizio di un potere assoluto e illimitato, come quello del monarca Luigi XIV di Francia, divenne insostenibile. La rivoluzione non si limitò alla Francia e i motti di libertà, uguaglianza e fraternità preconizzarono una nuova era. La legalità divenne essenziale per modellare una nuova forma di Stato, stabilendo limiti per l'esercizio del potere.

[12] GALVÃO, Ramiz. **Vocabulário etimológico das palavras portuguesas derivadas da língua grega**, p. 213.

Da quel momento in poi, il Diritto cominciò a regolare l'origine e l'uso del potere legittimo dello Stato, attraverso le leggi fondamentali e la Costituzione. Sono emersi diversi modelli, come il liberalismo, che enfatizza l'autoregolamentazione economica e sociale, e il socialismo, con la proprietà statale dei mezzi di produzione e un'economia centralmente pianificata. In entrambi i casi, il benessere sociale è diventato una preoccupazione dello Stato, che ha cessato di essere solo un garante delle libertà individuali.

Sarebbe possibile liberarsi da questa concezione tradizionalista del potere?

Le ricerche propugnate da Michel Foucault e Roberto Esposito promuovono una vera rilettura nella concezione del potere, spostando l'asse della ricerca dall'oggetto al vero significato di cui dovremmo occuparci quando affrontiamo questo tema: i rapporti di forza che permeano l'essere umano per, così, diventare il fenomeno della biopolitica.

Peraltro, guidati dalla rilettura del significato e della portata del potere da parte di questi filosofi, ci imbatteremo nell'unica prospettiva possibile della validità della biopolitica, cioè l'alterità.

È quello che vedremo sotto.

1. Il contributo di Michel Foucault all'avvento della Biopolitica

Come ci insegna Deleuze, la definizione di Michel Foucault per il potere sembra abbastanza semplice: ogni rapporto di forze è "un rapporto di potere"[13].

Per Foucault, il potere non è un'entità fissa o controllata da un gruppo o individuo specifico, ma piuttosto una rete complessa e diffusa di rapporti che permeano tutte le sfere della vita sociale. Il potere, quindi, si raffigura plurale, poiché opera in modo decentralizzato, esercitato attraverso pratiche, istituzioni e discorsi che modellano e regolano il comportamento delle persone.

Foucault rifiuta l'idea che il potere sia solo repressivo o coercitivo, sostenendo che può anche essere produttivo, creando possibilità e modellando identità.

Il potere per Foucault, inoltre, non è esclusivo solo ad alcune persone, dato che è distribuito in modo ampio ed è esercitato da tutti gli individui in vari gradi. Non si potrebbe, infine, rifiutare o sbarazzarsi del potere,

[13] Deleuze, Giles. **Foucault**. p. 78.

motivo per cui dovremo affrontare criticamente e comprendere le sue dinamiche e implicazioni nella società.

Rompendo con il modello tradizionale, Foucault prospetta i contorni di una concezione non giuridica del potere, intendendo dimostrare che il potere, in quanto cosa o oggetto, è una finzione. Ciò che realmente esiste per lui sono le pratiche e i rapporti di potere, motivo per cui si deve concordare con Fernando Danner, per il quale, nelle prospettive delle ricerche di Foucault, constata la "funzionalità" del potere, cioè l'idea che il potere funzioni come una macchina che si diffonde in tutta la struttura sociale e la pervade[14].

Sebbene non avesse inteso teorizzare alcuna dottrina riguardo il potere, le ricerche di Foucault lo portarono ben oltre le categorie dell'essere e del potere. Come Platone in mezzo alla seconda navigazione, Foucault si libera radicalmente dalle catene della tradizionale visione del potere, ora constatando gli effetti del suo esercizio sulla vita umana a quella che chiamerà biopolitica.[15].

La biopolitica è, quindi, un concetto centrale nell'opera di Foucault. Per il geniale pensatore, la biopolitica si riferisce all'esercizio del potere sulla vita umana a livello collettivo, cioè sulle popolazioni e sui corpi individuali che le compongono.

Foucault sostiene che, nel corso della storia, il potere sovrano, che prima si concentrava sul controllo della vita e della morte degli individui, è stato sostituito da una forma di potere che si espande oltre i limiti dell'individuo per esercitarsi sulla vita nella sua interezza. Questo nuovo potere, la biopolitica, si manifesta attraverso strategie e tecniche che mirano a regolare e controllare la vita della popolazione.

La biopolitica opera attraverso meccanismi disciplinari e normativi che mirano a ottimizzare la vita e massimizzarne la sua utilità per lo Stato o altre istituzioni di potere. Foucault sottolinea che essa si manifesta in diverse sfere, come la medicina, la psichiatria, la politica sociale e la biologia, tra le altre. Queste pratiche cercano di normalizzare e regolare i corpi,

[14] DANNER, Fernando. **O sentido da biopolítica em Michel Foucault**. p. 146.

[15] Il concetto di Biopolitica emerse da Foucault negli anni '70 a partire dalla conferenza tenuta a Rio de Janeiro intitolata *La nascita della medicina sociale*, prendendo piede dopo la pubblicazione di alcune sue consacrate opere, come *La volontà di sapere* (1976) e i corsi tenuti al *Collège de France*, con enfasi su: *In difesa della società* (1975-1976), *Sicurezza, territorio e popolazione* (1977-1978) e *Nascita della biopolitica* (1978-1979), cf. DANNER, Fernando. **Op. cit.**, p. 153.

standardizzando i comportamenti, le norme sanitarie, la riproduttività e persino l'identità stessa.

Un esempio di biopolitica è la gestione della salute pubblica. Foucault sostiene che, durante il XIX secolo, sono emerse tecnologie e istituzioni, come gli ospedali e i sistemi di sorveglianza epidemiologica, che hanno l'obiettivo di monitorare, controllare e regolare la salute della popolazione. Queste pratiche includono la vaccinazione di massa, la quarantena, l'igiene pubblica e altre misure che mirano a garantire la salute collettiva.

Tuttavia, Foucault mette in guardia anche sugli effetti negativi della biopolitica. Sostiene che, cercando di regolare e controllare la vita, la biopolitica può portare all'esclusione e all'emarginazione di certi gruppi sociali, stigmatizzandoli come "anormali" o "pericolosi". Inoltre, la biopolitica può restringere la libertà individuale imponendo norme e standard che limitano le possibilità di scelta e di autodeterminazione.

Insomma, per Foucault la biopolitica è un tipo di potere che si esercita sulla vita nella sua interezza, cercando di regolare e controllare le popolazioni e i corpi individuali. Si manifesta in pratiche e istituzioni che mirano a ottimizzare e disciplinare la vita, ma può anche avere effetti negativi, restringendo la libertà ed escludendo certi gruppi sociali.

2. La prospettiva di Roberto Esposito per la Biopolitica

Roberto Esposito, il celebre filosofo italiano contemporaneo, è diventato noto per le sue riflessioni sull'impolitico, sulla comunità, sull'immunità, sulla decostruzione del paradigma della persona e, soprattutto, sulla biopolitica.

Per Esposito, la biopolitica è una forma di potere che si concentra sulla gestione e sul controllo della vita biologica degli individui e della popolazione in generale. Sostiene che la biopolitica emerge dalla necessità dello Stato di regolare aspetti fondamentali della vita, come la salute, la riproduzione e la mortalità.

La differenza tra il pensiero di Esposito e quello di Foucault risiede, fondamentalmente, nei loro diversi approcci ed enfasi. Foucault enfatizza il ruolo del potere disciplinare, che si concentra sulla sorveglianza e sulla disciplina dei corpi individuali, mentre Esposito si concentra sulla dimensione collettiva della biopolitica.

Esposito sostiene che la biopolitica è una forma di potere che cerca di regolare non solo i corpi individuali, ma anche la vita nella sua interezza, compresi gli aspetti popolazionali, riproduttivi ed epidemiologici. Sottolinea l'importanza della nozione di immunizzazione nella biopolitica, riferendosi al tentativo di proteggere la vita da minacce e pericoli.

Inoltre, Esposito critica la biopolitica per la sua tendenza al biocentrismo, cioè a privilegiare la vita biologica a scapito di altre forme di vita, come la vita sociale e politica. Sostiene che questa enfasi eccessiva sulla vita biologica può portare a forme di esclusione e violenza.

Insomma, mentre Foucault enfatizza la disciplina individuale e i meccanismi di potere, Esposito amplia l'ambito della biopolitica per includere la dimensione collettiva della vita, sottolineando l'importanza dell'immunizzazione e criticando il biocentrismo.

3. Biopolitica e alterità

Se il XX secolo è stato segnato da una serie di atrocità, guerre e conflitti e per diverse occasioni ha flirtato con l'avatar egoistico dell'"io comando", "io faccio", "io posso", il XXI secolo, nello spirito della post-modernità, dovrebbe essere eticamente scolpito dal "noi", soprattutto perché un rapporto banalmente concepito è, come minimo, bilaterale e persino multilaterale – però mai unilaterale.

Emmanuel Lévinas ci insegna a porre l'Altro come protagonista del suo discorso filosofico. Di fronte al volto dell'Altro, il soggetto si scopre responsabile e gli viene incontro la prospettiva dell'Infinito[16]. L'alterità è una verità fondante del pensiero levinasiano, formata dalla distinzione di qualcosa che si caratterizza come non il "mio Io" – ma da ciò che si trova al di là dell'ego del particolare.

L'"io", va notato, è precario, limitato e condannato all'egoismo, all'egocentrismo e ad altre malattie tipiche dell'essere, finché non si degni di muoversi in relazione all'altro per, infine, costituire il "noi".

Non si tratta, qui, di fare, essenzialmente, la carità ai bisognosi, agli esclusi, ai senza diritti, perché non è assistenza che si reclama – ma di riconoscere, una volta per tutte, che vi è rapporto giuridico solo se esiste un'altra parte e non solo "Io", isolato e pietrificato nel mondo.

"Io", isolato e in una prospettiva universale, non rappresenta nulla di originale, non è altro che uno tra innumerevoli altri filoni che formano lo

16 Piva, Angela *et al.*. **Origens do conceito de intersubjetividade: uma trajetória entre a filosofia e a psicanálise contemporânea**, p. 74.

splendore della vita e, all'interno del contesto sociale umano, non vive isolato. Ciò che si reclama, infine, è che si riconosca la deposizione dell'"Io" per permettere all'"Altro" – ecco il senso genuino dell'alterità – di essere accolto e alla mia responsabilità (dell'"Io") di fare eco nello stesso senso propugnato magistralmente da Fëdor Dostoevskij, verbalizzato dal personaggio Markel nella sua immortale opera "I fratelli Karamazov":

> "Ciascuno di noi è, indubbiamente, colpevole per tutti e tutto sulla Terra, non solo per il peccato di tutti nel mondo, ma anche individualmente per tutti gli uomini e per ogni singolo su questa Terra".

L'alterità, infine, delimita la responsabilità che ognuno di noi ha nei confronti dell'Altro, che qui deve essere inteso come l'umanità, e non solo il suo migliore amico o amica.

In questa prospettiva, anche se si accetta che la politica, in essenza, non ha nulla a che vedere con l'alterità, la biopolitica può e deve essere temperata dall'alterità. Se partiamo dal presupposto che la biopolitica è una forma di potere che cerca di regolare, oltre ai corpi individuali, la vita nella sua interezza, con lo sguardo di Esposito, che comprende aspetti popolazionali, riproduttivi ed epidemiologici, la biopolitica avrà senso e, in una parola, raggiungerà i suoi etici fini solo se l'alterità ne sarà il fondamento.

Conclusioni

Come si è visto, la differenza tra il pensiero di Esposito e quello di Foucault, che ha studiato anche la biopolitica, risiede nei loro diversi approcci ed enfasi. Foucault enfatizza il ruolo del potere disciplinare, che si concentra sulla sorveglianza e sulla disciplina dei corpi individuali. Esposito sostiene che la biopolitica è una forma di potere che cerca di regolare non solo i corpi individuali, ma anche la vita nella sua interezza, compresi gli aspetti popolazionali, riproduttivi ed epidemiologici. Sottolinea l'importanza della nozione di "immunizzazione" nella biopolitica, riferendosi al tentativo di proteggere la vita da minacce e pericoli.

In sintesi, mentre Foucault enfatizza la disciplina individuale e i meccanismi di potere, Esposito amplia l'ambito della biopolitica per includere la dimensione collettiva della vita, sottolineando l'importanza dell'immunizzazione e criticando il biocentrismo.

Ed è proprio a partire dalla rilettura proposta da Esposito che l'alterità si raffigura imprescindibile nella concezione della biopolitica.

È già stato sostenuto che è il pensare che ci fa cominciare ad essere umani (Karl Jaspers). È tempo, però, e con molta audacia, di aggiornare il movimento di questo pensiero, per affermare che è **il pensare all'Altro che ci rende più umani, più solidali, più fraterni, più amichevoli e più giusti.**

In questo ordine di idee, qualsiasi biopolitica si presenterà eticamente valida e vera solo se sarà basata sull'alterità.

Riferimenti

ARENDT, Hannah. **Entre o passado e futuro.** 3ª edição. Tradução de Mauro W. Barbosa de Almeida. São Paulo: Editora Perspectiva, 1992.

BOBBIO, Norberto. **Dicionário de política.** Tradução para a língua portuguesa de Carmen C. Varriale, Gaetano Lo Mônaco, João Ferreira, Luís Guerreiro Pinto Cacais. Vol. 2. 4ª edição. Brasília: Editora Universidade de Brasília, 1992.

CAMILLO, Carlos Eduardo Nicoletti. **Teoria da alteridade jurídica – em busca do conceito de Direito em Emmanuel Lévinas.** São Paulo: Editora Perspectiva, 2016.

CAMILLO, Carlos Eduardo Nicoletti. **Manual da Teoria Geral do Direito.** São Paulo: Editora Almedina, 2019.

CAMILLO, Carlos Eduardo Nicoletti. **A alteridade como causa primeira da bioética** in Revista de Direito e Medicina, São Paulo, v. 3, n. 8, p. 1-11, jan. 2021. Disponível em https://www.thomsonreuters.com.br/pt/juridico/webrevistas/rdm-revista-de-direito-e-medicina.html, acessado em 09/08/2023.

DANNER, Fernando. **O sentido da biopolítica em Michel Foucault** in Revista *Estudos Filosóficos* nº 4/2010 – DFIME – UFSJ – São João del-Rei/MG, pp. 143/157, disponível em https://www.ufsj.edu.br/portal2-repositorio/File/revistaestudosfilosoficos/art9-rev4.pdf, acessado em 10/08/2023.

DELEUZE, Gilles. **Foucault.** Tradução para a língua portuguesa de Claudia Sant'Anna Martins. 1ª edição – 5ª reimpressão. São Paulo: Brasiliense, 2005.

ESPOSITO, Roberto. **Bios – biopolítica e filosofia.** Tradução para a língua portuguesa de M. Freitas da Costa. Lisboa: Edições 70, 2010.

FOUCAULT, Michel. **Microfísica do poder.** Tradução para a língua portuguesa de Roberto Machado. 26ª edição. Rio de Janeiro: Graal, 2008.

FOUCAULT, Michel. **Nascimento da biopolítica.** Tradução para a língua portuguesa de Eduardo Brandão. 2ª edição. São Paulo: Martins Fontes, 2022.

GALVÃO, Ramiz. **Vocabulário etimológico, ortográfico e prosódico das palavras portuguesas derivadas da língua grega.** Rio de Janeiro: Garnier, 1994.

LÉVINAS, Emmanuel. **Totalidade e infinito – Ensaio sobre a exterioridade.** Tradução para a língua portuguesa de José Pinto Ribeiro. Lisboa: Edições 70, 2008.

PIVA, Angela; PONSI, Andréia; SALDANHA, Carime; GOMES, Elisabel; MARTINI, Janice; DARIANO, Jussara; FERRARO, Karla; SILVA, Mara Luiza D. da e SPIZZIRRI, Rosane, *Origens do conceito de Intersubjetividade – uma trajetória entre a filosofia e a psicanálise contemporânea* in Revista Contemporânea – Psicanálise e Transdisciplinaridade, Porto Alegre, n. 09, Jan/Jun 2010, disponível em http://www.revistacontemporanea.org.br/revistacontemporaneaanterior/site/wp-content/artigos/artigo234.pdf, pp. 71/91 acessado em 11/08/2023.

4

DALLA LEGGE ALLA NORMA: TECNICHE DEL GOVERNO BIOPOLITICO

Antonio Tucci

1. Dalla trascendenza della Legge all'immanenza della Norma

Il diritto si è sempre tradizionalmente autorappresentato, mediante continui aggiustamenti, nuove tattiche ed espedienti spesso imprevisti, dettati di volta in volta dai differenti contesti storico-sociali nei quali esso si affermava e agiva. Si tratta, in altri termini, di strategie rivolte a conservare l'aspirazione del diritto a mettere in forma e a ricomporre la pluralità sociale, politica ed etico-religiosa che rappresenta in definitiva l'oggetto stesso del diritto.

Questo processo continuo e incessante si è realizzato mediante una serie di categorie, principi, metodi, tra i quali – non volendo e non potendo essere esaustivi – possiamo qui enunciare l'ordine e la *reductio ad unum* della sovranità; la centralità della legge generale ed astratta; il carattere trascendente del comando che ricompone la diffusione immanente dei poteri; la sanzione, il carattere, cioè, prescrittivo e coercitivo del diritto, esemplificato nel ricorso imprescindibile alla forza e infine l'unità, con i suoi corollari della coerenza e della certezza, tenute insieme da una visione verticistica del potere che si connota attraverso l'identificazione di popolo, territorio e ordinamento.

Una metanarrazione, che rinvia alla logica razionale e strategica della modernità che però oggi in qualche modo arretra, segna il passo, di fronte alla complessificazione e pluralizzazione dei vettori eterogenei e di segno opposto della governance globale economica, giuridica e politica, ma anche tecnologica e culturale.

In sintesi, è la Legge (con la L maiuscola) che arretra rispetto alla Norma. Dove con Legge intendiamo esemplificare il paradigma giuridico-politico della tradizione moderna e con norma invece le forme di autoregolazioni immanenti nel vivente cui fanno riferimento, le autorità tecniche e tecnocratiche oggi dominanti. Norma dunque sganciata dal suo nesso immediato con un'autorità la cui posizione gerarchica non rinvia ad una verità esterna al sistema giuridico, ma è autoreferenziale e trova nell'ordinamento giuridico stesso il suo fondamento di validità.

L'autore che più di tutti ha provato a svelare queste dinamiche, intrinseche al giuridico, a partire dall'identificazione e dall'appiattimento del potere sul potere giuridico, come è noto, è Michel Foucault.

Foucault compie, appunto, un'operazione di riconduzione del diritto verso il "campo" sociale e lo svincola da quella presunzione di purezza da parte della scienza giuridica che lo aveva, da un lato, sottratto ad ogni commistione con i fatti sociali e, dall'altro, lo aveva eletto a modello, a dispositivo di controllo, a tecnica orientata al raggiungimento dell'ordine; ripensare dunque l'ambito di azione e costituzione del diritto significa ricollocare il suo ruolo all'interno delle dinamiche stesse del potere e delle relazioni sociali.

In particolare, l'interesse che attraversa tutta l'opera foucaultiana per il tema del soggetto e delle forme della soggettivazione rappresenta il punto dal quale Foucault muoverà – nella riflessione intorno ai sistemi disciplinari e biopolitici-governamentali – verso un serrato confronto con il diritto stesso, un confronto, benché non sistematizzato, di grande rilevanza per la teoria giuridico-politica.

L'attenzione di Foucault nei confronti del diritto nasce da un'esigenza ben precisa: disarticolare un discorso che aveva ridotto il tema del potere e delle forme di soggettivazione che in – e attraverso– esso si costituiscono al discorso giuridico; il monopolio del giuridico viene direttamente criticato da Foucault, per evidenziare altre forme, altre modalità di manifestarsi del potere, o per meglio sottolineare una particolare articolazione delle relazioni di potere non riducibili alla formalizzazione (giuridica) del discorso moderno. Un passo di *Sicurezza, territorio, popolazione* è molto esplicito, a questo proposito: «Io credo ... che occorra mostrare come il rapporto tra la legge e la norma indichi la presenza intrinseca, quindi fondatrice, in ogni imperativo legale, di una sorta di normatività che non può essere confusa, però, con ciò che ho cercato di qualificare con espressioni come procedure, procedimenti o tecniche di normalizzazione. Direi semmai il contrario: è vero che la legge si riferisce a una norma, e quindi che il ruolo e la funzione dell'operazione legale è codificare una norma, ma il problema che mi interessa è mostrare come si sviluppino delle tecniche di normalizzazione a partire, al di *sotto*, ai margini e persino in *opposizione* a un sistema imperniato sulla legge»[1]

Questo implica l'esigenza di accostarsi allo studio del potere dal lato *«meno giuridico del suo esercizio»,* infatti nel corso al *College* del 1975/76, raccolto in *Bisogna difendere la società,* Foucault aveva affermato: «Piuttosto che cercare di sapere dove e come si fonda il potere di punire all'interno della sovranità, ho cercato di vedere come effettivamente la punizione e il potere di punire prendevano corpo in alcune istituzioni locali, regionali, materiali, sia che si tratti del supplizio, sia che si tratti dell'imprigionamento all'interno del mondo insieme istituzionale, fisico, regolamentare e violento degli apparati effettivi di punizione. In altri termini, ho cercato di cogliere il potere nell'estremità sempre meno giuridica del suo esercizio»[2].

Non interessa a Foucault indagare sull'origine e sul fondamento della sovranità, o meglio questo non è per lui sufficientemente esaustivo ai fini dell'individuazione delle dinamiche di potere: la riduzione delle analisi del potere al nesso legge/sovranità non dà conto delle complesse e articolate relazioni di potere; piuttosto è il nesso concettuale norma /disciplinamento/ normalizzazione in grado di squadernare le mille sfaccettature di un potere che tra gli altri si serve dell'apparato strumentale messo al servizio dal sistema giuridico. Tutto questo ha ancora più senso di fronte alla evidente crisi delle categorie politiche e giuridiche della modernità. Lo Stato, in primo luogo, aveva svolto un ruolo ben preciso e inequivocabile. Si trattava di un "patto", fondato sull'identificazione di un popolo con un territorio (nazionale) marcato da confini rigidi, al quale corrispondeva un livello (più o meno ampio, a seconda dei casi e dei periodi storici) di diritti e status garantiti dal sovrano, sostenuti mediante la connotazione dell'ordinamento giuridico in termini di generalità e astrattezza.

Tutto questo, però oggi, "salta": «Oggi la questione delle frontiere non si pone affatto. Quel che propone lo stato come patto al suo popolo – afferma

[1] M. Foucault. **Sicurezza, territorio, popolazione**. *Corso al Collège de France 1977-1978* (2004), Feltrinelli, Milano, 2005, p. 50.

[2] M. Foucault. **Bisogna difendere la società**. *Corso al Collège de France 1975-1976* (1997), Feltrinelli, Milano, 1998, p. 32.

Foucault – è: "Sarete protetti". Protetti da tutto ciò che può essere incertezza, incidente, danno, rischio. [...] Lo stato che garantisce la sicurezza è uno stato obbligato a intervenire in ogni occasione in cui la trama della vita quotidiana è lacerata da un singolo evento eccezionale. Di colpo la legge non è più adatta; improvvisamente sono necessarie queste specie di interventi, il cui carattere eccezionale, extra-legale, non dovrà più apparire come segno di arbitrio o di un eccesso di potere, ma al contrario come di una attenzione premurosa»[3].

2. Tecniche di governo

Dal discorso fin qui condotto, se pur abbozzato per grandi linee, evince la centralità nel discorso foucaultiano di differenti logiche e razionalità di governo. Ci sembra pertanto opportuno soffermarsi brevemente, dal momento che esse fondano su connotazioni differenti della norma e sulle conseguenti differenti implicazioni del diritto e del potere con la vita.

La concezione del potere entro la quale Foucault colloca i dispositivi disciplinari e biopolitici governamentali rispondono, come afferma in *Volontà di sapere*, a razionalità di governo che – rispetto al diritto sovrano di vita e di morte, il diritto di *far morire* e *lasciar vivere* (*ius vitae ac necis*), rappresentato dalla spada[4] – si assumono entro una concezione del potere come potere di *far vivere* o di respingere nella morte.

Un potere, quello sovrano, che si concretizzava in un diritto di appropriazione delle cose, «fino al culmine del privilegio d'impadronirsi della vita stessa per sopprimerla[5], mentre la nuova razionalità rinvia ad un potere che si esercita direttamente sulla vita biologica delle persone: «Questo potere sulla vita si è sviluppato in due forme principali a partire dal XVII secolo; esse non sono antitetiche; costituiscono piuttosto due poli di sviluppo legati da tutto un fascio intermedio di relazioni. Uno dei poli, il primo sembra ad essersi formato, è stato centrato sul corpo in quanto macchina: il suo *dressage*, il potenziamento delle sue attitudini, l'estorsione delle sue forze, la crescita parallela della sua utilità e della sua docilità, la sua integrazione a sistemi di controllo efficaci ed economici, tutto ciò è stato assicurato da meccanismi di potere che caratterizzano le *disci-*

[3] M. Foucault. **La strategia dell'accerchiamento.** *Conversazioni e interventi 1975-1984*, a cura di S. Vaccaro: Duepunti, Palermo, 2009, p. 71-72.

[4] M. Foucault. **La volontà di sapere** (1976), Feltrinelli, Milano, 1988, p. 120.

[5] ***Ibidem.***

pline: *anatomo-politica* del corpo umano. Il secondo, che si è formato un po' più tardi, verso la metà del XVIII secolo, è centrato sul corpo-specie, sul corpo attraversato dalla meccanica del vivente e che serve da supporto ai processi biologici: la proliferazione, la nascita e la mortalità, il livello di salute, la durata di vita, la longevità con tutte le condizioni che possono farle variare; la loro assunzione si opera attraverso tutta una serie di interventi ed i *controlli regolatori: una bio-politica della popolazione*. Le discipline del corpo e le regolazioni della popolazione costituiscono i due poli intorno ai quali si è sviluppata l'organizzazione del potere sulla vita. La creazione nel corso dell'età classica, di questa grande tecnologia ha due facce – anatomica e biologica, agente sull'individuo e sulla specie, volta verso le attività del corpo e verso i processi della vita – caratterizza un potere la cui funzione più importante ormai non è forse più di uccidere ma d'investire interamente la vita».

Un potere, dunque, che viene sottratto alla sua connessione con il carattere repressivo della Legge, alla sua esclusiva identificazione con l'istituzione, e tanto più con l'unità e centralità del potere sovrano: un potere diffuso, pervasivo, un potere *microfisico*[6]*: un potere onnipresente,* relazionale e produttivo, che "viene dal basso", certamente non riconducibile ai criteri del dominio, e pertanto «non è qualcosa che si acquista, si strappa o si condivide, qualcosa che conserva o che lascia sfuggire; il potere si esercita a partire da innumerevoli punti e nel gioco di relazioni diseguali»[7]. Relazioni di potere che, sottolinea ancora Foucault, non sono estranee ad altre relazioni, ma sono loro immanenti, «benché queste relazioni di potere siano immanenti alle istituzioni, il potere e le istituzioni non sono affatto identici. Ma non si può nemmeno dire che le loro relazioni siano soltanto un dettaglio sovrastrutturale o accessorio»[8]. Ed è proprio in questo senso che il potere mostra il suo carattere produttivo: produttivo di *soggettivazioni*

[6] M. Foucault. **Microfisica del potere**, Einaudi, Torino, 1977.

[7] M. Foucault. **La volontà di sapere**, cit. p. 83.

[8] Il passo citato così continua: «La scuola, ad esempio, non può essere considerata solo in base alla sua funzione disciplinare: il contenuto della geometria euclidea non è cambiato per il semplice fatto che è cambiate le architetture degli edifici scolastici. Tuttavia molti altri aspetti della vita scolastica sono cambiati a causa dell'introduzione della tecnologia disciplinare, da quale ho prodotto una rigida organizzazione dell'orario, una separazione degli scolari, un controllo sulla sessualità, una classificazione, una individualizzazione ed altro ancora», H. L. Dreyfus, P. Rabinow. **La ricerca di Micel Foucault.** *Analitica della verità e storia del presente* (1982), Ponte alle grazie, Firenze, p. 211.

e non semplicemente rivolto ai soggetti/sudditi. Afferma infatti Foucault: «Bisogna smettere di descrivere sempre gli effetti del potere in termini negativi: "esclude", "reprime", "respinge", "astrae", "maschera", "nasconde", "censura". In effetti il potere produce; produce il reale; produce campi di oggetti rituali di verità. L'individuo e la conoscenza che possiamo assumere derivano da questa produzione»[9].

Questo è senza dubbio un punto cruciale, dal momento che lo stesso Foucault, afferma che non si tratta di «analizzare i fenomeni di potere, e neppure di elaborare i fondamenti di una tale analisi. Piuttosto [...] di fare una storia dei differenti modi di soggettivazione degli esseri umani nella nostra cultura. [...] Appena il soggetto umano è catturato all'interno di rapporti di produzione e di relazioni di significato, è nella stessa misura catturato all'interno di rapporti di potere che sono molto complessi»[10].

Questo potere – a differenza del potere sovrano che agisce, mediante il piano della *normatività* e della sottomissione ascendente e gerarchica del soggetto – opera invece come potere che *normalizza*. La normalizzazione assume modalità e pratiche differenti a seconda che tali pratiche agiscano all'interno di dispositivi *disciplinari* o *securitari*. La distinzione, che propone Foucault, tra *normation* e *normalisation*, è finalizzata proprio ad evidenziare, le differenze tra modi del potere e appunto il livello di immanenza e gli ambiti di formazione (diffusi, periferici) che le norme assumono in ognuno di essi ma soprattutto il piano della soggettivazione politica.

Dunque *spazio* e *soggetti* potrebbero essere le "categorie", intorno alle quali, si definiscono i dispositivi di potere e le tecnologie legate alla *norma*[11]. Categorie attraverso le quali si può provare a leggere le dinamiche politiche e giuridiche odierne.

Allora, come agisce la *normalizzazione* all'interno dei differenti dispositivi?

Il primo dei due poli, cui fa riferimento Foucault nel lungo passo citato, *anatomo-politica* del corpo umano, rinvia esplicitamente ai dispositivi di potere disciplinari.

[9] M. Foucault. **Sorvegliare e punire**, (1975), Einaudi Torino, 1993, p. 212.

[10] M. Foucault, **Il soggetto e il potere**, in H. L. Dreyfus, P. Rabinow, *La ricerca di Michel Foucault*, cit, p. 237.

[11] « la sovranità "capitalizza" un territorio e pone come problema decisivo la sede del governo; la disciplina da forma architettonica allo spazio e pone come problema essenziale una distribuzione gerarchica e funzionale degli elementi; La sicurezza cerca invece di strutturare un ambiente in funzione di serie di eventi o elementi possibili che occorre regolare in un quadro polivalente e trasformabile», M. Foucault. **Sicurezza, territorio, popolazione**, cit., p. 29

Le discipline dunque, come quel polo del potere ad essere incentrato sul corpo, inteso come oggetto di manipolazione del potere stesso: «Una tecnologia del corpo, in quanto oggetto di potere, che si formò gradualmente entro localizzazioni disparate periferiche [...] il fine fondamentale del potere disciplinare era quello di produrre un essere umano che si potesse trattare come "corpo docile"»[12].

Com'è noto, Foucault tratta del potere disciplinare in *Sorvegliare e punire*, in cui gli apparati disciplinari (in primo luogo la punizione e la prigione, ma anche la fabbrica, la scuola, gli ospedali psichiatrici ecc.) vengono *trattati*, piuttosto che come apparati repressivi come dispositivi funzionalizzati alla creazione appunto di corpi docili e ridotti alla regolarità della norma: con le parole dello stesso Foucault, le discipline utilizzano «metodi che permettono il controllo minuzioso delle operazioni del corpo, che assicurano l'assoggettamento costante delle sue forze ed impongono loro un rapporto di docilità-utilità: è questo ciò che possiamo chiamare le discipline»[13], un insieme di coercizioni e manipolazioni del corpo, che lo gestiscono, lo reprimono, lo manipolano, appunto: spostando l'obiettivo del potere dal fine specifico dell'obbedienza (sovrana) a quello dell'incremento dell'utilità.

In queste modalità che intersecano o "occupano" i vuoti lasciati dal potere sovrano, una serie di tecniche concorrono tra loro, insieme escludono, quanti non corrispondono alla norma e ai criteri di normalità che da essa discendono, ma allo stesso tempo attraverso interventi, anch'essi normalizzatori, corregge, recupera, manipola e normalizza i corpi: le discipline includono mediante la normalizzazione.

Questo avviene, in primo luogo, attraverso interventi spaziali: le discipline «lavorano lo spazio in maniera assai duttile e sottile. E prima di tutto secondo il principio della localizzazione elementare o *quadrillage*. Ad ogni individuo il suo spazio, il suo posto: ed in ogni posto il suo individuo [...] la disciplina – in definitiva – organizza uno spazio analitico»[14]. Non si tratta avverte Foucault di uno spazio di dominio (il territorio che rinvia all'istituzione Stato), ma è quello che egli stesso chiama *rango*, l'ambito nel quale interagiscono forze, in cui i corpi vengono individualizzati mediante *localizzazioni*, che li inseriscono in una serie di relazioni.

[12] H. L. Dreyfus, P. Rabinow. **La ricerca di Michel Foucault**, cit, p. 160.

[13] M. Foucault. **Sorvegliare e punire**, cit. p. 149.

[14] Ivi, p.155.

Oltre allo spazio, le discipline, occupano il tempo, sono *organizzate* mediante un minuzioso «impiego del tempo»[15]: Foucault parla di un'anatomo-cronologia del comportamento, di una scomposizione in serie delle azioni, graduale e continua garantita dalla coercizione, tesa a osservare, catalogare e trasformare le inclinazioni degli individui.

Se la disciplina si pone in modo trasversale rispetto ai meccanismi repressivi del potere, tipici della razionalità giuridica – dei quali anzi si può dire che in qualche modo mantiene il carattere dell'*esteriorità* del comando – allo stesso modo tale trasversalità riguarda l'ambito di esercizio delle discipline stesse. Le istituzioni disciplinari non sono né una proiezione dell'apparato statale, né si contrappongono ad esso. Come vedremo più avanti, Foucault parlerà sia di "statizzazione dei meccanismi disciplinari"[16], che di "governamentalizzazione dello stato". A conferma che i dispositivi – sia sul piano delle razionalità ad essi intrinseche, sia sul piano empirico del loro avvicendamento storico- non si escludono a vicenda, ma si sovrappongono e si intersecano, interpretando diverse modalità della complessità politica e sociale.

Il tema della governamentalizzazione dello stato, ci conduce all'altra tecnologia di potere, che sposta il suo *fuoco* dal corpo individuale alla popolazione: la *sicurezza*.

Come è noto questa specifica tecnologia di potere, che condurrà alla teorizzazione, appunto della "governamentalità", occupa un ruolo centrale nella riflessione foucaultiana della fine degli anni '70[17].

Dunque si *compie* quel graduale passaggio dei dispositivi del potere dal *territorio*, al *corpo*, alla *popolazione*, intesa quest'ultima come un insieme (statistico) di individui accomunati da tratti comuni, riconducibili a caratteristiche altrettanto comuni e classificabili attraverso le scienze biologiche e statistiche (dalla medicina, alla demografia, alla geografia)[18], la norma,

[15] Ivi, p. 9.

[16] Ivi, p. 232.

[17] Fondamentale sulla governamentalità e per aver avviato un filone di studi di grande rilevanza, G. Burchell – C. Gordon – P. Miller (eds.), **The Foucault Effect: Studies in Governmentality**, Harvester Wheastsheaf, London, 1991

[18] «Anche la nuova tecnologia che viene instaurata si risolve nella molteplicità degli uomini ma non in quanto la molteplicità si risolve in corpi, bensì in quanto costituisce, al contrario, una massa globale, investita da processi di insieme che sono specifici della vita, come la nascita, la morte, la produzione, la malattia, e così via. [...] abbiamo una seconda presa di potere che non

perciò, si pone come criterio di distribuzioni *naturali*, alle quali si richiede adattamento, e in base alle quali si esercita il *governo* degli e sugli uomini.

La normalizzazione pertanto funziona in modo completamente inverso rispetto alle discipline: «Nelle discipline si partiva da una norma e alla luce dell'inquadramento da essa fornito si perveniva a distinguere il normale dall'anormale. Qui, invece, si procede all'identificazione del normale e dell'anormale, delle differenti curve di normalità, e l'operazione di normalizzazione consiste nel far giocare tra loro queste differenti distribuzioni di normalità, in modo che le più sfavorevoli siano ricondotte al livello delle più favorevoli. Un sistema che parte dal normale e si serve di alcune distribuzioni considerate, per così dire, più normali o, in ogni caso più favorevoli delle altre. Saranno queste distribuzioni a servire da norma. La norma è un gioco all'interno di normalità differenziali. Viene prima il normale; la norma è dedotta, si fissa e diviene operativa in seguito a questo studio della normalità. Direi pertanto che non si tratta più di una normazione, ma di una normalizzazione in senso stretto»[19].

Non si tratta più di una norma data, a partire dalla quale il potere opera distribuzioni – l'anormale, il criminale, il folle, il malato, il deviante -, ma di una normalità che risulta dallo *studio* dei fenomeni collettivi, con l'obiettivo di ricondurre alla norma quanti da essa si discostano. Ecco dunque chiaro a questo punto il suggerimento di Foucault di distinguere tra normazione e normalizzazione, cui accennavamo sopra.

Si tratta in sintesi di una razionalità di governo che agisce secondo tecniche e tattiche che hanno «nella popolazione il bersaglio principale, nell'economia politica la forma privilegiata di sapere e nei dispostivi di sicurezza lo strumento tecnico essenziale»[20]. Evidentemente, come accennavamo sopra, la sicurezza agisce su un livello di *introiezione* della norma da parte di soggetti potenzialmente liberi, che si adattano, normalizzano, alla *regolarità* del governo. Una tecnologia di potere, dunque, che – come nella tradizione del pastorato cristiano[21] – si esercita sulla vita delle per-

è più individualizzante, ma procede nel senso della massificazione», M. Foucault. **Bisogna difendere la società**, cit., p. 20.

[19] M. Foucault. **Sicurezza, territorio, popolazione**, cit., pp. 56-57.

[20] Ivi p. 88.

[21] Così Foucault sul potere pastorale: «1. È una forma di potere il cui scopo ultimo è quello di assicurare la salvezza individuale nell'aldilà. 2. Il potere pastorale non è semplicemente una forma di potere che ordina; esso deve essere anche preparato a sacrificare se stesso per

sone, le protegge, ne incrementa le potenzialità, si prende cura di loro, in nome della sicurezza e della riduzione del rischio, e come il pastore le tiene al sicuro esercitando su di esse un potere regolarizzatore, rivolto a tutti, ma all'occasione individualizzante: «E' vero che il pastore dirige tutto il gregge, ma può farlo solo a condizione che nessuna pecora sfugga al suo controllo. Il pastore conta le pecore, al mattino quando le conduce nei prati e la sera per accertarsi che ci siano tutte, curandole una a una. Tutto ciò che fa è rivolto alla totalità del suo gregge, ma anche a ogni singola pecora. [...] il pastore deve avere l'occhio su tutti e su ciascuno, *omnes et singulatim*»[22]

3. Sovrapposizione di logiche

Due aspetti differenti, ma complementari, vanno a questo punto sottolineati per provare a delineare un possibile esito del nostro percorso. Il primo riguarda la sovrapposizione dei modelli di governo, la coesistenza della logica incrementativa e produttiva del potere pastorale, con i dispositivi disciplinari e repressivi, il secondo le differenti e plurali connessioni che la Legge instaura con la norma per tornare al tema dal quale siamo partiti.

Procedendo per ordine. Foucault stesso afferma che «Gli elementi di questa serie di dispositivi non si succedono gli uni agli altri, quelli che emergono non fanno sparire quelli che li precedono. Non esiste un'età legale, un'età disciplinare e un'età della sicurezza. I meccanismi di sicurezza non prendono il posto dei meccanismi disciplinari che avrebbero a loro volta sostituito i meccanismi giuridico-legali. Si tratta in realtà di una serie di edifici complessi in cui ciò che cambia oltre alle stesse tecniche, destinate a perfezionarsi e a divenire sempre più complicate, è soprattutto la dominante o, più esattamente, il sistema di correlazione tra i mecca-

la vita e la salvezza del gregge. A causa di ciò si distingue dal potere del sovrano che può chiedere un sacrificio da parte dei sudditi per salvare il trono. 3. E' una forma di potere che non si preoccupa della comunità nel suo insieme, ma di ogni individuo particolare, per tutta la durata della sua vita. 4. Infine questa forma di potere non può essere esercitata senza conoscere ciò che accade all'interno della mente degli uomini, senza esplorare le loro anime, senza costringerli a rivelare i loro profondi segreti. Essa implica una conoscenza della coscienza e la capacità di dirigerla. Questa forma di potere è rivolta verso la salvezza (a differenza del potere politico). E' oblativa (in opposizione al principio di sovranità); è individualizzante (in opposizione al potere legale); è coestensiva a tutta quanta la vita e la pervade interamente; è legata ad una produzione di verità – la verità dell'individuo stesso», M. Foucault. ***Il soggetto e il potere***, cit., p. 242.

[22] M. Foucault. **Sicurezza, territorio,** *popolazione*, cit., pp. 102-103.

nismi giuridico – legali disciplinari e di sicurezza»[23]. Ed è Deleuze che marcherà con precisione questa sovrapposizione di modelli:le società di *controllo* si affermano – nella ambivalenza dei propri dispositivi – tra normalizzazione 'post-disciplinare' e governamentale, nonché mediante la reviviscenza delle logiche sovraniste e legali[24]: infatti, continua il filosofo francese: «i dispositivi hanno [...] come componenti, linee di visibilità, di enunciazione, linee di forza, linee di soggettivazione, di fenditura, linee di incrinatura, di frattura che si intrecciano e si aggrovigliano tutte, e di cui le une ricostituiscono le altre o ne suscitano di nuove attraverso variazioni o addirittura mutazioni di concatenamento»[25]

Il modello sovranista pertanto, a nostro avviso, piuttosto che presentarsi nella lettura foucaultiana, come un modello inadeguato e superato, rappresenta *uno* specifico dispositivo tra tutti i dispositivi di potere. Infatti, la *legge* nei modelli disciplinari non sembra essere completamente esautorata dalla *norma*: l'esigenza di cogliere gli aspetti extra-giuridici del potere e, al contempo, la consapevolezza che la norma si affermi sempre più a spese della legge, non significa per Foucault che con l'affermazione delle società normalizzatrici venga meno la forza della legge oppure scompaiano le istituzioni giuridiche. La normalizzazione tende ad essere accompagnata da una sorprendente proliferazione dell'attività legislativa: fa notare Ewald, che i legislatori non sono mai stati attivi, come nell'età del biopotere. La *norma*, dunque, non è opposta alla *legge*, ma all'istituzione della legge come esclusiva espressione del potere sovrano[26].

Come è infatti ampiamente noto, il diritto – nella prospettiva che Foucault vuole decostruire – si configura come pretesa universale e generale, esso conseguentemente si serve di categorie tese a neutralizzare ogni eccesso, ogni sforamento, ogni deviazione dalla norma, attraverso un'opera continua di riconduzione del particolare all'universale (cittadinanza, diritti, persona giuridica ecc.). A questo Foucault oppone invece un'attenzione ai processi e ai dispositivi concreti che si pongono *oltre* il diritto, ma

[23] M. Foucault. **Sicurezza, territorio,** *popolazione,* cit., p. 19.

[24] G. Deleuze. **Poscritto sulle società di controllo,** in *Pourparler,* Quodlibet, Macerata, 2000, p. 240.

[25] G. Deleuze. **Che cos'è un dispositivo?** (1989), Cronopio, Napoli, 2007, p. 20.

[26] F. Ewald, *Norms.* **Discipline and the Law,** in *Representations,* 30, 1990, p. 138. Sulla legge che opera in modo conforme al biopotere cfr. V. Tadros. **Between Governance and Discipline: The Law and Michel Foucault,** in *Oxford Journal of Legal Studies,* 1, 1998, pp. 75-103.

che lo attraversano e perciò lo determinano: pur piegando eventi della storia del diritto ad interessi di ricerca specifici, Foucault sembra cogliere un punto di grande rilevanza per un percorso che voglia evidenziare un processo di *esternalizzazione* della riflessione intorno al giuridico e al rapporto con il potere. Ci sembra pertanto eccessivo accogliere le tesi che vedono opporre da parte di Foucault una radicale critica al diritto, in quanto istituzione, in quanto dispositivo finalizzato all'ordine giuridico, inteso come produttore di regole e direzione del comportamento degli individui.

Come ricorda Legrand, Foucault in *Sorvegliare e punire* parla di "statalizzazione dei meccanismi delle discipline": lo stato si atteggia come *structure-relais* nella diffusione delle discipline attraverso i suoi apparati istituzionali, in primo luogo la polizia. Infatti la società disciplinare, se da un lato si definisce come un *fuori* rispetto ai meccanismi dell'ordine giuridico-politico, allo stesso tempo subisce il loro condizionamento, dipendendo da essi: il dispositivo politico-giuridico rappresenta il *lato oscuro* delle discipline. Come Foucault stesso sottolinea, le discipline incrociano il diritto, si intersecano con i suoi dispositivi, ma allo stesso tempo rappresentano un "contro-diritto". Alla istanza universalizzante, generalizzante del giuridico e al posizionamento "formale" e astratto di soggettività simmetriche e irrelate, il potere disciplinare oppone un'attenzione al concreto e classifica, specializza i corpi, in primo luogo mediante processi di localizzazione e delocalizzazione e di organizzazione e suddivisione del tempo, come abbiamo provato sinteticamente a dire sopra[27]. Ma questo non deve indurci a pensare che le norme disciplinari siano «semplicemente la contraddizione "immobile" delle norme giuridiche. Esse sono un contro-diritto che entra nello stesso tempo nel merito del contenuto effettivo del diritto»: le discipline fungono da concretizzazione delle forme giuridiche; attraverso il loro legame con il reale rendono il «contenuto effettivo e istituzionalizzato delle forme giuridiche»[28]. In sostanza: la prigione, sopra tutte, ma anche la scuola, la chiesa, la fabbrica nel porre uno scarto rispetto ai processi interni alla logica sovrana – inclusiva/esclusiva, basata sul nesso lecito/illecito – si ritrovano ad incrociare questo schema nel momento stesso in cui le norme disciplinari dividono, separano il normale dall'anormale, il malato dal sano e così via.

[27] S. Legrand. **Les normes chez Foucault**, Puf, Paris, 2007, pp. 69-70.

[28] Ivi, pp. 73-74.

Naturalmente qui va sottolineato che nei dispositivi di sicurezza biopolitici governamentali, si assiste, rispetto alla normalizzazione disciplinare, a più marcate forme di regressione della Legge a favore della Norma, benché ciò non ne comporti la *fine*, piuttosto mostra modalità di *adattamento* del diritto, il suo reinventarsi e riarticolarsi in procedimenti che fanno ogni volta i conti con diffuse e dislocate forme di potere.

Evidentemente qui l'obiettivo polemico, vale la pena ribadirlo, è la sovranità, l'unità e l'esclusività dello Stato[29]. Se infatti guardiamo al processo di «governamentalizzazione dello stato», secondo il quale «lo stato – non più oggi che nel corso della sua storia – non ha mai avuto questa unità, questa individualità, questa funzionalità rigorosa e direi anche questa importanza. Dopo tutto forse lo stato non è che una realtà composita e un'astrazione mitizzata la cui importanza è molto più circoscritta di quel che si crede. Ciò che è importante per la nostra modernità, cioè per la nostra attualità, non è tanto la statalizzazione della società, ma quella che chiamerei la "governamentalizzazione dello stato"»[30], quello che viene in evidenza non è una negazione, ma un mutamento di prospettiva.

Quanto appena detto ha un evidente nesso con la critica avanzata – non solo da Foucault[31] – nei confronti di una vera e propria "ossessione" da parte della teoria giuridica e politica tradizionale per la figura secolarizzata del sovrano legittimo, per la *reductio ad un unum* della pluralità, per il ruolo di neutralizzazione svolto dal diritto e dalla politica[32]: un'ossessione alla quale si rispondeva con un assillo, di segno contrario ma ugualmente "radicale": "tagliare la testa al re"[33]. La logica sovranista, in altri termini , viene per così dire ribaltata dalla logica biopolitica/governamentale.

L'idea del potere come presa in carico della vita mette in ombra la semplificazione di un potere, e dei suoi dispositivi, in termini di repressività e

[29] M. Senellart, **Michel Foucault: "governamentalità" e ragion di Stato**, in S. Chignola (a cura di), *Governare la vita. Un seminario sui corsi di Michel Foucault al College (1977-1979)*, ombre corte, Verona, 2006, pp. 13-26.

[30] M. Foucault. **Sicurezza, territorio, popolazione**, cit., p. 89.

[31] M. Foucault. **Microfisica del potere**, Einaudi, Torino, 1977, p. 15.

[32] G. Marramao. **Dopo il Leviatano. Individuo e comunità nella filosofia politica**, Giappicheli, Torino, 1995, pp. 305-336.

[33] M. Foucault. **Microfisica del potere**, cit., p.15. «Trattare il potere come governo significa per Foucault, "tagliare la testa al re" nel campo della teoria, dopo che è stato possibile – almeno qualche volta –nella pratica», S. Chignola. **Foucault oltre Foucault. Una politica della filosofia**, DeriveApprodi, Roma, 2014, p. 72.

coercizione – e, conseguentemente, di un diritto che condanna, punisce, estromette – ed evidenzia, in contrasto, l'idea del carattere incrementativo, produttivo della biopolitica: dentro il dispositivo giuridico, gli individui contro una generalizzante e universalizzante *soggettività*, definiscono relazioni, dinamiche, processi che delimitano e *utilizzano* a loro volta il diritto. Si tratta di dinamiche che si affermano solo quando si assiste al ridimensionamento della «centralità di due riferimenti fondamentali del potere sovrano, come la *legge* e il *territorio*»[34].

Per Foucault, dunque, la logica sovranista e quella biopolitica si intersecano, ma non si sovrappongono: norma e legge, normalizzazione e normatività, territorio e *popolazione*, ne segnano rispettivamente i criteri di funzionamento, nonostante spesso i loro confini si presentino in modo sempre più sfumato, meno chiaro.

Ci troviamo di fronte ad un percorso che, condurrà agli esiti critici della *governance*, dal momento che il potere governamentale si delinea con modalità «interne ed esterne allo stato»: un potere che si presenta attraverso relazioni e alleanze che investono a loro volta poteri e autorità, coinvolti nella gestione di processi economici e sociali plurali, che controllano la vita sociale e i comportamenti individuali. Pertanto il potere non si estrinseca più esclusivamente attraverso le forme di costrizione della forza legittima esercitata nei confronti degli individui, come accade nella logica sovrana. Nella *governance* gli individui intersecano *attivamente* i processi decisionali del potere affermando la propria autonomia sia attraverso dispositivi giuridici, che extragiuridici.

Si tratta di una lettura che pone sotto pressione la dialettica sovranista, basata sulle dicotomie formale/concreto, universale/ particolare, interno/ esterno, inclusione/esclusione e che costituisce un vero e proprio, quanto inedito, *regime di normatività* contemporaneo: una normatività *debole*, immanente, fattuale, basata sulla connotazione delle norme in termini di *potere*, di *prassi*, piuttosto che in termini di obblighi, comandi, doveri, come evince in modo chiaro dalle tecniche giuridiche e politiche della *governance*, della *lex mercatoria* e del *soft law*. E' qui che acquisisce spazio sempre maggiore il momento volontaristico, decisionale e contrattuale, degli attori giuridici, individui, corti, istituzioni.

[34] O. Marzocca, **Biopolitica, sovranità, lavoro. Foucault tra vita nuda e vita creativa**, in M. Galzigna (a cura di), *Foucault, oggi*, Feltrinelli, Milano, 2008, p. 233.

A questo proposito Catania, recupera le norme che Hart aveva definito come norme che *conferiscono poteri*, allo scopo di evidenziare quell'elemento di contingenza, di possibilità sempre nuove di cui il diritto odierno e le sue logiche organizzazionali non possono non tener conto; si tratta, sostiene Catania, di focalizzare il discorso intorno al piano dell'effettività riferita al comportamento attivo dei consociati. Questo implica un ridimensionamento della logica autoritativa e obbligante e segna la crisi di una prospettiva ordinamentale forte, in direzione di una normatività, appunto, debole[35]. Viene in definitiva ripensato in termini di maggiore flessibilità, ma non dissolto, il nesso obbedienza/effettività, che rimodula in termini di maggiore complessità e pervasività, come accennavo sopra, le questioni relative al controllo, all'ordine, alla normatività.

Per concludere, si può sintetizzare il discorso che abbiamo condotto fin qui nel modo seguente: assistiamo oggi ad un forte ridimensionamento del ruolo del diritto, ma al contempo è facile notare l'evidente pluralizzazione delle forme di normazione e regolazione giuridiche ed extragiuridiche. Pertanto, non si tratta di sostituire un modello con un altro, non si tratta cioè di verificare l'inattualità del modello sovranista, si tratta bensì di rilevare la concorrenza di più modelli e tecniche di governo dalle quali emerge l'insufficienza a rappresentare una realtà complessa e articolata, che trova proprio nel ripensamento della relazione legge/norma, normatività/ normalizzazione un suo fondamento.

Riferimenti

BURCHELL, G.; GORDON C.; MILLER, P.**The Foucault Effect: Studies in Governmentality**. London: Harvester Wheastsheaf, 1991.

CATANIA, A. **Metamorfosi del diritto**. Roma-Bari: Laterza, 2008.

CHIGNOLA, S. **Foucault oltre Foucault. Una politica della filosofia**. Roma: Derive Approdi, 2014.

DELEUZE, G. **Che cos'è un dispositivo?** (1989), Napoli: Cronopio, 2007.

________. **Poscritto sulle società di controllo**. In *Pouparler*. Macerata: Quodlibet, 2000.

DREYFUS, H. L.RABINOW, P.**La ricerca di Micel Foucault. Analitica della verità e storia del presente**. Firenze: Ponte alle grazie

[35] A. Catania, *Metamorfosi del diritto*, Laterza, Roma-Bari, 2008, p. 84. Sul punto mi permetto di rinviare a A. Tucci, "*Metamorfosi della normatività*, in F. Mancuso, G. Preterossi, A. Tucci (a cura di) *Le metamorfosi del diritto. Studi in memoria di Alfonso Catania*, Mimesis, Milano-Udine, 2013, pp. 187 e ss.

EWALD, F.**Norms, Discipline and the Law.** in *Representations*, 30, 1990.

FOUCAULT, Michel. **Bisogna difendere la società. Corso al Collège de France**. Milano: Feltrinelli, 1998.

______________. **Microfisica del potere.** Torino: Einaudi, 1977.

______________. **La strategia dell'accerchiamento. Conversazioni e interventi 1975-1984, a cura di S. Vaccaro**. Palermo: Duepunti, 2009.

______________. **La volontà di sapere**. Milano: Feltrinelli, 1988.

______________. **Sicurezza, territorio, popolazione. Corso al Collège de France.** Milano: Feltrinelli, 2005.

______________. **Sorvegliare e punire**. Einaudi Torino, 1993.

LEGRAND, S. **Les normes chez Foucault**. Paris: Puf, 2007.

MARRAMAO, G. **Dopo il Leviatano. Individuo e comunità nella filosofia politica**. Torino: Giappicheli, 1995.

MARZOCCA, O. **Biopolitica, sovranità, lavoro. Foucault tra vita nuda e vita creativa**. In M. Galzigna (a cura di), *Foucault, oggi*. Milano: Feltrinelli, 2008.

SENELLART, M. **Michel Foucault: "governamentalità" e ragion di Stato**, In S. Tadros, V.**Between Governance and Discipline: The Law and Michel Foucault**. In *Oxford Journal of Legal Studies*, 1, 1998.

TUCCI, A. **Metamorfosi della normatività**. In F. Mancuso, G. Preterossi, A. Tucci (a cura di) *Le metamorfosi del diritto. Studi in memoria di Alfonso Catania*. Milano-Udine: Mimesis, 2013.

5

UMANITÀ PRECARIA. GENERE E VULNERABILITÀ IN JUDITH BUTLER

Anna Cavaliere

1. Una rock star della filosofia politica

Judith Butler è una delle autrici più note della filosofia politica occidentale. È amatissima dai suoi studenti dell'Università di Berkeley (California) ma la sua fama valica così tanto i confini accademici da averla resa una sorta di *rock star* della filosofia politica: così, ad esempio, è stata definita in occasione della sua conferenza presso l'Università di Colonia[1].

Hanno contribuito alla sua notorietà fattori diversi: in primo luogo una fisicità iconica. Il volto di Butler difficilmente si dimentica o si scambia con altri, al punto da essere utilizzato a scopi commerciali e di finire sulle t-shirt. In secondo luogo, l'uso che l'autrice fa della sua biografia. Nei suoi testi e durante le lezioni, Butler argomenta spesso facendo ricorso a racconti privati: suoi, della famiglia, degli amici.

Al contempo, Butler è certamente una filosofa controversa. Esponente di quel movimento tutto americano definito *French Theory*[2], ella pone tra loro in dialogo autori che solitamente sono considerati distanti, come Lévi Strauss e Foucault: ne rielabora radicalmente i contributi teorici nel tentativo di farne una chiave di lettura delle ingiustizie e delle forme di oppressione che caratterizzano la società contemporanea. I suoi testi,

[1] https://portal.uni-koeln.de/ar/international/redirectseiten/slider-stories/uoc-stories/cologne-as-a-research-and-study-destination/albertus-magnus-professorship-2016

[2] Sulle contaminazioni che la *French Theory* ha esercitato sulla cultura pop (e viceversa), cfr. F. Cusset. **French Theory. Foucault, Derrida, Deleuze & Co. All'assalto dell'America** (2003), tr. it. di F. Polidori, Il Saggiatore, Milano 2012.

indubbiamente appassionanti, risultano qualche volta ostici; il suo argomentare sfuggente. Questa caratteristica le è valsa, nel 1998, la vittoria del bad writing contest, una sorta di gara, bandita annualmente dalla rivista accademica *Philosophy and Literature,* che valuta i passaggi stilisticamente più brutti dei libri e degli articoli accademici[3]. L'autrice ha accolto il riconoscimento con la consueta dose di ironia e l'ha usato per lanciare una provocazione. Ha domandato: i suoi testi risultano così insopportabili solo per il periodare arzigogolato, o anche per i contenuti radicali?

La domanda di Butler non sembra infondata. Le "questioni di genere" affrontate nei suoi scritti hanno suscitato spesso lo sdegno degli ambienti più conservatori: il *Lexicon* vaticano ha indicato Butler come il punto di riferimento di quella teoria *gender* deleteria in quanto decostruttiva di istituzioni sociali come la famiglia[4].

La riflessione sull'autrice ha allora assunto, nel corso degli anni, più che l'aspetto di un confronto teorico, quello di un campo di battaglia che ha visto contrapposti i suoi sostenitori, ovvero coloro che, magari avendola letta o ascoltata occasionalmente, l'hanno assunta come un simbolo delle libertà individuale *tout court,* o più semplicemente, come una simpatica *bad girl* del dibattito filosofico, *versus* i suoi detrattori, i quali, con lo stesso grado di approssimazione, l'hanno ritratta come una strega (ed è esattamente così che Butler nel 2017 è stata rappresentata in Brasile, a San Paolo da una folla di manifestanti, i quali, mentre la filosofa teneva la sua conferenza, hanno messo al rogo un fantoccio con le sue sembianze).

Il carattere pop di Judith Butler ha senza dubbio quindi contribuito ad accrescerne la visibilità sul piano internazionale, ma al contempo ha ostacolato l'approfondimento della sua riflessione.

L'etichetta di pensatrice "*gender*" ha inoltre impedito di concentrarsi su un aspetto altrettanto importante e forse più generale della sua riflessione, ovvero quello della precarietà, intesa come vulnerabilità dei corpi.

[3] La notizia del premio ottiene un certo risalto, comparendo su oltre quaranta quotidiani. L'anno successivo, Butler prende parola sulle pagine del New York Times del 20/03/1999. L'articolo, *A "Bad Writer" Bites Back,* in cui l'autrice sottolinea di non avere ancora neppure ricevuto l'assegno corrispondente alla vincita, è consultabile all'indirizzo https://archive.nytimes.com/query.nytimes.com/gst/fullpage-950CE5D61531F933A15750C0A96F958260.html.

[4] Pontificio consiglio per la famiglia (a cura di), **Lexicon. Termini ambigui e discussi su famiglia vita e questioni etiche**, EDB, Bologna 2003.

L'intento di questo lavoro è dimostrare come genere e precarietà/vulnerabilità (che useremo come sinonimi, soffermandoci sulla distinzione operata da Butler tra *precarity* e *precariousness*) possano essere categorie complementari e collegate nella riflessione dell'autrice[5]: leggerle insieme può consentire di evitare il rischio di un'interpretazione banalizzante del suo pensiero.

2. Sesso e/o genere: Judith Butler interprete di Simone De Beauvoir

Butler è innanzitutto conosciuta come un'esponente della teoria del *gender*.

Questa "fama" è dovuta ad un'opera che, agli inizi degli anni Novanta, l'ha consacrata nel panorama filosofico occidentale e costituisce ancora oggi un punto di riferimento indispensabile per discutere le tesi dell'autrice, ovvero *Gender Trouble*. Nel testo, Butler compiutamente fa i conti con la tradizione femminista: si interroga sul lascito del femminismo, su cosa esso abbia prodotto e rispetto a cosa, invece, si sia dimostrato carente.

L'autrice si autodefinisce una femminista – non, come spesso viene etichettata, una *post*-femminista – e del femminismo percepisce tutta la portata trasformativa, ovvero la capacità, che esso ha manifestato nel corso della sua lunga storia, di prestare attenzione a quei "soggetti imprevisti", che non rivestono un ruolo di prim'ordine nella teoria politica ortodossa: le donne, in primo luogo, ma anche gli schiavi, i poveri, i minori, gli anziani, i disabili, gli omosessuali.

L'autrice rivolge il suo interesse a buona parte del contributo femminista moderno, ma attinge in particolar modo alle teorie di Simone De Beauvoir, che studia sin dagli anni dell'università ed a cui dedica alcuni saggi importanti alla fine degli anni Ottanta[6].

La posizione di De Beauvoir è nota: anticipando il contributo teorico del femminismo degli anni Settanta, ne *Il secondo sesso* ella traccia una distinzione tra sesso e genere[7]. Per De Beauvoir il sesso (femmina/maschio) è un dato biologico – si potrebbe dire anche che esso è naturale – il genere una

[5] Sul tema, cfr. O. Guaraldo. **La disfatta del gender e la questione dell'umano**, in J. Butler, *Fare e disfare il genere*, tr. it. a cura di F. Zappino, Mimesis, Sesto San Giovanni (MI) 2014, pp. 9-27.

[6] Id., **Sex and Gender in Simone de Beauvoir's Second Sex**, in «Yale French Studies», 1986, n. 72, pp. 35-49; Id., **Variations on Sex and Gender: Beauvoir, Wittig and Foucault**, in «Praxis International», n. 5, 4, 1986, pp. 505-516. Sul tema, cfr. D. Durmuş, **Tracing the Influence of Simone de Beauvoir in Judith Butler's Work**, in «Philosophies», n. 7, 2022, pp. 137-153.

[7] S. De Beauvoir. **Il secondo sesso** (1949), tr. it. di M. Andreose, Il Saggiatore, Milano 2016.

variabile culturale. Questo significa che una persona che nasca nel corpo di una femmina risulta fortemente indotta – dai condizionamenti sociali – ad aderire a quei codici di condotta che generalmente si riconducono al genere femminile (ad esempio, a sviluppare una maggiore propensione alla cura, una grazia maggiore etc..): a divenire quindi una donna. Allo stesso modo, chi si trova a nascere nel corpo di un maschio, sarà indotto ad aderire ad altri codici, che ne manifestino in qualche modo la virilità (per esempio, lo spingano a dimostrare una maggiore indipendenza, intraprendenza, coraggio etc.), ovvero a "diventare un uomo". La concezione di De Beauvoir contiene, secondo Butler, un'importante intuizione, e tuttavia è necessario radicalizzare ulteriormente la sua tesi.

È vero, infatti, che il genere è un dato costruito, come De Beauvoir efficacemente sostiene, ma non è affatto detto, come invece la scrittrice francese sembra dare per scontato, che il sesso rappresenti un dato meramente naturale. In altre parole, secondo Butler, non si da *prima* un soggetto agente che è per natura maschio o femmina, il quale *poi* si lascia influenzare dalle pressioni più o meno *soft* che provengono dal mondo esterno. Sembra d'altra parte che la stessa De Beauvoir sia ambigua sul punto: è vero che la pensatrice francese traccia una distinzione tra sesso e genere, ma è vero anche che ella non teorizza affatto una corrispondenza necessaria tra i due poli: cioè, non dice che c'è un punto inequivocabile in cui il dato naturale/sesso si tramuta in quello artificiale/genere. In altre parole, non è chiaro in De Beauvoir, come e quando i vettori di potere influenzano un soggetto e lo fanno diventare quello che è. Questo non è un limite o una distrazione di De Beauvoir. Piuttosto, secondo Butler, è il punto forse più rivelativo della sua teoria. Conferma che tra sesso e genere non può essere tracciata alcuna distinzione definitiva: che il sesso di un corpo si può dire solo attraverso l'intermediazione di significati culturali i quali sono, appunto, qualificanti. Detto più semplicemente, non si può comprendere dove finisca il sesso e inizi il genere perché il sesso è sempre, in qualche modo, genere e non vi è alcuna garanzia che la biologia (la quale, appunto, interpreta, qualificandoli, i corpi) sia una scienza neutrale, ovvero indipendente da una cornice culturale di riferimento[8].

[8] J. Butler. **Questione di genere, Il femminismo e la sovversione dell'identità** (1990), tr. it. di S. Adamo, Laterza, Roma-Bari 2013, Cap. I. Sul tema cfr. il recente E. Redaelli. **Judith Butler. Il sesso e la legge**, Feltrinelli, Milano 2023.

Butler intende così sfidare l'essenzialismo che riconduce talune caratteristiche ad intere categorie di persone. Nel fare questo, combatte una battaglia che presenta molti punti in comune con i femminismi, i quali, nel corso degli ultimi due secoli e mezzo, hanno tentato di smentire che tutte le donne fossero *naturalmente* portate per alcuni stili di vita, certe occupazioni etc.

Butler si trova però anche a contraddire quel femminismo della differenza che, nel corso della seconda metà del Novecento, in nome della libertà femminile, assume come dato naturale il binarismo di genere e presuppone il sesso (ed il desiderio eterosessuale) come naturali. Più radicalmente, ed attingendo al contributo teorico del lesbismo, Butler ritiene che la norma fondamentale del patriarcato sia, prima ancora che l'oppressione femminile, quella che prescrive l'eterosessualità obbligatoria[9].

Dall'altra parte, però, l'autrice dimostra di rifuggire il costruttivismo radicale.

Ella specifica infatti che la sua teoria non implica affatto una liquidazione del corpo, precisando che esistono rilevanti differenze cromosomiche, ormonali e anatomiche tra gli individui e che il sesso/genere non può essere ridotto a mero ornamento, mutevole come un vestito che si può scegliere giorno per giorno senza che questo abbia implicazioni profonde, anche identitarie. Detto in altre parole, né il sesso, né il genere possono divenire, secondo Butler, beni di consumo, come pure certe appropriazioni banalizzanti del pensiero dell'autrice sembrerebbero suggerire. Niente di tutto questo è esplicitamente presente nei suoi lavori.

Il suo intento teorico è infatti diverso.

Ciò che le interessa sottolineare è che sia il potere a definire le caratteristiche rilevanti ai fini della differenza sessuale e ad assegnare un valore maggiore o minore a ciascun orientamento. Pertanto, pensare che, rispetto all'ingerenza del potere, ci sia uno spazio vergine – il sesso naturale – è un'illusione.

Il sesso, come il genere, secondo Butler lo fa il potere (spesso servendosi della matrice della eterosessualità obbligatoria). Questo è ciò che ella sostiene parlando di una performatività del genere e riprendendo la teoria degli atti linguistici di John Austin. Secondo quest'ultimo, esistono talune

[9] Sul tema, cfr. F. Zappino. **Comunismo queer. Note per una sovversione dell'eterosessualità**, Meltemi, Milano 2019.

espressioni linguistiche le quali non si limitano a descrivere la realtà, ma incidono su di essa: fanno cose con le parole. Pensiamo ad esempio all'uso che, delle parole, fa il diritto: la pronuncia di una sentenza è produttiva di effetti nel mondo reale: non si limita a descrivere la realtà, ma la trasforma[10]. In modo analogo, secondo Butler, funziona la costruzione del sesso/genere, la quale è così pervasiva che contribuisce a definire il soggetto non dalla nascita, ma prima ancora che egli venga alla luce. A un feto ci si riferisce immaginandolo come un bambino, oppure come una bambina, presupponendo quindi un compiuto binarismo di genere, e immaginando una perfetta coincidenza tra genere e sesso.

Questo induce in qualche modo i soggetti, sin dalla loro nascita, ad adeguarsi a quel codice sociale che descrive le caratteristiche del loro sesso/genere: a seguire un percorso che si trova sempre a metà tra la libera scelta e le forme di costrizione più o meno *soft* che il potere – *rectius* i poteri, discorsivi e istituzionali – pongono in essere. I soggetti devono interpretare, meglio che possono, il loro ruolo di uomini o di donne.

Tutto ciò comporta spesso delle difficoltà, perchè gli individui si accorgono di non riconoscersi a pieno nelle caratteristiche del genere a cui sono ricondotti. Il disagio – che può essere più o meno sopportabile, ma che in una qualche misura accomuna la maggior parte degli uomini e delle donne – può rivelarsi utile perché in grado di aprire delle faglie nei discorsi dominanti e dimostrare che il genere/sesso è niente più che una costruzione culturale ed in quanto tale è artificiale: se il potere fa il genere, allora non è detto che non lo si possa disfare, ovvero che non sia possibile decostruirlo.

È esattamente quello che accade, in una società, quando alcuni soggetti pongono in essere una sorta di *performance* sovversiva. Essi possono interpretare le caratteristiche di un genere nella forma ad esempio della parodia: appropriarsene indebitamente, e magari scambiarlo, come avviene attraverso le pratiche *drag*[11]. *In maniera teatrale, quei soggetti mettono in evidenza alcuni dati importanti: che il genere è un'interpretazione, una performance* appunto, e che non vi è alcuna corrispondenza necessaria tra il modo in cui una persona appare, quello che ella è e, soprattutto, come ella si sente.

[10] J. L. Austin. **How to Do Things with Words**, Clarendon Press, Oxford 1962.

[11] J. Butler. **Questione di genere, Il femminismo e la sovversione dell'identità**, cit., Cap. III.

3. *Precariousness versus Precarity*: verso nuove forme di universalismo

A partire dalla metà degli anni Novanta, la visibilità ottenuta grazie a *Questione di genere* induce Butler a rafforzare il proprio impegno politico. Ella aderisce a partecipa attivamente alle attività della *Gay and Lesbian Human Rights Commission* e l'attività politica finisce per condizionarne profondamente la riflessione, da diversi punti di vista[12].

In primo luogo, Butler ripensa l'universalismo:

Se nelle sue prime opere l'aveva descritto unicamente come uno strumento di oppressione, nelle opere successive, l'autrice ne mette esplicitamente in luce la portata emancipativa. In *Corpi che contano* Butler chiarisce, ad esempio, che le pratiche *Drag* – tanto importanti per fare e disfare il genere – intanto assumono un valore politico, in quanto propongono una ridefinizione del genere che risulti universalizzabile: altrimenti si riducono a manifestazioni narcisistiche, individualistiche o, peggio ancora, a spettacolini per eterosessuali che il capitalismo neoliberale è pronto a mettere a valore[13].

In secondo luogo, Butler dedica una sempre maggiore attenzione a diverse categorie di minoranze discriminate per ragioni anche indipendenti dal genere e questo la induce a sviluppare una riflessione più articolata sul rapporto tra politica, universalismo, diritti, sfera pubblica e democrazia.

La pensatrice si ritrova innanzitutto a fare i conti con la caduta del socialismo reale. Nel confronto con Slavoj Zizek ed Ernesto Laclau che la impegna agli inizi degli anni Duemila[14], Butler esprime una posizione che potremmo sintetizzare così: non esiste alcun potere politico che possa pretendere di incarnare la volontà generale, senza che questo comporti il rischio di produrre ingiustizie, discriminazioni e violenza. Quello che le istituzioni politiche possono fare, nel migliore dei casi, è riprodurre le condizioni della democrazia e anche questo non garantisce automaticamente l'universalismo. Ciascuna politica, infatti (compresa quella democratica), produce dei resti, degli scarti: vi sono pezzi di umanità che restano fuori

[12] Ivi, Prefazione all'edizione 1999.

[13] Id., **Corpi che contano** (1993), tr. it. Di S. Capelli, Feltrinelli, Milano 1996. Più in generale, sul rapporto tra femminismo e neoliberalismo cfr. B. Casalini. ***Il femminismo e le sfide del neoliberismo****. Postfemminismo, sessismo e politiche della cura*, IF Press, Roma 2018.

[14] J. Butler, E. Laclau, S. Zizek. **Dialoghi sulla Sinistra. Contingenza, egemonia, universalità** (2000), tr. it. a cura di L. Bazzicalupo, Laterza, Roma-Bari 2010.

dalla scena politica e che devono lottare non solo perché le loro istanze vengano accolte, ma prima ancora perché siano prese in considerazione, ovvero risultino adeguatamente rappresentate nell'agone politico. Faticosamente, alcuni soggetti tentato di farsi sentire, di manifestare le proprie ragioni e la propria condizione di subalternità, o meglio la propria precarietà.

Proprio intorno a questo concetto – precarietà (nell'accezione della vulnerabilità) – ruota gran parte della produzione teorica dell'autrice negli ultimi anni.

Nel 2001 gli Stati Uniti d'America sono vittima dello storico attacco alle Torri Gemelle e l'amministrazione americana inaugura una pratica quanto meno discutibile sul piano del diritto internazionale: quella della guerra preventiva.

Butler diviene una delle voci più critiche di quella guerra e il suo lavoro *Vite Precarie* non è solo un atto di accusa verso la politica americana, ma soprattutto una riflessione ad ampio raggio sulla vulnerabilità e il lutto come categorie centrali della politica[15].

L'autrice prende le mosse proprio dagli episodi che hanno condotto alla guerra preventiva. Gli attentati alle torri gemelle hanno restituito l'immagine degli Stati Uniti d'America come di un Paese tutt'altro che invincibile: piuttosto, un gigante ferito e quindi vulnerabile. Poiché la narrazione politica moderna collega la sovranità al superamento della vulnerabilità (pensiamo, ad esempio, al patto hobbesiano, ma anche al contratto rousseauviano), sul piano politico, la ferita inferta sembra insopportabile. L'amministrazione americana agisce pertanto, secondo Butler, applicando per certi versi una logica interna al moderno, ovvero si prefigge di ripristinare quell'invulnerabilità violata restituendo la violenza subita: attraverso la guerra, la sospensione delle garanzie dello stato di diritto, perfino la violenza bruta che si realizza, ad esempio, nel centro di detenzione di Guantanamo. Perché questo sia possibile – perché la violenza esercitata da parte del potere politico appaia legittima – si fa uso, nel discorso pubblico, di un linguaggio ancora una volta performativo. Gli Stati Uniti sono rappresentati come l'unica vittima (innocente) del conflitto, tenuta a ripristinare la propria condizione di invulnerabilità a qualunque costo. La sofferenza del

[15] J. Butler. **Vite precarie. Contro l'uso della violenza in risposta al lutto collettivo** (2004), tr. it. a cura di O. Guaraldo, Meltemi, Milano 2018.

nemico, invece, scompare. Nell'economia del discorso, essa diviene indicibile: si delegittima ogni tentativo di fornire una contronarrazione rispetto a quella fornita dall'amministrazione americana.

Secondo Butler, tutto questo rivela un fraintendimento di fondo che non attiene solamente alla strategia retorica utilizzata dagli Stati Uniti ma ha radici più profonde, le quali si collocano nella stessa riflessione politica moderna. Se l'invulnerabilità del corpo politico è, come abbiamo detto, un corollario della teoria della sovranità, è comprensibile che il superamento della *precariousness* sia l'obiettivo per eccellenza dalla politica.

Nella realtà però non risultano mai invulnerabili né gli Stati sovrani (come i conflitti armati dimostrano) e nemmeno gli individui, i quali rimangono costitutivamente corpi precari, ovvero esposti agli di eventi – in parte imprevedibili – dell'esistenza.

Secondo Butler, se si assume questa consapevolezza, si può forse emendare la lettura moderna del potere, interpretando la precarietà come un dato strutturale – e insuperabile – dell'umanità: perfino come una risorsa funzionale, perché essa accomuna tutti gli individui, indipendentemente dalle differenze di razza, di genere, di classe. La precarietà, in altre parole, può divenire il punto di partenza di un nuovo discorso politico.

Perché questo sia possibile, sono indispensabili però due operazioni politico-concettuali.

In primo luogo, bisogna essere disposti a riconoscere la vulnerabilità degli altri, assegnando ad essa il peso corretto. Non si può immaginare di costruire una politica della vulnerabilità se si concede alla sofferenza di alcuni una dignità inferiore rispetto a quella di altri. Butler aveva già affrontato questo tema in *Antigone's Claim*, riflettendo sullo scarso valore attribuito alle sofferenze e ai lutti subiti dalle vittime gay e lesbiche dell'epidemia di AIDS[16].

In *Vite Precarie* amplia la sua riflessione sulla "distribuzione differenziale del lutto", mettendo in evidenza che essa coinvolge molti altri soggetti: le vittime della guerra; i prigionieri di Guantanamo, gli individui che, in un modo o nell'altro, subiscono gli effetti della politica statunitense, o anche intere popolazioni, come ad esempio i palestinesi.

[16] J. Butler. **La rivendicazione di Antigone. La parentela tra la vita e la morte** (2000), tr. it. di I. Negri, Bollati Boringhieri, Torino 2003.

Tutte queste persone versano in una condizione di *precarity*, ovvero in quello *status* – politicamente indotto – che consiste nella negazione sistematica della loro posizione di *precariousness*.

In secondo luogo, per inceppare il processo di rimozione sistematico della loro sofferenza, è necessaria l'irruzione delle vite precarie nello spazio pubblico. È questo il motivo per cui, in alcuni lavori recenti, ad esempio in *Notes toward a Performative Theory of Assembly* [17] Butler osserva con tanto interesse i movimenti sociali che hanno occupato le strade e le piazze, in diverse areee del mondo, negli ultimi dieci anni: i migranti *latinos* negli Stati Uniti, *Occupy Wall Street*, gli *Indignados*, i protagonisti delle «Primavere arabe», gli attivisti di *Black Lives Matter*. Quei movimenti, secondo l'autrice, sono composti da soggetti – *rectius*, da corpi – precari, i quali non si arrendono alla loro condizione di *precarity* e pongono in essere una strategia nonviolenta non solo in quanto non adottano metodi violenti, ma anche perché ne rifiutano la logica, denunciando anche la violenza del potere. Potremmo dire che la loro manifestazione nello spazio pubblico è una *performance* ed ha un valore politico: denota "l'impegno a fondare un mondo nel quale il principio dell'interdipendenza globale venga riconosciuto e gli ideali di libertà e di eguaglianza vengano messi in pratica sul piano economico, sociale e politico"[18]. Quei movimenti, in altre parole, lottano per la loro causa ma, più in generale, anche per l'uguaglianza, il riconoscimento, la redistribuzione. Avanzano quindi richieste politiche *standard* ma, soprattutto, domandano riconoscibilità, ovvero chiedono che la loro condizione di *precariousness* sia resa visibile e, soprattutto, che la *precarity* sia assunta come un problema politico con cui dover fare i conti.

Riferimenti

AUSTIN, J. L. **How to Do Things with Words**. Oxford: Clarendon Press, 1962.

BUTLER, J. **La rivendicazione di Antigone. La parentela tra la vita e la morte** (2000), tr. it. di I. Negri. Torino: Bollati Boringhieri, 2003.

________. **Notes Toward a Performative Theory of Assembly**. Cambridge (MA): Harvard University Press, 2015.

________. **The Force of Nonviolence: An Ethico-Political Bind.** London: Verso, 2020.

[17] J. Butler. **Notes Toward a Performative Theory of Assembly**, Harvard University Press, Cambridge (MA) 2015.

[18] J. Butler. **The Force of Nonviolence: An Ethico-Political Bind**, Verso, London 2020, p. 21.

________. **Questione di genere, Il femminismo e la sovversione dell'identità** (1990), tr. it. di S. Adamo, Laterza, Roma-Bari 2013, Cap. I. Sul tema cfr. il recente E. Redaelli. *Judith Butler. Il sesso e la legge*, Feltrinelli, Milano 2023.

________. **Vite precarie. Contro l'uso della violenza in risposta al lutto collettivo** (2004), tr. it. a cura di O. Guaraldo. Milano: Meltemi, 2018.

Butler, J.Laclau, E.Zizek, S.**Dialoghi sulla Sinistra. Contingenza, egemonia, universalità** (2000), tr. it. a cura di L. Bazzicalupo. Roma-Bari: Laterza, 2010.

Casalini, B. **Il femminismo e le sfide del neoliberismo. Postfemminismo, sessismo e politiche della cura.** Roma: IF Press, 2018.

Cusset, F. **French Theory. Foucault, Derrida, Deleuze & Co. All'assalto dell'America** (2003), tr. it. di F. Polidori. Milano: Il Saggiatore, 2012.

De Beauvoir, S. **Il secondo sesso** (1949), tr. it. di M. Andreose. Milano: Il Saggiatore,2016.

Durmuş, D. **Tracing the Influence of Simone de Beauvoir in Judith Butler's Work**. In «Philosophies», n. 7, 2022.

Guaraldo, O. **La disfatta del gender e la questione dell'umano**. In J. Butler, *Fare e disfare il genere*, tr. it. a cura di F. Zappino. Sesto San Giovanni (MI): Mimesis, 2014.

Zappino, F. **Comunismo queer. Note per una sovversione dell'eterosessualità.** Milano: Meltemi, 2019.

PARTE 2

BIOPOLÍTICA E SAÚDE: TECNOLOGIA A FAVOR DA DEMOCRATIZAÇÃO DO ACESSO À SAÚDE

BIOPOLITICA E SALUTE: TECNOLOGIA A FAVORE DELLA DEMOCRATIZZAZIONE DELL'ACCESSO ALLA SALUTE

6
A INTERVENÇÃO JURISDICIONAL NA EFETIVAÇÃO DO DIREITO À SAÚDE: A BUSCA POR PARÂMETROS OBJETIVOS

MAIRAN GONÇALVES MAIA JUNIOR

Introdução: delimitação das questões

Sêneca, em uma de suas cartas a Lucílio[1], na qual apresenta ideias sobre o cuidado com a saúde e a paz mental, explica que fugiu de Roma para sua casa em Nomento, para "livrar-se de uma febre que seguramente estava a caminho do meu sistema". E antecipando-se a eventual indagação de seu destinatário, formula a seguinte pergunta: "Então você tem curiosidade de saber o resultado desta prescrição de viagem? Assim que escapei da atmosfera opressiva da cidade e daquele horrível odor de cozinhas que, quando em uso, derramam uma ruína de vapor e fuligem pestilentos, percebi, imediatamente que minha saúde estava se reparando. E quão mais forte você acha que me senti quando cheguei às minhas vinhas"[2].

É inerente à pessoa com enfermidade procurar o tratamento para sua cura, sendo esse comportamento quase instintivo, mas que não afasta o racional, como mostra Sêneca. Nessa busca, nem sempre são encontrados remédios, tratamentos, procedimentos ou tecnologias aptas a combater a moléstia e restabelecer a saúde. Muitas são as enfermidades ainda sem cura, como várias espécies de câncer. Outras vezes, existem remédios ou tecnologias médicas que podem atenuar a enfermidade ou minorar seus efeitos, mas não estão disponíveis ao paciente, por motivos diversos, como

[1] Carta 104

[2] https://www.estoico.com.br/1980/seneca-carta-104-sobre-o-cuidado-com-a-saude-e-a-paz-mental/, consultado no dia 29 de maio de 2023, às 21:45.

por exemplo, utilização restrita da técnica, não oferta pública do medicamento ou em virtude do seu alto custo.

Essa é uma questão que há anos preocupa a sociedade brasileira. O direito à saúde constitui garantia constitucional, mas nem sempre o Estado brasileiro tem condições de propiciar ou assumir os custos de fornecimento de medicamentos, técnicas ou equipamentos médicos para o restabelecimento da saúde do cidadão. E, cada vez mais, o Poder Judiciário, tanto o Federal como o Estadual, tem sido instado a se manifestar e a intervir para viabilizar o fornecimento de medicamentos, técnicas ou equipamentos médicos de alto custo, em virtude da hipossuficiência econômica do cidadão.

Somos aproximadamente 204.000.000 de habitantes, o que nos força a perguntar:Tem a sociedade brasileira condições de arcar com o fornecimento de todos os medicamentos e procedimentos de alto custo solicitados judicialmente? Em que situações deveriam ser deferidos ou indeferidos os pedidos judicialmente formulados? Quais os pressupostos que o juiz deve considerar ao apreciar os pedidos? Quais os efeitos que a intervenção judicial ao longo dos anos tem produzido?

São indagações complexas, para as quais não existem respostas prontas e simples. Entrelaçam-se aspectos filosóficos, jurídicos, de política pública, de orçamento público e gestão administrativa, de economia e de técnica médica. O presente artigo tem por finalidade destacar aspectos relacionados a essas questões, que possam contribuir para a formação da convicção do juiz ao analisar os pedidos formulados, bem como apresentar alguns parâmetros para a intervenção jurisdicional e destacar efeitos da atuação do Poder Judiciário nesta seara.

1. A repartição constitucional de competência e a atuação dos entes políticos

O art. 6º da Constituição Federal insere expressamente entre os direitos sociais o direito à saúde. Ao tratar da seguridade social, a Constituição Federal dedica todo o capítulo II à saúde, reforçando no art. 196 ser a saúde "direito de todos e dever do Estado, garantido mediante políticas sociais e econômicas que visem à redução do risco de doença e de outros agravos e ao acesso universal e igualitário às ações e serviços para sua promoção, proteção e recuperação". Fixa complexo feixe de tarefas a serem desempenhadas pelo Estado, de modo a assegurar a efetivação do direito à saúde. Avança, ainda, ao prever, no art. 198, que os serviços públicos de saúde hão de ser organizados em rede regionalizada e hierarquizada, formando o Sistema Único de Saúde (SUS), com as seguintes diretrizes: integralidade, descentralização e participação comunitária.

Correlatamente, legitima as pessoas políticas de direito público interno, União, Estados e Municípios a legislar concorrentemente sobre proteção e defesa da saúde (arts. 24, XII e 30, II). À União compete legislar sobre normas gerais (art. 24, §1º), aos Estados, suplementar a legislação federal (art. 24, § 2º) e, aos Municípios, legislar sobre assuntos de interesse local e suplementar a legislação federal e estadual no que couber (art. 30, I e II).

A Constituição Federal, no entanto, foi além e definiu nos artigos 198[3] e 200[4] as diretrizes determinantes do financiamento e operacionalidade das imposições atribuídas à União, aos Estados e aos Municípios. Por outras palavras, impôs a todas as esferas de governo que agissem de forma coordenada e cooperada[5], no âmbito das atribuições e competências de cada um.

Visando dar cumprimento ao disposto no art. 200 da CF, foi editada a Lei nº 8.080/92, que estabeleceu a estrutura e modelo operacional do SUS[6], fixando as competências e coordenando as ações e serviços de saúde

[3] A Lei Complementar n. 141/2012, regulamentou o § 3º do art. 198 da Constituição Federal para dispor sobre os valores mínimos a serem aplicados anualmente pela União, Estados, Distrito Federal e Municípios em ações e serviços públicos de saúde; estabeleceu os critérios de rateio dos recursos de transferências para a saúde e as normas de fiscalização, avaliação e controle das despesas com saúde nas 3 (três) esferas de governo. O Decreto n. 7.827/2012 a regulamentou.

[4] Destaque-se, em particular, por pertinente ao presente artigo o disposto no art. 200, incisos I e VII da CF:

"Art. 200. Ao sistema único de saúde compete, além de outras atribuições, nos termos da lei:
I – controlar e fiscalizar procedimentos, produtos e substâncias de interesse para a saúde e participar da produção de medicamentos, equipamentos, imunobiológicos, hemoderivados e outros insumos;
(...)
VII – participar do controle e fiscalização da produção, transporte, guarda e utilização de substâncias e produtos psicoativos, tóxicos e radioativos;"

[5] Barroso, Luís Roberto. **Da falta de efetividade à Judicialização excessiva: direito à saúde. Fornecimento Gratuito de medicamentos e parâmetros para a atuação judicial**. Revista de Direito Social. São Paulo: Ano IX, v. 34, abr./jun.2009, p. 23.

[6] Ainda em 1990 foi editada a Lei n. 8.142/90, dispondo sobre a participação da comunidade na gestão do Sistema Único de Saúde (SUS) e sobre as transferências intergovernamentais de recursos financeiros na área de saúde. As Leis nº 9.656/98 e nº 9.961/2000, regulamentaram a prestação do serviço de saúde pela iniciativa privada.

a serem executados em todo o Brasil, por órgãos e entidades públicas e privadas. Entretanto, apesar de a Lei nº 8.080/90, em seu art. 6º, VI, prever "a formulação da política de medicamentos, equipamentos, imunobiológicos e outros insumos de interesse para a saúde e a participação na sua produção"; nada dispôs sobre critérios para a dispensação, fornecimento ou distribuição de medicamentos, tendo sido a política relacionada a questão de medicamentos disciplinada somente pela Portaria nº 3.916, de 30.10.1998, do Ministério de Estado da Saúde, que aprovou a política nacional de medicamentos e traçou suas diretrizes. Coincidentemente, dez anos após a promulgação da Constituição Federal!

1.1. O Sistema Único de Saúde (SUS) e a repartição de competências quanto à política nacional de medicamentos e sua operacionalização

Segundo o art. 9º da Lei nº 8.080/90, a direção do SUS é única e exercida, no âmbito da União, pelo Ministério da Saúde, nos Estados e Distrito Federal, pelas respectivas Secretarias de Saúde, e nas esferas municipais, pelas correspondentes Secretarias de Saúde. O art. 15 fixou as atribuições comuns, e os artigos 16, 17 e 18, as competências da direção nacional, das direções estaduais e municipais, respectivamente.

Refletindo a estrutura da Lei nº 8.080/90, a política nacional de medicamentos veiculada pela Portaria nº 3.916/98 foi arquitetada prevendo ações centralizadas e descentralizadas por parte da União, Estados e Municípios[7]. Criou a relação de medicamentos essenciais, elaborada conjuntamente pela União, Estados e Municípios (Relação Nacional de Medicamentos –

[7] Ao gestor federal conferiu competência para estabelecer normas e promover a assistência farmacêutica nas três esferas de Governo; destinar recursos para a aquisição de medicamentos, mediante o repasse Fundo-a-Fundo para estados e municípios, definindo, para tanto, os critérios; adquirir e distribuir produtos em situações especiais (itens 5.2. b, r, u). Ao gestor estadual atribuiu a promoção da política estadual de medicamentos, a coordenação e execução da assistência farmacêutica em seu âmbito, a definição da relação estadual de medicamentos, com base na RENAME, e em conformidade com o perfil epidemiológico do estado, bem como do elenco de medicamentos a serem adquiridos diretamente pelo estado, inclusive os de dispensação em caráter excepcional, tendo por base critérios técnicos (itens 5.3.b, d, l, m). Ao gestor municipal, coube a coordenação e execução da assistência farmacêutica em seu âmbito, a definição da relação municipal de medicamentos essenciais, com base na RENAME, a partir das necessidades decorrentes do perfil nosológico da população; a aquisição, além dos produtos destinados à atenção básica, de outros medicamentos essenciais que estejam definidos no Plano Municipal de Saúde como responsabilidade concorrente do município; (itens 5.4. a, h, j).

RENAME), atribuindo competência ao Ministério da Saúde para atualizá-la (item 5.2.n). O processo de descentralização, no entanto, não eximiu os gestores federal e estadual da responsabilidade relativa à aquisição e distribuição de medicamentos em situações especiais.

Um dos importantes efeitos decorrentes do aumento da intervenção judicial na área de saúde foi forçar o incremento de atos normativos próprios e específicos, principalmente atos infralegais[8], a dispor sobre suporte profilático e terapêutico no âmbito do SUS.

Ao analisar-se a evolução normativa da política de medicamentos notam-se dois momentos principais: i) a edição da Portaria nº 3.916/98, que instituiu a Política Nacional de Medicamentos; ii) a promulgação da Lei nº 12.401/2011[9], que alterou a Lei nº 8.080/90, explicitando o modo pelo

[8] A Resolução nº 338/CNS/MS/98, aprovou a Política Nacional de Assistência Farmacêutica. A Portaria nº 207/2004 do Ministério da Saúde tratou do Componente Estratégico, que se refere ao financiamento de ações de assistência farmacêutica de programas de saúde estratégicos em nível nacional, prevendo a execução descentralizada, com responsabilidade compartilhada entre Estados, Distrito Federal e Municípios. As Portarias n. 2.577/GM-06 e n 2.536/07, incumbiram a União, os Estados e o Distrito Federal, precipuamente, da aquisição de medicamentos de caráter excepcional, e os municípios dos medicamentos essenciais. Em 2009, a Portaria nº 2.577/06 foi revogada pela Portaria nº 2.981/09, que aprovou as normas de execução e de financiamento da assistência farmacêutica na atenção básica. A Portaria nº 1.554/2013 dispôs sobre o Componente Especializado, destinado à aquisição de medicamentos que garantam a integralidade do tratamento medicamentoso, mediante pactuação entre os entes federados e tendo sua execução, como regra, a cargo dos Estados e do Distrito Federal. A Portaria nº 1.555/2013 do Ministério da Saúde tratou do Componente Básico destinado à aquisição de medicamentos e insumos no âmbito da Atenção Básica à Saúde, com execução descentralizada e responsabilidade compartilhada entre União, Estados, Distrito Federal e Municípios.

[9] Destaque-se o disposto nos artigos 19-M a 19-U que dispuseram sobre assistência terapêutica e a incorporação de tecnologia em saúde. Apesar de o art. 19-T ter proibido a dispensação, o pagamento, o ressarcimento ou reembolso de medicamentos, nacionais ou importados, experimentais, ou de uso não autorizado ou ainda não registrado pela ANVISA, a Lei nº 14.313/22 inseriu duas exceções à regra geral: i) medicamento e produto em que a indicação de uso seja distinta daquela aprovada no registro na Anvisa, desde que seu uso tenha sido recomendado pela Comissão Nacional de Incorporação de Tecnologias no Sistema Único de Saúde (CONITEC), demonstradas as evidências científicas sobre a eficácia, a acurácia, a efetividade e a segurança, e esteja padronizado em protocolo estabelecido pelo Ministério da Saúde; ii) medicamento e produto recomendados pela CONITEC e adquiridos por intermédio de organismos multilaterais internacionais, para uso em programas de saúde pública do Ministério da Saúde e suas entidades vinculadas, nos termos do § 5º do art. 8º da Lei nº 9.782, de 26 de janeiro de 1999.

qual a assistência terapêutica há de ser prestada, e o Decreto nº 7.508/11, que a regulamentou.

Mais recentemente, pode-se perceber a preocupação do poder público em ser mais ágil na atualização e incorporação de novos medicamentos e técnicas médicas, como demonstra o art. 26, I e II, do Decreto nº 11.161/22 e a atuação do CONITEC (Comissão Nacional de Incorporação de Tecnologias no Sistema Único de Saúde). Outro aspecto a destacar é que as normas se tornaram mais claras e objetivas ao longo dos anos, com melhor explicitação das tarefas de cada um dos gestores públicos e suas responsabilidades na consecução da política de medicamentos, como é exemplo a Portaria de Consolidação nº 2, de 28/11/2017, que trata da competência para a aquisição e fornecimento de medicamentos em seu Anexo XXVII.

A operacionalização da política de medicamentos reflete as disposições constitucionais, com a adoção de ações e procedimentos atribuídos especificamente à União, aos Estados e aos Municípios, caracterizados pela complementariedade, e de medidas e tarefas comuns aos gestores federal, estaduais e municipais, o que decorre da responsabilidade solidária de todos na implementação das políticas do SUS e de seu financiamento, conforme as regras de repartição previstas na Constituição Federal, na Lei nº 8.080/90 e nas leis orçamentárias.

Não obstante o avanço na normatização e operacionalização da política de medicamentos, as relações de medicamento não são atualizadas a contento e omitem, com frequência, medicamentos aprovados pela ANVISA[10], mas que ainda não foram incorporados pelo SUS. Essa questão é bastante relevante, pois o Poder Público não fornece medicamentos não previstos em suas listas, e não prescritos em conformidade com as diretrizes terapêuticas definidas pelos Protocolos Clínicos do SUS. A desatualização atinge até mesmo os relatórios do CONITEC, fator que compromete a efetividade de suas consultas[11].

[10] O registro e aprovação do medicamento na ANVISA é condição prevista por lei para sua aplicação e comercialização. (art. 6º e 7º da Lei n. 9.782/99. O art. 12 da Lei n. 6.360/76 determina que: "nenhum dos produtos de que trata esta Lei, inclusive os importados, poderá ser industrializado, exposto à venda ou entregue ao consumo antes de registrado no Ministério da Saúde".

[11] A Portaria SCTIE/MS n.1, de 19.02.2021, incorporou o medicamento Burosumabe para o tratamento da hipofosfatemia ligado ao cromossomo X em crianças, conforme PCDT, e não incorporou em adultos no âmbito do SUS. Entretanto, na página do CONITEC o relatório

As hipóteses mais frequentes trazidas ao Judiciário podem ser sintetizadas nas seguintes: i) fornecimento de medicamentos de alto custo aprovados pela CONITEC, registrados na ANVISA, mas ainda não incluídas nas listas do SUS ii) fornecimento de medicamentos de alto custo aprovados pela CONITEC, mas ainda não registrados na ANVISA; iii) fornecimentos de medicamentos não aprovados pela CONITEC nem registrados na ANVISA, mas aprovados pela FDA (Federal Drug Administration) ou outros órgãos internacionais; iv) substituição de medicamentos listados pelo SUS por medicamentos prescritos por médicos particulares, que não estão nas listas de medicamentos; v) não fornecimento de medicamentos, mesmo registrados na ANVISA e integrantes da relação do SUS, por não estarem previstos nos PCDTs (protocolos clínicos ou diretrizes terapêuticas) da específica doença; vi) fornecimento de medicamentos em caráter experimental; vii) falta na dispensação de medicamentos constantes das relações de medicamentos, portanto produtos registrados na ANVISA e inseridos no SUS, mesmo em casos medicamentos básicos e baratos, o que ressalta as falhas de gestão dos operadores do sistema de saúde.

2. A saúde como direito: pressupostos fixados pelo STF e STJ nos casos de fornecimento de medicamentos de alto custo.

Tratando-se de direito fundamental previsto na Constituição Federal, a omissão do Poder Público ou a falha na consecução de suas tarefas pode ser objeto de tutela jurisdicional, nos termos do art. 5º, XXXV, da Constituição Federal. Segundo Barroso, "sempre que a Constituição define um direito fundamental ele se torna exigível, inclusive mediante ação judicial[12].

O STF já decidiu[13] que o Direito à saúde deve ser entendido como direito ao acesso universal, igualitário às ações e aos serviços para promoção, proteção e recuperação da saúde, ou seja, direito a prestações de serviços de saúde. A assistência farmacêutica e o fornecimento de medicamentos inserem-se entre esses serviços.

técnico não foi atualizado e na conclusão do relatório apresentado em outubro de 2020 consta a recomendação preliminar não favorável à incorporação do medicamento para ambos os casos. https://www.gov.br/conitec/pt br/midias/consultas/relatorios/2020/20201103_relatorio_de_recomendacao_burosumabe_hlx_cp56.pdf, consultado no dia 23.06.2023, às 16:29.

[12] Barroso. **Ob. cit.** p. 20.

[13] RE 393.175/RS, Rel. Min. Celso de Mello. (art. 5º, caput e 196)

Desde meados da década de 1990, o STF tem se manifestado sobre a questão, seja por meio de pedidos de suspensão de liminares ou de tutelas antecipadas, de suspensão de segurança ou em julgamento de Recursos Extraordinários e Agravos, tendo a atuação do STF se intensificado a partir de meados dos anos 2000.Relativamente ao tema, merecem destaque os seguintes julgados:

i) AI nº 238.328 AgR/RS, julgado em 16.11.99, rel. e. Min. Marco Aurélio, no qual foi reconhecido o direito aos necessitados do fornecimento pelo Estado "dos medicamentos indispensáveis ao restabelecimento da saúde, especialmente quando em jogo doença contagiosa como é a Síndrome da Imunodeficiência Adquirida";
ii) RE nº 195.192/RS, julgado em 22.02.2000, rel. Min. Marco Aurélio, no qual se reconheceu a responsabilidade linear dos entes federados na concessão de medicamentos raros;
iii) ADPF nº 45, Rel. Min. Celso de Mello, julgado em 29.04.04, na qual se discutiu a reserva do possível e os efeitos orçamentários da concessão de medicamentos de alto custo e a necessidade de ser demonstrada a insuficiência de recursos de forma objetiva e concreta;
iv) as Suspensões de Tutela (STA) nºs. 175[14], 211 e 278, julgadas conjuntamente com as Suspensões de Segurança nºs 3.724, 2.944, 2.361, 3.345 e 3.355 e da Suspensão de Liminar (SL) nº 47, rel. Min. Gilmar Mendes, julgadas em 17.03.2010, no qual foram fixados os seguintes parâmetros: a) intervenção do judiciário somente nos casos de omissão ou prestação ineficiente da administração; b) inclusão do medicamento na lista do SUS e indeferimento se não estiver registrado na ANVISA; c) indeferimento de medicamentos experimentais; d) necessidade de dilação probatória para os pedidos de tratamentos oferecidos pela iniciativa privada, mas ainda não disponíveis no SUS;
v) RE nº 566.471/RN, rel. Min. Marco Aurélio. Após o voto do Ministro Marco Aurélio (Relator), que fixava a seguinte tese (tema 6 da repercussão geral): "O reconhecimento do direito individual ao fornecimento, pelo Estado, de medicamento de alto custo, não incluído em Política Nacional de Medicamentos ou em Programa de Medica-

[14] STA 175 AgR, Relator Ministro Gilmar Mendes. Tribunal Pleno. Brasília, 17 de março de 2010. DJe-076 DIVULG 29-04-2010 PUBLIC 30-04-2010 EMENT VOL-02399-01 PP-00070.

mentos de Dispensação em Caráter Excepcional, depende da comprovação da imprescindibilidade – adequação e necessidade –, da impossibilidade de substituição do fármaco e da incapacidade financeira do enfermo e dos membros da família solidária, respeitadas as disposições sobre alimentos dos artigos 1.694 a 1.710 do Código Civil"; do voto do Ministro Alexandre de Moraes, que fixava tese no seguinte sentido: "Na hipótese de pleito judicial de medicamentos não previstos em listas oficiais e/ou Protocolos Clínicos e Diretrizes Terapêuticas (PCDT's), independentemente de seu alto custo, a tutela judicial será excepcional e exigirá previamente – inclusive da análise da tutela de urgência -, o cumprimento dos seguintes requisitos, para determinar o fornecimento ou ressarcimento pela União: (a) comprovação de hipossuficiência financeira do requerente para o custeio; (b) existência de laudo médico comprovando a necessidade do medicamento, elaborado pelo perito de confiança do magistrado e fundamentado na medicina baseada em evidências; (c) certificação, pela Comissão Nacional de Incorporação de Tecnologias no Sistema Único de Saúde (CONITEC), tanto da inexistência de indeferimento da incorporação do medicamento pleiteado, quanto da inexistência de substituto terapêutico incorporado pelo SUS; (d) atestado emitido pelo CONITEC, que afirme a eficácia segurança e efetividade do medicamento para as diferentes fases evolutivas da doença ou do agravo à saúde do requerente, no prazo máximo de 180 dias. Atendidas essas exigências, não será necessária a análise do binômio custo-efetividade, por não se tratar de incorporação genérica do medicamento"; e do voto do Ministro Roberto Barroso, que fixava a seguinte tese: "O Estado não pode ser obrigado por decisão judicial a fornecer medicamento não incorporado pelo SUS, independentemente de custo, salvo hipóteses excepcionais, em que preenchidos cinco requisitos: (i) a incapacidade financeira de arcar com o custo correspondente; (ii) a demonstração de que a não incorporação do medicamento não resultou de decisão expressa dos órgãos competentes; (iii) a inexistência de substituto terapêutico incorporado pelo SUS; (iv) a comprovação de eficácia do medicamento pleiteado à luz da medicina baseada em evidências; e (v) a propositura da demanda necessariamente em face da União, que é a entidade estatal competente para a incorporação de novos medicamentos ao sistema. Ademais, deve-se observar um parâmetro procedimental: a realização de diálogo interinstitucional entre o Poder Judiciário e entes ou pessoas com expertise técnica na área da saúde tanto para aferir a presença dos requisitos de dispensação do medicamento, quanto, no caso de deferimento judicial do fármaco, para determinar que os órgãos competentes avaliem a possibilidade de sua incorporação no âmbito do SUS", pediu vista dos autos o Ministro Gilmar Mendes. Plenário, Sessão Virtual de 21.8.2020 a 28.8.2020.

vi) RE nº 657.718/MG, rel. Min. Marco Aurélio, rel. para acordão, Min. Luiz Roberto Barroso, julgado sob o rito de Repercussão Geral, em 22.05.2019, no qual se discutiu a obrigatoriedade do Estado em fornecer medicamento importado sem registro na ANVISA, Tema 500: "1. O Estado não pode ser obrigado a fornecer medicamentos experimentais. 2. A ausência de registro na ANVISA impede, como regra geral, o fornecimento de medicamento por decisão judicial. 3. É, possível, excepcionalmente, a concessão judicial de medicamento sem registro sanitário, em caso de mora irrazoável da ANVISA em apreciar o pedido de registro (prazo superior ao previsto na Lei n. 13.411/2016, quando preenchidos três requisitos: (i) a existência de pedido de registro do medicamento no Brasil (salvo no caso de medicamentos órfãos para doenças raras e ultrarraras); (ii) a existência de registro do medicamento em renomadas agencias de regulação no exterior; e (iii) a inexistência de substituto terapêutico com registro no Brasil. 4. As ações que demandem fornecimento de medicamentos sem registro na ANVISA deverão necessariamente ser propostas em face da União."

vii) RE nº 855.178/SE, rel. Min. Luiz Fux, sob o rito de Repercussão Geral, julgamento concluído em 22.05.2019, no qual se discutiu a responsabilidade solidária dos entes federados, tendo sido fixada a seguinte tese, Tema 793: "Os entes da federação, em decorrência da competência comum, são solidariamente responsáveis nas demandas prestacionais na área da saúde, e diante dos critérios constitucionais de descentralização e hierarquização, compete à autoridade judicial direcionar o cumprimento conforme as regras de repartição de competências e determinar o ressarcimento a quem suportou o ônus financeiro."

Do exame dos votos e discussões ocorridas durante os julgamentos dos REs. nº 566.471/RN, nº 657.718/MG e nº 855.178/SE constata-se serem três as questões principais postas: i) a existência ou não de solidariedade entre União, Estados e Municípios e seus limites; ii) a fixação de condicionantes ou requisitos fáticos e jurídicos para o fornecimento de medicamento de alto custo pelo Estado; iii) impacto das decisões judiciais nos orçamentos públicos e na consecução de outras políticas de saúde.

Em relação ao primeiro tema, o STF em inúmeros precedentes reconheceu a solidariedade entre as pessoas políticas de direito público interno na consecução do direito à saúde, "podendo figurar no polo passivo qualquer um deles em conjunto ou isoladamente" (SS n. 3.355, rel. Min. Gilmar Mendes). Entretanto, a pressão exercida por Estados federados e Municípios procura inserir a noção de "subsidiariedade" na imputação da responsabilidade pelo fornecimento de medicamentos de alto custo, com esteio na distribuição de competências estipuladas pela Lei nº 8.080/90 e na previsão de áreas de atuações especificas previstas em atos normativos infralegais.

Conceitos são signos semânticos transmissores de ideias com certa uniformidade em relação à sua compreensão e entendimento, ainda que, algumas vezes, possam conter halos conceituais fluídos que permitam sua maior adequação às várias situações fáticas, como nos conceitos vagos, conceitos juridicamente determinados ou conceitos determinados pela função. Não é esse, todavia, o caso. A noção de solidariedade, de obrigação solidária, remonta ao direito romano, e a solidariedade prevista constitucionalmente, decorrente do art. 196 da CF, apesar de apresentar alguns matizes próprios, pretende denotar esta noção, de obrigação passível de ser exigida de qualquer um dos entes públicos aos quais a Constituição Federal atribuiu as tarefas de concretizar o direito fundamental à saúde.

A distribuição de tarefas especificas aos municípios, como, por exemplo, a previsão do art. 198, I, c. c. art. 30, VII, da CF, decorre da maior proximidade da estrutura municipal com o cidadão, fato que pressupõe mais efetividade na prestação do serviço, mas se houver omissão do município ou se não for desempenhada sua tarefa a contento, nada obsta possa ser exigida do Estado ou mesmo da União, pois estes também concorrem, em suas respectivas esferas de competência, para que o cidadão possa ser atendido. Não se trata de subsidiariedade, mas de complementariedade de atuação decorrente da solidariedade indispensável para se garantir, com a maior efetividade possível, a saúde, a vida do cidadão.

Não incumbe ao cidadão investigar as listas de medicamentos (RENAMES) elaboradas pelos Estados para verificar se o medicamento foi ou não incluído ou indagar se o medicamento é qualificado como especial ou excepcional para fins de dispensação, segundo os critérios operacionais estipulados em atos infralegais[15]. A repartição operacional das tarefas constitucionais não pode constituir óbice ao exercício da pretensão visando assegurar a tutela à saúde da pessoa, nem pode comprometer a solidariedade constitucionalmente prevista.

No que concerne ao segundo ponto, observe-se que os critérios de parametrização sugeridos pelo STF são, muitas vezes, excepcionados pelas próprias decisões do Tribunal, que os relativiza a depender do caso concreto[16].

Constata-se, outrossim, nítida divergência entre os votos, com cada julgador procurando apresentar os condicionamentos que entende necessário para o fornecimento de medicamentos de alto custo e, muitas vezes, trazendo à colação situações operacionais de natureza fática, que podem ser solucionadas por meio de melhor gestão dos entes públicos, como, por exemplo, a logística para a entrega do medicamento, e não deveriam servir de obstáculo ao exercício do direito. Não sem razão, durante os debates do julgamento do ED no RE nº 855.178/SE, exclamou o Min. Marco Aurélio: "Então, complica-se, passo a passo, a jurisdição. Em vez de conciliar-se celeridade e conteúdo, está-se burocratizando a própria jurisdição."

O terceiro ponto mencionado nos julgamentos referidos diz com os efeitos das decisões judiciais no orçamento público e em outras políticas públicas. Indiscutivelmente, houve o aumento de gasto público com o cumprimento de decisões judiciais concessivas de medicamentos de altos custos e outras técnicas ou procedimentos médicos, mas a alegação de falta de recursos públicos para atender à política de medicamentos é apresentada em caráter genérico e desprovida de provas, como mencionado nas

[15] Neste sentido: "Ademais, é importante destacar que a existência de repartição de competências entre os entes federativos não pode ser imputada ao demandante de forma a dificultar ou impedir sua pretensão. Isso porque a repartição de competências entre os entes tem função estritamente interna, vinculando tão somente aqueles que compõem o polo passivo da solidariedade." (TRF2, 5ª Turma, AC 0005020-80.2012.4.02.5101 (2012.51.01.005020-6), Des. Fed. Ricardo Perlingeiro, j. 02.08.2016.)

[16] Admitindo a concessão de medicamentos importado não registrados na ANVISA: SL 815-AgR/SP, Rel. Min. Ricardo Lewandowski; SS 4.316/RO, Rel. Min. Cezar Peluso. (SOLIRIS-eculizumabe).

discussões. A administração, no entanto, não destaca as milhares de pessoas já beneficiadas com as decisões judiciais.

Ademais, quando se estudam os orçamentos e gastos do Ministério da Saúde, no Portal da Transparência[17] verifica-se que, muitas vezes não é executado todo o orçamento previsto com os programas. Assim, por exemplo, o orçamento previsto (atualizado) para o Ministério da Saúde no ano de 2022 foi de R$ 160,43 bilhões, tendo sido executado R$ 143,25 bilhões.Especificamente, do orçamento destinado a atender as despesas com suporte profilático e terapêutico, no montante de R$ 17.227.125,069,00, foram executados R$ 12.481,108,099,00, com saldo de R$ 4.746.017,00. Outrossim, o valor não gasto do orçamento do Ministério da Saúde para 2022, considerando o previsto e o executado, perfez a importância de R$ 17,18 bilhões de reais e superou o montante gasto com a aquisição de medicamentos pelo SUS em R$ 4,7 bilhões de reais, aproximadamente.

Tais fatos demonstram ser o problema de natureza gerencial e não orçamentária ou decorrente da falta de recursos públicos. Desse modo, pode-se afirmar que a repercussão do custo dos medicamentos fornecidos em cumprimento a decisões judiciais, apesar de seu aumento, não compromete o orçamento público ou impossibilita a realização de outras políticas públicas, razão pela qual não pode ser alegado como óbice ao cumprimento da decisão judicial.

2.1. A posição do STJ

Assim como o STF, o STJ apreciou inúmeros pedidos de suspensão de segurança objetivando a sustação de decisões liminares e acórdãos concessivos do deferimento de pedidos de fornecimento de medicamentos de alto custo. As decisões variaram de acordo com a situação concreta, não apresentando uniformidade quanto aos aspectos analisados pelos ministros julgadores[18]. A mesma situação se verificava no âmbito do julgamento de recursos especiais[19] antes do advento do CPC/15, quando introduzido o rito de julgamento de repetitivos.

[17] https://portaldatransparencia.gov.br/orgaos-superiores/36000?ano=2022, consultado no dia 11.07.2023, às 18:14

[18] Indeferida a suspensão de segurança por ausência de potencial lesivo: AgRg na STA n. 83/MG, relator Ministro Edson Vidigal, Corte Especial, julgado em 25/10/2004, DJ de 6/12/2004, p. 172.

[19] Concedendo: RMS n. 11.183/PR, relator Ministro José Delgado, Primeira Turma, julgado em 22/8/2000, DJ de 4/9/2000, p. 121; REsp n. 658.323/SC, relator Ministro Luiz Fux, Primeira

Objetivando uniformizar e fornecer alguns paramentos para o fornecimento de medicamentos de alto custo, o Superior Tribunal de Justiça julgou, sob o rito do julgamento de repetitivos, de acordo com o previsto no art. 1.036/CP, o RESP nº 1.657.156/RJ, rel. e. Min. Benedito Gonçalves, e o RESP nº 1.712.163/SP, rel. e. Min. Moura Ribeiro, respectivamente, os temas 106 e 990.

O tema 106[20] fixou a seguinte tese: "A concessão dos medicamentos não incorporados em atos normativos do SUS exige a presença cumulativa dos seguintes requisitos: i) comprovação, por meio de laudo médico fundamentado e circunstanciado expedido por médico que assiste o paciente, da imprescindibilidade ou necessidade do medicamento, assim como da ineficácia, para o tratamento da moléstia, dos fármacos fornecidos pelo SUS; ii) incapacidade financeira de arcar com o custo do medicamento prescrito; iii) existência de registro do medicamento na ANVISA, observados os usos autorizados pela agência".

O tema 990[21] fixou a tese de não estarem as operadoras de planos de saúde obrigadas a fornecer medicamentos não registrados pela ANVISA, órgão do Ministério da Saúde responsável pela prévia aprovação de medicamentos, tecnologias e procedimentos de saúde.

As teses fixadas nos referidos julgamentos são aplicáveis em todos os Recursos Especiais interpostos, de acordo com o art. 1.040/CPC15, e atuam como regra geral uniformizadora dos julgamentos relativos às mesmas questões.

Ao fornecimento de medicamentos de alto custo pelo poder público interessa o tema 106, o qual, à semelhança do entendimento fixado em repercussão geral pelo STF, elegeu como critérios determinantes a hipossu-

Turma, julgado em 3/2/2005, DJ de 21/3/2005, p. 272. Deferindo o medicamento, mesmo quando não incorporado ao SUS: AgInt no REsp n. 1.629.196/CE, relatora Ministra Regina Helena Costa, Primeira Turma, julgado em 21/3/2017, DJe de 29/3/2017; AgInt no REsp n. 1.553.112/CE, relator Ministro Gurgel de Faria, Primeira Turma, julgado em 16/2/2017, DJe de 10/3/2017. Indeferindo com base na Súmula 7: AgInt no REsp n. 1.606.408/PI, relator Ministro Herman Benjamin, Segunda Turma, julgado em 22/9/2016, DJe de 11/10/2016. Pelo indeferimento do medicamento: AgRg no REsp n. 1.023.180/RS, relator Ministro Francisco Falcão, Primeira Turma, julgado em 17/4/2008, DJe de 15/5/2008; RMS n. 28.962/MG, relator Ministro Benedito Gonçalves, Primeira Turma, julgado em 25/8/2009, DJe de 3/9/2009 LEXSTJ vol. 242, p. 55

[20] REsp 1.657.156/RJ, rel. Min. Benedito Gonçalves.

[21] REsp 1.712.163/SP, rel. Min, Moura Ribeiro.

ficiência do requerente/paciente e o registro do medicamento na ANVISA. Acrescentou, porém, a necessidade de prova da necessidade e eficácia do medicamento requerido e da ineficácia dos fármacos fornecidos pelo SUS, e atribuiu o ônus probatório ao requerente, prova esta produzida unilateralmente.

3. A busca de parâmetros objetivos para a decisão jurisdicional

A adoção de parâmetros ou critérios tem por escopo auxiliar a tomada de decisões a fim de possibilitar que sejam proferidas com maior grau de certeza, segurança e eficácia. Possibilita, ainda, escandir situações de modo a buscar pontos de semelhanças e diferenças, adequados a harmonizar e uniformizar o tratamento a ser proposto e, assim, reduzir a subjetividade da decisão.

No âmbito judicial, os parâmetros hão de ser buscados nos elementos dos processos, a saber, nas causas de pedir, fundamentos fáticos e jurídicos, e pedidos.

O primeiro ponto a considerar na busca por definição de parâmetros objetivos que possam propiciar decisões mais seguras e eficazes é precisar os fundamentos apresentados por ambas as partes de modo a definir as questões a decidir e a eventual necessidade de produção probatória.

Tanto na petição inicial como nas defesas apresentadas, dois grupos de argumentações são apresentados: o genérico e o específico.

Os fundamentos básicos genéricos trazidos na petição inicial residem no direito constitucional à saúde e na obrigação do Estado em oferecer os meios indispensáveis à saúde do requerente, inclusive com o fornecimento de medicamentos de alto custo, bem como na solidariedade dos entes políticos no cumprimento desta prestação, inerente ao disposto no art. 196 da CF e à estrutura do SUS. Especificamente destacam algumas questões relativas ao estado do indivíduo, à doença ou ao medicamento solicitado ou ao protocolo aplicado. Na maioria dos casos é apresentado laudo médico particular descrevendo a doença e prescrevendo o medicamento, mas sem destacar a ineficiência dos medicamentos oferecidos pelo SUS. Muito dificilmente são mencionados relatórios ou pareceres da CONITEC ou do NatJus.

Em contestação, quatro argumentos básicos genéricos são deduzidos: i) ausência de solidariedade entre os entes políticos; ii) violação ao princípio da separação dos poderes; iii) indevida intervenção do poder judiciário na definição de políticas públicas; iv) ausência de recursos públicos ou comprometimento dos parcos recursos existentes com o cumprimento das decisões judiciais. Raramente são deduzidos fundamentos específicos impugnando os fatos descritos na inicial, relativamente ao estado do autor, à doença, ao protocolo aplicado ou à suficiência do tratamento oferecido pelo SUS, além de não serem apresentadas provas das alegações deduzidas em contestação ou nas impugnações de recursos. Ocasionalmente alega-se o não atendimento aos requisitos previstos no Tema 106 do STJ, com ênfase na não inclusão do medicamento na lista do SUS ou a falta de registro perante a ANVISA.

Os fundamentos genéricos, tanto nas iniciais como nas defesas apresentadas, já foram objeto de análise e decisões pelo STF e pelo STJ, os quais reconheceram: i) solidariedade entre os entes políticos – União, Estados e Municípios – em virtude do disposto no art. 196 da Constituição Federal e na Lei n. 8080/90, a qual estruturou o SUS e estabeleceu seus princípios fundamentais; ii) natureza de direito fundamental do direito à saúde e a obrigação dos entes políticos de atuarem solidariamente e em cooperação para consecução das tarefas inerentes à sua efetivação, incluindo-se o fornecimento de medicamentos; iii) não ocorrência de violação do princípio da separação dos poderes por parte do poder judiciário; iv) não poder ser caracterizada como indevida intervenção do poder judiciário a decisão que defere, consoante a prova dos autos, a concessão de medicamentos de alto custo; v) falta de comprovação de comprometimento do orçamento público em decorrência do cumprimento da decisão judicial.

Os argumentos genéricos apresentados são de natureza eminentemente jurídica e, por esse motivo, inadequados a serem utilizados como parâmetros, já que encontrados em quase todas as ações nas quais são deduzidos pedidos de concessão de medicamentos de alto custo. Com efeito, os fundamentos específicos, os quais são de natureza fática atendem melhor a esta finalidade, pois permitem o agrupamento de situações e o estabelecimento de discrimens.

3.1. A utilização de fundamentos específicos para definição de parâmetros para a decisão judicial

Os fundamentos fáticos permitem a identificação de hipóteses particulares, sendo por isso considerados específicos e aptos à definição de parâmetros. No âmbito das ações propostas com o objetivo de fornecimento de medicamentos de alto custo, três são os elementos a analisar: i) a pessoa do doente; ii) a doença; iii) o medicamento ou técnica médica pretendida e sua eficácia para combater a doença e seus efeitos.

Em relação à pessoa que pretende fazer uso do medicamento ou técnica médica, o STJ e o STF apontam a necessidade de ser hipossuficiente economicamente. A hipossuficiência econômica deve ser aferida em relação à possibilidade de o requerente e sua família nuclear arcarem com o custo total do tratamento, sem comprometimento de sua sobrevivência condigna e do atendimento das necessidades dos demais integrantes do agrupamento familiar. É, portanto, relativa e de constatação no caso concreto. A prova da hipossuficiência pode ser feita por declaração do próprio interessado e instruída com outros documentos, como, por exemplo, declarações de imposto de renda.

No que tange à doença ou enfermidade é importante aferir sua natureza, características, fase de desenvolvimento, possibilidade de reversão, e ainda identificar se trata-se de doença rara ou ultrarrara ou não. Essas informações são necessárias para aferir a compatibilidade do medicamento ao tratamento que se propõe, pois em algumas situações, a depender da fase de desenvolvimento da doença ou da forma como ela se manifesta, o medicamento pode não ser eficaz, apesar de, em tese, ser prescrito para a doença ou enfermidade. O tema 106 do STJ ao prever que a inicial seja instruída "com laudo médico fundamentado e circunstanciado expedido por médico que assiste o paciente" tem em vista a obtenção desses dados objetivos.

Reside no medicamento ou técnica médica pretendida e no seu vínculo de instrumentalidade para tratar a doença ou seus sintomas, ou seja, a sua eficácia medicamentosa, os pontos mais sensíveis e que merecem mais cuidado e atenção em virtude dos vários aspectos a considerar. A eficácia do medicamento pretendido e sua imprescindibilidade para o tratamento da doença podem ser aferidas por graus, os quais servem também para atestar a seriedade de sua aplicação.

Se o medicamento está incluído na lista do SUS e faz parte do PCDT (protocolo clínico ou diretrizes terapêuticas) considera-se demonstrada sua pertinência para tratar a doença, pois atendidos os requisitos do registro na ANVISA e do custo-efetividade. Não obstante, pode ser necessária a intervenção do judiciário quando faltar o medicamento na dispensação ou não for admitida sua utilização pelo paciente.

Caso não esteja inserido no PCDT, deve o laudo pericial apresentado pelo autor demonstrar a eficácia do medicamento pretendido para o tratamento da doença. No caso de dúvidas, pode o magistrado recorrer a parecer técnico elaborado pelo NatJus, núcleos de apoio técnico ao magistrado nas questões de saúde, que informa se a postulação é adequada ou não para o tratamento da patologia apontada.

Apesar de o tema 106 do STJ referir-se tão somente a laudo pericial apresentado pelo autor, nada obsta que o Juiz possa se valer de outros instrumentos de prova, como o auxílio técnico do NatJus, de parecer da CONITEC[22] ou de laudo de perito oficial. Nesse sentido, o voto proferido pelo Min. Alexandre de Morais ao julgar o RE 657.718, "verbis":

> "Entendo que o juiz, se entender necessário – porque ele vai ouvir a Conitec –, pode nomear perito de sua confiança para que, fundamentado na medicina baseada em evidências, o perito possa dizer se aquele medicamento, que agora foi registrado na Anvisa e a Conitec disse que é eficiente e seguro, aplica-se realmente àquela doença."

O embasamento em laudos periciais do NatJus e relatórios da CONITEC permite ao magistrado suprir, ou pelo menos diminuir, a deficiência técnica específica necessária para decidir a questão de forma coerente e correta e reduzir a subjetividade do julgador. De todo modo, o contraditório deve ser oportunizado para a manifestação do autor, que pode, inclusive, questionar a *expertise* dos médicos que elaboraram os pareceres e laudos. Por esse motivo, os pareceres do NatJus devem identificar o CRM e especialidade dos médicos que o elaboraram. A ausência dessas informações tem sido objeto de críticas à atuação do NatJus, por falta de transparência.

Essa mesma diretriz[23] pode ser aplicada quando: i) o medicamento não estiver incluído na lista do SUS, mas estiver registrado na ANVISA; ii) o medicamento não estiver registrado na ANVISA, mas tiver sido aprovado pela CONITEC; iii) pretender-se a substituição do medicamento previsto na lista do SUS por outro indicado pelo médico do paciente com registro na ANVISA.

Quando se pretende a substituição do medicamento deve-se adotar como critério para escolha a eficácia comprovada, o menor custo do medi-

[22] https://www.gov.br/conitec/pt-br/assuntos/participacao-social/direito-e-saude,consultado no dia 29.05.2023, às 13:10.

[23] Podem também ser utilizadas como diretrizes os enunciados aprovados nas Jornadas de Direito de Saúde coordenadas pelo CNJ.

camento e o tempo de sua aplicação, prestigiando-se os medicamentos disponíveis no território nacional.

O registro do medicamento na ANVISA, sua aprovação pela CONITEC e a comprovação de sua efetividade no combate à enfermidade, por meio de laudo pericial, permitem a concessão do medicamento com suficiente grau de segurança.

Outra é a situação quando ausentes o registro na ANVISA e a manifestação da CONITEC.

Tais são os casos de: i) medicamentos aprovados por agências estrangeiras oficiais, com eficácia comprovada; ii) medicamentos experimentais em fase de teste; iii) medicamentos alternativos de muito duvidosa eficácia (v.g. composto vitamínico "cogumelo do sol"[24]).

Nos casos de medicamentos aprovados por agências estrangeiras oficiais, com eficácia comprovada, é indispensável seja demonstrada sua efetividade em relação à situação concreta do paciente, pois o fármaco pode não ser apto a ser aplicado em função do desenvolvimento da fase da doença ou de circunstâncias pessoais do doente, como por exemplo, a idade ou a presença de comorbidades.Ademais, o custo efetividade deve ser considerado com atenção. Por esses motivos, a prova pericial é de fundamental importância e constitui o principal critério a ser considerado pelo magistrado.

Ainda que o STF tenha aberto a possibilidade de realização de tratamento em caráter experimental, eventual deferimento deve ser feito em caráter absolutamente excepcional e desde que apresentadas evidências suficientes da eficácia do tratamento, atentando-se para o que estabelece o art. 20 da LINDB. Neste caso, o custo-efetividade do medicamento adquire especial relevo.

Medicamentos desprovidos de comprovação científica de sua eficiência não devem ser fornecidos pelos entes públicos, mesmo que o pedido seja instruído com laudo médico. Caso o paciente deseje testá-los deve fazer às suas expensas.

A observância dos referidos parâmetros permite ao Magistrado ordenar melhor as complexas questões apresentadas nas demandas objetivando a concessão de medicamentos ou técnicas médicas de alto custo, de modo a aquilatar os aspectos fáticos nucleares do problema: a pessoa do paciente, a doença e a aptidão do medicamento para restabelecer a saúde do indivíduo ou combater os efeitos da enfermidade que padece.

[24] Barroso. **Ob. cit.** p. 40.

Conclusões

Nem sempre a vida e o tempo fluem no mesmo sentido. Nas ações objetivando o fornecimento de medicamentos de alto custo ou a utilização de modernas técnicas médicas, as pessoas, usualmente, estão em grave estado de saúde, e não têm tempo para aguardar o "desenvolvimento" de técnicas inovadoras ou o barateamento dos preços dos fármacos. O recurso ao Judiciário assume a feição de "última e derradeira esperança".

Mesmo ciente dessa situação, o magistrado deve ter ciência de não ter a sociedade brasileira condições de atender a todas as demandas. Como os recursos públicos são finitos, impõe-se a ponderação entre quais os casos hão de ser atendidos ou não. A existência de parâmetros objetivos propicia seja a decisão tomada com maior grau de certeza e segurança, buscando--se o equilíbrio entre a tutela à saúde do cidadão e o correto e adequado emprego dos recursos públicos. A complexidade das questões apresentadas não é incompatível com a adoção de parâmetros objetivos extraídos a partir do suporte fático deduzido nas ações judiciais, a saber: i) a pessoa do doente; ii) a doença; iii) o medicamento ou técnica médica pretendida e sua eficácia para combater a doença e seus efeitos.

A análise criteriosa desses elementos específicos demanda conhecimentos técnicos, que podem ser supridos por meio do acesso a informações já registradas em órgãos públicos ou da produção de prova em juízo. A utilização de prova técnica constitui instrumento que propicia seja a decisão mais racional e, assim, evita, ou pelo menos diminui o risco de decisões eminentemente emocionais ou subjetivas e de demandas aventureiras. O excesso de subjetividade compromete a legitimidade da jurisdição.

Ao longo dos últimos trinta anos, tem-se constatado sensível aumento na busca do Poder Judiciário para atender demandas ligadas à área da saúde. Apesar de milhares de brasileiros terem sido beneficiados por força da atuação judicial, repete-se, com frequência, o jargão de interferir o Judiciário indevidamente na destinação de recursos públicos e de comprometer a execução de políticas públicas. A análise dos orçamentos do Ministério da Saúde permite, porém, constatar, que recursos existem, mas a aplicação destes pode estar comprometida por problemas gerenciais ou políticos.

Não se aponta, ainda, que, um dos efeitos que a intervenção judicial ao longo dos anos produziu foi forçar os entes públicos a implementarem, efetivamente, a política de medicamentos e insumos médicos, tanto por meio da edição de atos normativos mais detalhados e claros, como pela melhor definição das competências e atribuições da União, Estados e Municípios. Na verdade, se houvesse melhor coordenação, cooperação e comunicação entre União, Estados e Municípios na efetivação da política de medicamentos em geral, muito provavelmente, o cidadão não se veria compelido a apelar para o Poder Judiciário. Se busca é porque tem necessidade. É preciso simplificar e tornar mais eficaz e seguro o acesso à saúde, sob pena de dar-se razão ao Ministro Marco Aurélio, quando, no julgamento do ED no RE 855178/SE no STF, exclamou:

> – "Presidente, receio que, com tanta complicação o doente morra antes de alcançar o medicamento!"

Referências

ALVES, Fernanda Barreto e SALDANHA, Rafael Meireles. **A atual conjuntura da judicialização da concessão de medicamentos: a Arguição de Descumprimento de Preceito Fundamental (adpf) 45 e o Agravo regimental na suspensão de Liminar 47 de Pernambuco.** Revista da EMARF. Rio de Janeiro: v. 31, n.1, p.1-318, nov.2019/abr.2020.

BARROSO, Luís Roberto. **Da falta de efetividade à Judicialização excessiva: direito à saúde. Fornecimento Gratuito de medicamentos e parâmetros para a atuação judicial.** Revista de Direito Social. São Paulo: Ano IX, v. 34, abr./jun.2009.

BUENO, Marina Ayres Ferreira Lima; COELHO, Saulo de Oliveira Pinto. **Parâmetros para o julgamento das demandas voltadas às políticas públicas de dispensação de medicamentos: retrospectiva da atuação do judiciário goiano e proposições para práticas constitucionalmente adequadas.** Revista de Direito Constitucional & Econômico – I (1): 189-221, jan-jun, 2019.

COSTA, Fabricio Veiga., MOTTA, Ivan Dias da., ARAÚJO, Dalvaney Aparecida de., **Judicialização da saúde: a dignidade da pessoa humana e a atuação do Supremo Tribunal Federal no caso dos medicamentos de alto custo.** Revista Brasileira de Políticas Públicas – Uniceub, Brasília: v. 7, n. 3, dez., 2017.

DEMARCHI, Clovis; Fontana, Douglas Cristian. **Impactos das demandas judiciais no dever do Estado de prestar assistência farmacêutica.** Revista de Informação Legislativa: RIL. Brasília: v. 57, n. 226, p. 113-130, abr./jun. 2020. Disponível em: http://www12.senado.leg.br/ril/edicoes/57/226/ril_v57_n226_p113.

DE SOAREZ, Patricia Coelho; NOVAES, Hillegonda Maria Dutilh. **Limiares de custo-efetividade e o Sistema Único de Saúde.** Cadernos de Saúde Publica. 2017; 33(4):e00040717. doi: 10.1590/0102-311X00040717.

DEUS, Fernando Barroso de. **A judicialização de medicamentos em uma pequena cidade brasileira: estudo de caso das ações ajuizadas contra o município de Cambuci-RJ, no ano de 2018.** Fórum Administrativo – FA, Belo Horizonte: ano 19, n. 225, p. 49-59, novembro 2019.

FIGUEIREDO, Mariana Filchtiner. **O Objeto do direito à saúde: para além das ações judiciais de fornecimento de medicamentos.** In. Diálogos Constitucionais de Direito Publico e Privado. Organizadores Liane Tabarelli Zavascki, Marcos Felix Jobim. Porto Alegre: Livraria do Advogado Editora, 2011, p. 151-173.

Gomes Neto, Jose Mario; Paula Filho, Alexandre Moura Alves; Oliveira, Breno Duarte Ribeiro. **Judicialização, prova científica e políticas publicas de fornecimento de medicamentos no estado de Pernambuco: uma análise qualitativa da relação entre a decisões judiciais em matéria de medicamentos off label e os pareceres técnicos oficiais.** Revista Brasileira de Direito Processual – RBDPro. Belo Horizonte: ano 27, n. 106, p. 201-227, abr./jun 2019.

Hanai, Jorge Leal; Abrantes, Luís Antônio; Pereira, Luiz Ismael. **Conflitos de competência e a judicialização da saúde no Federalismo Brasileiro.** Revista Brasileira de Políticas publicas – CEUB. Brasília: v. 11, n. 3, p. 447-472, dez. 2021.

Martins, Urá Lobato. **Judicialização do direito à saúde: reflexão acerca do fornecimento de medicamentos não incluídos em atos normativos do SUS**. Revista de Direito brasileiro. Florianópolis: v. 24, n. 9, p. 68-83, set/dez 2019.

Mello, Rodrigo Gaspar de. **O fornecimento de medicamentos pelo poder publico e a competência da Justiça Federal.** Revista da Seção Judiciária do Rio de Janeiro. Rio de Janeiro: n. 27, p.139-150, 2010.

Morozowski, Ana Carolina. **A imprescindibilidade da análise mínima do custo-efetividade nas ações de saúde.** Revista Migalhas, n. 5.403. https://www.migalhas.com.br/depeso/293134/a-imprescindibilidade-da-analise-minima-do-custo-efetividade-nas-acoes-de-saude. Consultado no dia 14.06.2023, às 16:04.

Motta Araújo, José Henrique. **Suspensão de Decisões Judiciais envolvendo Fornecimento de medicamentos: um tema com variação interpretativa.** Revista Dialética de Direito Processual. São Paulo: v. 58, p. 14-23, janeiro de 2008.

Oliveira, Henrique Sabino de; Martins, Lays Gomes; Asensi, Felipe Dutra. **Acesso à Justiça nos juizados especiais cíveis como meio de obtenção do fornecimento de medicamentos: uma análise da judicialização em Juiz de Fora – MG**. Revista da Faculdade de Direito do Sul de Minas. Pouso Alegre: v. 35, n. 2, p. 53-70, jul/dez. 2019.

Passos, Daniela Veloso; Gomes, Valéria Bastos. **A judicialização da saúde e as políticas publicas para fornecimento de medicamentos: uma analise a partir das decisões do TRF da 5ª. Região.** Revista de Estudos Empíricos em Direito. V. 4, n. 3.p. 98-110, out. 2017.

Ricci, Milena Mara da Silva. **Direito à saúde: considerações a respeito do fornecimento de medicamentos pela via judicial.** Revista Brasileira de Políticas Publicas. Brasília: v. 2, n. 1, p. 115-123, jan/jun. 2012.

Rodrigues, Daniel dos Santos; Lima, Jordao Horácio da Silva. **Judicialização da saúde, acesso a medicamentos e diálogos institucionais.** Revista de Direito Administrativo & Constitucional. Belo Horizonte: ano 21, n. 83, p. 161-180, jan./mar. 2001.

Silva, Aurélia Carla Queiroga da; Silva, Gabriela Galiza e. **Aspectos polêmicos da concretização do direito à saúde em face das ações judiciais para fornecimento de medicamentos no Brasil**. Revista Brasileira de Direitos Fundamentais e Justiça. Porto Alegre: Ano 9. N. 32, p. 26-54, jul/set. 2015.

Teixeira, Eliana Maria de Souza Franco. **Judicialização do direito à saúde: críticas administrativa e financeira.** Revista da Faculdade de Direito do Sul de Minas. Pouso Alegre: v. 36, n. 2, p. 245-264, jul/dez. 2020.

6
L'INTERVENTO GIURISDIZIONALE NELL'EFFETTIVAZIONE DEL DIRITTO ALLA SALUTE: LA RICERCA DI PARAMETRI OGGETTIVI

Mairan Gonçalves Maia Junior

Introduzione: delimitazione delle questioni

Seneca in una delle sue lettere a Lucilio[1], in cui presenta idee sulla cura della salute e della pace mentale, spiega di essere fuggito da Roma nella sua casa a Nomento, per "sbarazzarsi di una febbre che sicuramente stava arrivando al mio sistema". E anticipando l'eventuale interrogazione del suo destinatario, formula la seguente domanda: "Quindi sei curioso di sapere il risultato di questa prescrizione di viaggio? Non appena sfuggito all'atmosfera opprimente della città e a quel terribile odore di cucine che, quando sono in uso, riversano vapori e fuliggine pestilenziali, percepii subito che la mia salute si stava riprendendo. E quanto pensi che mi sentii più forte quando arrivai alle mie vigne"[2].

È inerente alla persona con infermità cercare il trattamento per la propria guarigione, essendo questo comportamento quasi istintivo, ma che non esclude il razionale, come mostra Seneca. In questa ricerca, non sempre si trovano medicinali, cure, procedure o tecnologie in grado di combattere la malattia e ripristinare la salute. Vi sono molte infermità che non hanno ancora cura, come vari tipi di cancro. Altre volte, vi sono medicinali o tecnologie mediche che possono attenuare l'infermità o diminuirne gli

[1] Lettera 104

[2] https://www.estoico.com.br/1980/seneca-carta-104-sobre-o-cuidado-com-a-saude-e-a-paz-mental/, consultato il 29 maggio 2023, alle 21:45.

effetti, ma non sono disponibili per il paziente, per motivi diversi, come per esempio l'uso limitato della tecnica, la mancata offerta pubblica del medicinale o a causa del suo alto costo.

È una questione che da anni preoccupa la società brasiliana. Il diritto alla salute costituisce una garanzia costituzionale, ma non sempre lo Stato brasiliano è in grado di provvedere o assumere i costi di fornitura di medicinali, tecniche o attrezzature mediche per il ripristino della salute del cittadino. E, sempre di più, il Potere Giudiziario, sia Federale che Statale, è sollecitato a manifestarsi e ad intervenire per consentire la fornitura di medicinali, tecniche o attrezzature mediche ad alto costo, a causa dell'iposufficienza economica del cittadino.

Siamo circa 204.000.000 di abitanti, il che ci costringe a chiedere: la società brasiliana è in grado di permettersi la fornitura di tutti i medicinali e le procedure ad alto costo richiesti giudizialmente? In quali situazioni dovrebbero essere accolte o respinte le richieste giudiziarie formulate? Quali sono i presupposti che il giudice deve considerare nel valutare le richieste? Quali sono gli effetti che l'intervento giudiziario ha prodotto negli anni?

Sono domande complesse, per le quali non esistono risposte pronte e semplici. Si intrecciano aspetti filosofici, giuridici, di ordine pubblico, di bilancio pubblico e gestione amministrativa, di economia e di tecnica medica. Il presente articolo ha lo scopo di evidenziare aspetti relativi a tali questioni, che possano contribuire alla formazione del convincimento del giudice nell'analisi delle richieste formulate, nonché di presentare alcuni parametri per l'intervento giurisdizionale ed evidenziare gli effetti dell'attuazione del Potere Giudiziario in questo ambito.

1. La ripartizione costituzionale delle competenze e l'attuazione degli enti politici

L'art. 6º della Costituzione Federale inserisce espressamente tra i diritti sociali il diritto alla salute. Nel trattare della sicurezza sociale, la Costituzione Federale dedica l'intero capitolo II alla salute, rafforzando nell'art. 196 che la salute è "diritto di tutti e dovere dello Stato, garantito attraverso politiche sociali ed economiche che mirano alla riduzione del rischio di malattia e di altri infortuni e all'accesso universale ed equo alle azioni e ai servizi per la sua promozione, tutela e recupero". Fissa un complesso insieme di compiti che devono essere svolti dallo Stato, al fine di assicurare l'effettivazione del diritto alla salute. Avanza inoltre disponendo nell'art.

198 che i servizi sanitari pubblici devono essere organizzati in una rete regionalizzata e gerarchizzata, formando il Sistema Sanitario Unificato (SUS), con le seguenti linee guida: integralità, decentralizzazione e partecipazione comunitaria.

Correlativamente, legittima le persone politiche di diritto pubblico interno, Unione, Stati e Comuni a legiferare contemporaneamente sulla tutela e difesa della salute (artt. 24, XII e 30, II). All'Unione compete legiferare sulle norme generali (art. 24, § 1º), agli Stati, complementare la legislazione federale (art. 24, § 2º) e ai Comuni, legiferare sulle materie di interesse locale e complementare la legislazione federale e statale ove applicabile (art. 30, I e II).

La Costituzione Federale, però, è andata oltre e ha definito negli articoli 198[3] e 200[4] le linee guida determinanti del finanziamento e dell'operatività delle imposizioni attribuite all'Unione, agli Stati e ai Comuni. In altre parole, ha imposto a tutte le sfere di governo di agire in modo coordinato e cooperativo[5], nell'ambito delle attribuzioni e competenze di ciascuno.

Al fine di ottemperare a quanto previsto nell'art. 200 della CF, è stata emanata la Legge n. 8.080/92, che ha stabilito la struttura e il modello operativo del SUS[6], fissando le competenze e coordinando le azioni e i

[3] La Legge Complementare n. 141/2012, ha regolamentato il § 3º dell'art. 198 della Costituzione Federale per disporre sui valori minimi che devono essere applicati annualmente da Unione, Stati, Distretto Federale e Comuni nelle azioni e nei servizi sanitari pubblici; ha stabilito i criteri di ripartizione delle risorse di trasferimenti alla sanità e le norme di ispezione, valutazione e controllo delle spese sanitarie nelle 3 (tre) sfere di governo. Il Decreto n. 7.827/2012 l'ha regolamentata.

[4] Vanno rilevate, in particolare, per quanto concerne il presente articolo, le disposizioni dell'art. 200, punti I e VII della CF:

"Art. 200. Al sistema sanitario unico compete, oltre ad altre attribuzioni, ai sensi della legge:
I – controllare e ispezionare procedure, prodotti e sostanze di interesse per la salute e partecipare alla produzione di medicinali, attrezzature, immunobiologici, emoderivati e altri input;
(...)
VII – partecipare al controllo e all'ispezione della produzione, del trasporto, dello stoccaggio e dell'uso di sostanze e prodotti psicoattivi, tossici e radioattivi;"

[5] BARROSO, Luís Roberto. **Da falta de efetividade à Judicialização excessiva: direito à saúde. Fornecimento Gratuito de medicamentos e parâmetros para a atuação judicial**. Revista de Direito Social. São Paulo: Anno IX, v. 34, apr./giu. 2009, p. 23.

[6] Sempre nel 1990 è stata emanata la Legge n. 8.142/90, disponendo sulla partecipazione della comunità alla gestione del Sistema Sanitario Unificato (SUS) e sui trasferimenti

servizi sanitari da svolgere in tutto il Brasile, da parte di organi ed enti pubblici e privati. Tuttavia, sebbene la Legge n. 8.080/90, nell'art. 6º, VI, preveda "la formulazione della politica di medicinali, attrezzature, immunobiologici e altri input di interesse per la salute e la partecipazione alla loro produzione", non ha previsto criteri per la dispensazione, fornitura o distribuzione dei medicinali, e la politica relativa alla questione dei medicinali è stata disciplinata solo dall'Ordinanza n. 3.916, del 30.10.1998, del Ministero della Salute, che ha approvato la politica nazionale sui medicinali e ne ha delineato le linee guida. Per coincidenza, dieci anni dopo la promulgazione della Costituzione Federale!

1.1. Il Sistema Sanitario Unificato (SUS) e la ripartizione delle competenze riguardo la politica nazionale sui medicinali e la sua operazionalizzazione

Secondo l'art. 9º della Legge n. 8.080/90, la direzione del SUS è unica ed esercitata, nell'ambito dell'Unione, dal Ministero della Salute, negli Stati e nel Distretto Federale, dalle rispettive Segreterie Sanitarie, e nelle sfere comunali, dalle corrispondenti Segreterie Sanitarie. L'art. 15 ha fissato le attribuzioni comuni, e gli artt. 16, 17 e 18, le competenze della direzione nazionale, delle direzioni statali e comunali, rispettivamente.

Rispecchiando la struttura della Legge n. 8.080/90, la politica nazionale sui medicinali veicolata dall'Ordinanza n. 3.916/98 è stata disegnata prevedendo azioni centralizzate e decentralizzate da parte di Unione, Stati e Comuni[7]. Ha creato l'elenco dei medicinali essenziali, redatto con-

intergovernativi di risorse finanziarie in ambito sanitario. Le leggi n. 9.656/98 e n. 9.961/2000 hanno regolamentato la prestazione del servizio sanitario da parte del settore privato.

[7] Al dirigente federale ha conferito la competenza a stabilire norme e promuovere l'assistenza farmaceutica nelle tre sfere di Governo; destinare risorse per l'acquisizione dei medicinali, mediante il trasferimento da Fondo a Fondo a stati e comuni, definendo, a tal fine, i criteri; acquistare e distribuire prodotti in situazioni speciali (punti 5.2. b, r, u). Al dirigente statale ha attribuito la promozione della politica statale sui medicinali, il coordinamento e l'esecuzione dell'assistenza farmaceutica nel suo ambito, la definizione dell'elenco statale dei medicinali, sulla base del RENAME, e in conformità con il profilo epidemiologico dello stato, nonché l'elenco dei medicinali che devono essere acquisiti direttamente dallo stato, compresi quelli per dispensazione in via eccezionale, sulla base di criteri tecnici (punti 5.3.b, d, l, m). Al dirigente comunale, spetta il coordinamento e l'esecuzione dell'assistenza farmaceutica nel suo ambito, la definizione dell'elenco comunale dei medicinali essenziali, sulla base del RENAME, a partire dai bisogni derivanti dal profilo nosologico della popolazione; l'acquisizione, oltre

giuntamente da Unione, Stati e Comuni (Elenco Nazionale dei Medicinali – RENAME), attribuendo competenza al Ministero della Salute per aggiornarlo (punto 5.2.n). Il processo di decentralizzazione, tuttavia, non ha esentato i dirigenti federali e statali dalla responsabilità dell'acquisizione e della distribuzione dei medicinali in situazioni speciali.

Uno degli importanti effetti derivanti dall'aumento dell'intervento giudiziario in ambito sanitario è stato quello di forzare l'incremento di atti normativi propri e specifici, soprattutto atti infra-legali[8], a disporre sul supporto profilattico e terapeutico nell'ambito del SUS.

Analizzando l'evoluzione normativa della politica sui medicinali, si possono notare due momenti principali: i) l'emanazione dell'Ordinanza n. 3.916/98, che ha istituito la Politica Nazionale sui Farmaci; ii) la promulgazione della Legge n. 12.401/2011[9], che ha modificato la Legge n. 8.080/90,

ai prodotti destinati alle cure primarie, di altri medicinali essenziali che siano definiti nel Piano Sanitario Comunale come responsabilità concorrente del comune; (punti 5.4. a, h, j).

[8] La Risoluzione n. 338/CNS/MS/98 ha approvato la Politica Nazionale di Assistenza Farmaceutica. L'Ordinanza n. 207/2004 del Ministero della Salute ha trattato la Componente Strategica, che si riferisce al finanziamento delle azioni di assistenza farmaceutica dei programmi sanitari strategici a livello nazionale, prevedendo l'esecuzione decentralizzata, con responsabilità condivisa tra Stati, Distretto Federale e Comuni. Le Ordinanze n. 2.577/GM-06 e n. 2.536/07 hanno affidato all'Unione, agli Stati e al Distretto Federale, principalmente, l'acquisizione di medicinali a carattere eccezionale e ai comuni i medicinali essenziali. Nel 2009, l'Ordinanza n. 2.577/06 è stata abrogata dall'Ordinanza n. 2.981/09, che ha approvato le norme di esecuzione e di finanziamento dell'assistenza farmaceutica nelle cure primarie. L'Ordinanza n. 1.554/2013 ha disposto la Componente Specializzata, destinata all'acquisizione di medicinali che garantiscano l'integralità del trattamento farmacologico, attraverso un accordo tra gli enti federati e la cui esecuzione è, di norma, a carico degli Stati e del Distretto Federale. L'Ordinanza n. 1.555/2013 del Ministero della Salute ha trattato la Componente Basica, destinata all'acquisizione di medicinali e input nell'ambito delle Cure Sanitarie Primarie, con esecuzione decentralizzata e responsabilità condivisa tra Unione, Stati, Distretto Federale e Comuni.

[9] Vanno rilevate le disposizioni degli articoli da 19-M a 19-U che prevedono l'assistenza terapeutica e l'incorporazione della tecnologia nella salute. Nonostante l'art. 19-T che vieta la dispensazione, il pagamento, il risarcimento o il rimborso di medicinali, nazionali o importati, sperimentali, o per uso non autorizzato o non ancora registrato presso l'ANVISA, la Legge n. 14.313/22 ha inserito due eccezioni alla regola generale: i) medicinale e prodotto in cui l'indicazione d'uso sia diversa da quella approvata nella registrazione presso l'Anvisa, a condizione che il suo uso sia stato raccomandato dalla Commissione Nazionale per l'Incorporazione delle Tecnologie nel Sistema Sanitario Unificato (CONITEC), dimostrate le evidenze scientifiche sull'efficacia, l'accuratezza, l'effettività e la sicurezza, e sia standardizzato in un protocollo stabilito dal Ministero della Salute; ii) medicinale e prodotto raccomandati

esplicitando il modo in cui l'assistenza terapeutica deve essere prestata, e il Decreto n. 7.508/11, che l'ha regolamentata.

Più recentemente, si può percepire la preoccupazione del potere pubblico di essere più agile nell'aggiornamento e nell'incorporazione di nuovi medicinali e tecniche mediche, come mostrato nell'art. 26, I e II del Decreto n. 11.161/22, e l'attuazione della CONITEC (Commissione Nazionale per l'Incorporazione delle Tecnologie nel Sistema Sanitario Unificato). Un altro aspetto da evidenziare è che le norme sono diventate più chiare e oggettive negli anni, con una migliore esplicitazione dei compiti di ciascuno dei dirigenti pubblici e delle loro responsabilità nella realizzazione della politica sui medicinali, come è l'esempio dell'Ordinanza di Consolidamento n. 2, del 28.11.2017, che disciplina la competenza per l'acquisto e la fornitura di medicinali nel suo Allegato XXVII.

L'operazionalizzazione della politica sui medicinali riflette le disposizioni costituzionali, con l'adozione di azioni e procedure attribuite specificamente all'Unione, agli Stati e ai Comuni, caratterizzate dalla complementarità, e di misure e compiti comuni ai dirigenti federale, statali e comunali, il che risulta dalla responsabilità solidale di tutti nell'implementazione delle politiche del SUS e del suo finanziamento, secondo le regole di ripartizione previste nella Costituzione Federale, nella Legge n. 8080/90 e nelle leggi di bilancio.

Nonostante l'avanzamento nella standardizzazione e nell'operazionalizzazione della politica sui medicinali, gli elenchi dei medicinali non vengono aggiornati in modo soddisfacente e spesso omettono i medicinali approvati dall'ANVISA[10], ma che non sono ancora stati incorporati dal SUS. La questione è molto rilevante, in quanto il Potere Pubblico non fornisce medicinali non previsti nei suoi elenchi, e non prescritti in conformità con le linee guida terapeutiche definite dai Protocolli Clinici del SUS. Il man-

dalla CONITEC e acquisiti tramite organismi multilaterali internazionali, per l'utilizzo nei programmi di sanità pubblica del Ministero della Salute e degli enti ad esso collegati, ai sensi del § 5º dell'art. 8º della Legge n. 9.782, del 26 gennaio 1999.

[10] La registrazione e l'approvazione del medicinale presso l'ANVISA è una condizione prevista dalla legge per la sua applicazione e commercializzazione (art. 6º e 7º della Legge n. 9.782/99). L'art. 12 della Legge n. 6.360/76 stabilisce che: "nessuno dei prodotti di cui tratta questa Legge, compresi quelli importati, potrà essere industrializzato, esposto per la vendita o consegnato al consumo prima di essere registrato presso il Ministero della Salute".

cato aggiornamento colpisce anche i rapporti della CONITEC, un fattore che compromette l'effettività delle sue consultazioni[11].

Le ipotesi più frequenti presentate al Giudiziario possono essere così riassunte: i) fornitura di medicinali ad alto costo approvati dalla CONITEC, registrati presso l'ANVISA, ma non ancora inseriti negli elenchi del SUS; ii) fornitura di medicinali ad alto costo approvati dalla CONITEC, ma non ancora registrati presso l'ANVISA; iii) forniture di medicinali non approvati dalla CONITEC né registrati presso l'ANVISA, ma approvati dalla FDA (Federal Drug Administration) o da altri organismi internazionali; iv) sostituzione di medicinali elencati dal SUS con medicinali prescritti da medici privati, che non sono negli elenchi dei medicinali; v) non fornitura di medicinali, anche se registrati presso l'ANVISA e facenti parte dell'elenco del SUS, in quanto non previsti nei PCDT (protocolli clinici o linee guida terapeutiche) della specifica malattia; vi) fornitura di medicinali a carattere sperimentale; vii) mancata dispensazione dei medicinali inseriti negli elenchi dei medicinali, quindi prodotti registrati presso l'ANVISA e inseriti nel SUS, anche nei casi di medicinali di base ed economici, il che evidenzia le carenze gestionali degli operatori del sistema sanitario.

2. La salute come diritto: presupposti fissati dall'STF e dall'STJ nei casi di fornitura di medicinali ad alto costo

Trattandosi di un diritto fondamentale previsto nella Costituzione Federale, l'omissione del Potere Pubblico o la mancata realizzazione dei suoi compiti può essere oggetto di tutela giurisdizionale, ai sensi dell'art. 5º, XXXV, della Costituzione Federale. Secondo Barroso, "ogni volta che la Costituzione definisce un diritto fondamentale, esso diventa esigibile, anche attraverso un'azione giudiziaria[12].

[11] L'Ordinanza SCTIE/MS n. 1, del 19.02.2021, ha incorporato il farmaco Burosumab per il trattamento dell'ipofosfatemia legato al cromosoma X nei bambini, secondo PCDT, e non lo ha incorporato negli adulti nell'ambito del SUS. Tuttavia, sulla pagina della CONITEC, la relazione tecnica non è stata aggiornata e la conclusione della relazione presentata a ottobre 2020 contiene la raccomandazione preliminare non favorevole all'incorporazione del farmaco per entrambi i casi.
https://www.gov.br/conitec/pt br/midias/consultas/relatorios/2020/20201103_relatorio_de_recomendacao_burosumabe_hlx_cp56.pdf, consultato il 23.06.2023, alle 16:29.

[12] BARROSO. **Ob. cit.** p. 20.

L'STF ha già deciso[13] che il diritto alla salute deve essere inteso come il diritto all'accesso universale ed equo alle azioni e ai servizi per la promozione, la tutela e il recupero della salute, cioè il diritto alla prestazione di servizi sanitari. L'assistenza farmaceutica e la fornitura di medicinali si inseriscono tra questi servizi.

Dalla metà degli anni 1990, l'STF si è espresso sul tema, sia attraverso richieste di sospensione dei provvedimenti cautelari o dei giudizi abbreviati, di sospensione di sicurezza o nel giudizio di Ricorsi Straordinari e Appelli, con l'attuazione dell'STF intensificata dalla metà degli anni 2000. Per quanto riguarda il tema, meritano di essere evidenziate le seguenti decisioni:

i) AI n. 238.328 AgR/RS, giudicato il 16.11.99, rel. e. Min. Marco Aurélio, in cui è stato riconosciuto il diritto dei bisognosi alla fornitura da parte dello Stato "dei medicinali indispensabili per il ripristino della salute, specialmente quando è in gioco una malattia contagiosa come la Sindrome da Immunodeficienza Acquisita";
ii) RE n. 195.192/RS, giudicato il 22.02.2000, rel. Min. Marco Aurélio, in cui è stata riconosciuta la responsabilità lineare degli enti federali nella concessione dei medicinali rari;
iii) ADPF n. 45, Rel. Min. Celso de Mello, giudicato il 29.04.04, in cui sono stati discussi la riserva del possibile e gli effetti di bilancio della concessione di medicinali ad alto costo e la necessità di dimostrare l'insufficienza di risorse in modo oggettivo e concreto;
iv) le Sospensioni di Giudizi Abbreviati (STA) n.. 175[14], 211 e 278, giudicate congiuntamente con le Sospensioni di Sicurezza n. 3.724, 2.944, 2.361, 3.345 e 3.355 e della Sospensione di Ingiunzione (SL) n. 47, rel. Min. Gilmar Mendes, giudicate il 17.03.2010, in cui sono stati fissati i seguenti parametri: a) intervento del giudiziario nei soli casi di omissione o provvedimento inefficiente dell'amministrazione; b) inserimento del medicinale nell'elenco del SUS e rigetto se non registrato presso l'ANVISA; c) rigetto di medicinali sperimentali; d) necessità di dilazione probatoria per le richieste di trattamenti offerti dal settore privato, ma non ancora disponibili nel SUS;

13 RE 393.175/RS, Rel. Min. Celso de Mello. (art. 5º, caput e 196)

14 STA 175 AgR, Relator Ministro Gilmar Mendes. Tribunal Pleno. Brasília, 17 de março de 2010. DJe-076 DIVULG 29-04-2010 PUBLIC 30-04-2010 EMENT VOL-02399-01 PP-00070.

v) RE n. 566.471/RN, rel. Min. Marco Aurélio. Dopo il voto del Ministro Marco Aurélio (Relatore), che fissava la seguente tesi (tema 6 di ripercussione generale): "Il riconoscimento del diritto individuale alla fornitura, da parte dello Stato, di medicinali ad alto costo, non compresi nella Politica Nazionale sui Medicinali o nel Programma di Medicinali da Dispensazione a Carattere Eccezionale, dipende dalla comprovazione dell'imprescindibilità — adeguatezza e necessità —, dell'impossibilità di sostituzione del farmaco e dell'incapacità finanziaria del paziente e dei componenti della famiglia solidale, rispettate le disposizioni sugli alimenti degli articoli da 1.694 a 1.710 del Codice Civile"; dal voto del Ministro Alexandre de Moraes, che fissava la tesi nel seguente senso: "Nell'ipotesi di contenzioso giudiziale per medicinali non previsti negli elenchi ufficiali e/o nei Protocolli Clinici e Linee Guida Terapeutiche (PCDT), indipendentemente dal loro alto costo, la tutela giudiziale sarà eccezionale e richiederà previamente — compresa l'analisi della tutela di urgenza — l'adempimento dei seguenti requisiti, per determinare la fornitura o il risarcimento da parte dell'Unione: (a) comprovazione dell'iposufficienza finanziaria del richiedente per il costo; (b) esistenza di un referto medico comprovante la necessità del medicinale, redatto dal perito di fiducia del magistrato e fondato sulla medicina basata su evidenze; (c) certificazione, da parte della Commissione Nazionale per l'Incorporazione delle Tecnologie nel Sistema Sanitario Unificato (CONITEC), sia dell'inesistenza di rigetto dell'incorporazione del medicinale rivendicato, sia dell'inesistenza di un sostituto terapeutico incorporato dal SUS; (d) attestato rilasciato dalla CONITEC, che affermi l'efficacia, la sicurezza e l'effettività del medicinale per le diverse fasi evolutive della malattia o del problema di salute del richiedente, entro un termine massimo di 180 giorni. Se soddisfatti questi requisiti, non sarà necessaria l'analisi del binomio costo-effettività, non trattandosi di un'incorporazione generica del medicinale"; e dal voto del Ministro Roberto Barroso, che fissava la seguente tesi: "Lo Stato non può essere obbligato da una decisione giudiziale a fornire un medicinale non incorporato dal SUS, indipendentemente dal costo, tranne in ipotesi eccezionali, in cui siano soddisfatti cinque requisiti: (i) l'incapacità finanziaria di sostenere il costo corrispondente;

(ii) la dimostrazione che la mancata incorporazione del medicinale non è risultata da una decisione espressa degli organi competenti; (iii) l'inesistenza di un sostituto terapeutico incorporato dal SUS; (iv) la comprovazione dell'efficacia del medicinale rivendicato alla luce della medicina basata su evidenze; e (v) il deposito della richiesta necessariamente dinanzi all'Unione, che è l'ente statale competente per l'incorporazione di nuovi medicinali nel sistema. Va osservato, inoltre, un parametro procedurale: la realizzazione di un dialogo interistituzionale tra il Potere Giudiziario ed enti o persone con competenza tecnica in ambito sanitario, sia per valutare la presenza dei requisiti di erogazione del medicinale, sia, in caso di accoglimento giudiziario del medicinale, per determinare che gli organi competenti valutino la possibilità della sua incorporazione nell'ambito del SUS", ha chiesto la visione del fascicolo il Ministro Gilmar Mendes. Plenario, Sessione Virtuale dal 21.08.2020 al 28.08.2020.

vi) RE n. 657.718/MG, rel. Min. Marco Aurélio, rel. per il giudizio, Min. Luiz Roberto Barroso, giudicato sotto il rito di Ripercussione Generale, il 22.05.2019, in cui si è discusso l'obbligo dello Stato di fornire medicinali importati senza registrazione presso l'ANVISA, Tema 500: "1. Lo Stato non può essere obbligato a fornire medicinali sperimentali. 2. La mancata registrazione presso l'ANVISA impedisce, di norma, la fornitura di medicinali per decisione giudiziaria. 3. È possibile, in via eccezionale, la concessione giudiziale di medicinali senza registrazione sanitaria, in caso di mora irragionevole da parte dell'ANVISA nella valutazione della richiesta di registrazione (periodo superiore a quello previsto dalla Legge n. 13.411/2016, quando soddisfatti tre requisiti: (i) l'esistenza di una richiesta di registrazione del medicinale in Brasile (tranne nel caso di medicinali orfani per malattie rare e ultra-rare); (ii) l'esistenza della registrazione del medicinale presso rinomate agenzie regolatorie all'estero; e (iii) l'inesistenza di un sostituto terapeutico registrato in Brasile. 4. Le azioni che richiedono la fornitura di medicinali non registrati presso l'ANVISA dovranno necessariamente essere depositate dinanzi all'Unione."

vii) RE n. 855.178/SE, rel. Min. Luiz Fux, sotto il rito di Ripercussione Generale, giudizio concluso il 22.05.2019, in cui è stata discussa la responsabilità solidale degli enti federali, con la seguente tesi fissata, Tema 793: "Gli enti della federazione, per comune competenza, sono solidalmente responsabili delle esigenze prestazionali in ambito sanitario e, dati i criteri costituzionali di decentralizzazione e gerarchizzazione, compete all'autorità giudiziaria indirizzarne l'adempimento conformemente alle regole di ripartizione delle competenze e determinare il risarcimento a chi ne ha sopportato l'onere finanziario."

Dall'esame dei voti e delle discussioni avvenute durante i giudizi dei REs. n. 566.471/RN, n. 657.718/MG e n. 855.178/SE si constata che vi sono tre questioni principali poste: i) l'esistenza o meno di solidarietà tra Unione, Stati e Comuni e i loro limiti; ii) la fissazione di condizionanti o requisiti fattuali e giuridici per la fornitura di medicinali ad alto costo da parte dello Stato; iii) impatto delle decisioni giudiziarie sui bilanci pubblici e sulla realizzazione di altre politiche sanitarie.

Per quanto riguarda il primo tema, l'STF in numerosi precedenti ha riconosciuto la solidarietà tra le persone politiche di diritto pubblico interno nella realizzazione del diritto alla salute, e "ognuno di essi può trovarsi nel polo passivo, insieme o separatamente" (SS n. 3.355, rel. Min. Gilmar Mendes). Tuttavia, la pressione esercitata da Stati federali e Comuni cerca di inserire la nozione di "sussidiarietà" nell'imputazione della responsabilità per la fornitura di medicinali ad alto costo, basata sulla distribuzione delle competenze stipulate dalla Legge n. 8.080/90 e sulla previsione di ambiti di attuazioni specifiche previste da atti normativi infra-legali.

I concetti sono segni semantici che trasmettono idee con una certa uniformità in relazione alla loro comprensione e interpretazione, anche se talvolta possono contenere aloni concettuali fluidi che ne consentono un maggiore adattamento alle diverse situazioni fattuali, come nei concetti vaghi, concetti giuridicamente determinati o concetti determinati dalla funzione. Questo non è, tuttavia, il caso. La nozione di solidarietà, di obbligo solidale, risale al diritto romano, e la solidarietà prevista costituzionalmente, risultante dall'art. 196 della CF, nonostante presenti alcune sfumature proprie, intende denotare questa nozione, di un obbligo che può essere preteso da ognuno degli enti pubblici ai quali la Costituzione Federale ha attribuito i compiti di concretizzare il diritto fondamentale alla salute.

La distribuzione di compiti specifici ai comuni, come, ad esempio, la previsione dell'art. 198, I, c. c. art. 30, VII, della CF, risulta dalla maggiore prossimità della struttura comunale con il cittadino, fatto che presuppone più effettività nell'erogazione del servizio, ma se vi è omissione da parte del comune o se il suo compito non viene svolto in modo soddisfacente, nulla può essere preteso dallo Stato e neppure dall'Unione, poiché anche questi concorrono, nelle rispettive sfere di competenza, perché il cittadino possa essere assistito. Non si tratta di sussidiarietà, ma di complementarità di attuazione derivante dalla solidarietà indispensabile per garantire, con la massima effettività possibile, la salute, la vita del cittadino.

Non spetta al cittadino indagare sugli elenchi dei medicinali (RENAMES) creati dagli Stati per verificare se il medicinale è stato inserito o meno o per informarsi se il medicinale è qualificato come speciale o eccezionale ai fini della dispensazione, secondo i criteri operativi stipulati in atti infra-legali[15]. La ripartizione operativa dei compiti costituzionali non può costituire ostacolo all'esercizio della pretesa che mira ad assicurare la tutela della salute della persona, né può compromettere la solidarietà costituzionalmente prevista.

Per quanto riguarda il secondo punto, va rilevato che i criteri di parametrizzazione suggeriti dall'STF sono spesso eccezionati dalle stesse decisioni del Tribunale, che li relativizza a seconda del caso concreto[16].

Si constata inoltre una netta divergenza tra i voti, con ciascun giudice cercando di presentare i condizionamenti che ritiene necessari per la fornitura di medicinali ad alto costo e spesso sollevando situazioni operative di natura fattuale, che possono essere risolte attraverso una migliore gestione degli enti pubblici, come, ad esempio, la logistica per la consegna del medicinale, e non dovrebbero essere un ostacolo all'esercizio del diritto. Non senza ragione, durante i dibattiti del giudizio dell'ED nel RE

[15] In tal senso: "Inoltre, è importante rilevare che l'esistenza di una ripartizione delle competenze tra gli enti federali non può essere imputata al richiedente in modo tale da ostacolare o impedire la sua pretesa. Questo perché la ripartizione delle competenze tra gli enti ha una funzione strettamente interna, vincolando solo coloro che compongono il polo passivo della solidarietà." (TRF2, 5ª Sezione, AC 0005020-80.2012.4.02.5101 (2012.51.01.005020-6), Giu. Fed. Ricardo Perlingeiro, g. 02.08.2016.)

[16] Ammettendo la concessione di medicinali importati non registrati presso l'ANVISA: SL 815-AgR/SP, Rel. Min. Ricardo Lewandowski; SS 4.316/RO, Rel. Min. Cezar Peluso. (SOLIRIS-eculizumab).

n. 855.178/SE, esclamò il Min. Marco Aurélio: "Quindi si complica, passo dopo passo, la giurisdizione. Invece di conciliare celerità e contenuto, si sta burocratizzando la giurisdizione stessa".

Il terzo punto richiamato nei citati giudizi riguarda gli effetti delle decisioni giudiziarie sul bilancio pubblico e sulle altre politiche pubbliche. Indiscutibilmente, vi è stato l'aumento della spesa pubblica con l'adempimento di decisioni giudiziarie che concedevano medicinali ad alto costo e altre tecniche o procedure mediche, ma l'accusa di mancanza di risorse pubbliche per far fronte alla politica sui medicinali è presentata in modo generico e privo di prove, come accennato nelle discussioni. L'amministrazione, però, non mette in luce le migliaia di persone che hanno già beneficiato delle decisioni giudiziarie.

Inoltre, quando si studiano i bilanci e le spese del Ministero della Salute, nel Portale della Trasparenza[17], spesso non viene eseguito l'intero budget previsto con i programmi. Così, ad esempio, il budget previsto (aggiornato) per il Ministero della Salute nel 2022 era di R$ 160,43 miliardi, con R$ 143,25 miliardi eseguiti.Specificamente, del budget destinato a far fronte alle spese con supporto profilattico e terapeutico, per un importo di R$ 17.227.125.069,00, sono stati eseguiti R$ 12.481.108.099,00 con un saldo di R$ 4.746.017,00. Inoltre, l'importo non speso del budget del Ministero della Salute per il 2022, considerando quanto previsto ed eseguito, ammontava a 17,18 miliardi di reais e ha superato l'importo speso per l'acquisizione di medicinali da parte del SUS di circa 4,7 miliardi di reais.

Tali fatti dimostrano che il problema è di natura gestionale e non di bilancio o dovuto alla mancanza di risorse pubbliche. Così, si può affermare che la ripercussione del costo dei medicinali erogati in ottemperanza alle decisioni giudiziarie, nonostante il suo aumento, non compromette il bilancio pubblico o rende impossibile la realizzazione di altre politiche pubbliche, ragion per cui non può essere rivendicato come un ostacolo all'adempimento della decisione giudiziaria.

2.1. La posizione dell'STJ

Come l'STF, l'STJ ha esaminato numerose richieste di sospensione di sicurezza, con l'obiettivo di sospendere le decisioni ingiuntive e giudizi con-

[17] https://portaldatransparencia.gov.br/orgaos-superiores/36000?ano=2022, consultato l'11.07.2023, alle 18:14

cessivi di accoglimento delle richieste di fornitura di medicinali ad alto costo. Le decisioni sono variate a seconda della situazione concreta, non presentando uniformità rispetto agli aspetti analizzati dai ministri giudicanti[18]. La stessa situazione si verificava nell'ambito del giudizio dei ricorsi speciali[19] prima dell'avvento del CPC/15, quando è stato introdotto il rito del giudizio di ripetitivi.

Con l'obiettivo di uniformare e fornire alcuni paramenti per la fornitura di medicinali ad alto costo, il Superiore Tribunale di Giustizia ha giudicato, sotto il rito del giudizio di ripetitivi, in conformità a quanto previsto dall'art. 1.036/CP, il RESP n. 1.657.156/RJ, rel. e. Min. Benedito Gonçalves e il RESP n. 1.712.163/SP, rel. e. Min. Moura Ribeiro, rispettivamente, i temi 106 e 990.

Il tema 106[20] ha fissato la seguente tesi: "La concessione dei medicinali non incorporati in atti normativi del SUS richiede la presenza cumulativa dei seguenti requisiti: i) comprovazione, attraverso referto medico motivato e circostanziato rilasciato dal medico che assiste il paziente, dell'imprescindibilità o della necessità del medicinale, nonché dell'inefficacia, per il trattamento della malattia, dei farmaci erogati dal SUS; ii) incapacità finanziaria di sostenere il costo del medicinale prescritto; iii) esistenza di registrazione del medicinale presso l'ANVISA, osservando gli usi autorizzati dall'agenzia".

Il Tema 990[21] ha fissato la tesi secondo cui le compagnie di assicurazione sanitaria non sono obbligate a fornire medicinali non registrati presso

[18] Respinta la sospensione di sicurezza per assenza di potenziale dannoso: AgRg nella STA n. 83/MG, relatore Ministro Edson Vidigal, Corte Speciale, giudicato il 25/10/2004, DJ del 6/12/2004, p. 172.

[19] Concedendo: RMS n. 11.183/PR, relatore Ministro José Delgado, Prima Sezione, giudicato il 22/8/2000, DJ del 4/9/2000, p. 121; REsp n. 658.323/SC, relatore Ministro Luiz Fux, Prima Sezione, giudicato il 3/2/2005, DJ del 21/3/2005, p. 272. Accogliendo il medicinale, anche se non incorporato nel SUS: AgInt nel REsp n. 1.629.196/CE, relatrice Ministra Regina Helena Costa, Prima Sezione, giudicato il 21/3/2017, DJe del 29/3/2017; AgInt nel REsp n. 1.553.112/CE, relatore Ministro Gurgel de Faria, Prima Sezione, giudicato il 16/2/2017, DJe del 10/3/2017. Rigettando sulla base del Precedente 7: AgInt nel REsp n. 1.606.408/PI, relatore Ministro Herman Benjamin, Seconda Sezione, giudicato il 22/9/2016, DJe del 11/10/2016. Per il rigetto del medicinale: AgRg nel REsp n. 1.023.180/RS, relatore Ministro Francisco Falcão, Prima Sezione, giudicato il 17/4/2008, DJe del 15/5/2008; RMS n. 28.962/MG, relatore Ministro Benedito Gonçalves, Prima Sezione, giudicato il 25/8/2009, DJe del 3/9/2009 LEXSTJ vol. 242, p. 55

[20] REsp 1.657.156/RJ, rel. Min. Benedito Gonçalves.

[21] REsp 1.712.163/SP, rel. Min, Moura Ribeiro.

l'ANVISA, l'organismo del Ministero della Salute preposto alla preventiva approvazione di medicinali, tecnologie e procedure sanitarie.

Le tesi fissate nei detti giudizi sono applicabili in tutti i Ricorsi Speciali presentati, ai sensi dell'art. 1.040/CPC15, e fungono da norma generale di uniformazione dei giudizi relativi alle stesse questioni.

Per la fornitura di medicinali ad alto costo da parte del potere pubblico interessa il tema 106, che, analogamente all'intesa fissata in ripercussione generale dall'STF, ha scelto come criteri determinanti l'iposufficienza del richiedente/paziente e la registrazione del medicinale presso l'ANVISA. Ha aggiunto, però, la necessità di prova della necessità e dell'efficacia del medicinale richiesto e dell'inefficacia dei medicinali forniti dal SUS, e ha assegnato l'onere probatorio al richiedente, prova che deve essere prodotta unilateralmente.

3. La ricerca di parametri oggettivi per la decisione giurisdizionale

L'adozione di parametri o criteri ha lo scopo di aiutare il processo decisionale al fine di consentire loro di essere prese con un maggior grado di certezza, sicurezza ed efficacia. Consente inoltre di scansionare le situazioni al fine di ricercare punti di somiglianze e differenze, adeguati per armonizzare e uniformare il trattamento da proporre e, quindi, ridurre la soggettività della decisione.

In ambito giudiziario, i parametri vanno ricercati negli elementi dei processi, cioè nelle cause delle richieste, nei motivi fattuali e giuridici, e nelle richieste.

Il primo punto da considerare nella ricerca della definizione di parametri oggettivi che possano propiziare decisioni più sicure ed efficaci è quello di precisare i motivi presentati da entrambe le parti al fine di definire le questioni da decidere e l'eventuale necessità di produzione probatoria.

Sia nella richiesta iniziale che nelle difese presentate, due gruppi di argomentazioni sono presentati: il generico e lo specifico.

I motivi generici di base addotti nella richiesta iniziale risiedono nel diritto costituzionale alla salute e nell'obbligo dello Stato di offrire i mezzi indispensabili alla salute del richiedente, compresa la fornitura di medicinali ad alto costo, nonché nella solidarietà degli enti politici nell'adempimento di tale prestazione, inerente a quanto disposto nell'art. 196 della CF e alla struttura del SUS. Specificamente evidenziano alcune questioni relative allo stato dell'individuo, alla malattia o al medicinale richiesto o al protocollo applicato. Nella maggior parte dei casi viene presentato un referto medico privato che descrive la malattia e prescrive il medicinale, ma senza evidenziare l'inefficienza dei medicinali offerti dal SUS. Molto raramente vengono menzionati rapporti o pareri della CONITEC o del NatJus.

In contestazione si presentano quattro argomentazioni generiche di base: i) assenza di solidarietà tra gli enti politici; ii) violazione del principio della separazione dei poteri; iii) indebito intervento del potere giudiziario nella definizione delle politiche pubbliche; iv) assenza di risorse pubbliche o compromissione delle scarse risorse esistenti con l'adempimento delle decisioni giudiziarie. Raramente vengono presentati specifici motivi di contestazione dei fatti descritti nella richiesta iniziale, per quanto riguarda lo stato del richiedente, la malattia, il protocollo applicato o la sufficienza del trattamento offerto dal SUS, oltre al fatto che non sono presentate le prove delle allegazioni presentate nelle contestazioni o nelle impugnazioni di appelli. Occasionalmente si allega l'inosservanza dei requisiti previsti nel Tema 106 dell'STJ, con enfasi sulla non inclusione del medicinale nell'elenco del SUS o sulla mancata registrazione presso l'ANVISA.

I motivi generici, sia nelle richieste iniziali che nelle difese presentate, sono già stati oggetto di analisi e decisioni da parte dell'STF e dell'STJ, che hanno riconosciuto: i) solidarietà tra gli enti politici – Unione, Stati e Comuni – ai sensi di quanto previsto dall'art. 196 della Costituzione Federale e dalla Legge n. 8080/90, che ha strutturato il SUS e ne ha stabilito i principi fondamentali; ii) natura di diritto fondamentale del diritto alla salute e l'obbligo degli enti politici di attuare in modo solidale e cooperativo per la realizzazione dei compiti inerenti alla sua effettivazione, compresa la fornitura di medicinali; iii) non sussistenza di violazione del principio della separazione dei poteri da parte del potere giudiziario; iv) impossibilità di caratterizzare come indebito intervento del potere giudiziario la decisione che accoglie, secondo le prove del fascicolo, la concessione di medicinali ad alto costo; v) mancanza di comprovazione di compromissione del bilancio pubblico a seguito dell'ottemperanza alla decisione giudiziaria.

Le argomentazioni generiche presentate sono di natura eminentemente giuridica e, per questo motivo, inadatte ad essere utilizzate come parametri, poiché si trovano in quasi tutte le azioni in cui vengono presentate richieste di concessione di medicinali ad alto costo. Infatti, i motivi specifici, che sono di natura fattuale, servono meglio a tale scopo, in quanto consentono il raggruppamento di situazioni e l'instaurazione di distinzioni.

3.1. L'utilizzo di motivi specifici per la definizione di parametri per la decisione giudiziaria

I motivi fattuali consentono l'individuazione di ipotesi particolari, ritenuti quindi specifici e adatti per la definizione di parametri. Nell'ambito delle azioni proposte con l'obiettivo di fornitura di medicinali ad alto costo, vi sono tre elementi da analizzare: i) la persona del paziente; ii) la malattia; iii) il medicinale o la tecnica medica pretesa e la sua efficacia per combattere la malattia e i suoi effetti.

Per quanto riguarda la persona che intende utilizzare il medicinale o la tecnica medica, l'STJ e l'STF segnalano la necessità di essere iposufficiente economicamente. L'iposufficienza economica va valutata in relazione alla possibilità del richiedente e della sua famiglia di sostenere il costo complessivo del trattamento, senza pregiudicare la sua dignitosa sopravvivenza e il soddisfacimento dei bisogni degli altri componenti del nucleo familiare. È, quindi, relativa e da verificare nel caso concreto. La prova dell'iposufficienza può essere fatta mediante dichiarazione dell'interessato e corredata con altri documenti, quali, ad esempio, le dichiarazioni dei redditi.

Per quanto riguarda la malattia o l'infermità, è importante valutarne la natura, le caratteristiche, la fase di sviluppo, la possibilità di reversione e persino identificare se si tratta di una malattia rara o ultra-rara o meno. Queste informazioni sono necessarie per valutare la compatibilità del medicinale con il trattamento che si propone, poiché in alcune situazioni, a seconda della fase di sviluppo della malattia o del modo in cui si manifesta, il medicinale potrebbe non essere efficace, anche se, in teoria, è prescritto per la malattia o l'infermità. Il tema 106 dell'STJ, prevedendo che la richiesta iniziale sia corredata "con referto medico motivato e circostanziato rilasciato dal medico che assiste il paziente", mira ad ottenere tali dati oggettivi.

Risiede nel medicinale o nella tecnica medica pretesa e nel suo vincolo di strumentalità per curare la malattia o i suoi sintomi, cioè la sua efficacia farmacologica, i punti più sensibili e che meritano maggiore cura e attenzione per i vari aspetti da considerare. L'efficacia del medicinale preteso e la sua imprescindibilità per il trattamento della malattia possono essere misurate per gradi, i quali servono anche ad attestare la serietà della sua applicazione.

Se il medicinale è inserito nell'elenco del SUS e fa parte del PCDT (protocollo clinico o linee guida terapeutiche), si considera dimostrata la sua pertinenza per trattare la malattia, in quanto sono soddisfatti i requisiti della registrazione presso l'ANVISA e del costo-effettività. Ciononostante, può essere necessario l'intervento del giudiziario quando manchi il medicinale nella dispensazione o non sia accettato il suo utilizzo dal paziente.

Nel caso in cui non sia incluso nel PCDT, la perizia presentata dal richiedente deve dimostrare l'efficacia del medicinale preteso per il trattamento della malattia. In caso di dubbio, il magistrato può ricorrere a un parere tecnico redatto dal NatJus, nuclei di appoggio tecnico al magistrato in materia sanitaria, che informa se la richiesta è idonea o meno per il trattamento della patologia indicata.

Sebbene il tema 106 dell'STJ si riferisca alla sola perizia presentata dal richiedente, nulla impedisce al Giudice di avvalersi di altri strumenti di prova, quali l'assistenza tecnica del NatJus, il parere della CONITEC[22] o la perizia di un perito ufficiale. In tal senso, il voto proferito dal Min. Alexandre de Morais nel giudicare il RE 657.718, "verbis":

> "Mi risulta che il giudice, qualora lo ritenga necessario – perché ascolterà la Conitec –, possa nominare un perito di sua fiducia affinché, fondato sulla medicina basata su evidenze, il perito possa dire se quel medicinale, che ora è stato registrato presso l'Anvisa e la Conitec ha detto essere efficiente e sicuro, si applica davvero a quella malattia."

Il fondamento sulle perizie del NatJus e sulle relazioni della CONITEC consente al magistrato di superare, o almeno ridurre, la specifica carenza tecnica necessaria per decidere la questione in modo coerente e corretto e ridurre la soggettività del giudice. In ogni caso, il contraddittorio deve essere opportunizzato per la manifestazione del richiedente, che può anche contestare la competenza dei medici che hanno redatto i pareri e i referti. Per questo motivo, i pareri del NatJus devono identificare il CRM e la specialità dei medici che li hanno redatti. L'assenza di queste informazioni è stata oggetto di critiche all'attuazione del NatJus, per mancanza di trasparenza.

[22] https://www.gov.br/conitec/pt-br/assuntos/participacao-social/direito-e-saude, consultato il 29.05.2023, alle 13:10.

Questa stessa linea guida[23] può essere applicata quando: i) il medicinale non è inserito nell'elenco del SUS, ma è registrato presso l'ANVISA; ii) il medicinale non è registrato presso l'ANVISA, ma è stato approvato dalla CONITEC; iii) si pretende la sostituzione del medicinale previsto nell'elenco del SUS con un altro indicato dal medico del paziente con registrazione presso l'ANVISA.

Quando si pretende la sostituzione del medicinale, dovrebbe essere adottato come criterio per la scelta la comprovata efficacia, il minor costo del medicinale e il momento della sua applicazione, dando priorità ai medicinali disponibili sul territorio nazionale.

La registrazione del medicinale presso l'ANVISA, la sua approvazione da parte della CONITEC e la comprovazione della sua effettività nel combattere la malattia, attraverso una perizia, consentono la concessione del medicinale con un sufficiente grado di sicurezza.

Un'altra è la situazione in cui sono assenti la registrazione presso l'ANVISA e la manifestazione della CONITEC.

Tali sono i casi di: i) medicinali approvati da agenzie estere ufficiali, con comprovata efficacia; ii) medicinali sperimentali in fase di test; iii) medicinali alternativi di efficacia molto dubbia (es. composto vitaminico "fungo solare"[24]).

Nei casi di medicinali approvati da agenzie estere ufficiali, con comprovata efficacia, è indispensabile che sia dimostrata la loro effettività in relazione alla situazione concreta del paziente, in quanto il medicinale potrebbe non essere adatto ad essere applicato a causa dello sviluppo della fase della malattia o di circostanze personali del paziente, come l'età o la presenza di comorbilità.Inoltre, il costo-effettività deve essere considerato attentamente. Per questi motivi, la prova peritale è di fondamentale importanza e costituisce il principale criterio che deve essere considerato dal magistrato.

Sebbene l'STF abbia aperto la possibilità di realizzazione del trattamento in via sperimentale, l'eventuale accoglimento deve essere fatto in via assolutamente eccezionale e a condizione che siano presentate evidenze sufficienti dell'efficacia del trattamento, prestando attenzione a quanto

[23] Possono essere utilizzati anche come linee guida gli enunciati approvati nelle Giornate di Diritto Sanitario coordinate dal CNJ.

[24] BARROSO. **Op. cit.** p. 40.

stabilito dall'art. 20 della LINDB. In questo caso, il costo-effettività del medicinale acquista particolare rilievo.

I medicinali privi di comprovazione scientifica della loro efficienza non devono essere forniti dagli enti pubblici, anche se la richiesta è corredata con referto medico. Nel caso in cui il paziente desideri testarli, deve farlo a proprie spese.

L'osservanza di tali parametri consente al Magistrato di meglio ordinare le complesse questioni presentate nelle richieste che mirano alla concessione di medicinali o tecniche mediche ad alto costo, al fine di valutare gli aspetti fattuali fondamentali del problema: la persona del paziente, la malattia e l'attitudine del medicinale a ristabilire la salute dell'individuo o a combattere gli effetti dell'infermità di cui soffre.

Conclusioni

La vita e il tempo non scorrono sempre nella stessa direzione. Nelle azioni che mirano alla fornitura di medicinali ad alto costo o all'utilizzo di moderne tecniche mediche, le persone, solitamente, sono in un grave stato di salute e non hanno il tempo di aspettare lo "sviluppo" di tecniche innovative o l'abbassamento dei prezzi dei farmaci. Il ricorso al Giudiziario assume il carattere di "ultima e finale speranza".

Pur consapevole di questa situazione, il magistrato deve tenere presente che la società brasiliana non ha le condizioni per soddisfare tutte le richieste. Dato che le risorse pubbliche sono limitate, si impone la ponderazione tra quali casi dovrebbero essere accolti o meno. L'esistenza di parametri oggettivi consente di assumere decisioni con un maggior grado di certezza e sicurezza, ricercando l'equilibrio tra la tutela della salute dei cittadini e il corretto e adeguato impiego delle risorse pubbliche. La complessità delle questioni presentate non è incompatibile con l'adozione di parametri oggettivi estratti dal supporto fattuale disposto nelle azioni giudiziali, cioè: i) la persona del paziente; ii) la malattia; iii) il medicinale o tecnica medica pretesa e la sua efficacia per combattere la malattia e i suoi effetti.

L'analisi attenta di questi specifici elementi richiede conoscenze tecniche, che possono essere fornite attraverso l'accesso ad informazioni già registrate presso organi pubblici o la produzione di prove in sede giudiziaria. L'utilizzo di prova tecnica costituisce uno strumento che propizia la decisione più razionale e, quindi, evita, o almeno riduce, il rischio di decisioni eminentemente emotive o soggettive e di richieste avventurose. L'eccesso di soggettività compromette la legittimità della giurisdizione.

Negli ultimi trent'anni si è constatato un notevole incremento della ricerca del Potere Giudiziario per accogliere le richieste legate all'ambito sanitario. Sebbene migliaia di brasiliani abbiano beneficiato dell'attuazione giudiziaria, si ripete spesso il gergo del Giudiziario che interferisce indebitamente nella destinazione delle risorse pubbliche e compromette l'esecuzione delle politiche pubbliche. L'analisi dei bilanci del Ministero della Salute consente, però, di constatare che le risorse esistono, ma la loro applicazione può essere compromessa da problemi gestionali o politici.

Non viene inoltre evidenziato che uno degli effetti prodotti negli anni dall'intervento giudiziario è stato quello di costringere gli enti pubblici a implementare, effettivamente, la politica sui medicinali e input medici, sia attraverso l'emanazione di atti normativi più dettagliati e chiari, sia per una migliore definizione delle competenze e attribuzioni di Unione, Stati e Comuni. Infatti, se vi fosse un miglior coordinamento, cooperazione e comunicazione tra Unione, Stati e Comuni nell'effettivazione della politica sui medicinali in generale, molto probabilmente il cittadino non sarebbe obbligato a ricorrere al Potere Giudiziario. Se lo cerca, è perché ne ha bisogno. Occorre semplificare e rendere più efficace e sicuro l'accesso alla salute, a costo di dare ragione al Ministro Marco Aurélio, quando nel giudizio dell'ED nel RE 855178/SE nell'STF ha esclamato:

> – "Presidente, temo che, con tanta complicazione, il paziente muoia prima di ottenere il farmaco!

Riferimenti

ALVES, Fernanda Barreto e SALDANHA, Rafael Meireles. **A atual conjuntura da judicialização da concessão de medicamentos: a Arguição de Descumprimento de Preceito Fundamental (adpf) 45 e o Agravo regimental na suspensão de Liminar 47 de Pernambuco.** Revista da EMARF. Rio de Janeiro: v. 31, n.1, p.1-318, nov.2019/abr.2020.

BARROSO, Luís Roberto. **Da falta de efetividade à Judicialização excessiva: direito à saúde. Fornecimento Gratuito de medicamentos e parâmetros para a atuação judicial.** Revista de Direito Social. São Paulo: Ano IX, v. 34, abr./jun.2009.

BUENO, Marina Ayres Ferreira Lima; COELHO, Saulo de Oliveira Pinto. **Parâmetros para o julgamento das demandas voltadas às políticas públicas de dispensação de medicamentos: retrospectiva da atuação do judiciário goiano e proposições para práticas constitucionalmente adequadas.** Revista de Direito Constitucional & Econômico – I (1): 189-221, jan-jun, 2019.

COSTA, Fabricio Veiga., MOTTA, Ivan Dias da., ARAÚJO, Dalvaney Aparecida de., **Judicialização da saúde: a dignidade da pessoa humana e a atuação do Supremo Tribunal Federal no caso dos medicamentos de alto custo.** Revista Brasileira de Políticas Públicas – Uniceub, Brasília: v. 7, n. 3, dez., 2017.

DEMARCHI, Clovis; Fontana, Douglas Cristian. **Impactos das demandas judiciais no dever do Estado de prestar assistência farmacêutica.** Revista de Informação Legislativa: RIL. Brasília: v. 57, n. 226, p. 113-130, abr./jun. 2020. Disponível em: http://www12.senado.leg.br/ril/edicoes/57/226/ril_v57_n226_p113.

DE SOAREZ, Patricia Coelho; NOVAES, Hillegonda Maria Dutilh. **Limiares de custo--efetividade e o Sistema Único de Saúde.** Cadernos de Saúde Publica. 2017; 33(4):e00040717. doi: 10.1590/0102-311X00040717.

DEUS, Fernando Barroso de. **A judicialização de medicamentos em uma pequena cidade brasileira: estudo de caso das ações ajuizadas contra o município de Cambuci-RJ, no ano de 2018**. Fórum Administrativo – FA, Belo Horizonte: ano 19, n. 225, p. 49-59, novembro 2019.

FIGUEIREDO, Mariana Filchtiner. **O Objeto do direito à saúde: para além das ações judiciais de fornecimento de medicamentos**. In. Diálogos Constitucionais de Direito Publico e Privado. Organizadores Liane Tabarelli Zavascki, Marcos Felix Jobim. Porto Alegre: Livraria do Advogado Editora, 2011, p. 151-173.

GOMES NETO, Jose Mario; Paula Filho, Alexandre Moura Alves; Oliveira, Breno Duarte Ribeiro. **Judicialização, prova científica e políticas publicas de fornecimento de medicamentos no estado de Pernambuco: uma análise qualitativa da relação entre a decisões judiciais em matéria de medicamentos off label e os pareceres técnicos oficiais.** Revista Brasileira de Direito Processual – RBDPro. Belo Horizonte: ano 27, n. 106, p. 201-227, abr./jun 2019.

HANAI, Jorge Leal; Abrantes, Luís Antônio; Pereira, Luiz Ismael. **Conflitos de competência e a judicialização da saúde no Federalismo Brasileiro.** Revista Brasileira de Políticas publicas – CEUB. Brasília: v. 11, n. 3, p. 447-472, dez. 2021.

MARTINS, Urá Lobato. **Judicialização do direito à saúde: reflexão acerca do fornecimento de medicamentos não incluídos em atos normativos do SUS**. Revista de Direito brasileiro. Florianópolis: v. 24, n. 9, p. 68-83, set/dez 2019.

MELLO, Rodrigo Gaspar de. **O fornecimento de medicamentos pelo poder publico e a competência da Justiça Federal.** Revista da Seção Judiciária do Rio de Janeiro. Rio de Janeiro: n. 27, p.139-150, 2010.

MOROZOWSKI, Ana Carolina. **A imprescindibilidade da análise mínima do custo-efetividade nas ações de saúde.** Revista Migalhas, n. 5.403. https://www.migalhas.com.br/depeso/293134/a-imprescindibilidade-da-analise-minima-do-custo-efetividade--nas-acoes-de-saude. Consultado no dia 14.06.2023, às 16:04.

MOTTA ARAÚJO, José Henrique. **Suspensão de Decisões Judiciais envolvendo Fornecimento de medicamentos: um tema com variação interpretativa.** Revista Dialética de Direito Processual. São Paulo: v. 58, p. 14-23, janeiro de 2008.

OLIVEIRA, Henrique Sabino de; MARTINS, Lays Gomes; ASENSI, Felipe Dutra. **Acesso à Justiça nos juizados especiais cíveis como meio de obtenção do fornecimento de medicamentos: uma análise da judicialização em Juiz de Fora – MG**. Revista da Faculdade de Direito do Sul de Minas. Pouso Alegre: v. 35, n. 2, p. 53-70, jul/dez. 2019.

PASSOS, Daniela Veloso; GOMES, Valéria Bastos. **A judicialização da saúde e as políticas publicas para fornecimento de medicamentos: uma analise a partir das decisões do TRF da 5ª. Região.** Revista de Estudos Empíricos em Direito. V. 4, n. 3. p. 98-110, out. 2017.

RICCI, Milena Mara da Silva. **Direito à saúde: considerações a respeito do fornecimento de medicamentos pela via judicial.** Revista Brasileira de Políticas Publicas. Brasília: v. 2, n. 1, p. 115-123, jan/jun. 2012.

RODRIGUES, Daniel dos Santos; LIMA, Jordao Horácio da Silva. **Judicialização da saúde, acesso a medicamentos e diálogos institucionais.** Revista de Direito Administrativo & Constitucional. Belo Horizonte: ano 21, n. 83, p. 161-180, jan./mar. 2001.

SILVA, Aurélia Carla Queiroga da; Silva, Gabriela Galiza e. **Aspectos polêmicos da concretização do direito à saúde em face das ações judiciais para fornecimento de medicamentos no Brasil**. Revista Brasileira de Direitos Fundamentais e Justiça. Porto Alegre: Ano 9. N. 32, p. 26-54, jul/set. 2015.

TEIXEIRA, Eliana Maria de Souza Franco. **Judicialização do direito à saúde: críticas administrativa e financeira.** Revista da Faculdade de Direito do Sul de Minas. Pouso Alegre: v. 36, n. 2, p. 245-264, jul/dez. 2020.

7

L'ACCESSO EQUO ALLE CONTROMISURE MEDICHE IN TEMPO DI EMERGENZE SANITARIE INTERNAZIONALI: CRITICITÀ E PROSPETTIVE DI EVOLUZIONE DEL DIRITTO INTERNAZIONALE SANITARIO

Stefania Negri

La pandemia di COVID-19 ha messo in evidenza la fragilità e l'impreparazione dei sistemi sanitari nazionali a livello mondiale, ha esacerbato le disuguaglianze economiche e sociali tra Stati (ed all'interno degli stessi) ed acuito i nazionalismi. Da più parti è stata denunciata una scarsa o inefficace cooperazione internazionale e si è fatto appello alla solidarietà ed all'equità quali ineludibili principi ispiratori della risposta alla crisi, soprattutto in relazione al tema dell'accesso equo e tempestivo alle contromisure mediche di maggiore rilevanza (farmaci, vaccini, strumenti diagnostici e terapeutici). Di fatto, il sensibile divario esistente tra paesi e regioni del mondo nella capacità di produzione ed approvvigionamento di farmaci e vaccini, e la conseguente scarsa disponibilità di tali prodotti essenziali in alcune aree geografiche, ha fatto sì che la pandemia avesse un impatto sproporzionato sulle popolazioni e i gruppi più vulnerabili. Iniquità e disuguaglianze nell'accesso ai vaccini anti-COVID hanno avuto un effetto a cascata sulla salute pubblica globale (riflettendo in concreto il noto mantra *no one is safe until everyone is safe*) e causato un sensibile ritardo nel conseguimento dell'obiettivo dell'immunizzazione generalizzata quale "bene pubblico globale".

Com'è noto, per rimediare alle criticità evidenziate dalla pandemia e porre le premesse per affrontare le future emergenze sanitarie con migliori capacità di prevenzione, preparazione e risposta, l'Organizzazione mondiale della sanità (OMS) ha deciso di dar vita ad un processo di revisione ed integrazione del quadro normativo internazionale, disponendo l'avvio di due negoziati paralleli – indipendenti ma sostanzialmente interconnessi – finalizzati alla revisione del Regolamento sanitario internazionale (2005) ed alla conclusione di un accordo internazionale sulla gestione delle pandemie, più comunemente noto come "trattato pandemico globale". In entrambi i casi, i principi di equità e solidarietà hanno ispirato diverse proposte formulate da Stati ed organizzazioni internazionali al fine di istituire meccanismi e procedure atte a superare eventuali impedimenti strutturali e garantire la produzione e l'accesso equo e tempestivo a farmaci e vaccini in tempo di emergenze sanitarie di rilevanza internazionale.

L'azione dell'OMS e le iniziative internazionali volte a garantire l'accesso equo a farmaci e vaccini durante la pandemia di COVID-19

Il tema dell'accesso equo alle contromisure mediche è stato al centro del dibattito internazionale e ha dominato l'agenda politico-diplomatica sin dall'inizio della pandemia di COVID-19.

Nelle prime risoluzioni adottate dalle Nazioni Unite (ONU), l'Assemblea generale riconosceva la necessità di predisporre una risposta globale basata sull'unità, la solidarietà e la cooperazione multilaterale, definiva l'accesso equo ai prodotti sanitari quale "priorità globale", ed affermava che disponibilità, accessibilità ed accettabilità dei prodotti sanitari di qualità garantita costituivano condizioni fondamentali per poter affrontare la pandemia.[1] Altrettanto faceva l'Assemblea mondiale della sanità,[2] richiamando i valori della solidarietà, dell'unità e della cooperazione ed affermando l'esigenza, anche in questo caso quale priorità globale, di garantire l'accesso universale, tempestivo ed equo e l'equa distribuzione dei prodotti

[1] ONU, Assemblea generale, risoluzione 74/270 (2020), *Global solidarity to fight the coronavirus disease 2019 (COVID-19)*, 2 aprile 2020; risoluzione 74/274 (2020), *International cooperation to ensure global access to medicines, vaccines and medical equipment to face COVID-19*, 20 aprile 2020, V. anche risoluzione 74/306, *Comprehensive and coordinated response to the coronavirus disease (COVID-19) pandemic*, 11 September 2020; risoluzione 76/175, *Ensuring equitable, affordable, timely and universal access for all countries to vaccines in response to the coronavirus disease (COVID-19) pandemic*, 16 dicembre 2021.

[2] OMS, Assemblea mondiale della sanità, risoluzione WHA73.1, *COVID-19 response*, 19 maggio 2020. V. anche risoluzione WHA74.6, *Strengthening local production of medicines and other health technologies to improve access*, 31 maggio 2021; risoluzione WHA74.7 *Strengthening WHO preparedness for and response to health emergencies*, 31 maggio 2021.

sanitari di qualità, sicuri, efficaci, economicamente accessibili ed essenziali alla risposta alla pandemia, eliminando con urgenza ogni ingiustificato impedimento nel rispetto dei trattati internazionali, ivi incluso l'Accordo TRIPS e le relative flessibilità, come previsto dalla Dichiarazione di Doha sull'accordo TRIPS e la salute pubblica.[3]

Per soddisfare l'esigenza prioritaria di fornire una risposta globale fondata sui principi di equità e solidarietà, veniva lanciato nel mese di aprile 2020 l'Acceleratore per l'accesso agli strumenti COVID-19, meglio noto come ACT Accelerator, un'iniziativa innovativa di collaborazione internazionale finalizzata ad accelerare lo sviluppo, la produzione e l'accesso equo e a prezzi accessibili a test diagnostici, trattamenti e vaccini anti-COVID. L'ACT Accelerator costituisce una partnership globale che riunisce governi, scienziati, imprese, società civile, associazioni filantropiche e organizzazioni sanitarie globali (OMS, Banca Mondiale, UNITAID, Gavi Alliance, Bill & Melinda Gates Foundation, Coalition for Epidemic Preparedness Innovations (CEPI), Foundation for Innovative New Diagnostics (FIND), The Global Fund, Wellcome Trust). Un pilastro dell'ACT Accelerator è la COVAX Facility (Covid-19-Vaccine Global Access Facility), un'iniziativa dedicata alla distribuzione globale equa dei vaccini, co-gestita da OMS, Gavi, CEPI, in collaborazione con UNICEF e PAHO Revolving Fund (che garantiscono la distribuzione dei vaccini). Il partenariato COVAX ha permesso di condividere competenze ed esperienze e di allestire una rete unica di distribuzione, lavorando duramente per contrastare il nazionalismo vaccinale e le iniquità nell'accesso ai vaccini anti-COVID.[4]

[3] OMC, Accordo sugli aspetti dei diritti di proprietà intellettuale attinenti al commercio (TRIPs Agreement), Marrakesh, 15 aprile 1994, disponibile in italiano al sito https://biblioteche.cultura.gov.it/it/documenti/Servizio_III/4_accordo_trips_1994_x1x.pdf. La Conferenza ministeriale di Doha, riunita nel novembre 2001, prese atto delle difficoltà di alcuni Paesi in via di sviluppo nel fronteggiare gli onerosi obblighi dell'accordo, soprattutto in relazione all'accesso in situazioni di emergenza ai farmaci essenziali coperti da brevetto. La Dichiarazione di Doha consente quindi agli Stati membri dell'Organizzazione mondiale del commercio (OMC) di ricorrere alle forme di flessibilità previste dall'accordo TRIPs al fine di rendere disponibili sul mercato nazionale i prodotti farmaceutici indispensabili a far fronte a gravi crisi sanitarie, inclusa la possibilità di accordare licenze obbligatorie per la produzione di medicinali protetti da brevetto.

[4] Per maggiori informazioni, si consulti il sito https://www.who.int/initiatives/act-accelerator/covax.

Il problema è stato anche ampiamente discusso in seno al Comitato di emergenza nominato ai sensi del Regolamento sanitario internazionale (2005) per la gestione della pandemia, costituendo oggetto di specifiche raccomandazioni rivolte tanto all'OMS quanto agli Stati membri.[5] In particolare, il Comitato ha esortato l'OMS a continuare la collaborazione con il settore farmaceutico per affrontare le barriere all'accesso a farmaci, vaccini, terapie e test diagnostici, suggerendo di fare riferimento al Pandemic Influenza Preparedness Framework[6] come possibile *guideline*. Le raccomandazioni temporanee rivolte agli Stati hanno richiesto loro di sostenere l'adozione tempestiva delle terapie raccomandate dall'OMS e di incoraggiare la produzione locale e il trasferimento di tecnologia al fine di incrementare la capacità di produzione e contribuire a garantire un accesso globale equo a farmaci e trattamenti terapeutici. Per quanto riguarda i vaccini, agli Stati Parti è stato richiesto di condividere le dosi di vaccino per garantire l'accesso equo a livello globale e di utilizzare un approccio graduale nell'elaborazione dei piani vaccinali, dando priorità alle popolazioni e gruppi vulnerabili (compresi gli operatori sanitari, gli anziani, le persone con patologie pregresse, le persone immunodepresse con accesso insufficiente alle cure, i migranti, i rifugiati, ecc.) in linea con la nuova Strategia globale dell'OMS per il vaccino anti-COVID-19[7] e la Roadmap per la definizione delle priorità dell'OMS, adottata dal SAGE (Strategic Advisory Group of Experts).[8]

[5] Le dichiarazioni finali adottate dal Comitato di emergenza in occasione delle riunioni tenute dal 23 gennaio 2020 fino al 5 maggio 2023 (data di dichiarazione di cessata "emergenza di sanità pubblica di rilevanza internazionale") e le raccomandazioni temporanee adottate ai sensi dell'art. 15 del Regolamento sanitario internazionale (2005) sono reperibili al sito https://www.who.int/groups/covid-19-ihr-emergency-committee.

[6] Disponibile al sito https://www.who.int/initiatives/pandemic-influenza-preparedness-framework.

[7] Global COVID-19 Vaccination Strategy in a Changing World: July 2022 update, 22 luglio 2022, https://www.who.int/publications/m/item/global-covid-19-vaccination-strategy-in-a-changing-world--july-2022-update.

[8] Updated WHO SAGE Roadmap for prioritizing uses of COVID-19 vaccine, 21 gennaio 2022, https://www.who.int/news/item/21-01-2022-updated-who-sage-roadmap-for-prioritizing-uses-of-covid-19-vaccines. Questa Roadmap è stata ulteriormente aggiornata nel mese di marzo 2023; la versione più recente è disponibile al link <https://www.who.int/publications/i/item/WHO-2019-nCoV-Vaccines-SAGE-Roadmap>.

La revisione del Regolamento sanitario internazionale (2005) e le proposte volte a garantire l'accesso equo alle contromisure mediche in tempo di emergenze sanitarie internazionali

Alla luce dell'esperienza maturata in occasione della difficile gestione dalla pandemia di COVID-19, nel 2022 l'Assemblea mondiale della sanità ha deciso di avviare un processo di revisione del Regolamento sanitario internazionale (2005) al fine di eliminare le criticità emerse nella sua applicazione e migliorare il generale quadro normativo di riferimento. Si è stabilito che tale processo di revisione, gestito dagli Stati Parti, dovesse prendere in considerazione emendamenti mirati che non comportassero la riapertura di un negoziato sull'intero testo del Regolamento.[9]

Su invito dell'Assemblea, il Direttore Generale dell'OMS ha nominato un Comitato di revisione in conformità con la Parte IX, Capitolo III, del Regolamento, in particolare gli articoli 47 e 50, paragrafi 1(a) e 6. Il mandato affidato al Comitato di revisione è consistito nel formulare raccomandazioni tecniche al Direttore Generale in relazione alle modifiche proposte dagli Stati Parti, al fine di facilitare il compito del Gruppo di lavoro degli Stati membri sugli emendamenti al Regolamento sanitario internazionale (2005) (Working Group on Amendments to the International Health Regulations).

Le proposte di emendamento sono state presentate entro la data ultima del 30 settembre 2022, in linea con la decisione del Comitato esecutivo.[10]

[9] V. Rapporto dell'Assemblea mondiale della sanità, *Strengthening World Health Organization preparedness for and response to health emergencies*, A75/17, 23 maggio 2022; Decisione WHA75(9), *Strengthening WHO preparedness for and response to health emergencies*, 27 maggio 2022; Risoluzione WHA75.12, *Amendments to the International Health Regulations (2005)*, 28 maggio 2022.

[10] OMS, Comitato esecutivo, Decisione EB150(3), *Strengthening the International Health Regulations (2005): a process for their revision through potential amendment*, 26 gennaio 2022. Il Comitato ha sollecitato gli Stati membri ad adottare tutte le misure appropriate per prendere in considerazione potenziali modifiche al Regolamento sanitario internazionale (2005), fermo restando che ciò non avrebbe comportato una rinegoziazione dell'intero strumento. Tali modifiche sarebbero state di portata limitata e avrebbero affrontato questioni specifiche e chiaramente identificate, criticità – inclusi equità, sviluppi tecnologici o di altro tipo – o lacune che non potrebbero essere affrontate efficacemente in altro modo ma che sono fondamentali per sostenere l'effettiva attuazione e conformità del Regolamento sanitario internazionale (2005) e la sua applicazione universale per la protezione di tutte le persone del mondo dalla diffusione internazionale delle malattia in modo equo. La decisione è reperibile al sito https://apps.who.int/gb/ebwha/pdf_files/EB150-REC1/B150_REC1-en.pdf#page=30.

Al Gruppo di lavoro è stato richiesto di presentare il proprio rapporto finale alla 77a sessione (2024) dell'Assemblea mondiale della sanità, in conformità con l'articolo 55 del Regolamento. Il rapporto del Comitato di revisione, adottato il 15 gennaio 2023, è stato trasmesso ufficialmente dal Direttore Generale al Gruppo di lavoro il 6 febbraio 2023.[11]

Le proposte di emendamento sono pervenute da 16 Stati, alcuni dei quali hanno presentato proposte anche a nome di organizzazioni di integrazione regionale – in particolare l'Unione europea, il MERCOSUR, l'Unione economica eurasiatica – le quali sono state invitate a contribuire nonostante l'assenza di previsione nell'articolo 55 della legittimazione di soggetti diversi dal Direttore Generale e dagli Stati Parti.[12] Tali proposte hanno riguardato 33 dei 66 articoli del Regolamento più cinque dei suoi nove allegati, per un totale di oltre 300 singoli emendamenti, ivi incluso l'inserimento di sei nuovi articoli e due nuovi allegati.[13]

Nelle proposte di revisione il principio di equità e la sua implementazione in relazione all'accesso alle contromisure mediche in tempo di crisi sanitarie internazionali assumono un ruolo fondamentale. L'equità costituisce infatti uno dei valori chiave sottesi a buona parte delle proposte formulate, insieme con la solidarietà, la cooperazione internazionale, la fiducia e la trasparenza. Per quanto riguarda questi principi, è stato anche proposto (dall'India) di ampliare l'articolo 3 del Regolamento in modo da includere esplicitamente equità, inclusività, coerenza e solidarietà quali principi fondanti, assieme al principio di precauzione ed al concetto di

[11] Rapporto del Direttore Generale, A/WGIHR/2/5, 6 febbraio 2023, https://apps.who.int/gb/wgihr/pdf_files/wgihr2/A_WGIHR2_5-en.pdf?sfvrsn=4b549603_12.

[12] Armenia; Bangladesh; Brasile; Repubblica Ceca per conto degli Stati membri dell'Unione Europea; Eswatini per conto degli Stati membri della regione africana dell'OMS; India; Indonesia; Giappone; Malaysia; Namibia; Nuova Zelanda; Repubblica di Corea; Federazione Russa per conto degli Stati membri dell'Unione economica eurasiatica; Svizzera; Stati Uniti d'America; e Uruguay per conto del MERCOSUR.

[13] Il Segretariato ha preparato e pubblicato online una raccolta articolo per articolo di tutte le modifiche proposte, disponibile al sito https://apps.who.int/gb/wgihr/pdf_files/wgihr1/WGIHR_Compilation-en.pdf. Il Comitato di revisione ha prodotto un'analisi dettagliata di ciascun articolo o allegato interessato, ha evidenziato i collegamenti con le proposte relative ad altre disposizioni del Regolamento e ha individuato i termini che necessitano di definizione per motivi di chiarezza e operabilità del processo di revisione complessivo. I criteri di base che hanno ispirato la valutazione del Comitato sulle modifiche proposte sono stati l'adeguatezza, la chiarezza, la coerenza con l'ambito di applicazione e le finalità del Regolamento, la fattibilità in termini operativi e legali e la necessità di ulteriori meccanismi di controllo e conformità.

responsabilità comuni ma differenziate (mutuato dal diritto internazionale dell'ambiente).

Tra le proposte di emendamento più interessanti, in termini di innovazione e cambio di paradigma, spiccano proprio quelle che mirano ad introdurre nuovi strumenti e procedure volti a garantire l'accesso equo alle contromisure mediche in situazioni di crisi dichiarata come "emergenza di sanità pubblica di rilevanza internazionale" ai sensi dell'articolo 12 del Regolamento.

Due distinte proposte di emendamento mirano ad aggiungere un nuovo articolo 13A, intitolato "Risposta internazionale di sanità pubblica guidata dall'OMS" nel caso della proposta presentata dal Bangladesh, e "Accesso ai prodotti sanitari, alle tecnologie e al know-how per la risposta di sanità pubblica" nel caso della proposta presentata da Eswatini per conto degli Stati membri della Regione africana dell'OMS. In estrema sintesi, entrambi gli emendamenti proposti riguardano questioni relative alla disponibilità e all'accessibilità (anche economica) dei prodotti sanitari, delle tecnologie e del *know-how* necessari a fronteggiare un'emergenza sanitaria internazionale e mirano ad introdurre un meccanismo di allocazione inteso anche ad evitare potenziali carenze. Essi prevedono che l'OMS (o il Direttore Generale) effettui una valutazione della disponibilità e dell'accessibilità dei prodotti sanitari necessari – farmaci, vaccini, strumenti diagnostici e terapeutici, dispositivi di protezione personale e altri prodotti sanitari essenziali – e sviluppi un piano di allocazione tale da garantire un accesso equo e tempestivo per le popolazioni di tutti gli Stati Parti, in particolare per i gruppi prioritari di destinatari identificati dal piano stesso.

Secondo la proposta formulata dal Bangladesh, l'OMS avrebbe il potere di richiedere agli Stati Parti con adeguate capacità produttive di adottare misure idonee ad aumentare la produzione dei prodotti necessari, anche attraverso strategie di diversificazione, il trasferimento tecnologico e lo sviluppo di capacità nei Paesi in via di sviluppo. Agli Stati potrebbe anche essere richiesto di garantire che i produttori operanti all'interno del loro territorio forniscano tempestivamente la quantità richiesta di prodotti all'OMS o ad altri Stati al fine di consentire l'effettiva attuazione del piano di allocazione. Ulteriore elemento del tutto rivoluzionario è la previsione della creazione presso l'OMS di una banca dati contenente i dettagli di ingredienti, componenti, progettazione, know-how, processo di produzione o qualsiasi altra informazione necessaria a facilitare la produzione di prodotti sanitari necessari per rispondere ad una potenziale emergenza sanitaria internazionale.

La proposta del gruppo di Stati africani rappresentati da Eswatini prevede invece che il Direttore Generale possa formulare raccomandazioni temporanee o permanenti – rispettivamente ai sensi degli articoli 15 e 16 del Regolamento – al fine di affrontare eventuali carenze di prodotti sanitari, anche attraverso un meccanismo di allocazione *ad hoc*. Essa richiede che gli Stati Parti cooperino tra di loro e con l'OMS per conformarsi a tali raccomandazioni, da intendersi in questo caso come raccomandazioni vincolanti (in linea con una complementare proposta di emendamento della definizione di raccomandazione di cui all'articolo 1 del Regolamento, che suggerisce di eliminare il termine "non vincolante"). Agli Stati Parti è richiesto di adottare tutte le misure idonee ad assicurare tempestivamente disponibilità ed accessibilità di prodotti sanitari essenziali alla risposta ad una crisi sanitaria emergente. La proposta si spinge fino ad imporre agli Stati l'inclusione, nella legislazione nazionale in tema di proprietà intellettuale (e relative leggi e regolamenti), di esenzioni e limitazioni ai diritti esclusivi dei titolari di proprietà intellettuale al fine di facilitare la fabbricazione, l'esportazione e l'importazione dei prodotti sanitari richiesti, compresi i loro materiali e componenti. Aggiunge inoltre altri obblighi relativi all'assegnazione a potenziali produttori, in particolare dei Paesi in via di sviluppo, di diritti non esclusivi su prodotti e tecnologie per la salute e alla condivisione di dossier normativi presentati dai produttori in materia di sicurezza ed efficacia, processi di produzione e controllo qualità.

Per quanto riguarda le due versioni del proposto articolo 13A, le raccomandazioni tecniche del Comitato di revisione esprimono per lo più preoccupazioni sulla chiarezza, fattibilità e adeguatezza di vari elementi di tali proposte, tra cui, ad esempio, il ricorso allo strumento della raccomandazione per imporre un meccanismo di allocazione, l'inclusione di questioni di proprietà intellettuale nel Regolamento e la divulgazione pubblica dei dossier dei produttori.

Meccanismi e soluzioni innovative per l'equo accesso ai prodotti sanitari nel progetto di trattato globale sulle pandemie

Nel dicembre 2021, l'Assemblea mondiale della sanità ha istituito un organo negoziale intergovernativo (Intergovernmental Negotiating Body, INB) aperto a tutti gli Stati membri dell'OMS e ai membri associati, incaricato di negoziare e redigere una convenzione, un accordo o altro strumento internazionale sulla prevenzione, la preparazione e la risposta alle pandemie, da adottare ai sensi delle disposizioni della Costituzione dell'OMS che conferiscono poteri normativi all'Assemblea mondiale della sanità.[14] Nelle intenzioni dell'OMS il futuro trattato sulla pandemia è finalizzato a rafforzare e integrare il Regolamento sanitario internazionale (2005), includendo questioni che non rientrano nell'ambito di applicazione dei regolamenti e che sembrano essere meglio collocate all'interno di questo nuovo strumento globale. A tal riguardo, le questioni più importanti da includere nel futuro trattato sulle pandemie riguardano i diritti di proprietà intellettuale e l'accesso alle tecnologie, l'accesso ai patogeni e la condivisione dei benefici, l'approccio One Health e il finanziamento sostenibile.

Nella riunione svoltasi a luglio 2022, l'INB ha preso atto della bozza di lavoro dell'Ufficio di presidenza, meglio noto come Bureau, e ha convenuto che lo strumento dovrebbe essere giuridicamente vincolante e contenere sia disposizioni a efficacia obbligatoria sia elementi non vincolanti. A tale proposito, l'INB ha identificato nell'articolo 19 della Costituzione dell'OMS la norma in base alla quale lo strumento dovrebbe essere adottato, fermo restando che si consideri anche, man mano che i lavori procedono, l'adeguatezza dell'articolo 21.[15]

Il Bureau ha sviluppato un "conceptual zero draft" da sottoporre all'esame dell'INB nella riunione di dicembre 2022. Il testo è stato presentato quale versione intermedia tra la primissima bozza di lavoro e la successiva "bozza zero". La "bozza concettuale zero" ha rispecchiato i contributi degli Stati membri e di altre parti interessate, dalle consultazioni regionali e dalle audizioni pubbliche.[16] Essa è articolata in otto capitoli. I

[14] OMS, Assemblea mondiale della sanità, decisione SSA2(5), *The World Together: Establishment of an intergovernmental negotiating body to strengthen pandemic prevention, preparedness and response*, 1 dicembre 2021.

[15] Ai sensi della Costituzione dell'OMS, l'Assemblea mondiale della sanità ha il potere di adottare convenzioni o accordi internazionali da sottoporre alla ratifica degli Stati membri, mentre l'articolo 21 conferisce all'Assemblea il potere di adottare regolamenti che sono vincolanti per gli Stati membri a meno che essi non notifichino riserve o decidano di ricorrere alla clausola di "opting out" prevista dall'articolo 22.

[16] *Conceptual zero draft for the consideration of the Intergovernmental Negotiating Body at its third meeting*, A/INB/3/3, 25 novembre 2022.

principali sono dedicati al raggiungimento dell'equità nella prevenzione, preparazione, risposta e ripresa della pandemia (PPPRR) (Capitolo IV), al rafforzamento e sostegno delle capacità per la PPPRR (Capitolo V), a coordinamento, collaborazione e cooperazione della ripresa del sistema sanitario (Capitolo VI) ed ai finanziamenti (capitolo VII).[17]

Nella sessione di dicembre 2022, l'INB ha incaricato il Bureau di preparare, con il sostegno del Segretariato dell'OMS, una "bozza zero", sulla base della bozza concettuale zero e del contributo ricevuto durante la terza riunione, da sottoporre alla considerazione dell'INB quale base di partenza per l'avvio dei negoziati, che si sono aperti nel mese di marzo 2023.[18]

La ratio sottesa all'avvio di un processo negoziale così ambizioso è il convincimento generalizzato che un accordo globale in materia di prevenzione, preparazione e risposta alle pandemie adottato nel quadro dell'OMS consentirebbe ai Paesi di tutto il mondo di rafforzare le capacità nazionali, regionali e mondiali e la resilienza a fronte delle pandemie future. A tal fine, tale strumento dovrebbe garantire un impegno politico maggiore, duraturo e a lungo termine, a livello di leader mondiali di Stati o governi; definire processi e compiti chiari; rafforzare il sostegno a lungo termine al settore pubblico e privato a tutti i livelli; promuovere l'integrazione delle questioni sanitarie in tutti i settori strategici pertinenti.

L'iniziativa è guidata da uno spirito di solidarietà collettiva ancorata ai principi di equità, inclusività e trasparenza. Difatti, uno degli obiettivi chiave del futuro trattato pandemico è fornire gli strumenti per rispondere a eventuali pandemie future garantendo un accesso universale ed equo

[17] V. in dottrina Eric A. Friedmann, Alexandra Finch, Lawrence O. Gostin, **Pandemic Treaty: The Conceptual Zero Draft** 5 dicembre 2022, https://oneill.law.georgetown.edu/pandemic-treaty-the-conceptual-zero-draft/.

[18] La "bozza zero" è stata presentata il 1º febbraio 2023: *Zero draft of the WHO CA+ for the consideration of the Intergovernmental Negotiating Body at its fourth meeting*, A/INB/4/3 (Feb. 1, 2023). V. in dottrina Roland Alexander Driece, Precious Matsoso, Tovar da Silva Nunes, Ahmed Soliman, Kazuho Taguchi, Viroj Tangcharoensathien, ***A WHO pandemic instrument: substantive provisions required to address global shortcomings***, in *Lancet* (Apr. 29, 2023); 401(10386):1407-1410. doi: 10.1016/S0140-6736(23)00687-6.
Una versione avanzata in inglese del progetto del Bureau è stata distribuita agli Stati membri il 22 maggio 2023 ed è stata pubblicata online il 2 giugno 2023 in tutte le lingue ufficiali dell'OMS: *Bureau's text of the WHO convention, agreement or other international instrument on pandemic prevention, preparedness and response (WHO CA+)*, A/INB/5/6, 2 giugno 2023, disponibile al sito https://apps.who.int/gb/inb/pdf_files/inb5/A_INB5_6-en.pdf.

a vaccini, medicinali e strumenti diagnostici. Esso intende contribuire a rendere le catene di approvvigionamento e i sistemi logistici mondiali più resilienti e consentire a tutti i Paesi del mondo di avere accesso senza interruzioni a forniture, medicinali e attrezzature essenziali, ricorrendo eventualmente anche un coordinamento mondiale in vista di un'efficace costituzione di scorte.

Equità e solidarietà sono quindi destinate a giocare un ruolo essenziale nel futuro trattato globale sulle pandemie, come dimostrano già le varie bozze elaborate dal Bureau dell'INB.

Tanto la bozza concettuale zero quanto la bozza zero dettano 18 principi guida ai quali i governi e le autorità sanitarie di tutti gli Stati membri dovranno adeguare le proprie politiche una volta che il documento sarà definitivamente approvato. Tra questi figurano anzitutto il rispetto dei diritti umani, l'equità, la solidarietà e le responsabilità individuali e collettive.

In tema di equità, la bozza concettuale zero prevede che debba essere "assicurata l'equità, tra e all'interno dei paesi, anche tra specifici gruppi di persone, indipendentemente dal fatto che tali gruppi siano definiti in base a fattori sociali, economici, demografici, geografici o da altre determinanti." La bozza zero aggiunge anche che "non è possibile ottenere un'efficace prevenzione, preparazione, risposta e ripresa della pandemia senza volontà politica e precisi impegni nell'affrontare gli ostacoli strutturali che ancora oggi si frappongono a un accesso equo e tempestivo ai servizi e ai presidi correlati alla pandemia, in modo conveniente, sicuro ed efficace, superando anche le disuguaglianze in termini di tecnologia, forza lavoro sanitaria, infrastrutture e finanziamenti."

In entrambe le versioni del progetto di accordo il principio di solidarietà richiede agli Stati un'efficace collaborazione a tutti i livelli – nazionale, internazionale, multilaterale, bilaterale e multisettoriale- nonché coordinamento e cooperazione per raggiungere l'interesse comune della sicurezza sanitaria globale.

Per quanto concerne il principio di responsabilità, le bozze non solo prevedono le responsabilità individuali degli Stati rispetto all'esigenza di rafforzare i sistemi sanitari nazionali per renderli più preparati e più resilienti, ma recepiscono altresì il concetto di "responsabilità e capacità comuni ma differenziate", che è tipicamente applicato nel diritto internazionale dell'ambiente, soprattutto in relazione ai cambiamenti climatici.

Tale principio è così spiegato nella bozza zero: "gli Stati che detengono più risorse per le pandemie, incluso i prodotti sanitari per combatterla e la loro capacità produttiva, dovrebbero assumere su di sé una maggiore responsabilità verso tutte le azioni da intraprendere per prevenire e contrastare la pandemia. L'obiettivo di tale differente responsabilità è quello di sostenere in particolare tutti gli Stati membri per raggiungere il massimo livello di provata e sostenuta capacità di risposta e soprattutto verso quelli che sono particolarmente vulnerabili agli effetti negativi delle pandemie; che non hanno le adeguate capacità per rispondere alle pandemie; e che dovrebbero sostenere oneri sproporzionatamente elevati in relazione alle loro possibilità."

Nella ultima versione della bozza zero diffusa all'inizio di giugno 2023, compaiono due opzioni per la formulazione del principio delle "responsabilità e capacità comuni ma differenziate" nelle quali ci si riferisce alla diffusione delle malattie infettive come ad un "pericolo comune" ed alla maggiore responsabilità che dovrebbero assumersi gli Stati che dispongono di maggiori capacità e risorse.

All'equità in particolare è dedicato un intero capitolo (Capitolo III: *Achieving equity in, for and through pandemic prevention, preparedness, response and recovery of health systems*), formulato in termini identici sia nella bozza concettuale che nella bozza zero. Esso si articola in quattro disposizioni (articoli 6-9) relative alla catena di fornitura globale; all'accesso equo ed al trasferimento di tecnologia e *know-how* per la produzione di prodotti sanitari; all'incremento delle capacità di ricerca e sviluppo; all'accesso giusto, equo e tempestivo ai prodotti sanitari ed ai meccanismi di *benefit-sharing*. La versione più recente adottata a fine ottobre 2023 riunisce invece sotto il Capitolo II – intitolato *The world together equitably: Achieving equity in, for and through pandemic prevention, preparedness and response, and recovery of health systems* – un numero molto più ampio di disposizioni di vario contenuto. Tra queste, l'articolo 11 è focalizzato sull'accesso equo alle tecnologie ed al *know how* e riprende in larga parte le versioni precedenti, mentre l'articolo 13 (*Global supply chain and logistics*), è specificatamente dedicato all'accesso equo ai prodotti sanitari necessari a fronteggiare una pandemia. Questa disposizione è più innovativa nella misura in cui prevede anche, tra le opzioni proposte, l'istituzione di un network, denominato WHO Global Pandemic-Related Product Network oppure WHO Global Pandemic Supply Chain and Logistics Network, costituito da organizzazioni ed istituzioni internazionali operanti sotto l'egida dell'OMS ed incaricato di monitorare la richiesta dei presidi sanitari necessari a fronteggiare una pandemia, mettere in atto meccanismi e procedure di allocazione, distribuzione e stoccaggio di scorte, onde garantirne disponibilità ed accesso equo e tempestivo. L'articolo 13 prevede anche l'istituzione di una *partnership* internazionale che si occupi di accesso equo a beneficio dei Paesi in via di sviluppo, mediante l'istituzione di meccanismi di allocazione, approvvigionamento e distribuzione (anche attraverso la conclusione di accordi di *procurement* o impegni di acquisto anticipati).

Le sfide del futuro

I processi normativi avviati dall'OMS per migliorare e rafforzare a livello globale le capacità di prevenzione, preparazione e risposta alle future crisi sanitarie di portata internazionale aprono plurimi scenari di possibile evoluzione del diritto internazionale sanitario, di cui è difficile anticipare gli esiti, trattandosi di processi *in itinere* e di soluzioni *de jure condendo* sottoposte di fatto all'approvazione dell'intera comunità internazionale. Il successo di questa complessa e delicata operazione di riforma ed integrazione del quadro normativo di riferimento dipende da alcune variabili fondamentali, *in primis* la capacità dei negoziatori di creare efficaci sinergie e complementarità tra gli strumenti internazionali che si vanno a riformare o approvare *ex novo*, di evitare quindi duplicazioni ed inutili sovrapposizioni tra le disposizioni del Regolamento sanitario internazionale (2005) e del futuro trattato pandemico globale, scongiurando anche il rischio di avere disposizioni contradditorie o confliggenti. Dipende ovviamente anche da considerazioni di opportunità rispetto all'inserimento nel Regolamento di questioni e tematiche nuove (*e.g.*, la proprietà intellettuale e gli aspetti finanziari), che costituiscono un significativo cambio di passo rispetto al passato e che sembrano fuoriuscire dalle competenze dell'Assemblea, o che semplicemente possono essere più utilmente ed efficacemente affrontate e risolte nel trattato sulle pandemie o in altri strumenti internazionali afferenti a regimi giuridici diversi (si pensi soprattutto agli accordi OMC in tema di tutela della proprietà intellettuale). Anche il fattore tempo non è di minore importanza, soprattutto in relazione alla tempistica che sarà richiesta per giungere alla conclusione dell'accordo globale sulle pandemie ed alla successiva ratifica da parte degli Stati membri dell'OMS, che potrebbe protrarsi più a lungo di quanto possa essere auspicabile. In sintesi, mentre è sicuramente apprezzabile lo sforzo che si sta compiendo per identificare ed elaborare soluzioni normative idonee a garantire equità e solidarietà nella gestione delle crisi sanitarie di portata internazionale, il quadro attuale appare ancora troppo mutevole e passibile di ulteriori evoluzioni e sarà necessario ancora attendere almeno il 2024 inoltrato per poter esprimere un giudizio sul successo delle iniziative in corso.

Riferimenti

FRIEDMANN, Eric A.; FINCH, Alexandra, GOSTIN, Lawrence O., **Pandemic Treaty: The Conceptual Zero Draft.** 5 dicembre 2022

DRIECE, Roland Alexander; MATSOSO, Precious, NUNES; Tovar da Silva; SOLIMAN, Ahmed: TAGUCHI, Kazuho; TANGCHAROENSATHIEN, Viroj. **A WHO pandemic instrument: substantive provisions required to address global shortcomings** In *Lancet,* Aprile 29, 2023.

8

STRUMENTI PER FAVORIRE L'ACCESSO EQUO E PRECOCE AI FARMACI: L'ESPERIENZA DELL'AGENZIA ITALIANA DEL FARMACO E LA NUOVA STRATEGIA FARMACEUTICA DELL'UNIONE EUROPEA

Emanuele Cesta

La tutela del diritto alla vita e alla salute nel diritto internazionale

Una dimensione concreta della tutela del diritto alla vita è quella di garantire la salute attraverso l'accesso alle cure, ai farmaci ed alle terapie farmacologiche necessari a tale scopo, come previsto dalla Costituzione italiana (art. 32: «*La Repubblica tutela la salute come fondamentale diritto dell'individuo e interesse della collettività, e garantisce cure gratuite agli indigenti*») e dall'ordinamento internazionale attraverso dichiarazioni ed accordi internazionali:

- Costituzione dell'Organizzazione mondiale della sanità (1946): «*Il possesso del migliore stato di sanità possibile costituisce un diritto fondamentale di ogni essere umano*» (Preambolo);
- Dichiarazione universale dei diritti dell'uomo (1948): «*Ogni individuo ha diritto ad un tenore di vita sufficiente a garantire la salute e il benessere proprio e della sua famiglia, con particolare riguardo [...] alle cure mediche e ai servizi sociali necessari ed ha diritto alla sicurezza in caso di disoccupazione, malattia, invalidità, vedovanza, vecchiaia, o in ogni altro caso di perdita dei mezzi di sussistenza per circostanze indipendenti dalla sua volontà*» (art. 25, comma 1);
- Carta sociale europea (1961): «*Ogni persona ha diritto di beneficiare di tutte le misure che le permettano di fruire del migliore stato di salute possibile*» (art. 11) e «*Ogni persona carente di risorse sufficienti ha diritto all'assistenza sociale e sanitaria*» (art. 13);

- Patto internazionale sui diritti economici, sociali e culturali (1966): «*Gli Stati Parti del presente Patto riconoscono il diritto di ogni individuo a godere delle migliori condizioni di salute fisica e mentale che sia in grado di conseguire*» (art. 12, comma 1) e «*Le misure che gli Stati Parti del presente Patto dovranno prendere per assicurare la piena attuazione di tale diritto comprenderanno quelle necessarie ai seguenti fini ... c) la profilassi, la cura e il controllo delle malattie epidemiche, endemiche, professionali* e *d'altro genere; d) la creazione di condizioni che assicurino a tutti servizi medici* e *assistenza medica in caso di malattia*» (art. 12, comma 2);
- Carta dei diritti fondamentali dell'Unione europea (2000): «*Ogni individuo ha il diritto di accedere alla prevenzione sanitaria e di ottenere cure mediche alle condizioni stabilite dalle legislazioni e prassi nazionali*» (art. 35).

Nel 1977 l'Organizzazione Mondiale della Sanità (OMS/WHO) predispose la prima *Essential Medicines List*, ovvero la lista dei «farmaci essenziali» (la prima relativa ai farmaci pediatrici è arrivata solo nel 2007), aggiornata ogni due anni da una Commissione di Esperti per ricomprendere i medicinali che «*soddisfano i bisogni sanitari primari della popolazione,* [...] *destinati ad essere disponibili nell'ambito dei sistemi sanitari nazionali in ogni momento, in quantità adeguate, nelle forme di dosaggio appropriate, di qualità assicurata e a prezzi che gli individui e la comunità possono permettersi*».

La prima lista annoverava 200 farmaci essenziali: antibiotici, antitumorali, anestetici, farmaci per malattie croniche e cardiovascolari e anticoncezionali («i farmaci che hanno cambiato il mondo»). Nel 2001 sono stati adottati nuovi criteri di selezione più *evidence-based*, maggiormente legati alle linee-guida dell'OMS e abolendo il costo come criterio di selezione, in modo da poter inserire nella Lista anche farmaci ad alto costo come, a partire dal 2002, i nuovi farmaci per il trattamento dell'HIV/AIDS. Nel 2015 sono stati definiti «essenziali» tutti i nuovi antivirali ad azione diretta per il trattamento dell'epatite C e diversi nuovi farmaci antitumorali tra cui alcuni ad alto impatto economico (*trastuzumab, rituximab, bendamustina e imatinib*). Nel 2017 è stato revisionato il capitolo degli antibiotici, con raccomandazioni d'uso sui trattamenti di I e II scelta per oltre 20 sindromi infettive e proposta la categorizzazione degli antibiotici "AWaRe"; e aggiornati i capitoli dei farmaci per HIV, TB e malaria. Attualmente, i farmaci essenziali sono 436.

Permanendo in tale solco, l'ONU ha stabilito le priorità della propria azione entro l'anno 2030, ponendo l'obiettivo della "Buona salute" (accesso sicuro, efficace, di qualità e a prezzi accessibili a medicinali di base e vaccini per tutti) al terzo posto degli obiettivi di sviluppo sostenibile dell'Agenda 2030, dopo la "Lotta alla povertà" (SDG 1) e "Sconfiggere la fame nel mondo" (SDG 2). Al sesto posto, dopo "Istruzione di qualità" e "Parità di genere", figura "Acqua pulita e servizi igienico-sanitari".

Se, dunque, tutelare il diritto alla vita non può prescindere dalla tutela del diritto alla salute di ognuno, e se il diritto alla salute non può essere realmente tutelato se non garantendo l'accesso ai servizi sanitari ed ai farmaci (essenziali), l'accesso alla salute equivale all'accesso ai farmaci; ne consegue che i farmaci rientrano a pieno titolo nella categoria dei "*Public Goods*", vale a dire di beni i cui benefici sono indivisibilmente distribuiti all'intera comunità.

L'ampiezza dell'accesso a tali beni, in termini qualitativi e quantitativi, discende da:

1) condizioni politiche e socio-economiche esistenti e conseguenti impalcature dei sistemi socio sanitari, scelte normative e regolatorie dei singoli Stati e delle istituzioni internazionali (OMS, ONU, CDC, Agenzie regolatorie internazionali) per favorire lo sviluppo del settore, es. attraverso politiche di incentivazione, finanziamento o altre agevolazioni alle aziende del settore;
2) strategie commerciali delle imprese farmaceutiche (strategie, investimenti, gestione e andamento dei costi di produzione e prezzi di vendita, codici etici interni e di categoria);
3) progressi scientifici ed innovazioni tecnico-biologiche nelle fasi di ricerca, produzione e distribuzione (supply chain), health-technology assessment (HTA);
4) fenomeni naturali ed eventi socio-economici – es. conflitti, crisi finanziarie, crisi politiche e diplomatiche – che possono determinare o aggravare emergenze sanitarie fino al punto di renderle di rilevanza pubblica – PHE (Public Health Emergencies, es. pandemie)

La normativa italiana in materia di accesso ai farmaci

In mancanza di una *governance* globale vincolante – l'OMS non dispone di poteri autoritativi che consentano di intervenire a livello sovranazionale né di contestare decisioni difformi o divergenti adottate dai singoli stati, in ragione dei limiti posti nella sua stessa Costituzione – il settore farmaceutico è (fortemente) regolamentato da direttive, regolamenti e linee guida (buone pratiche) condivise a livello sovranazionale (Unione europea e Consiglio d'Europa) e da normative amministrative nazionali.

Sui concetti di bisogno primario, disponibilità, appropriatezza, qualità ed accessibilità richiamati dall'ONU, vengono elaborate le strategie e le politiche di promozione e sviluppo sanitario-assistenziale anche a livello nazionale.

Ai sensi dell'art. 117 Cost., come modificato dalla legge costituzionale n. 3/2001, lo Stato ha legislazione esclusiva nella determinazione dei livelli essenziali delle prestazioni (LEA) concernenti i diritti civili e sociali che devono essere garantiti su tutto il territorio nazionale (comma 2, lett. m), tra i quali, su tutti, il diritto alla salute ex art. 32 Cost. La tutela della salute rientra, invece, nelle materie di legislazione concorrente, in relazione alle quali «*spetta alle regioni la potestà legislativa, salvo che per la determinazione dei principi fondamentali, riservati alla legislazione dello Stato*».

In Italia, al fine di assicurare l'accesso universale ed equo da parte dei malati ai medicinali essenziali, la Pubblica Amministrazione si pone sia come soggetto regolatore del funzionamento del mercato che come acquirente unico (regime di monopsonio o monopolio della domanda), sulla base delle regole prefissate, al fine di garantire ai pazienti la possibilità di accedere ai farmaci essenziali a carico del SSN (la negoziazione riguarda solo i farmaci in fascia A), la definizione dei cui prezzi non è rimessa alle dinamiche di mercato ma alla contrattazione tra le industrie farmaceutiche e l'Agenzia Italiana del Farmaco (AIFA).

Ai sensi dell'art. 1 d.lgs. 502/1992, modificato dal d.lgs. n. 229/1999, «*Il Servizio sanitario nazionale assicura, attraverso le risorse finanziarie pubbliche individuate ai sensi del comma 3 e in coerenza con i principi e gli obiettivi indicati dagli articoli 1 e 2 della legge 23 dicembre 1978 n. 833 i livelli essenziali e uniformi di assistenza (LEA) definiti dal Piano sanitario nazionale nel rispetto deiprincipi della dignità della persona umana, del bisogno di salute, dell'equità nell'accesso all'assistenza, della qualità delle cure e della loro appropriatezza riguardo alle specifiche esigenze, nonché dell'economicità nell'impiego delle risorse*».

Attraverso l'AIFA, autorità regolatoria del settore farmaceutico in Italia, lo Stato italiano si impegna a garantire a tutti i pazienti, indipendentemente dalle condizioni sociali ed economiche, l'accesso a farmaci più appropriati, sicuri, efficaci e di qualità, con tempestività e in modo uniforme sul territorio nazionale. Tale accesso presuppone un processo di valutazione e autorizzazione che può avvenire a livello europeo (procedura centralizzata, di mutuo riconoscimento o decentrata) o nazionale.

L'accesso precoce ai farmaci

La normativa nazionale, in presenza di precise condizioni, prevede specifiche ipotesi di accesso precoce (e ovviamente gratuito) a un medicinale, anche se in corso di sperimentazione clinica o prima che abbia ottenuto l'autorizzazione all'immissione in commercio (AIC), ovvero ancora, per farmaci già autorizzati, per indicazioni diverse da quelle per le quali il medicinale è stato autorizzato in Italia (uso *off-label*).

I percorsi per l'accesso precoce a un farmaco, da svolgersi rigorosamente sotto la responsabilità del medico prescrittore e che, in taluni casi, possono anche applicarsi in combinazione, per accesso a regimi di trattamento con più farmaci, sono:

- Legge n. 648/1996, che consente di erogare un farmaco a carico del SSN, previo parere della Commissione Tecnico-Scientifica (CTS) dell'AIFA:
  A. quando non esiste un'alternativa terapeutica valida:
     - per medicinali innovativi autorizzati in altri Stati, ma non in Italia;
     - per medicinali non ancora autorizzati, ma in corso di sperimentazione clinica;
     - per medicinali da impiegare per un'indicazione terapeutica diversa da quella autorizzata.

     In questi casi è necessaria l'esistenza di studi conclusi, almeno di fase II, che dimostrino un'efficacia adeguata con un profilo di rischio accettabile a supporto dell'indicazione richiesta.
  B. In presenza di una alternativa terapeutica valida, ai sensi dell'art. 3, legge n. 79/2014, per medicinali da impiegare per una indicazione terapeutica diversa da quella autorizzata, purché tale indicazione sia nota e conforme a ricerche condotte nell'ambito della comunità medico-scientifica nazionale e internazionale, secondo parametri di economicità e appropriatezza.
- Fondo nazionale AIFA ("fondo 5%"), istituito dalla Legge n. 326/2003 al fine di sovvenzionare l'impiego di farmaci orfani per

il trattamento di malattie rare e di farmaci che rappresentano una speranza di terapia, in attesa della commercializzazione, per particolari e gravi patologie.

- Uso non ripetitivo di terapie avanzate (D.M. 16 gennaio 2015) che prevede – in mancanza di valida alternativa terapeutica, nei casi di urgenza ed emergenza che pongono il paziente in pericolo di vita o di grave danno alla salute, previa autorizzazione dell'AIFA alla produzione e all'impiego – la preparazione di un medicinale di terapia avanzata non ancora autorizzato o non oggetto di specifica sperimentazione clinica in corso in Italia, direttamente da una *cell factory*, con spese a carico del centro clinico (ospedale pubblico, clinica universitaria o IRCCS) siti nel territorio nazionale, sotto l'esclusiva responsabilità professionale di un medico, in esecuzione di una prescrizione medica individuale per un prodotto specifico destinato a un determinato paziente.
- Uso compassionevole (D.M. 7 settembre 2017), che prevede la fornitura diretta e gratuita da parte del produttore di un medicinale sottoposto a sperimentazione clinica, al di fuori della sperimentazione stessa, in pazienti affetti da malattie gravi o rare o che si trovino in pericolo di vita, quando, a giudizio del medico, non vi siano ulteriori valide alternative terapeutiche, o nel caso in cui il paziente non possa essere incluso in una sperimentazione clinica o, ai fini della continuità terapeutica, per pazienti già trattati con beneficio clinico nell'ambito di una sperimentazione clinica almeno di fase II conclusa[1].

[1] Facendo seguito al decreto legge 17 marzo 2020 n 18 (art. 17 – Disposizioni urgenti materia di sperimentazione dei medicinali e dispositivi medici per l'emergenza epidemiologica da COVID-19), con riferimento all'uso compassionevole si ritiene opportuno richiamare le seguenti definizioni:
• Programma di uso terapeutico: protocollo clinico predefinito e identico per tutti i pazienti, presentato dalle aziende farmaceutiche, con applicazione di criteri univoci di inclusione, esclusione e schema di trattamento per specifici farmaci somministrati a più pazienti (secondo il DM 7/9/2017).
• Uso terapeutico nominale: tutti gli altri impieghi di medicinali nell'ambito dell'uso compassionevole su base nominale per singoli pazienti nell'ambito di una singola struttura ospedaliera, in base alle evidenze scientifiche e non nell'ambito di un protocollo clinico predefinito dall'azienda titolare del farmaco.
Per i programmi di uso terapeutico (di cui alla definizione 1) il parere del Comitato Etico unico nazionale è formulato in maniera unica con procedura d'urgenza ed è immediatamente applicabile per tutti i centri e tutti i pazienti trattati. Gli usi terapeutici nominali non devono

È possibile, infine, accedere al trattamento con un medicinale regolarmente in commercio ma per una indicazione diversa da quella per cui è stato autorizzato, ai sensi dell'art.3, comma 2, della legge n. 94/1998, anche in presenza di alternative terapeutiche regolarmente autorizzate. In questo caso la terapia è però a carico del paziente o a carico dell'azienda sanitaria in caso di ricovero.

Di particolare rilievo durante il periodo pandemico è stato il procedimento di autorizzazione all'uso temporaneo degli anticorpi monoclonali retrovirali. A partire dal 2020, l'EMA Health Threats and Vaccines Strategy COVID-pandemic Task Force (ETF) ha autorizzato procedure di valutazione a rotazione per diversi anticorpi monoclonali ricombinanti, da soli o in combinazione, contro la proteina *spike* del virus SARS-CoV-2.

Prima del rilascio dell'autorizzazione centralizzata da parte dell'EMA (Agenzia europea dei medicinali) e delle rispettive autorizzazioni a livello nazionale da parte delle autorità competenti, tali anticorpi monoclonali erano stati preventivamente autorizzati all'uso in via temporanea in Italia con specifici decreti adottati dal Ministro della Salute, in applicazione dell'art. 5, par. 2, del d.lgs. n. 219/2006, ai sensi del quale «*In caso di sospetta o accertata dispersione di agenti patogeni, tossine, agenti chimici o radiazioni nucleari potenzialmente nocivi, il Ministro della Salute può autorizzare la distribuzione temporanea di un medicinale per il quale l'immissione in commercio, al fine di affrontare tempestivamente l'emergenza*»[2].

Gli atti del Ministro della Salute sono stati adottati al termine di un procedimento complesso, articolato in: a) proposta del Consiglio di Amministrazione dell'AIFA di avvalersi della procedura prevista dall'art. 5, par. 2, d.lgs. n. 219/2006 per una più rapida disponibilità dei farmaci monoclonali; b) preventivo parere favorevole della Commissione Tecnico-Scientifica (CTS) dell'AIFA la quale, pur considerando l'immaturità dei dati e l'incertezza sull'entità del beneficio offerto da tali farmaci, a fronte della

essere sottoposti per valutazione al Comitato Etico unico Spallanzani, ma restano assoggettati alla normativa vigente e quindi rimangono di competenza dei Comitati Etici locali.

[2] In tale ipotesi, «i titolari delle autorizzazioni all'immissione in commercio, i fabbricanti e gli operatori sanitari non sono soggetti alla responsabilità civile o amministrativa per le conseguenze derivanti dall'uso di un medicinale al di fuori delle indicazioni autorizzate o dall'uso di un medicinale non autorizzato, quando tale uso è raccomandato o prescritto dal Ministro della Salute. Resta salva la responsabilità per danni da prodotti difettosi, così come previsto dal Decreto Legislativo 6 settembre 2005, n. 206».

situazione emergenziale, ha ritenuto comunque opportuno offrire un'opzione terapeutica a soggetti non ospedalizzati ad alto rischio di sviluppare forme gravi di COVID-19 con aumento delle probabilità di ricovero e/o morte, ma nell'ottica di una continua rivalutazione sulla base delle nuove evidenze disponibili, dell'arrivo di nuovi anticorpi monoclonali o di altri farmaci, e di ogni decisione pertinente adottata dall'EMA, nonché del proseguimento degli studi in corso e l'avvio di nuovi studi clinici, anche comparativi); c) la conclusiva richiesta di parere del Ministero della salute al Consiglio Superiore di Sanità sull'opportunità dell'uso dei medicinali in questione in caso di emergenza, procedendo all'autorizzazione temporanea e straordinaria con indicazioni specifiche in merito alla tipologia di pazienti a cui sottoporre la proposta terapia con anticorpi monoclonali, le modalità ed i contesti.

Le carenze e le indisponibilità di medicinali

Da diversi anni l'Italia, come tutti i paesi dell'Unione europea, deve fronteggiare e gestire il fenomeno delle carenze e delle temporanee indisponibilità di medicinali, compito che viene affrontato attraverso le normative esistenti (D.M. 11/05/2001, D.M. 11/02/1997), l'introduzione di nuovi strumenti (es. il blocco temporaneo delle esportazioni di medicinali di disponibilità problematica; la previsione di specifici impegni da parte del Titolare AIC nelle fasi di negoziazione del prezzo; l'introduzione di una sanzione amministrativa in caso di mancata o tardiva comunicazione preventiva dell'interruzione temporanea o definitiva della commercializzazione di un farmaco) e l'adozione di specifiche iniziative elaborate in collaborazione con altre istituzioni e associazioni di categoria per prevenire o contrastare gli effetti a danno dei pazienti.

Si riportano le recenti modifiche normative di maggior rilievo:

- D.L. n. 30/04/2019 n. 35 (cd. «Decreto Calabria») ha introdotto modifiche all'art. 34, co. 6, d.lgs. n. 219/2006, elevando da 2 a 4 mesi il termine di preavviso della comunicazione di interruzione temporanea o definitiva della commercializzazione di un medicinale e prevedendo la comminazione di una sanzione amministrativa in caso di violazione;
- D.M. 2 agosto 2019 – Criteri e modalità con cui l'AIFA determina, mediante negoziazione, i prezzi dei farmaci rimborsati dal SSN (che

richiama nelle premesse la Risoluzione WHA 72/2019[3]) che, tra i nuovi parametri ed elementi richiesti per la procedura di negoziazione del prezzo, impone all'azienda richiedente una «*autocertificazione della propria capacità produttiva e di gestione di possibili imprevisti che possano mettere a rischio gli standard produttivi nonché le attività che verranno poste in essere al fine di garantire l'adeguata fornitura del farmaco al Servizio sanitario nazionale in funzione dei bisogni della popolazione*» (cd. «supply clause»);

- la modifica dell'art. 105, comma 1, lett. b), del d.lgs. n. 219/2006 relativo all'assortimento obbligatorio del 90% dei medicinali autorizzati in fascia A, disposta con la Legge 5 agosto 2022, n. 118 "Legge annuale per il mercato e la concorrenza 2021", ai sensi del quale le esigenze del territorio geograficamente determinato cui è riferita l'autorizzazione alla distribuzione all'ingrosso, saranno valutate dall'autorità competente al rilascio dell'autorizzazione «*sulla base degli indirizzi vincolanti forniti dall'AIFA*».

L'emergenza pandemica, peraltro, non ha fatto che aggravare la situazione contingente, creando nuovi bisogni terapeutici ed aumentando quelli esistenti, generando contraccolpi sulla rete distributiva che, in alcune aree specifiche, hanno determinato impreviste difficoltà di reperibilità di alcuni prodotti. L'emergenza ha fatto proliferare proposte di schemi terapeutici alternativi – tanto *on-label* che *off-label* – ridisegnando esigenze organizzative e priorità nell'erogazione delle cure (le cd. "scelte tragiche"), spesso a danno di pazienti affetti da malattie croniche "ordinarie".

Dialogando con le altre istituzioni competenti a livello centrale (es. Ministero della salute, Centro Nazionale Sangue) e locale (Regioni, Province autonome, Agenzie di Tutela della Salute-ATS), società scientifiche (Società Italiana di Farmacia Ospedaliera e dei Servizi Farmaceutici delle Aziende Sanitarie-SIFO, Lega Italiana contro l'Epilessia-LICE) e associazioni rappresentative dell'industria farmaceutica, della filiera distributiva e dei *retailer*, nel 2015 l'AIFA ha istituito e da allora coordinato il Tavolo

[3] La Risoluzione WHA 72/2019 sulla trasparenza dei prezzi (pur depotenziata rispetto alla proposta iniziale in quanto l'adesione alle indicazioni della risoluzione è solo su base volontaria) è stata approvata nel corso della 72ª Assemblea Mondiale della Sanità tenutasi a Ginevra dal 20 al 28 maggio 2019, su proposta del Governo italiano.

Tecnico Indisponibilità (TTI), nell'ambito del quale è stato sviluppato un lungo percorso di confronto e collaborazione per la migliore gestione delle problematiche legate alle carenze e alle indisponibilità dei medicinali, focalizzato sul monitoraggio ed il rispetto delle normative vigenti, la condivisione delle *best practices* maturate ed il loro reciproco scambio, con l'obiettivo di "fare sistema" e pervenire a soluzioni pratiche, come dimostrato anche nei momenti di maggiore stress per il Sistema Sanitario Nazionale. In questo modo, nell'ambito del TTI sono state realizzate iniziative ed interventi innovativi quali:

- la realizzazione del cd. Gruppo "Covid-Regioni", per la cooperazione tra AIFA e le Regioni che ha permesso, ad esempio, di ottimizzare le forniture tra gli ospedali, facendo fronte a momentanee indisponibilità attraverso l'interscambio tra strutture sanitarie, in modo da garantire la continuità della fornitura di medicinali essenziali, tanto nella prima linea terapeutica – terapia intensiva o sub-intensiva – che nella seconda linea (pazienti non gravi, ospedalizzati o trattati a domicilio), in particolare per prodotti come anestetici ed ossigeno medicale, necessari durante i picchi di emergenza occorsi tra febbraio e marzo 2020;
- la condivisione delle delibere degli assessorati regionali per regolamentare passaggi di particolare importanza per lo svolgimento delle campagne vaccinali (es. le modalità di distribuzione dei lotti di vaccino sul territorio, lo spacchettamento delle confezioni e la ripartizione delle fiale, ecc.);
- il miglioramento delle modalità di comunicazione, attraverso comunicati, informazioni o chiarimenti sullo stato di carenze accertate o solo presunte, indisponibilità temporanee effettive, sopravvalutate o meramente giornalistiche, o su notizie infondate o fuorvianti suscettibili di dare adito ad allarmi ingiustificati (cd. "infodemia");
- l'attivazione di progetti di cooperazione con istituzioni pubbliche o società scientifiche per far fronte a carenze critiche di specifici medicinali, quali:
  a. i farmaci antiepilettici, particolarmente critici soprattutto in ambito pediatrico nei periodi di isolamento forzato e di sospensione delle attività didattiche e ludico-sportive;
  b. le immunoglobuline, determinato dal rilevante aumento della richiesta di sangue per l'alto tasso di ospedalizzazione durante

i picchi della pandemia e dal contestuale crollo delle donazioni e nella raccolta di plasma, in ragione della limitata accessibilità alle strutture sanitarie e della requisizione del personale sanitario in ragione delle priorità emergenziali.

Di particolare importanza è, altresì, l'avvio della Joint Action europea CHESSMEN – *Coordination and Harmonization of the Existing Systems against Shortages of Medicines, European Network,* per il contrasto del fenomeno delle carenze di medicinali in Europa, iniziata a gennaio 2023 e presentata ufficialmente il 10 febbraio 2023.

Il progetto, della durata di tre anni e cofinanziato dalla Commissione Europea, è guidato da AIFA con il supporto dell'Istituto Superiore di Sanità (Centro Nazionale Sangue e del Centro Nazionale Trapianti) e si avvale della partecipazione attiva di un ampio consorzio che comprende come partner 27 organizzazioni (associate e affiliate) in rappresentanza di 22 Stati Membri dell'UE/SEE, e coinvolge a livello operativo anche altre amministrazioni di ambito UE/SEE e istituzioni internazionali, con lo scopo di supportare tanto gli Stati Membri dell'UE nell'implementazione di strutture, misure e strumenti adeguati per affrontare la problematica, rafforzare il coordinamento e l'armonizzazione tra i diversi Stati Membri, anche nell'individuazione delle cause delle carenze di farmaci, che le reti e le iniziative esistenti, nonché di monitorare e segnalare le carenze di medicinali e di contribuire alla creazione di un dataset condiviso.

La Nuova Strategia Farmaceutica dell'UE

Nel preambolo n. 7 del Regolamento (UE) 2022/123 del Parlamento Europeo e del Consiglio del 25 gennaio 2022 relativo a un ruolo rafforzato dell'Agenzia europea per i medicinali nella preparazione alle crisi e nella loro gestione in relazione ai medicinali e ai dispositivi medici, è espressamente richiamato quanto segue:

> Le carenze di medicinali rappresentano una minaccia crescente per la salute pubblica, con gravi ripercussioni sui sistemi sanitari e sul diritto dei pazienti di accedere a cure mediche appropriate. L'aumento della domanda globale di medicinali, che è stata esacerbata dalla pandemia di COVID-19, ha portato a ulteriori carenze di medicinali, indebolendo i sistemi sanitari negli Stati membri e ponendo rischi significativi per la salute e per l'assistenza dei

pazienti, in particolare in termini di progressione della malattia e di peggioramento dei sintomi, di ritardi più lunghi o di interruzioni delle cure o delle terapie, di periodi di ricovero più lunghi, di maggiore esposizione a medicinali falsificati, di errori terapeutici, di effetti negativi derivanti dalla sostituzione di medicinali non disponibili con medicinali alternativi, di disagio psicologico significativo per i pazienti e di incremento dei costi per i sistemi sanitari.

Ciononostante, l'art. 2, comma 1, lettera h) del Regolamento (UE) 2022/123, nel fornire la definizione di «carenza», la individua in «*una situazione in cui l'offerta di un medicinale autorizzato e immesso in commercio in uno Stato membro o di un dispositivo medico con marchio CE non soddisfa la domanda di tale medicinale o dispositivo medico a livello nazionale, a prescindere dalle cause* [*whatever the cause*]».

Tale indicazione appare non tenere in considerazione la valutazione preliminare delle specifiche cause determinanti ("*root cause*") dello stato di carenza, che le competenti autorità regolatorie sono, invece, tenute a individuare al fine di poter adeguatamente gestire le carenze di medicinali e limitarne i conseguenti disagi a danno dei pazienti.

Fermo quanto sopra, sarà opportuno approfondire i temi portanti della Nuova Strategia Farmaceutica per l'Europa, anticipata con la Comunicazione CE 761 del 25 novembre 2020, preparata sulla base del nuovo quadro regolatorio di riferimento dell'azione di contrasto da parte dell'UE nei confronti delle emergenze sanitarie/epidemiche transfrontaliere tracciato dai tre regolamenti pubblicati a dicembre 2022 (Regolamento (UE) 2022/2370 del Parlamento europeo e del Consiglio del 23 novembre 2022 che modifica le competenze e l'azione del Centro europeo per la prevenzione e il controllo delle malattie (ECDC), creato nel 2004; il Regolamento (UE) 2022/2371 del Parlamento europeo e del Consiglio del 23 novembre 2022 relativo alle gravi minacce per la salute a carattere transfrontaliero; e il Regolamento (UE) 2022/2372 del Consiglio del 24 ottobre 2022, che istituisce un quadro di misure volte a garantire la fornitura di contromisure mediche di rilevanza per le crisi in caso di un'emergenza di sanità pubblica a livello dell'Unione) ed ufficialmente annunciata dall'UE il 26 aprile 2023 nell'ambito della proposta di riforma globale della legislazione farmaceutica dell'UE, incentrata sui seguenti obiettivi:

- garantire ai pazienti l'accesso a buon mercato a medicinali innovativi e rispondere alle esigenze mediche insoddisfatte (resistenza antimicrobica, cancro e malattie rare);
- promuovere la competitività, la capacità di innovazione, la sostenibilità e la resilienza del comparto farmaceutico dell'UE e la produzione di medicinali di alta qualità, sicuri, efficaci e più ecosostenibili;
- potenziare i meccanismi di preparazione e risposta alle emergenze e affrontare la questione della sicurezza e la diversificazione delle catene di approvvigionamento (con focus sulle carenze di medicinali, aumentate durante la pandemia);
- assicurare una posizione solida dell'UE sulla scena mondiale, promuovendo standard elevati in termini di qualità, efficacia e sicurezza;
- sostenere le innovazioni incentrate sui pazienti e favorire i cambiamenti digitali e tecnologici per conservare la capacità attrattiva per gli investimenti e mantenere il proprio ruolo di leader mondiale nello sviluppo di medicinali.

9
JUDICIALIZAÇÃO DO ACESSO À SAÚDE E A POLÍTICA DE MEDICAMENTOS

Fernanda Massad de Aguiar Fabretti

Introdução

O direito à saúde é direito fundamental garantido a todos de forma universal e igualitária por força de comando constitucional. É direito individual, enquanto corolário do direito à vida e direito coletivo enquanto direito social (artigos 5º e 6º, CF).

Para efetivação deste direito, a Constituição Federal determinou a criação do Sistema Único de Saúde, regulamentado pela Lei n. 8.080/90, que prevê que "a saúde é um direito fundamental do ser humano, devendo o Estado prover as condições indispensáveis ao seu pleno exercício."

Além da prestação de serviços de saúde de forma direta pelo Estado, a Constituição permitiu que a iniciativa privada também atuasse nessa seara (artigos 197 e 198), de modo que, no Brasil, há um sistema de saúde misto, com atuação do Estado e da iniciativa privada, sendo opção do usuário a utilização do serviço público ou privado.

Nos interessa no presente artigo a prestação de serviços de saúde pelo Estado, como direito social ao qual todos têm acesso, independente de gênero, idade, classe social e que não depende de contribuição de forma direta, sendo gratuito e encontrando suporte financeiro na tributação. Com caráter de direito fundamental, a saúde ganhou *status* de elemento intrínseco à dignidade humana.

Ocorre que, apesar da previsão do Executivo de prestação integral e gratuita de serviços de saúde, tal prestação por vezes apresenta falhas, por razões diversas. E é decorrente dessas falhas que surge o fenômeno da judicialização da saúde em que se acaba por deslocar a decisão do Poder Executivo para o Poder Judiciário, no que tange à qualidade e especificidade do atendimento ao direito à saúde.

No presente artigo, discorre-se sobre a previsão constitucional, legal e normativa a respeito do direito à saúde no Brasil. Após especifica-se o fenômeno vivenciado no Brasil da Judicialização da Saúde, concluindo com a apresentação de estudo de caso de processo judicial de pedido e concessão de medicamento de alto custo, não fornecido pelo SUS.

1. O direito à saúde na legislação brasileira

A Constituição Federal do Brasil, promulgada em 1988, reconhecendo a necessidade de implementação de um Estado Social, seguindo, ainda que tardiamente, o contexto global pós guerra de concessão de novos e mais abrangentes direitos sociais, deu à saúde caráter de direito fundamental. Na esteira da Constituição de Weimar, de 1919, a Constituição brasileira editou capítulo próprio referente aos Direitos Sociais (Capítulo II, Título II) e ficou conhecida como Constituição Cidadã, na qual os direitos sociais, individuais e coletivos, se tornam a principal motivação do Estado.

No contexto internacional, o direito à saúde já estava previsto na Declaração Universal dos Direitos do Homem de 1948[1]. De seu turno, a Organização Mundial da Saúde, também de 1948, previu em sua Constituição que "A saúde é o estado de completo bem estar físico, mental e social e não meramente a ausência de doença ou enfermidade."[2]

O direito à saúde decorre do direito e inviolabilidade à vida, previsto no *caput* do artigo 5º da Constituição e está entre os direitos que compõem a chamada seguridade social (artigo 194, CF). O direito à saúde também compõe o rol de direitos do mínimo existencial, ou seja, a garantia de acesso à saúde é um dos itens minimamente necessários e indispensáveis

[1] Item 1, artigo XXV: "Toda pessoa tem direito a um padrão de vida capaz de assegurar a si e a sua família, saúde e bem estar, inclusive alimentação, vestuário, habitação, cuidados médicos e os serviços sociais indispensáveis, o direito à segurança em caso de desemprego, doença, invalidez, viuvez, velhice ou outros casos de perda dos meios de subsistência em circunstâncias fora de seu controle. Organização das Nações Unidas – ONU. *Declaração Universal dos Direitos Humanos*. Paris: ONU, 1948.

[2] Disponível em: https://edisciplinas.usp.br/pluginfile.php/5733496/mod_resource/content/0/Constitui%C3%A7%C3%A3o%20da%20Organiza%C3%A7%C3%A3o%20Mundial%20da%20Sa%C3%BAde%20%28WHO%29%20-%201946%20-%20OMS.pdf. Acesso em 27.07.2023

para garantir vida digna à população, sendo obrigação mínima do Poder Público garanti-lo. É um "direito social prestacional, que objetiva assegurar à pessoa humana condições de bem-estar e de desenvolvimento mental e social, livre de doenças físicas e psíquicas."[3] Exige, assim, uma série de ações por parte do Estado para assegurar o direito à saúde a todos.[4]

A verdadeira novidade da Constituição Federal de 1988 em relação à saúde foi a criação e organização de um sistema único, gratuito e universal, o Sistema Único de Saúde (SUS), sendo esta uma característica marcante dos Estados Sociais, conforme destaca Maria Paula Dallari Bucci:

> Os sistemas públicos de saúde são, em todo o mundo, a começar pelo National Health Service inglês, os maiores emblemas do Estado Social e de sua característica intervenção sobre o mercado para a provisão de serviços que minimizem a desigualdade de oportunidades e favoreçam a realização da justiça social. Sem eles, a concepção puramente liberal da escolha individual de serviços médicos não tem outra resposta senão a desproteção de vastos contingentes de população que não tem meios para pagar por eles, o que ocorre mesmo em países ricos e desenvolvidos, como é o caso dos Estados Unidos.[5]

O Sistema Único de Saúde foi regulamentado pela Lei nº 8.080/90, conhecida como Lei Orgânica da Saúde, que dispõe sobre as condições para a promoção, proteção e recuperação da saúde, além da organização e o funcionamento dos serviços correspondentes.

A Lei traz, ainda, a previsão de Protocolos Clínicos e Diretrizes terapêuticas, a serem constituídos ou alterados pelo Ministério da Saúde, e que estabelecem critérios para o diagnóstico da doença ou do agravo à saúde; o tratamento preconizado; as posologias recomendadas; os mecanismos de controle clínico; e o acompanhamento e a verificação dos resultados terapêuticos, a serem seguidos pelos gestores do SUS.[6]

[3] LADEIRA, Fernando de Oliveira Domingues. **Regulação Estatal e assistência privada à saúde: liberdade de iniciativa e responsabilidade social na saúde suplementar.** Belo Horizonte: Fórum, 2012. p. 77.

[4] Artigo 196, CF: A saúde é direito de todos e dever do Estado, garantido mediante políticas sociais e econômicas que visem à redução do risco de doença e de outros agravos e ao acesso universal e igualitário às ações e serviços para sua promoção, proteção e recuperação.

[5] BUCCI, Maria Paula Dallari. DUARTE, Clarice Seixas. **Judicialização da saúde: a visão do poder executivo.** São Paulo: Saraiva, 2017. p. 46.

[6] SOUSA, Otavio Augusto Venturini. *In Judicialização da saúde:* a visão do poder executivo. São Paulo: Saraiva, 2017. p. 535.

Importante esclarecer que o Sistema Único de Saúde fornece não só o atendimento médico e hospitalar, mas também fornece os medicamentos necessários a todos de forma igualitária e gratuita, existindo, inclusive, uma Política Nacional de Medicamentos, estabelecida em 1998, pela Portaria 3.916/98, editada pelo Ministério da Saúde.

Ainda, importante destacar que em 2011, a Lei n. 12.401, adicionou um novo capítulo à Lei n. 8.080/90 (arts. 19-M a 19-U), disciplinando a chamada "assistência terapêutica" e a incorporação de tecnologia em saúde no âmbito do SUS, passando a lei a disciplinar a "assistência terapêutica integral", conforme se verifica no art. 19-M:

> Art. 19-M.A assistência terapêutica integral a que se refere a alínea d do inciso I do art. 6o consiste em:
>
> I – dispensação de medicamentos e produtos de interesse para a saúde, cuja prescrição esteja em conformidade com as diretrizes terapêuticas definidas em protocolo clínico para a doença ou o agravo à saúde a ser tratado ou, na falta do protocolo, em conformidade com o disposto no art. 19-P;
>
> II – oferta de procedimentos terapêuticos, em regime domiciliar, ambulatorial e hospitalar, constantes de tabelas elaboradas pelo gestor federal do Sistema Único de Saúde – SUS, realizados no território nacional por serviço próprio, conveniado ou contratado.

Importante acrescentar ainda, que o instrumento jurídico institucional por meio do qual essa política de fornecimento de medicamentos se efetiva é o RENAME (Relação Nacional de Medicamentos Essenciais), que nada mais é do que uma lista (ou um rol) de medicamentos à disposição para a população por meio do SUS[7]. O sistema de listas é uma recomendação da própria OMS, e tem a finalidade de criar um "referencial para o acesso da população, que leva em conta o seu perfil epidemiológico, a eficácia e a segurança dos fármacos, além da relevância para a saúde pública e a comparação do custo-efetividade".[8]

[7] O RENAME é um importante instrumento orientador do uso de medicamentos e insumos do SUS que apresenta os medicamentos oferecidos em todos os níveis de atenção e nas linhas de cuidado do SUS, proporcionando transparência nas informações sobre o acesso aos medicamentos da rede. Disponível em: https://www.gov.br/saude/pt-br/composicao/sectics/daf/relacao-nacional-de-medicamentos-essenciais#:~:text=A%20Rename%20%C3%A9%20um%20importante,acesso%20aos%20medicamentos%20da%20rede. Acesso em 30.07.2023.

[8] Bucci, Maria Paula Dallari. Duarte, Clarice Seixas. **Judicialização da saúde: a visão do poder executivo**. São Paulo: Saraiva, 2017. p. 45.

E é exatamente na existência de uma lista de medicamentos disponíveis e que, obviamente, não contempla toda a gama de medicamentos possíveis, que reside o conflito entre os interesses individuais e o interesse coletivo no âmbito da saúde pública, pois se de um lado existe o direito individual à saúde, por outro, existe o direito à saúde pública de qualidade, sendo que esta equação vai ter que ser conformada à partir de critérios legais, técnicos (segurança e eficácia dos fármacos, por exemplo), políticos e financeiros (como a relação custo-efetividade e custo-público alvo, por exemplo). Maria Paula Dallari Bucci sintetiza bem esse problema:

> Da perspectiva do indivíduo, em princípio não há pertinência em considerações de relevância ou de custo; qualquer medicamento ou procedimento deve ser buscado, independentemente de seu valor, se puder trazer melhoria para a saúde da pessoa. Sob o ponto de vista da saúde da coletividade, contudo, tanto a hierarquização de prioridades como a realização de balanço entre custo e efetividade (benefício) são condutas legítimas e, mais do que isso, recomendadas pela autoridade mundial sobre o tema. Essa ordem de prioridades leva em conta princípios de saúde (e de justiça) coletiva.[9]

E é aqui que surge a questão objeto de análise neste artigo: quando o direito individual à saúde deve se impor à política pública nacional e ser garantido pela via judicial?

1. Judicialização da saúde

O direito à saúde, além de direito social, é um direito subjetivo de todo cidadão brasileiro, na medida em que lhe é permitido exigir do Estado a adoção de medidas específicas em benefício de sua saúde.[10] Em virtude desta natureza, a interpretação das normas infraconstitucionais deve se dar de forma a promover a maior eficácia possível ao direito fundamental à saúde.

O Poder Judiciário, por sua vez, ao julgar demandas que envolvam o direito fundamental à saúde, deve agir de forma a garantir o acesso à saúde de forma universal e gratuita, ainda que o cidadão tenha vínculo contra-

[9] BUCCI, Maria Paula Dallari. DUARTE, Clarice Seixas. **Judicialização da saúde: a visão do poder executivo.** São Paulo: Saraiva, 2017. p. 45.

[10] AITH, Fernando. **Curso de direito sanitário – A proteção do direito à saúde no Brasil.** São Paulo: Quartier Latin, 2007. p. 72.

tual com instituição privada de prestação de serviços na área de saúde, seguindo assim o comando constitucional.

O artigo 30, VII da Constituição Federal, determina que compete aos municípios a prestação de serviços de atendimento à saúde da população, com a cooperação técnica e financeira dos Estados e da União Federal, de modo que ao cidadão brasileiro é facultada a propositura de ação judicial pugnando pela prestação de algum serviço de saúde em face de um ou outro ente, ou, ainda cumular o polo passivo da demanda.

Para a prestação dos serviços de saúde, o SUS conta com um regramento próprio que, por vezes, apresenta falha ou ineficiência, que pode gerar a judicialização da questão, justamente porque o Estado, ao negar a prestação de um serviço de saúde ou negar o fornecimento de um fármaco necessário à manutenção não só da saúde, mas da vida de determinado indivíduo, está negando a este indivíduo os direitos constitucionalmente garantidos à saúde e à vida.

Assim é que, na medida em que o direto à saúde engloba uma gama enorme de possibilidades, às quais nem sempre são atendidas pelo Estado através dos SUS, enfrentamos, no Brasil, alto índice de judicialização do direito à saúde.

Dados do Conselho Nacional de Justiça dão conta de que há mais de 520 mil processos judiciais referentes à efetivação do direito constitucional à saúde (pública e suplementar) em trâmite no Brasil[11], que versam desde a prestação de assistência médica, assistência hospitalar e realização de exames e procedimentos cirúrgicos, até o fornecimento de medicamentos.

Tendo em vista esse aumento exponencial do fenômeno da judicialização da saúde, o Tribunal de Contas da União *realizou fiscalização que teve como objetivo identificar o perfil, o volume e o impacto das ações judiciais na área da saúde pública, bem como investigar a atuação do Ministério da Saúde e de outros órgãos e entidades dos três poderes para mitigar efeitos negativos da judicialização.*[12] A fiscalização resultou em acórdão[13] com uma série de recomendações ao Ministério da Saúde com intuito de minimizar os impactos da crescente judicialização da saúde.

[11] Disponível em: https://paineisanalytics.cnj.jus.br/single/?appid=a6dfbee4-bcad-4861-98ea-4b5183e29247&sheet=87ff247a-22e0-4a66-ae83-24fa5d92175a&opt=ctxmenu,currsel. Acesso em 28.07.2023.

[12] Disponível em: https://portal.tcu.gov.br/biblioteca-digital/auditoria-operacional-sobre-judicializacao-da-saude.htm. Acesso em 29.07.2023.

[13] Processo 009.253/2015-7. Rel. Bruno Dantas. Acórdãos 1787/2017 e 342/2018.

Em atendimento ao acórdão e diretrizes decorrentes de referida fiscalização do TCU, o Ministério da Saúde editou a portaria 2.566 de 2017 que instituiu o Núcleo de Judicialização para organizar e promover o atendimento de demandas judiciais dentro do Ministério da Saúde.

O Conselho Nacional de Justiça, por sua vez, criou o Núcleo de Apoio Técnico do Judiciário (NatJus), tendo em vista a necessidade de especialização dos magistrados sobre o tema do acesso à saúde, com objetivo de auxiliá-los na fundamentação de decisões, possibilitando que ouçam gestores do SUS antes da concessão de provimentos judiciais de urgência ou não de forma a empregar a razoabilidade e a eficiência nas decisões.[14]

Aqui, cumpre retomar a questão da lista de medicamentos disponíveis à população, a RENAME (Relação Nacional de Medicamentos Essenciais), que por diversos motivos acaba por não efetivar a entrega de medicamentos, desde problemas de logística, de licitações, financeiro e até mesmo políticos. Essas situações acabam por legitimar a judicialização do acesso à saúde, hipóteses nas quais o Poder Judiciário é chamado a efetivar o direito constitucional que não foi garantido pelo Poder Executivo.

Outra situação na qual o Poder Judiciário é acionado para efetivar o direito à saúde– e esta é a que mais nos interessa para os fins deste artigo – ocorre quando uma determinada medicação de eficácia comprovada ainda não está disponível na RENAME, seja porque ainda não foram cumpridas as burocracias nacionais, seja porque a medicação tem um custo elevado e sua disponibilização não é aprovada pelos órgãos técnicos, como a CONITEC (Comissão Nacional de Incorporação de Tecnologia no SUS)[15].

Entretanto, mesmo não estando padronizado para distribuição do medicamento pelo SUS, ao Estado pode ser imposta a obrigação de fornecê-lo. Assim é o entendimento do Supremo Tribunal Federal: "a lista do SUS não é parâmetro único a ser considerado na avaliação da necessidade do

[14] Criado em atendimento à Recomendação n. 31/2010 e à Resolução n. 238/2016 – posteriormente alterada pela Resolução n. 388/2021.

[15] Criada por força do Decreto n. 7.646 de 2011, a Conitec é um órgão colegiado de caráter permanente que tem como objetivo assessorar o Ministério da Saúde nas atribuições relativas à análise e à elaboração de estudos de avaliação dos pedidos de incorporação, ampliação de uso, exclusão ou alteração de tecnologias em saúde; e na constituição ou na alteração de Protocolos Clínicos e Diretrizes Terapêuticas (PCDT). Disponível em: chrome-extension://efaidnbmnnnibpcajpcglclefindmkaj/https://www.gov.br/saude/pt-br/composicao/sectics/daf/rename/20210367-rename-2022_final.pdf. Acesso em 31.07.2023.

fornecimento de um medicamento de um caso concreto, que depende de avaliação médica."[16]

Por sua vez, o Superior Tribunal de Justiça firmou tese, no Tema Repetitivo 106[17], de que a determinação de fornecimento de medicamentos não incorporados pelo SUS exige a presença cumulativa dos seguintes requisitos:

- Comprovação por meio de laudo médico fundamentado e circunstanciado expedido por médico que assiste o paciente, imprescindibilidade ou necessidade do medicamento, assim como da ineficácia, para o tratamento da moléstia, dos fármacos fornecidos pelo SUS;
- Incapacidade financeira de arcar com o custo do medicamento prescrito;
- Existência de registro na ANVISA do medicamento, observados os usos autorizados pela agência.

Ademais, é de competência exclusiva do médico que acompanha o paciente a determinação do tratamento e medicamento prescrito[18], sendo incabível ao Poder Público limitar a indicação médica.

No que tange à questão orçamentária a suportar (ou não) o atendimento judicial de determinado pleito em relação à saúde, destaca-se que, no ano de 2023, o orçamento do Ministério de Saúde para prestação pública de serviços de saúde, está previsto em R$ 183,79 bilhões[19], que engloba o gasto total previsto não só com a prestação direta de serviço de saúde pelo Estado, mas também para o atendimento de determinações judiciais nesta seara.

Em 2022, o orçamento para a área da saúde foi de R$ 155,50 bilhões, dos quais foram utilizados R$ 136,41 bilhões[20]. Em 2021, o orçamento era de R$ 189,41 bilhões, dos quais foram executados R$ 161,44 bilhões.[21] Em 2020,

16 ARE 977190, 2ª Turma, Relator Ministro Ricardo Lewandowski, 22/11/2016.

17 REsp 1657156, Relator Ministro Benedito Gonçalves, 25/04/2018.

18 Resolução n. 1.246/88 do Conselho Federal de Medicina).

19 Disponível em:https://portaldatransparencia.gov.br/orgaos-superiores/36000-ministerio-da-saude. Acesso em 29.07.2023.

20 Disponível em: https://portaldatransparencia.gov.br/funcoes/10-saude?ano=2022. Acesso em 31.07.2023.

21 Disponível em: https://portaldatransparencia.gov.br/funcoes/10-saude?ano=2021. Acesso em 31.07.2023.

o orçamento foi de R$ 187,51 bilhões, executados R$ 150,46 bilhões.[22] Em 2019, por fim, o orçamento para a área da saúde foi de R$ 127,07 bilhões, utilizados R$ 114,18 bilhões. Ou seja, nos últimos cinco anos, a pasta da saúde não utilizou integralmente os recursos para ela previstos. Sendo assim, não é válido o argumento de impossibilidade do Poder Público em arcar com os pleitos judicializados de prestação de serviços de saúde.

É firme a interpretação constitucional no Poder Judiciário de que deve prevalecer a garantia do direito à saúde do cidadão sobre o custo financeiro imposto ao Poder Público para a prestação de serviço necessária. *Supostos limites orçamentários do Poder Público não podem ser manejados se colidem diretamente contra o direito à vida, contra o direito social de integralidade do acesso à saúde e contra a essencial dignidade da pessoa humana.*[23]

2.1. Estudo de caso

Para fins deste artigo, apresenta-se a Ação Judicial n. 5016834-35.2022.4.03.6100, em trâmite perante a 25ª Vara Cível Federal de São Paulo. Versam os autos sobre pedido em que o Autor, portador de doença genética denominada fibrose cística (CID E84.9)[24], pleiteia à União Federal o pagamento de medicamento não fornecido pelo SUS.

Trata-se de medicação denominada TRIKAFTA (elexacaflor/tezacahor/ivacaftor), inovadora no tratamento da doença, sem similares que o substituam, com estudos de eficácia muito avançada em relação à medicação fornecida para tratamento da mesma enfermidade pelo SUS[25].

[22] Disponível em: https://portaldatransparencia.gov.br/funcoes/10-saude?ano=2020. Acesso em 31.07.2023.

[23] Apelação n. 0018786-81.2015.4.03.6100. Rel. Des. Nelson dos Santos. TRF3. DJF 05.06.2020.

[24] Doença genética autossômica recessiva, causada por mutações nos genes que codificam a proteína reguladora da condutância de cloro transmembrana (CFTR). O defeito impede a passagem dos íons cloreto pela membrana em graus diferenciados gerando desidratação e aumento da viscosidade das secreções mucosas, favorecendo a obstrução das vias respiratórias, ductos intrapancreáticos, ductos seminíferos e vias biliares. É doença que acomete vários órgãos e sistemas, principalmente o sistema respiratório e o aparelho digestivo, sendo o acometimento pulmonar responsável pela maior morbimortabilidade dos pacientes.

[25] Análise do Institute for clinical and economic review assim afirmou: "as na extreme scenario analysis, we evaluated Trikafta as a curative therapy and found that the cost-effectiveness ratio of lifetime therapy with Trikafta continued to far exceed commonly used cost-effectiveness thresholds even under the assumption that it mainained individuals with CF in normal health such that They never experienced any symptoms or complications of CF". In: https://icer.org/news-insights/press-releases/cf_evidence_report_2020/ Acesso em 28.07.2023.

Referido medicamento é fabricado nos Estados Unidos da América, tendo sido aprovado pelo FDA (Food and Drug Administration) em março de 2020 e é considerado de alto custo, com tratamento para um ano no valor médio de R$ 2.000.000,00 (em média US$ 400.000,00)[26].

O remédio em questão foi aprovado pela Agência Nacional de Vigilância Sanitária (ANVISA[27]) em março de 2022[28], porém ainda não há decisão, nos órgãos competentes, a respeito de sua inclusão na lista de medicamentos a serem fornecidos de forma gratuita e universal aos pacientes pelo SUS, contando com parecer favorável para tanto da Comissão Nacional de Incorporação de Tecnologias no Sistema Único de Saúde (CONITEC)[29].

Importante destacar a Ação Civil Pública nº 0021921-14.2009.403.6100 proposta pelo Ministério Público Federal em face da União, do Estado de São Paulo e do Município de São Paulo com a finalidade de condenar às Rés, entre outras medidas, ao fornecimento gratuito de todo e qualquer medicamento de insumos para o efetivo tratamento da Fibrose Cística e custeio de toda e qualquer despesa, ainda que os respectivos insumos e medicamentos tenham que ser importados de forma que possa atender às reais necessidades das pessoas portadoras de Fibrose Cística, tendo sido os pleitos acolhidos em decisão confirmada pelo Tribunal Regional Federal e transitada em julgado.

No caso em estudo, temos que o paciente, Autor da demanda, prova nos autos do processo ser portador da doença, ter-lhe sido prescrito por médico competente a medicação necessária, sendo a obrigação do Estado em prover o melhor atendimento à saúde do Autor, corolário legal. Demonstrou-se, ainda, a gravidade do estado de saúde do Autor, a efetividade da

[26] Disponível em: https://www.drugs.com/price-guide/trikafta. Acesso em 28.07.2023.

[27] A Agência Nacional de Vigilância Sanitária (ANVISA), criada em 1999, é autarquia sob regime especial com finalidade de "promover a proteção da saúde da população, por intermédio do controle sanitário da produção e consumo de produtos e serviços submetidos à vigilância sanitária, inclusive dos ambientes, dos processos, dos insumos e das tecnologias a eles relacionados, bem como do controle de portos, aeroportos, fronteiras e recintos alfandegados. Disponível em: https://www.gov.br/anvisa/pt-br/acessoainformacao/institucional. Acesso em 31.07.2023.

[28] Disponível em: https://www.gov.br/anvisa/pt-br/assuntos/medicamentos/novos-medicamentos-e-indicacoes/trikafta-r-elexacaftor-tezacaftor-ivacaftor-novo-registro. Acesso em 28.07.2023.

[29] Disponível em: https://www.gov.br/conitec/pt-br/midias/reuniao_conitec/2023/Pauta121ReuniaoMedicamentos.pdf. Acesso em 28.07.2023.

medicação e urgência no fornecimento do medicamento para garantir a saúde do Autor.

Ao receber o pedido, o magistrado designado para cuidar do caso, determinou esclarecimentos do Núcleo de Apoio Técnico do Poder Judiciário (NATJUS), com uma série de quesitos técnicos a respeito da necessidade do Autor/paciente ao fármaco solicitado. Com o parecer favorável, o magistrado do caso determinou a imediata entrega do medicamento, pelo prazo inicial de seis meses, quando o paciente deveria levar aos autos provas da eficácia do medicamento. Provada a eficácia, o magistrado determinou a manutenção do fornecimento do fármaco por prazo indeterminado, devendo o paciente apresentar nova prescrição médica a cada seis meses, seguindo a determinação do §3º do artigo 7º da Portaria 2.566 de 2017.

Referida decisão foi exarada em 14 de setembro de 2023, com determinação de intimação da União Federal para cumprimento, bem como da Coordenadoria da Equipe de Demandas em Saúde[30] para adoção de providências necessárias ao efetivo fornecimento do medicamento. Determinou, ainda, a intimação do Ministério da Saúde e da Secretaria de Ciência, Tecnologia, Inovação e Insumos Estratégicos em Saúde, por meio da Coordenadoria geral de Componentes Especializados de Assistência Farmacêutica e da coordenaria geral de Assistência Farmacêutica e Medicamentos Estratégicos. Todas as intimações se deram através de meio eletrônico.

A decisão de antecipação de tutela foi confirmada em sentença, pendente atualmente de julgamento de recurso de apelação interposto pela União Federal.

Destaca-se que a medicação objeto deste estudo não é comercializada no Brasil, sendo fabricada e comercializada nos Estados Unidos da América, de modo que, para o atendimento da determinação judicial, o Ministério da Saúde tem que proceder a aquisição do fármaco naquele país e envio diretamente ao paciente no local por ele indicado.

O medicamento veio a ser efetivamente entregue em janeiro de 2023, quatro meses após a decisão de deferimento, justamente por conta da burocracia de aquisição do fármaco no exterior pelo Ministério da Saúde e entrega na residência do paciente. Porém, o vem sendo entregue de forma periódica, sendo certo que, passados seis meses de utilização do medica-

[30] Hoje com atribuições transferidas ao Departamento de Gestão de Demandas em Judicialização na Saúde do Ministério da Saúde.

mento, o paciente demonstrou relevante melhora, comprovando o requisito estipulado em juízo, de modo que vem sendo continuado até a presente.

Temos assim que a atuação do Poder Judiciário na efetivação do direito constitucional à saúde é de vital importância, garantindo aos cidadãos acesso à tratamentos e medicamentos de ponta, mesmo que fornecidos e produzidos fora do país. O Ministério de Saúde, por sua vez, também é garantidor do direito à saúde, na medida em que de forma eficiente, através de suas secretarias, atende ao comando judicial, quando instado a tanto, realizando o procedimento de aquisição de medicamento no exterior, como no caso aqui narrado.

Conclusões

Conforme se verificou, o direito a saúde no Brasil é garantido pela Constituição Federal, a todos de forma integral e gratuita, encontrando suporte em legislação infraconstitucional e resoluções diversas. Entretanto, apesar da grande inovação que foi a criação do SUS, a efetivação do direito à saúde ainda encontra muitos desafios.

A prestação de serviços de saúde pública ainda é deficitária de modo que há uma crescente judicialização das questões relacionadas à essa prestação, sendo certo que o Poder Judiciário acaba por suprir eventuais falhas e determinar ao órgão competente, com força coercitiva, a prestação de determinado atendimento à saúde.

Evidente a necessidade de adequação da efetivação do direito fundamental à saúde com a previsão orçamentária. Entretanto, não se pode dar ao orçamento *status* de direito fundamental. De igual modo, os direitos sociais não podem estar sujeitos à reserva do possível, quando há ameaça ao direito à vida.

Ademais, como exposto acima, a chamada reserva do possível, utilizada para o não atendimento à determinada prestação de serviço de saúde, demanda certo grau de impossibilidade, que não se vislumbra no caso do Ministério da Saúde, na medida em que nos últimos cinco anos, não foram utilizados integralmente o orçamento previsto para a pasta.

Destaque-se que, diante do fenômeno da judicialização da saúde, o próprio Poder Judiciário, assim como o Ministério da Saúde, criaram mecanismos diversos com intuito de se verificar se o caso concreto de fato se adequa ao tratamento proposto e determinaram critérios objetivos a serem analisados para a concessão do pleito, com vias não só a reduzir à judicialização da saúde, mas para que, na proporção necessária entre o direito individual e coletivo, a decisão do magistrado tenha a maior segurança técnica possível de modo a efetivar o direito constitucional à saúde.

Conclui-se, portanto, que o direito individual à saúde deve se impor à política pública nacional e ser garantido pela via judicial quando presentes todos os requisitos fáticos e técnicos estipulados pelo Ministério da Saúde e pelos Tribunais Superiores.

Referências

AITH, Fernando. **Curso de direito sanitário – A proteção do direito à saúde no Brasil**. São Paulo: Quartier Latin, 2007.

BERCOVICI, Gilberto. **Constituição Econômica e Desenvolvimento: uma leitura a partir da Constituição de 1988**. São Paulo: Malheiros, 2005.

BUCCI, Maria Paula Dallari. **Fundamentos para uma teoria jurídica das políticas públicas.** São Paulo: Saraiva, 2013.

BUCCI, Maria Paula Dallari; DUARTE, Clarice Seixas. **Judicialização da saúde: a visão do poder executivo**. São Pauli: Saraiva, 2017.

DALLARI, Sueli Gandolfi, NUNES JUNIOR, Vidal Serrano. **Direito sanitário**. São Paulo: Editora Valentim, 2010.

FABRETTI, Fernanda Massad de Aguiar. **A regulação estatal e o controle judicial da saúde suplementar como fatores de efetivação do direito à saúde: direito social e do consumidor.** São Paulo: D'Plácido, 2022.

LADEIRA, Fernando de Oliveira Domingues. **Regulação Estatal e assistência privada à saúde: liberdade de iniciativa e responsabilidade social na saúde suplementar**. Belo Horizonte: Fórum, 2012.

PINSKY, Jaime, PINSKY, Carla Bassanezi. **História da Cidadania.** 4 ed. São Paulo: Contexto, 2008.

SILVA, Rodrigo Alberto Correia da. **Regulamentação econômica da saúde.** São Paulo: LCTE, 2008.

9
LA GIURISDIZIONALIZZAZIONE DELL'ACCESSO ALLA SALUTE E LA POLITICA SULLE DROGHE

Fernanda Massad de Aguiar Fabretti

Introduzione

Il diritto alla salute è un diritto fondamentale garantito a tutti in modo universale ed equo per disposizione costituzionale. È un diritto individuale, come corollario del diritto alla vita, e un diritto collettivo in quanto diritto sociale (articoli 5 e 6 della Costituzione federale).

Per dare attuazione a tale diritto, la Costituzione Federale ha determinato la creazione del Sistema Sanitario Unificato, disciplinato dalla legge n. 8080/1990, il quale prevede che "la salute è un diritto fondamentale della persona umana, e lo Stato deve provvedere alle condizioni indispensabili per il suo pieno esercizio".

Oltre alla fornitura di servizi sanitari direttamente da parte dello Stato, la Costituzione ha consentito al settore privato di agire anche in questo ambito (articoli 197 e 198), cosicché, in Brasile, esiste un sistema sanitario misto, con Stato e del iniziativa privata, essendo la scelta dell'utente di utilizzare il servizio pubblico o privato.

In questo articolo ci interessa l'erogazione dei servizi sanitari da parte dello Stato, come diritto sociale a cui tutti hanno accesso, indipendentemente dal sesso, dall'età, dalla classe sociale e che non dipende dal contributo diretto, essendo liberi e trovando un sostegno economico nella tassazione. In quanto diritto fondamentale, la salute ha acquisito lo status di elemento intrinseco della dignità umana.

Succede che, nonostante la prestazione dell'Esecutivo di prestazione integrale e gratuita dei servizi sanitari, tale prestazione a volte fallisca, per vari motivi. Ed è a causa di questi insuccessi che nasce il fenomeno della giudizializzazione della salute, in cui la decisione del Potere Esecutivo viene trasferita alla Magistratura, in ordine alla qualità e specificità delle cure per il diritto alla salute.

In questo articolo viene discussa la disposizione costituzionale, legale e normativa relativa al diritto alla salute in Brasile. Successivamente viene specificato il fenomeno vissuto in Brasile della Giudizializzazione della Sanità, concludendo con la presentazione di un caso studio di un procedimento giudiziario per la richiesta e la concessione di farmaci ad alto costo, non erogati dal Sistema Sanitario Unificato.

1. Il diritto alla salute nella legislazione brasiliana

La Costituzione Federale del Brasile, emanata nel 1988, riconoscendo la necessità di attuare uno Stato Sociale, seguendo, seppur tardivamente, il contesto globale del dopoguerra di concessione di nuovi e più ampi diritti sociali, ha conferito alla salute il carattere di diritto fondamentale. Sulla scia della Costituzione di Weimar del 1919, la Costituzione brasiliana redige un proprio capitolo riferito ai Diritti Sociali (Capitolo II, Titolo II) e prende il nome di Costituzione del Cittadino, in cui i diritti sociali, individuali e collettivi diventano la motivazione principale della Stato.

In ambito internazionale, il diritto alla salute era già previsto nella Dichiarazione universale dei diritti dell'uomo del 1948[1]. A sua volta, l'Organizzazione Mondiale della Sanità, sempre nel 1948, prevedeva nella sua Costituzione che "la salute è uno stato di completo benessere fisico, psichico e sociale e non mera assenza di malattia o infermità".[2]

Il diritto alla salute discende dal diritto e inviolabilità alla vita, previsto dal caput dell'articolo 5 della Costituzione e rientra tra i diritti che costituiscono la cosiddetta previdenza sociale (articolo 194, Costituzione

[1] Punto 1, Articolo XXV: "Ogni individuo ha diritto ad un tenore di vita adeguato alla salute e al benessere proprio e della sua famiglia, compresi il vitto, il vestiario, l'alloggio, le cure mediche e i servizi sociali necessari, il diritto alla sicurezza in caso di disoccupazione, malattia, invalidità, vedovanza, vecchiaia o altri casi di perdita dei mezzi di sussistenza per circostanze indipendenti dalla tua volontà. ORGANIZAÇÃO DAS NAÇÕES UNIDAS – ONU. *Declaração Universal dos Direitos Humanos*. Paris: ONU, 1948, libera traduzione dell'autore.

[2] Disponibile in: https://edisciplinas.usp.br/pluginfile.php/5733496/mod_resource/content/0/Constitui%C3%A7%C3%A3o%20da%20Organiza%C3%A7%C3%A3o%20Mundial%20da%20Sa%C3%BAde%20%28WHO%29%20-%201946%20-%20OMS.pdf. Accesso a 27.07.2023

federale). Anche il diritto alla salute rientra nell'elenco dei diritti minimi esistenziali, ovvero la garanzia dell'accesso alla salute è uno degli elementi minimi necessari e indispensabili per garantire una vita dignitosa alla popolazione, essendo l'obbligo minimo del Potere Pubblico di garantirlo. Si tratta di un "diritto sociale provvisorio, che mira ad assicurare alla persona umana condizioni di benessere e di sviluppo psichico e sociale, libera da malattie fisiche e psichiche".[3] Richiede quindi una serie di azioni da parte dello Stato per garantire a tutti il diritto alla salute.[4]

La vera novità della Costituzione Federale del 1988 in materia di sanità è stata la creazione e l'organizzazione di un sistema unico, libero e universale, il Sistema Sanitario Unificato, che è una caratteristica peculiare degli Stati Sociali, come evidenziato da Maria Paula Dallari Bucci:

> I sistemi sanitari pubblici sono, in tutto il mondo, a cominciare dal *National Health Service* inglese, i massimi emblemi del *Welfare State* e del suo caratteristico intervento nel mercato per l'erogazione di servizi che minimizzano le disuguaglianze di opportunità e favoriscono la realizzazione della giustizia sociale. Senza di essi, la concezione puramente liberale della scelta individuale delle prestazioni mediche non ha altra risposta che la mancanza di protezione per vasti contingenti di popolazione che non hanno i mezzi per pagarli, cosa che si verifica anche nei paesi ricchi e sviluppati, come accade degli Stati Uniti United.[5]

Il Sistema Sanitario Unificato è stato regolato dalla Legge n. 8.080/90, nota come Legge Organica della Salute, che prevede le condizioni per la promozione, la tutela e il recupero della salute, oltre all'organizzazione e al funzionamento dei relativi servizi.

La Legge prevede inoltre Protocolli Clinici e Linee Guida Terapeutiche, da costituire o modificare a cura del Ministero della Salute, e che stabiliscono i criteri per la diagnosi della malattia o del problema di salute;

[3] Ladeira, Fernando de Oliveira Domingues. **Regulação Estatal e assistência privada à saúde: liberdade de iniciativa e responsabilidade social na saúde suplementar.** Belo Horizonte: Fórum, 2012. p. 77.

[4] Articolo 196, CF: La salute è un diritto di tutti e un dovere dello Stato, garantita attraverso politiche sociali ed economiche volte a ridurre il rischio di malattia e altre lesioni e l'accesso universale ed equo ad azioni e servizi per la sua promozione, protezione e guarigione.

[5] Bucci, Maria Paula Dallari. Duarte, Clarice Seixas. **Judicialização da saúde: a visão do poder executivo.** São Paulo: Saraiva, 2017. p. 46, libera traduzione dell'autore.

il trattamento consigliato; i dosaggi consigliati; meccanismi di controllo clinico; e il monitoraggio e la verifica dei risultati terapeutici, che saranno seguiti dai responsabili del Sistema Sanitario Unificato.[6]

È importante chiarire che il Sistema Sanitario Unificato non fornisce solo cure mediche e ospedaliere, ma fornisce anche i farmaci necessari a tutti in modo uguale e gratuito, ed esiste persino una Politica nazionale sui farmaci, istituita nel 1998, con l'Ordinanza 3.916/98, a cura del Ministero della Salute.

Inoltre, è importante sottolineare che nel 2011 la Legge n. 12.401, ha aggiunto un nuovo capo alla Legge n. 8.080/90 (articoli 19-M a 19-U), disciplinante la cosiddetta assistenza terapeutica e l'incorporazione delle tecnologie sanitarie nell'ambito del Sistema Sanitario Unico, emanando la norma per disciplinare "l'assistenza terapeutica integrale", come verificato in l'articolo 19-M:

> Articolo 19-M. L'assistenza terapeutica globale di cui al rigo *d* del punto *I* dell'articolo 6º è composto da:
>
> I – dispensazione di medicinali e prodotti di interesse sanitario, la cui prescrizione è conforme alle linee guida terapeutiche definite in un protocollo clinico per la malattia o problema di salute da trattare o, in mancanza di protocollo, in conformità a quanto previsto dall'articolo 19-P;
>
> II – erogazione di procedure terapeutiche, domiciliari, ambulatoriali e ospedaliere, contenute in tabelle predisposte dal dirigente federale del Sistema Sanitario Unificato, effettuate nel territorio nazionale dal proprio servizio, convenzionato o convenzionato.

È anche importante aggiungere che lo strumento giuridico istituzionale attraverso il quale viene attuata questa politica di fornitura di medicinali è l'Elenco nazionale dei farmaci essenziali (strumento noto in Brasile come RENAME), che non è altro che un elenco (o un elenco) di medicinali disponibili alla popolazione attraverso il Sistema Sanitario Unificato[7].

[6] Sousa, Otavio Augusto Venturini. *In Judicialização da saúde*: a visão do poder executivo. São Paulo: Saraiva, 2017. p. 535.

[7] L'Elenco Nazionale dei Farmaci Essenziali è un importante strumento di orientamento all'uso dei farmaci e delle forniture nel Sistema Sanitario Unificato, che presenta i farmaci offerti a tutti i livelli di cura e nelle linee di cura del Sistema Sanitario Unificato, fornendo trasparenza nelle informazioni sull'accesso alle droghe di rete. Disponibile in: https://www.gov.br/saude/pt-br/composicao/sectics/daf/relacao-nacional-de-medicamentos-

Il sistema delle liste è una raccomandazione della stessa Organizzazione Mondiale della Sanità, e mira a creare un "riferimento per l'accesso da parte della popolazione, che tenga conto del suo profilo epidemiologico, dell'efficacia e della sicurezza dei farmaci, oltre che della rilevanza per la salute pubblica e confronto costo-efficacia".[8]

Ed è proprio nell'esistenza di un elenco di farmaci disponibili, che ovviamente non copre l'intera gamma dei farmaci possibili, che risiede il conflitto tra interessi individuali e interessi collettivi nel campo della sanità pubblica, perché se da un lato vi c'è il diritto individuale alla salute, c'è invece il diritto a una sanità pubblica di qualità, e questa equazione dovrà essere plasmata sulla base di criteri giuridici, tecnici (sicurezza ed efficacia dei farmaci, per esempio), politici e finanziari (come l'efficacia in termini di costi e il pubblico target di costo, ad esempio).

Maria Paula Dallari Bucci sintetizza bene questo problema:

> Dal punto di vista dell'individuo, in linea di principio non vi è alcuna pertinenza in considerazioni di pertinenza o costo; qualsiasi farmaco o procedura dovrebbe essere ricercata, indipendentemente dal suo valore, se può migliorare la salute della persona. Dal punto di vista della salute della collettività, invece, sia la gerarchia delle priorità che l'equilibrio tra costo ed efficacia (beneficio) sono comportamenti legittimi e, per di più, raccomandati dall'autorità mondiale in materia. Questo ordine di priorità tiene conto dei principi di salute collettiva (e giustizia).[9]

Ed è qui che si pone la questione oggetto di analisi in questo articolo: quando il diritto individuale alla salute dovrebbe essere imposto all'ordine pubblico nazionale ed essere garantito attraverso i tribunali?

2. La giurisdizionalizzazione della salute

Il diritto alla salute, oltre ad essere un diritto sociale, è un diritto soggettivo di ogni cittadino brasiliano, in quanto gli è consentito esigere che lo Stato

essenciais#:~:text=A%20Rename%20%C3%A9%20um%20importante,acesso%20aos%20medicamentos%20da%20rede. Accesso a 30.07.2023.

[8] BUCCI, Maria Paula Dallari. DUARTE, Clarice Seixas. **Judicialização da saúde: a visão do poder executivo.** São Paulo: Saraiva, 2017. p. 45, libera traduzione dell'autore.

[9] BUCCI, Maria Paula Dallari. DUARTE, Clarice Seixas. **Judicialização da saúde: a visão do poder executivo**. São Paulo: Saraiva, 2017. p. 45, libera traduzione dell'autore.

adotti misure specifiche a beneficio della sua salute.[10] Per tale natura, l'interpretazione delle norme infracostituzionali deve essere data in modo da promuovere la massima efficacia possibile del diritto fondamentale alla salute.

La Magistratura, a sua volta, nel giudicare istanze che coinvolgano il fondamentale diritto alla salute, deve agire in modo da garantire l'accesso alla salute in modo universale e gratuito, anche se il cittadino ha un vincolo contrattuale con un ente privato che eroga prestazioni in l'area sanitaria, seguendo così il comando costituzionale.

L'articolo 30, VII della Costituzione federale, stabilisce che spetta ai comuni fornire servizi sanitari alla popolazione, con la cooperazione tecnica e finanziaria degli Stati e dell'Unione federale, in modo che il cittadino brasiliano abbia il diritto di portare un azione legale combattendo per la prestazione di qualche servizio sanitario nei confronti di una o di un'altra entità, o, anche per accumulare il polo passivo della domanda.

Per l'erogazione dei servizi sanitari, il Sistema Sanitario Unificato ha regole proprie, talvolta viziate o inefficienti, che possono portare alla giurisdizionalità della questione, proprio perché lo Stato, negando l'erogazione di un servizio sanitario o negando la fornitura di un farmaco necessario per mantenere non solo la salute, ma la vita di un determinato individuo, nega a tale individuo i diritti costituzionalmente garantiti alla salute e alla vita.

Così, nella misura in cui il diritto alla salute abbraccia una vasta gamma di possibilità, che non sempre sono soddisfatte dallo Stato attraverso il Sistema Sanitario Unificato, ci troviamo di fronte, in Brasile, ad un alto tasso di giudizializzazione del diritto alla salute.

I dati del Consiglio Nazionale di Giustizia mostrano che in Brasile sono in corso più di 520.000 cause legali relative alla realizzazione del diritto costituzionale alla salute (pubblica e integrativa)[11], che vanno dall'assistenza medica, all'assistenza ospedaliera e all'effettuazione di visite e interventi chirurgici, alla fornitura di farmaci.

Di fronte a questo aumento esponenziale del fenomeno della giudizializzazione della salute, la Corte dei Conti Federale *ha effettuato um'ispezione volta a individuare il profilo, il volume e l'impatto dei contenziosi in materia*

[10] Aith, Fernando. **Curso de direito sanitário – A proteção do direito à saúde no Brasil.** São Paulo: Quartier Latin, 2007. p. 72.

[11] Disponibile in: https://paineisanalytics.cnj.jus.br/single/?appid=a6dfbee4-bcad-4861-98ea-4b5183e29247&sheet=87ff247a-22e0-4a66-ae83-24fa5d92175a&opt=ctxmenu,currsel. Accesso a 28.07.2023.

di sanità pubblica, nonché a indagare sulla operato del Ministero della Salute e di altri organi ed enti dei tre rami dello Stato per mitigare gli effetti negativi della giudizializzazione.[12] L'ispezione è sfociata in una sentenza con una serie di raccomandazioni al Ministero della Salute al fine di minimizzare gli impatti della crescente giudizializzazione della salute.

In ottemperanza alla sentenza e alle linee guida scaturite dalla suddetta ispezione della Corte Federale dei Conti, il Ministero della Salute ha emanato l'Ordinanza 2.566 del 2017, che ha istituito il Nucleo di Giudiziaria per organizzare e promuovere l'adempimento degli adempimenti di legge all'interno del Ministero della Salute.

Il Consiglio Nazionale di Giustizia, a sua volta, ha istituito il Nucleo Tecnico di Supporto alla Magistratura, vista l'esigenza dei giudici di specializzarsi in materia di accesso alla salute, con l'obiettivo di aiutarli nella motivazione delle decisioni, consentendo loro di ascoltare i dirigenti SUS prima di concedere provvedimenti giudiziari urgenti o non urgenti al fine di utilizzare ragionevolezza ed efficienza nelle decisioni.[13]

Qui è necessario tornare sulla questione dell'elenco dei farmaci a disposizione della popolazione, l'Elenco nazionale dei farmaci essenziali (RENAME), che per vari motivi finisce per non consegnare medicinali, per problemi logistici, di offerta, finanziari e anche politici . Tali situazioni finiscono per legittimare la giudizializzazione dell'accesso alla salute, ipotesi in cui la Magistratura è chiamata ad attuare il diritto costituzionale che non era garantito dall'Esecutivo.

Um'altra situazione in cui la Magistratura è chiamata a far valere il diritto alla salute – ed è quella che più ci interessa ai fini di questo articolo – si verifica quando un certo farmaco di provata efficacia non è ancora disponibile nell'Elenco nazionale dei farmaci essenziali Medicinali, vuoi perché le burocrazie nazionali non sono state ancora rispettate, vuoi perché il farmaco ha un costo elevato e la sua disponibilità non è approvata da organismi tecnici, come la Commissione Nazionale per l'Incorporazione della Tecnologia nel Sistema Sanitario Unificato (noto come CONITEC).[14]

[12] Disponibile in: https://portal.tcu.gov.br/biblioteca-digital/auditoria-operacional-sobre-judicializacao-da-saude.htm. Accesso a 29.07.2023.

[13] Istituito in ottemperanza alla Raccomandazione n. 31/2010 e Delibera n. 238/2016 – successivamente modificato dalla Delibera n. 388/2021.

[14] Istituito in virtù del Decreto n. 7.646 del 2011, il COMITEC è un organo collegiale permanente il cui obiettivo è quello di consigliare il Ministero della salute sui compiti relativi

Tuttavia, anche se il medicinale non è standardizzato per la distribuzione da parte del Sistema Sanitario Unificato, lo Stato può essere tenuto a fornirlo. Questa è l'interpretazione della Cassazione federale: "l'elenco del Sistema sanitario unificato non è l'unico parametro da considerare per valutare la necessità di fornire un farmaco in un caso specifico, che dipende dalla valutazione medica".[15]

A sua volta, la Corte Superiore di Giustizia ha firmato una tesi basata sulla ripercussione generale, in Tema ripetitivo 106[16], che la determinazione della fornitura di farmaci non integrati dal Sistema Sanitario Unificato richiede la presenza cumulativa dei seguenti requisiti:

- Prova, mediante motivata e circostanziata relazione medica rilasciata dal medico che assiste il paziente, dell'indispensabilità o della necessità del farmaco, nonché dell'inefficacia, per la cura della malattia, dei farmaci erogati dal Sistema Unico Sanitario;
- Incapacità finanziaria di sostenere il costo del farmaco prescritto;
- Esistenza della registrazione presso l'Agenzia Nazionale di Sorveglianza Sanitaria del medicinale, osservando gli usi autorizzati dall'Agenzia.

Inoltre, è di esclusiva competenza del medico monitorare il paziente per determinare il trattamento e il farmaco prescritto[17], e non è possibile per il Potere Pubblico limitare l'indicazione medica.

In merito alla questione di bilancio per sostenere (o no) l'assistenza giudiziale di un determinato contenzioso in materia sanitaria, si evidenzia che, nell'anno 2023, il bilancio del Ministero della Salute per l'erogazione pubblica di servizi sanitari, è previsto in BRL 183,79 miliardi[18], che com-

all'analisi e alla predisposizione di studi di valutazione delle domande di incorporazione, estensione dell'uso, esclusione o alterazione delle tecnologie sanitarie; e nella costituzione o modifica di Protocolli Clinici e Linee Guida Terapeutiche. Disponibile in: chrome-extension://efaidnbmnnnibpcajpcglclefindmkaj/https://www.gov.br/saude/pt-br/composicao/sectics/daf/rename/20210367-rename-2022_final.pdf. Accesso a 31.07.2023.

15 ARE 977190, 2ª Turma, Relator Ministro Ricardo Lewandowski, 22/11/2016.

16 REsp 1657156, Relator Ministro Benedito Gonçalves, 25/04/2018. Disponibile in: https://processo.stj.jus.br/repetitivos/temas_repetitivos/pesquisa.jsp?novaConsulta=true&tipo_pesquisa=T&cod_tema_inicial=106&cod_tema_final=106. Accesso a 31.07.2023.

17 Delibera n. 1.246/88 del Consiglio Federale di Medicina.

18 Disponibile in: https://portaldatransparencia.gov.br/orgaos-superiores/36000-ministerio-da-saude. Accesso a 29.07.2023.

prende la spesa totale prevista non solo per l'erogazione diretta di servizi sanitari da parte dello Stato, ma anche per l'adempimento di ordinanze giudiziarie in materia.

Nel 2022, il budget per l'area sanitaria era di 155,50 miliardi di BRL, di cui sono stati utilizzati 136,41 miliardi di BRL[19]. Nel 2021, il budget era di 189,41 miliardi di BRL, di cui 161,44 miliardi di BRL sono stati eseguiti.[20] Nel 2020, il budget era di 187,51 miliardi di BRL, con 150,46 miliardi di BRL eseguiti.[21] Infine, nel 2019, il budget per l'area sanitaria era di 127,07 miliardi di BRL, con 114,18 miliardi di BRL utilizzati. Cioè, negli ultimi cinque anni, il portafoglio sanitario non ha utilizzato completamente le risorse previste. Non vale, quindi, l'argomento dell'impossibilità del Potere Pubblico a far fronte alle pretese giudiziali per l'erogazione dei servizi sanitari.

L'interpretazione costituzionale in Magistratura è ferma secondo cui la garanzia del diritto alla salute del cittadino deve prevalere sull'onere economico imposto al Potere Pubblico per l'erogazione del servizio necessario. *Presunti limiti di bilancio del Potere Pubblico non possono essere gestiti se collidono direttamente con il diritto alla vita, contro il diritto sociale all'accesso integrale alla salute e contro la dignità essenziale della persona umana.*[22]

2.1. Argomento di studio

Ai fini del presente articolo, presentiamo l'azione giudiziaria n. 5016834-35.2022.4.03.6100, pendente dinanzi al 25º Tribunale civile federale di San Paolo. Gli atti si riferiscono alla domanda in cui l'attore, che ha una malattia genetica chiamata fibrosi cistica (CID E84.9)[23], chiede all'Unione Federale di pagare i farmaci non forniti dal Sistema Sanitario Unificato.

[19] Disponibile in: https://portaldatransparencia.gov.br/funcoes/10-saude?ano=2022. Accesso a 31.07.2023.

[20] Disponibile in: https://portaldatransparencia.gov.br/funcoes/10-saude?ano=2021. Accesso a 31.07.2023.

[21] Disponibile in: https://portaldatransparencia.gov.br/funcoes/10-saude?ano=2020. Accesso a 31.07.2023.

[22] Apelação n. 0018786-81.2015.4.03.6100. Rel. Des. Nelson dos Santos. TRF3. DJF 05.06.2020.

[23] Malattia genetica autosomica recessiva causata da mutazioni nei geni che codificano la proteina del regolatore di conduttanza del cloruro transmembrana (CFTR). Il difetto impedisce il passaggio degli ioni cloruro attraverso la membrana in diversi gradi, causando disidratazione e aumento della viscosità delle secrezioni mucose, favorendo l'ostruzione delle vie aeree, dei dotti intrapancreatici, dei dotti seminiferi e delle vie biliari. È una malattia che colpisce diversi organi e sistemi, principalmente l'apparato respiratorio e l'apparato

È un farmaco chiamato TRIKAFTA (elexacaflor/tezacahor/ivacaftor), innovativo nella cura della malattia, senza simili sostituti, con studi di efficacia molto avanzati rispetto al farmaco previsto per la cura della stessa malattia dal Sistema Sanitario Unificato.[24]

Detto medicinale è prodotto negli Stati Uniti d'America, essendo stato approvato dalla Amministrazione alimentare e farmaceutica (noto come Food and Drug Administration) a marzo 2020 ed è considerato costo elevato, con trattamento per un anno al costo medio di BRL 2.000.000,00 (in media US $ 400.000,00)[25].

Il farmaco in questione è stato approvato dall'Agenzia Nazionale di Sorveglianza Sanitaria (agenzia nota come ANVISA in Brasile[26]) nel marzo 2022,[27] tuttavia, non vi è ancora alcuna decisione, da parte degli organi competenti, in merito alla sua inclusione nell'elenco dei farmaci da fornire gratuitamente e universalmente ai pazienti da parte del Sistema Sanitario Unificato, con parere favorevole a quello della Commissione nazionale di incorporazione Tecnologie nel Sistema Unico Sanitario (CONITEC)[28].

È importante evidenziare l'Azione civile pubblica n. 0021921-14.2009.403.6100 proposto dall'Ufficio del Pubblico Ministero Federale

digerente, con l'interessamento polmonare responsabile della maggiore morbilità e mortalità dei pazienti.

[24] L'analisi dell'Istituto per la revisione clinica ed economica così affermato: "as an extreme scenario analysis, we evaluated Trikafta as a curative therapy and found that the cost-effectiveness ratio of lifetime therapy with Trikafta continued to far exceed commonly used cost-effectiveness thresholds even under the assumption that it mainained individuals with CF in normal health such that They never experienced any symptoms or complications of CF". Disponibile in: https://icer.org/news-insights/press-releases/cf_evidence_report_2020/ Accesso a 28.07.2023.

[25] Disponibile in: https://www.drugs.com/price-guide/trikafta. Accesso a 28.07.2023.

[26] L'Agenzia Nazionale di Sorveglianza Sanitaria (conosciuta in Brasile come ANVISA), creata nel 1999, è um'autarchia in regime speciale con lo scopo di "promuovere la protezione della salute della popolazione, attraverso il controllo sanitario della produzione e del consumo di prodotti e servizi soggetti a sorveglianza sanitaria, inclusi gli ambienti, i processi, gli input e le tecnologie ad essi correlati, nonché il controllo di porti, aeroporti, frontiere e aree doganali. Disponibile in: https://www.gov.br/anvisa/pt-br/acessoainformacao/institucional. Accesso a 31.07.2023.

[27] Disponibile in: https://www.gov.br/anvisa/pt-br/assuntos/medicamentos/novos-medicamentos-e-indicacoes/trikafta-r-elexacaftor-tezacaftor-ivacaftor-novo-registro. Accesso a 28.07.2023.

[28] Disponibile in: https://www.gov.br/conitec/pt-br/midias/reuniao_conitec/2023/Pauta121ReuniaoMedicamentos.pdf. Accesso a 28.07.2023.

contro il Governo Federale, lo Stato di San Paolo e il Comune di San Paolo, con lo scopo di ordinare ai Convenuti, tra le altre misure, di fornire gratuitamente tutti gli input di farmaci per il trattamento efficace di fibrosi cistica e il finanziamento di ogni e qualsiasi spesa, anche se i relativi fattori produttivi e farmaci devono essere importati in modo da soddisfare le reali esigenze delle persone con fibrosi cistica, le pretese sono state accolte in una decisione confermata dalla Federal Regional Corte e definitiva e inappellabile.

Nel caso in esame, il paziente, Attore della domanda, dimostra agli atti di avere la malattia, che gli sono stati prescritti i farmaci necessari da un medico competente, ed è obbligo dello Stato fornire la migliore assistenza sanitaria all'Attore, corollario legale. È stata inoltre dimostrata la gravità dello stato di salute dell'Autore, l'efficacia del farmaco e l'urgenza nell'erogazione del farmaco a garanzia della salute dell'Autore.

Ricevuta la richiesta, il magistrato incaricato di trattare la pratica, determina chiarimenti da parte del Nucleo di Supporto Tecnico della Magistratura, con una serie di quesiti di carattere tecnico circa la necessità dell'Autore/paziente del farmaco richiesto. Con parere favorevole, il giudice a quo ha disposto l'immediata consegna del medicinale, per il periodo iniziale di sei mesi, quando il paziente dovrà portare agli atti la prova dell'efficacia del medicinale. Di provata efficacia, il magistrato ha determinato il mantenimento della fornitura del farmaco a tempo indeterminato, e il paziente deve presentare una nuova prescrizione medica ogni sei mesi, a seguito della determinazione del comma 3 dell'articolo 7 dell'Ordinanza 2.566 del 2017.

Tale provvedimento è stato emesso in data 14 settembre 2023, con la determinazione di citare in giudizio l'Unione Federale per ottemperanza, nonché il Coordinamento del Team Sinistri Sanitari[29] per l'adozione delle misure necessarie per l'effettivo approvvigionamento del medicinale. Ha inoltre determinato il mandato di comparizione del Ministero della Salute e della Segreteria della Scienza, della Tecnologia, dell'Innovazione e degli Input Strategici in Sanità, attraverso il Coordinamento Generale delle Componenti Specializzate dell'Assistenza Farmaceutica e il Coordinamento Generale dell'Assistenza Farmaceutica e dei Medicinali Strategici. Tutti gli avvisi sono stati trasmessi elettronicamente.

29 Oggi con attribuzioni trasferite al Dipartimento di Gestione dei Sinistri in Giurisprudenza in Sanità del Ministero della Salute.

La decisione di concedere le ingiunzioni preliminari è stata confermata in una sentenza, attualmente pendente sul ricorso presentato dal Governo Federale.

È interessante notare che il farmaco oggetto di questo studio non è commercializzato in Brasile, essendo prodotto e commercializzato negli Stati Uniti d'America, quindi, per ottemperare all'ordine del tribunale, il Ministero della Salute deve procedere all'acquisizione di il farmaco in quel paese e la consegna direttamente al paziente nel luogo da lui indicato.

Il farmaco è stato effettivamente consegnato nel gennaio 2023, quattro mesi dopo il provvedimento di concessione, proprio a causa della burocrazia di acquisizione del farmaco all'estero da parte del Ministero della Salute e consegna a domicilio del paziente. Tuttavia, è stato somministrato periodicamente, dato che, dopo sei mesi di utilizzo del farmaco, il paziente ha mostrato un miglioramento significativo, a riprova del requisito stipulato in tribunale, per cui è stato continuato fino ad oggi.

Pertanto, il ruolo della magistratura nell'attuazione del diritto costituzionale alla salute è di vitale importanza, garantendo ai cittadini l'accesso a cure e farmaci all'avanguardia, anche se forniti e prodotti fuori dal Paese. Il Ministero della Salute, a sua volta, è anche garante del diritto alla salute, in quanto efficientemente, attraverso le proprie segreterie, risponde agli ordini giudiziari, quando richiesto, espletando la procedura per l'acquisto di farmaci all'estero, come nel caso qui narrato.

Conclusioni

Come verificato, il diritto alla salute in Brasile è garantito dalla Costituzione Federale, a tutti integralmente e gratuitamente, trovando sostegno nella legislazione infracostituzionale e in varie risoluzioni. Tuttavia, nonostante la grande innovazione rappresentata dalla creazione del Sistema Sanitario Unificato, la realizzazione del diritto alla salute deve ancora affrontare molte sfide.

L'erogazione dei servizi sanitari pubblici è ancora carente, tanto che vi è una crescente giurisprudenza delle questioni connesse a tale disposizione, visto che la Magistratura finisce per porre rimedio alle eventuali carenze e ordinare all'ente competente, con forza coercitiva, di erogare un determinato servizio sanitario.

È evidente la necessità di adeguare l'efficacia del diritto fondamentale alla salute alle previsioni di bilancio. Tuttavia, al bilancio non può essere attribuito lo status di diritto fondamentale. Allo stesso modo, i diritti sociali non possono essere soggetti alla riserva del possibile, quando c'è una minaccia al diritto alla vita.

Inoltre, come sopra spiegato, la cosiddetta riserva del possibile riserva del possibile, utilizzata per il mancato rispetto di una determinata prestazione sanitaria, esige un certo grado di impossibilità, che non si riscontra nel caso del Ministero della Salute, in quanto come negli ultimi cinque anni, il budget previsto per la cartella non è stato interamente utilizzato.

Si precisa che, a fronte del fenomeno della giudizializzazione della salute, la stessa Magistratura, oltre che il Ministero della Salute, ha creato diversi meccanismi con lo scopo di verificare se il caso specifico si adatti effettivamente al trattamento proposto e ha determinato criteri oggettivi per essere analizzati per l'accoglimento della domanda, con modalità non solo per ridurre la giudizializzazione della salute, ma affinché, nella necessaria proporzione tra diritti individuali e diritti collettivi, la decisione del magistrato abbia la massima sicurezza tecnica possibile al fine di attuare il diritto costituzionale alla salute.

Si conclude, pertanto, che il diritto individuale alla salute deve imporsi all'ordine pubblico nazionale ed essere garantito per via giudiziale quando sussistano tutti i requisiti di fatto e tecnici previsti dal Ministero della salute e dalle Corti superiori.

Riferimenti

AITH, Fernando. **Curso de direito sanitário – A proteção do direito à saúde no Brasil.** São Paulo: Quartier Latin, 2007.

BERCOVICI, Gilberto. **Constituição Econômica e Desenvolvimento: uma leitura a partir da Constituição de 1988**. São Paulo: Malheiros, 2005.

BUCCI, Maria Paula Dallari. **Fundamentos para uma teoria jurídica das políticas públicas.** São Paulo: Saraiva, 2013.

BUCCI, Maria Paula Dallari; DUARTE, Clarice Seixas. **Judicialização da saúde: a visão do poder executivo**. São Pauli: Saraiva, 2017.

DALLARI, Sueli Gandolfi, NUNES JUNIOR, Vidal Serrano. **Direito sanitário**. São Paulo: Editora Valentim, 2010.

FABRETTI, Fernanda Massad de Aguiar. **A regulação estatal e o controle judicial da saúde suplementar como fatores de efetivação do direito à saúde: direito social e do consumidor.** São Paulo: D'Plácido, 2022.

LADEIRA, Fernando de Oliveira Domingues. **Regulação Estatal e assistência privada à saúde: liberdade de iniciativa e responsabilidade social na saúde suplementar**. Belo Horizonte: Fórum, 2012.

PINSKY, Jaime, PINSKY, Carla Bassanezi. **História da Cidadania.** 4 ed. São Paulo: Contexto, 2008.

SILVA, Rodrigo Alberto Correia da. **Regulamentação econômica da saúde.** São Paulo: LCTE, 2008.

10
A PROTEÇÃO DE DIREITOS DIFUSOS E COLETIVOS NO BRASIL

Nelson Nery Junior

A Itália aprovou em abril de 12.4.2019 a Lei n. 31, que acrescentou o Título VIII-*bis* ao Código de Processo Civil (arts.840-*bis* a art. 840-*sexiesdecies*, disciplinando o processo coletivo.

O Brasil tem um sistema de ações coletivas desde 1985, quando fez aprovar a Lei da Ação Civil Pública (LACP), Lei n. 7347, de 24.7.1985, que trata da ação coletiva para proteção dos direitos difusos e coletivos nela enumerados.[30]

A CF de 1988 previu como atribuição do Ministério Público, a a) instauração do inquérito civil, procedimento administrativo destinado à colheita de eventuais provas de autoria e materialidade para propiciar o ajuizamento responsável da (b) ação civil pública na defesa de direitos difusos e coletivos (CF 129 III).

Em 1990 o Código de Defesa do Consumidor (CDC – Lei n. 8078, de 11.9.1990), criou uma terceira categoria de direitos metaindividuais, que denominou *direitos individuais homogêneos* (por terem origem comum), permitindo que fossem defendidos também por ação coletiva (CDC 81 parágrafo único III e 82).

[30] **LACP: " Art. 1º** *Regem-se pelas disposições desta Lei, sem prejuízo da ação popular, as ações de responsabilidade por danos morais e patrimoniais causados*: **I** – *ao meio-ambiente*; **II** – *ao consumidor;* **III** – *a bens e direitos de valor artístico, estético, histórico, turístico e paisagístico;* **IV** – *a qualquer outro interesse difuso ou coletivo;* **V** – *por infração da ordem econômica;* **VI** – *à ordem urbanística;* **VII** – *à honra e à dignidade de grupos raciais, étnicos ou religiosos;* **VIII** – *ao patrimônio público e social*"

Assim, a ação coletiva no Brasil passou a ter como objeto de defesa em juízo, os direitos difusos, coletivos e individuais homogêneos.

Além do processo e procedimento coletivo previstos na LACP, é aplicável também às ações coletivas *tout court*, a parte processual do CDC (arts. 81 a 103), conforme determina a LACP 21.

Assim, podemos dizer que o *sistema normativo do processo coletivo* no Brasil é composto de disposições previstas na CF, na LACP e na parte processual do CDC. Este sistema se aplica a todas as espécies de ações coletivas.

No sistema processual da ação coletiva brasileira há previsão de instauração de inquérito civil pelo MP (CF 129 III e LACP 8º § 1º), de *legitimatio ad causam* ativa do MP e de associações de classe (LACP 5º e CDC 82), de tutela de urgência, de competência, de inversão do ônus da prova (CDC 6º VIII), de sentença condenatória genérica para que prejudicados possam habilitar-se em liquidação de sentença (CDC 95), possibilidade de recurso de apelação sem efeito suspensivo (LACP 14), litispendência entre ação coletiva e ação individual, coisa julgada coletiva, conforme se trate de sentença sobre direitos difusos e individuais homogêneos (eficácia *erga omnes* da sentença – LACP 103 I e III) ou sobre direitos coletivos (eficácia *ultra partes* da sentença – LACP 103 II), bem como de isenção de custas processuais e de honorários de sucumbência (LACP 18).

A experiência brasileira é extremamente rica no tema do processo coletivo, como demonstram a literatura jurídica e a jurisprudência do País.

Vamos tratar de um dos aspectos do processo coletivo brasileiro.

A LACP 1º IV, quando trata das ações de responsabilidade civil por danos morais e patrimoniais causados a interesses qualificados como difusos ou coletivos, faz expressa referência a esses dois termos (*difuso* e *coletivo*), mas não menciona outra expressão, consagrada pela doutrina, qual seja, "*direitos individuais homogêneos*", categoria que surgiu posteriormente, em 1990, com o advento do Código de Defesa do Consumidor – L 8078/1990 (CDC 81 par. ún. III).

Nada obstante a LACP 1º IV faça referência exclusivamente aos direitos difusos e coletivos, se aplicam as disposições processuais da LACP, bem como do Título III do CDC, às *ações coletivas* que visam a proteção de outros direitos, como os que ostentam natureza individual e homogênea[31]. Como

[31] Já tivemos a oportunidade de salientar: "***Direitos individuais homogêneos.*** *Nada obstante a norma comentada mencione apenas os direitos difusos e coletivos, aplicam-se as disposições processuais*

essas hipóteses ensejam pretensões dedutíveis por meio de ação coletiva, proposta por quaisquer dos legitimados da LACP 5º e CDC 82, o procedimento aplicável para esses casos é o da LACP e do CDC.

Pelo CDC 90[32], são aplicáveis às ações fundadas no sistema do CDC as disposições processuais da LACP. Do mesmo modo, são aplicáveis às ações ajuizadas com fundamento na LACP as disposições processuais que encerram todo o Tít. III do CDC.

Há, portanto, perfeita sintonia e interação entre os dois sistemas processuais para a defesa dos direitos difusos, coletivos e individuais homogêneos. Referidos aspectos tornam-se interessantes para a discussão do tema *legitimação*.

A dicotomia *legitimação ordinária / legitimação extraordinária*, da qual a substituição processual é espécie, é consideração que deve ser feita a respeito de processo individual. Neste caso faz sentido dizer-se que somente pode postular em juízo o titular, ou quem se afirma titular do direito material em causa (legitimação ordinária) e que a legitimação outorgada pela lei a outrem para, em nome próprio, defender direito **determinado** de outrem é extraordinária, configurando hipótese de substituição processual (CPC 18).

Mas no processo coletivo não tem sentido essa consideração, pois a principiologia que o inspira e condiciona é ***distinta*** daquela do processo individual. Daí não ser próprio afirmar-se que a legitimação para a defesa de direitos difusos e coletivos em juízo seria caso de substituição processual. Aqui, no processo coletivo, a dicotomia ordinária/extraordinária não tem cabida. Somente se substitui processualmente pessoa certa e determinada; não se pode "substituir" pessoas indetermináveis ou a coletividade, ainda que determinável.

da LACP, bem como do Título III do CDC, às ações coletivas que versem sobre outros direitos individuais homogêneos (...)" – Nelson Nery Junior e Rosa Maria de Andrade Nery. **Leis Constitucionais Comentadas e Anotadas**. São Paulo: Revista dos Tribunais, 2019, coment. 23 LACP 1º IV, p. 191.

[32] *"**1. Aplicação do CPC.** Sendo norma geral e ordinária de direito processual civil, o CPC seria aplicável a qualquer processo, e não apenas ao do consumidor, ainda que não houvesse dispositivo expresso remetendo as lacunas para que fossem por ele preenchidas. Vale ressaltar que a menção a "Código de Processo Civil" que consta deste dispositivo deve considerar-se feita à L 13105/15, a partir de sua entrada em vigor, em vista do disposto no CPC 1046 §4º. V. CPC 15. **2. Aplicação da LACP.** A recíproca é também verdadeira. As normas processuais do CDC são aplicáveis às ações que versem sobre direitos difusos e coletivos em geral"* (Nelson Nery Junior e Rosa Maria de Andrade Nery. **Leis Civis Comentadas.** 5ª ed., São Paulo: Thomson Reuters/Revista dos Tribunais, 2019, coment. 1 e 2 CDC 90, p. 610).

Somente na terceira categoria dos direitos metaindividuais (individuais homogêneos), quando defendidos coletivamente (CDC 81 par. ún. III)[33], é que se poderia falar em *substituição processual*, pois nesse caso há, efetivamente, substituição de pessoas certas e determinadas, que são os titulares efetivos dos direitos materiais individuais homogêneos defendidos coletivamente pelos legitimados da LACP 5º, CDC 82 e outros dispositivos legais semelhantes.

A teoria geral do direito processual civil coletivo distingue duas situações bem específicas, quando cuida da legitimidade *ad causam* para o manejo, em juízo, de direitos ditos "*metaindividuais*":

a) Em as ações civis públicas que se voltam para a tutela de direitos difusos e coletivos, cuida-se de identificar para o autor da ação o que se denomina *legitimação autônoma para a condução do processo* (*selbständige Prozeßführungsbefugnis*[34]), espécie de legitimação ordinária, se tivéssemos que compará-la com a legitimidade ativa do processo civil individual.
b) Quando a ação coletiva vier endereçada para a tutela de *direitos individuais homogêneos* (CDC 81 par. ún. III), dá-se hipótese de substituição processual, isto é, legitimação extraordinária: a lei autoriza as pessoas e entidades enumeradas no CDC 82 e na LACP 5º, a – em nome próprio, como autoras da ação coletiva – defender direito alheio, de pessoas certas e determinadas. Somente se substitui pessoa certa.

[33] *"**Direitos individuais homogêneos.** (...) A grande novidade trazida pelo CDC no particular foi permitir que esses direitos individuais pudessem ser defendidos coletivamente em juízo. Não se trata de pluralidade subjetiva de demandas (litisconsórcio), mas de uma única demanda, coletiva, objetivando a tutela dos titulares dos direitos individuais homogêneos"* (Nelson Nery Junior e Rosa Maria de Andrade Nery. **Leis Civis Comentadas.** 5ª ed., São Paulo: Thomson Reuters/Revista dos Tribunais, 2019, coment. 13 CDC 81, p. 592).

[34] Sobre o tema: *"**Legitimação autônoma para a condução do processo. Ação coletiva para a defesa de direitos difusos ou coletivos.** A legitimidade para a defesa dos direitos difusos e coletivos em juízo não é extraordinária (substituição processual), mas sim legitimação autônoma para a condução do processo (selbständige Prozeßführungsbefugnis): a lei elegeu alguém para a defesa de direitos porque seus titulares não podem individualmente fazê-lo"* (Nelson Nery Junior e Rosa Maria de Andrade Nery. **Leis Civis Comentadas.** 5ª ed., São Paulo: Thomson Reuters/Revista dos Tribunais, 2019, coment. 4 CDC 82, p. 596).

Para a defesa *coletiva* de direitos individuais, o CDC 81 par. ún. III criou a figura dos *direitos individuais homogêneos*, direitos esses que podem ser defendidos por ação coletiva, como vem expresso no CDC 82 *caput* (*"para os fins do CDC 81 par. ún."*) e legitimou associações civis a propor ação coletiva, **desde que tenham a previsão da defesa desses direitos em seus estatutos associativos** (CDC 82 IV) e que se trate efetivamente de defesa de direitos *individuais homogêneos*.

O Ministro Maurício Corrêa foi muito feliz ao destacar o ponto importante de interesse para a prova do *direito individual homogêneo*, cuja defesa a lei permite seja realizada por *ação coletiva*:

> "Direitos ou interesses homogêneos são os que têm a mesma origem comum (CDC 81 III [*rectius*: CDC 81 par.ún. III]), constituindo-se em subespécie de direitos coletivos. Quer se afirme interesses coletivos ou particularmente interesses homogêneos, *stricto sensu*, ambos estão cingidos a uma **mesma base jurídica**, sendo coletivos, explicitamente dizendo, porque são relativos a grupos, categorias ou classes de pessoas, que, conquanto digam respeito às pessoas isoladamente, não se classificam como direitos individuais para o fim de ser vedada a sua defesa em ação civil pública, porque sua concepção finalística destina-se à proteção desses grupos, categorias ou classe de pessoas".[35]

Ocorre que, mesmo a "*origem comum*" pode não ser suficiente para caracterizar a homogeneidade. Noutras palavras, por exemplo: havendo o consumo de um produto potencialmente lesivo, pode inexistir homogeneidade de direitos entre um titular vitimado exclusivamente por esse consumo e outrem, cujas condições lhe causariam dano independentemente da utilização do produto.

Será então necessário aferir a aplicabilidade, ao sistema brasileiro, do critério adotado nas *class actions* norte-americanas da "prevalência da dimensão do coletivo sobre a individual – ou seja,

> *"a prevalência das questões de fato e de direito individuais sobre as coletivas faz com que os interesses sejam heterogêneos, sendo em consequência inadmissível a ação coletiva em análise, que supõe a existência do requisito da homogeneidade"*[36].

[35] STF, Pleno, RE 163231-SP, rel. Min. Maurício Corrêa, j. 26.2.1997, v.u., DJU 29.6.2001, p. 55.

[36] Ada Pellegrini Grinover e outros. **Código Brasileiro de Defesa do Consumidor: comentados pelos autores do anteprojeto: direito material e processo coletivo.** *Volume único*, 12ª ed., Rio de Janeiro: Forense, 2019, p. 889.

A confusão, repita-se, deve-se à falta de técnica, *maxima venia concessa*, da Suprema Corte, ao nominar incorretamente de "ação coletiva ordinária", a **ação individual** promovida por várias pessoas, em *litisconsórcio facultativo.simples*,[37] para a defesa de direitos heterogêneos, regida pelo Código de Processo Civil, diploma processual esse que **não** trata de ação coletiva.[38 e 39]

[37] *Facultativo* quanto à obrigatoriedade ou não de sua formação; *simples* quanto ao resultado da demanda no plano do direito material. Sobre os diversos tipos de litisconsórcio e os critérios para sua classificação, ver Nelson Nery Junior e Rosa Maria de Andrade Nery. **Código de Processo Civil Comentado**. 21ª ed. São Paulo: Thomson Reuters/Revista dos Tribunais, 2023, coment. 2 CPC 114, p. 439; coments. CPC 116, pp. 452 ss.

[38] O único dispositivo do projeto de lei aprovado pelo Congresso Nacional, que dispunha sobre tema relacionado ao processo coletivo, não se encontra vigente no direito positivo brasileiro, pois foi vetado pela Presidente da República. Este era o teor do texto vetado: "**Art. 333.** *Atendidos os pressupostos da relevância social e da dificuldade de formação do litisconsórcio, o juiz, a requerimento do Ministério Público ou da Defensoria Pública, ouvido o autor, poderá converter em coletiva a ação individual que veicule pedido que:* **I** – *tenha alcance coletivo, em razão da tutela de bem jurídico difuso ou coletivo, assim entendidos aqueles definidos pelo art. 81, parágrafo único, incisos I e II, da Lei n. 8078, de 11 de setembro de 1990 (Código de Defesa do Consumidor), e cuja ofensa afete, a um só tempo, as esferas jurídicas do indivíduo e da coletividade;* **II** – *tenha por objetivo a solução de conflito de interesse relativo a uma mesma relação jurídica plurilateral, cuja solução, por sua natureza ou por disposição de lei, deva ser necessariamente uniforme, assegurando-se tratamento isonômico para todos os membros do grupo.* **§ 1º** *Além do Ministério Público e da Defensoria Pública, podem requerer a conversão os legitimados referidos no art. 5º da Lei n. 7347, de 24 de julho de 1985, e no art. 82 da Lei n. 8078, de 11 de setembro de 1990 (Código de Defesa do Consumidor).* **§ 2º** A conversão não pode implicar a formação de processo coletivo para a tutela de direitos individuais homogêneos. **§ 3º** *Não se admite a conversão, ainda, se:* **I** – *já iniciada, no processo individual, a audiência de instrução e julgamento; ou* **II** – *houver processo coletivo pendente com o mesmo objeto; ou* **III** – *o juízo não tiver competência para o processo coletivo que seria formado.* **§ 4º** *Determinada a conversão, o juiz intimará o autor do requerimento para que, no prazo fixado, adite ou emende a petição inicial, para adaptá-la à tutela coletiva.* **§ 5º** *Havendo aditamento ou emenda da petição inicial, o juiz determinará a intimação do réu para, querendo, manifestar-se no prazo de 15 (quinze) dias.* **§ 6º** *O autor originário da ação individual atuará na condição de litisconsorte unitário do legitimado para condução do processo coletivo.* **§ 7º** *O autor originário não é responsável por nenhuma despesa processual decorrente da conversão do processo individual em coletivo.* **§ 8º** *Após a conversão, observar-se-ão as regras do processo coletivo.* **§ 9º** *A conversão poderá ocorrer mesmo que o autor tenha cumulado pedido de natureza estritamente individual, hipótese em que o processamento desse pedido dar-se-á em autos apartados.* **§ 10.** *O Ministério Público deverá ser ouvido sobre o requerimento previsto no* caput, *salvo quando ele próprio o houver formulado.*" (Mensagem n. 56, de 16.3.2015 – DOU 17.3.2015).

[39] Ficaria, ainda, mais evidente essa diferença, se tivesse sido aprovado o **CPC 333**, pois tratava de converter a ação individual ajuizada em litisconsórcio facultativo-simples em ação coletiva, a indicar que não são a mesma coisa e que o CPC trata de ação individual e o CDC/LACP tratam de ação civil pública ou coletiva. O *nomen iuris* "ação coletiva ordinária", cunhado pelo STF é incorreto do ponto de vista doutrinário e legal e traz confusão do ponto de vista

A ação de que fala a Suprema Corte, nominando-a de "ação coletiva ordinária", **não é coletiva**, mas ação individual, que deve ser processada e julgada segundo o regime jurídico do CPC.

Ao apreciar o acima referido RE 612043-PR[40], o STF determinou que, havendo ação coletiva de rito ordinário (*rectius*: ação individual em litisconsórcio), ajuizada na defesa de interesses dos associados, ela alcançaria apenas e tão somente os filiados da respectiva associação, *in verbis*:

> "A eficácia subjetiva da coisa julgada formada a partir de ação coletiva, de rito ordinário, ajuizada por associação civil na defesa de interesses dos associados, somente alcança os filiados, residentes no âmbito da jurisdição do órgão julgador, que o fossem em momento anterior ou até a data da propositura da demanda, constantes da relação jurídica juntada à inicial do processo de conhecimento".

A solução dada pelo STF ao julgar o mérito do RE 612043-PR, **não foi de ação civil pública ou coletiva**, mas de ação individual, pois limitou os efeitos da coisa julgada aos associados constantes da lista juntada aos autos com a petição inicial. Se fosse ação coletiva, a coisa julgada seria de eficácia *erga omnes* (LACP 16)[41] e não limitada às pessoas (associados) constantes do rol juntado com a inicial.

A exigência da juntada do rol de associados que se beneficiariam da sentença proferida na "ação coletiva ordinária" (*rectius*: ação individual em litisconsórcio) aplica-se ao caso em estudo e, o mais importante, **qualifica esta demanda como individual.**

da prática do direito processual, razão pela qual não pode ser prestigiado. Melhor ficarmos com a lei e a técnica e nominarmos essa ação de *individual*.

[40] STF, Pleno, RE 612043-PR, rel. Min. Marco Aurélio, j. 6.6.2018, m.v., DJUe 6.6.2018.

[41] **LACP: "Art. 16.** *A sentença civil fará coisa julgada erga omnes, exceto se a ação for julgada improcedente por deficiência de provas, hipótese em que qualquer legitimado poderá intentar outra ação com idêntico fundamento, valendo-se de nova prova*". É a redação que está vigendo, pois o STF, ao declarar a inconstitucionalidade da **LACP 16** com a redação que lhe fora dada pelo **art. 2º da L 9494/1997**, afirmou que teria havido repristinação da redação anterior. Na verdade não houve repristinação, circunstância vedada pela **LINDB 2º § 3º**, mas restauração da redação originária pelos efeitos da sentença de declaração *in abstracto* da inconstitucionalidade da redação de 1997. Esses efeitos são, quanto a) à *essência*, de **nulidade** da lei declarada inconstitucional e, quanto b) ao *tempo*, **retroativos**, isto, é, de eficácia *ex tunc*, retroagindo à dada da lei inconstitucional. Nula a lei (L 9494/1997), é como se nunca tivesse existido. Por isso a redação originária está em vigor, mas não porque teria havido repristinação (STF, Pleno, RE 1101937-SP, rel. Min Alexandre de Moraes, j. 8.4.2021, m.v., DJUe 14.6.2021 – **Tema 1075 RG**).

À luz do entendimento do STF, estabeleceu-se que nas "ações coletivas ordinárias" (*rectius*: ações individuais em litisconsórcio), a associação agiria por representação de seus filiados e a coisa julgada teria sua eficácia subjetiva restrita aos associados que integrassem a lide desde o início da demanda, vale dizer, de associados cujos nomes constam do rol que foi juntado com a petição inicial.

Para as hipóteses de ações coletivas *stricto sensu* (*rectius*: ações civis públicas ou ações coletivas), *e.g.*, mandado de segurança coletivo, o regime de atuação da associação seria de substituição processual; consequentemente, a eficácia subjetiva da coisa julgada, nesses casos, não ficaria adstrita ao disposto na L 9494/97 2º-A,[42] mas os limites subjetivos da coisa julgada seriam *erga omnes*, vale dizer, os efeitos da *auctoritas rei iudicatæ* atingiriam todos os que estivessem na mesma posição jurídica, associados ou não.[43]

A conclusão é a seguinte: o direito de ação, qualificado como direito fundamental das associações, pela CF 5.º XXI, portanto, se exerceindividualmente e em litisconsórcio: não se trata de ação civil pública ou coletiva, que *in casu* é inadmissível.

Abreviaturas

CDC – Código de Defesa do Consumidor (Lei n. 8078, de 11.9.1990)
CF – Constituição da República Federativa do Brasil (de 5.10.1988)
CPC – Código de Processo Civil (Lei n. 13105, de 18.3.2015)
DJU – Diário da Justiça da União
DJUe – Diário da Justiça da União eletrônico

[42] **L 9.494/1997:** "**Art. 2º-A.** *A sentença civil prolatada em ação de caráter coletivo proposta por entidade associativa, na defesa dos interesses e direitos dos seus associados, abrangerá apenas os substituídos que tenham, na data da propositura da ação, domicílio no âmbito da competência territorial do órgão prolator.* **Parágrafo único.** *Nas ações coletivas propostas contra a União, os Estados, o Distrito Federal, os Municípios e suas autarquias e fundações, a petição inicial deverá obrigatoriamente estar instruída com a ata da assembleia da entidade associativa que a autorizou, acompanhada da relação nominal dos seus associados e indicação dos respectivos endereços*" (Artigo e parágrafo incluídos pela Medida Provisória n. 2180-35, de 24.8.2001, DOU 27.8.2001, MedProv que se encontra em vigor).

[43] STF, RE 573232-SC, rel. Min. Ricardo Lewandowski [vencido], rel. p/ o ac. min. Marco Aurélio, j. 15.5.2014, m.v. (vencidos os Mins. Ricardo Lewandowski, Joaquim Barbosa e Cármen Lúcia), DJUe 19.9.2014 (**Tema 82 da RG**). A tese fixada no julgamento do mérito do RE é do seguinte teor: "**I** – *A previsão estatutária genérica não é suficiente para legitimar a atuação, em Juízo, de associações na defesa de direitos dos filiados, sendo indispensável autorização expressa, ainda que deliberada em assembleia, nos termos do artigo 5º, inciso XXI, da Constituição Federal;* **II** – *As balizas subjetivas do título judicial, formalizado em ação proposta por associação, são definidas pela representação no processo de conhecimento, limitada a execução aos associados apontados na inicial*".

DOU – Diário Oficial da União
LACP – Lei da Ação Civil Pública (Lei n. 7347, de 25.7.1985)
LINDB – Lei de Introdução às Normas do Direito Brasileiro (Decreto-lei n. 4657, de 4.9.1942)
MP – Ministério Público
MedProv – Medida Provisória
m.v. – maioria de votos
RE – Recurso Extraordinário
REsp – Recurso Especial
RG – Repercussão Geral
STF – Supremo Tribunal Federal
STJ – Superior Tribunal de Justiça
v.u. – votação unânime

Referências

Nery Junior, Nelson; Andrade Nery, Rosa Maria de. **Código de Processo Civil Comentado.** 21ª ed. São Paulo: Thomson Reuters/Revista dos Tribunais, 2023.

_______________.**Leis Constitucionais Comentadas e Anotadas**. São Paulo: Revista dos Tribunais, 2019.

_______________. **Leis Civis Comentadas**. 5ª ed., São Paulo: Thomson Reuters/Revista dos Tribunais, 2019.

Pellegrini Grinover Ada et. al. **Código Brasileiro de Defesa do Consumidor: comentados pelos autores do anteprojeto: direito material e processo coletivo**. *Volume único*. 12ª ed., Rio de Janeiro: Forense, 2019.

10
LA PROTEZIONE DEI DIRITTI DIFFUSI E COLLETTIVI IN BRASILE

Nelson Nery Junior

L'Italia ha approvato il 12.4.2019 la Legge n. 31, che ha aggiunto il Titolo VIII-*bis* al Codice di procedura civile (art. 840-*bis* ad art. 840-*sexiesdecies*, disciplinando il procedimento collettivo.

Il Brasile ha un sistema di azioni collettive dal 1985, quando ha fatto approvare la Legge sull'Azione Civile Pubblica (LACP), Legge n. 7347, del 24.7.1985, che tratta dell'azione collettiva per la protezione dei diritti diffusi e collettivi ivi elencati.[1]

La CF del 1988 ha previsto, come attribuzione del Pubblico Ministero, (a) l'instaurazione dell'indagine civile, procedimento amministrativo volto a raccogliere eventuali prove di attribuzione e materialità per propiziare il deposito responsabile della (b) azione civile pubblica in difesa dei diritti diffusi e collettivi (CF 129 III).

Nel 1990, il Codice di Difesa del Consumatore (CDC – Legge n. 8078, dell'11.9.1990), ha creato una terza categoria di diritti meta-individuali, che ha denominato *diritti individuali omogenei* (perché hanno un'origine comune), consentendo loro di essere difesi anche per azione collettiva (CDC 81 comma unico III e 82).

[1] **LACP: "Art. 1º** *Sono regolate dalle disposizioni di questa Legge, fatta salva l'azione popolare, le azioni di responsabilità per danni morali e patrimoniali causati*: **I** – *all'ambiente*; **II** – *al consumatore*; **III** – *ai beni e diritti di valore artistico, estetico, storico, turistico e paesaggistico*; **IV** – *a qualsiasi altro interesse diffuso o collettivo*; **V** – *per infrazione dell'ordine economico*; **VI** – *all'ordine urbanistico*; **VII** – *all'onore e alla dignità di gruppi razziali, etnici o religiosi*; **VIII** – *al patrimonio pubblico e sociale*"

In questo modo, l'azione collettiva in Brasile ha iniziato ad avere come oggetto di difesa in giudizio i diritti diffusi, collettivi e individuali omogenei.

Oltre al processo e al procedimento collettivo previsti nella LACP, è applicabile anche alle azioni collettive *tout court*, la parte procedurale del CDC (artt. 81 a 103), come determinato dalla LACP 21.

Pertanto, possiamo dire che il *sistema normativo del processo collettivo* in Brasile è composto da disposizioni previste nella CF, nella LACP e nella parte procedurale del CDC. Questo sistema si applica a tutti i tipi di azioni collettive.

Nel sistema procedurale dell'azione collettiva brasiliana è prevista l'instaurazione di un'indagine civile da parte del MP (CF 129 III e LACP 8º § 1º), di *legitimatio ad causam* attiva del MP e delle associazioni di classe (LACP 5º e CDC 82), di tutela di urgenza, di competenza, di inversione dell'onere della prova (CDC 6º VIII), di sentenza di condanna generica affinché le parti pregiudicate possano qualificarsi nella liquidazione della sentenza (CDC 95), possibilità di ricorso di appello senza effetto sospensivo (LACP 14), litispendenza tra azione collettiva e azione individuale, cosa giudicata collettiva, a seconda che si tratti di sentenza su diritti diffusi e individuali omogenei (efficacia *erga omnes* della sentenza – LACP 103 I e III) o su diritti collettivi (efficacia *ultra partes* della sentenza – LACP 103 II), nonché di esenzione dalle spese processuali e dagli onorari di soccombenza (LACP 18).

L'esperienza brasiliana è estremamente ricca in materia di processo collettivo, come dimostrano la letteratura giuridica e la giurisprudenza del Paese.

Trattiamo di uno degli aspetti del processo collettivo brasiliano.

La LACP 1º IV, quando tratta delle azioni di responsabilità civile per danni morali e patrimoniali causati a interessi qualificati come diffusi o collettivi, fa espresso riferimento a questi due termini (*diffuso* e *collettivo*), ma non menziona un'altra espressione, consacrata dalla dottrina, cioè "*diritti individuali omogenei*", categoria emersa successivamente, nel 1990, con l'avvento del Codice di Difesa del Consumatore – L 8078/1990 (CDC 81 co. un. III).

Nonostante la LACP 1º IV si riferisca esclusivamente ai diritti diffusi e collettivi, si applicano le disposizioni procedurali della LACP, nonché del Titolo III del CDC, alle *azioni collettive* che mirano alla protezione di altri diritti, come quelli di natura individuale e omogenea[2]. Dato che tali ipotesi danno luogo a pretese deducibili mediante azione collettiva, proposta da qualsiasi dei soggetti legittimi della LACP 5º e del CDC 82, la procedura applicabile per questi casi è quella della LACP e del CDC.

Secondo il CDC 90[3], sono applicabili alle azioni fondate sul sistema del CDC le disposizioni procedurali della LACP. Allo stesso modo, sono applicabili alle azioni depositate con fondamento sulla LACP le disposizioni procedurali che racchiudono l'intero Tit. III del CDC.

Vi è, quindi, perfetta sintonia e interazione tra i due sistemi processuali per la difesa dei diritti diffusi, collettivi e individuali omogenei. Tali aspetti diventano interessanti per la discussione del tema *legittimazione.*

La dicotomia *legittimazione ordinaria/legittimazione straordinaria*, di cui la sostituzione processuale è una specie, è una considerazione che va fatta riguardo al processo individuale. In tal caso, ha senso dire che solo il titolare, o chi afferma di essere titolare del diritto materiale in esame (legittimazione ordinaria) può postulare in giudizio e che la legittimazione attribuita dalla legge ad altro per, a proprio nome, difendere un **determinato** diritto altrui è straordinaria, configurando un'ipotesi di sostituzione processuale (CPC 18).

Ma nel processo collettivo non ha senso questa considerazione, in quanto l'insieme di principi che lo ispira e lo condiziona è ***diverso*** da quello del processo individuale. Pertanto, non è appropriato affermare che la legittimazione alla difesa dei diritti diffusi e collettivi in giudizio sia un caso di

[2] Abbiamo già avuto occasione di segnalare: *"**Diritti individuali omogenei.** Nonostante la norma commentata menzioni soltanto i diritti diffusi e collettivi, si applicano le disposizioni procedurali della LACP, nonché del Titolo III del CDC, alle azioni collettive che trattano di altri diritti individuali omogenei (...)"* – Nelson Nery Junior e Rosa Maria de Andrade Nery. **Leis Constitucionais Comentadas e Anotadas**. São Paulo: Revista dos Tribunais, 2019, coment. 23 LACP 1º IV, p. 191.

[3] *"**1. Applicazione del CPC.** Essendo norma generale e ordinaria di diritto processuale civile, il CPC sarebbe applicabile a qualsiasi processo, e non solo a quello del consumatore, anche se non vi fosse espressa disposizione che riferisse le lacune affinché fossero colmate da essa. Va osservato che la menzione del "Codice di Procedura Civile" in tale disposizione deve ritenersi fatta alla L 13105/15, sin dalla sua entrata in vigore, in vista di quanto previsto dal CPC 1046 §4º. V. CPC 15. **2. Applicazione della LACP.** Anche la reciproca è vera. Le norme procedurali del CDC sono applicabili alle azioni che trattano dei diritti diffusi e collettivi in generale"* (Nelson Nery Junior e Rosa Maria de Andrade Nery. **Leis Civis Comentadas**. 5ª ed., São Paulo: Thomson Reuters/Revista dos Tribunais, 2019, coment. 1 e 2 CDC 90, p. 610).

sostituzione processuale. Qui, nel processo collettivo, la dicotomia ordinaria/straordinaria non rientra. Si sostituisce processualmente soltanto una persona certa e determinata; non si possono "sostituire" persone indeterminabili o la collettività, anche se determinabile.

Solo nella terza categoria dei diritti meta-individuali (individuali omogenei), quando difesi collettivamente (CDC 81 co. un. III)[4], si può parlare di ***sostituzione processuale***, poiché in tal caso vi è, effettivamente, la sostituzione di persone certe e determinate, che sono i titolari effettivi dei diritti materiali individuali omogenei difesi collettivamente dai soggetti legittimi della LACP 5º, del CDC 82 e di altre disposizioni legali analoghe.

La teoria generale del diritto processuale civile collettivo distingue due situazioni ben specifiche, quando si occupa della legittimità *ad causam* per il maneggio, in giudizio, dei diritti detti "*meta-individuali*":

a) Nelle azioni civili pubbliche volte alla tutela dei diritti diffusi e collettivi, si ha cura di individuare per l'attore dell'azione quella che si denomina *legittimazione autonoma alla conduzione del processo* (*selbständige Prozeßführungsbefugnis*[5]), una specie di legittimazione ordinaria, se dovessimo confrontarla con la legittimità attiva del processo civile individuale.
b) Quando l'azione collettiva viene indirizzata verso la tutela dei *diritti individuali omogenei* (CDC 81 co. un. III), si dà un'ipotesi di sostituzione processuale, cioè la legittimazione straordinaria: la legge autorizza le persone e gli enti elencati nel CDC 82 e nella LACP 5º a –, in nome proprio, come autori dell'azione collettiva – difendere

[4] "***Diritti individuali omogenei.*** *(...) La grande novità apportata dal CDC in particolare è stata quella di consentire la difesa collettiva di questi diritti individuali in giudizio. Non si tratta di una pluralità soggettiva di rivendicazioni (litisconsorzio), ma di un'unica rivendicazione, collettiva, mirando alla tutela dei titolari dei diritti individuali omogenei*" (Nelson Nery Junior e Rosa Maria de Andrade Nery. **Leis Civis Comentadas.** 5ª ed., São Paulo: Thomson Reuters/Revista dos Tribunais, 2019, coment. 13 CDC 81, p. 592).

[5] Sul tema: "***Legittimazione autonoma alla conduzione del processo. Azione collettiva per la difesa dei diritti diffusi o collettivi.*** *La legittimazione alla difesa dei diritti diffusi e collettivi in giudizio non è straordinaria (sostituzione processuale), ma legittimazione autonoma alla conduzione del processo (selbständige Prozeßführungsbefugnis): la legge ha eletto qualcuno per la difesa dei diritti perché i suoi titolari non possono individualmente farlo*" (Nelson Nery Junior e Rosa Maria de Andrade Nery. **Leis Civis Comentadas.** 5ª ed., São Paulo: Thomson Reuters/Revista dos Tribunais, 2019, coment. 4 CDC 82, p. 596).

i diritti altrui, di persone certe e determinate. Si sostituisce solo la persona certa.

Per la difesa *collettiva* dei diritti individuali, il CDC 81 co. un. III ha creato la figura dei *diritti individuali omogenei*, diritti che possono essere difesi per **azione collettiva**, come espresso nel CDC 82 *caput* (*"ai fini del CDC 81 co. un."*) e ha legittimato le associazioni civili a proporre azione collettiva, **a condizione che abbiano la previsione della difesa di tali diritti nei loro statuti associativi** (CDC 82 IV) e che si tratti effettivamente della difesa dei diritti *individuali omogenei*.

Il Ministro Maurício Corrêa è stato molto abile nell'evidenziare il punto importante di interesse per la prova del *diritto individuale omogeneo*, la cui difesa la legge consente di svolgere per *azione collettiva*:

> "Diritti o interessi omogenei sono quelli che hanno la stessa origine comune (CDC 81 III [*rectius*: CDC 81 co. un. III]), costituendo una sottospecie dei diritti collettivi. Anche se si affermano interessi collettivi o particolarmente interessi omogenei, *stricto sensu*, entrambi sono vincolati dalla stessa base giuridica, essendo collettivi, esplicitamente dicendo, perché relativi a gruppi, categorie o classi di persone, che, pur riguardando le persone isolatamente, non si classificano come diritti individuali al fine di vietarne la difesa in un'azione civile pubblica, in quanto la loro concezione finalistica si destina alla protezione di tali gruppi, categorie o classi di persone".[6]

Si dà il caso che anche "*l'origine comune*" potrebbe non essere sufficiente per caratterizzare l'omogeneità. In altre parole, ad esempio: essendoci il consumo di un prodotto potenzialmente nocivo, può inesistere omogeneità di diritti tra un titolare vittima esclusivamente di quel consumo e un altro, le cui condizioni gli arrecherebbero danno indipendentemente dall'utilizzo del prodotto.

Sarà quindi necessario valutare l'applicabilità, al sistema brasiliano, del criterio adottato nelle *class actions* nordamericane della "prevalenza della dimensione collettiva su quella individuale – cioè "*la prevalenza delle questioni di fatto e di diritto individuali su quelle collettive fa sì che gli interessi siano*

[6] STF, Grande Sezione, RE 163231-SP, rel. Min. Maurício Corrêa, g. 26.2.1997, v.u., DJU 29.6.2001, p. 55.

eterogenei, essendo di conseguenza inammissibile l'azione collettiva in esame, che suppone l'esistenza del requisito dell'omogeneità"[7].

La confusione, va ripetuto, è dovuta alla mancanza di tecnica, *maxima venia concessa,* della Suprema Corte, nel nominare scorrettamente "azione collettiva ordinaria", l'**azione individuale** promossa da diverse persone, in*litisconsorzio facoltativo-semplice,*[8] per la difesa dei diritti eterogenei, disciplinata dal Codice di Procedura Civile, diploma processuale che **non** tratta di azione collettiva.[9 e 10]

[7] Ada Pellegrini Grinover et al. **Código Brasileiro de Defesa do Consumidor: comentados pelos autores do anteprojeto: direito material e processo coletivo.** *Volume único,* 12ª ed., Rio de Janeiro: Forense, 2019, p. 889.

[8] *Facoltativo* quanto all'obbligatorietà o meno della sua formazione; *semplice* quanto al risultato della rivendicazione nell'ambito del diritto materiale. Sui diversi tipi di litisconsorzio e sui criteri per la loro classificazione, vedere Nelson Nery Junior e Rosa Maria de Andrade Nery. **Código de Processo Civil Comentado**. 21ª ed., São Paulo: Thomson Reuters/Revista dos Tribunais, 2023, coment. 2 CPC 114, p. 439; coment. CPC 116, pp. 452 ss.

[9] L'unica disposizione del disegno di legge approvato dal Congresso Nazionale, che trattava un tema relativo al processo collettivo, non si trova in vigore nel diritto positivo brasiliano, in quanto è stato posto il veto da parte del Presidente della Repubblica. Questo era il contenuto del testo con il veto: "**Art. 333.** *Soddisfatti i presupposti della rilevanza sociale e della difficoltà di formazione del litisconsorzio, il giudice, su richiesta del Pubblico Ministero o della Pubblica Difesa, sentito l'attore, potrà convertire in collettiva l'azione individuale che veicoli richiesta che:* **I** – *abbia portata collettiva, in ragione della tutela di un bene giuridico diffuso o collettivo, così intesi quelli definiti dall'art. 81, comma unico, capi I e II, della Legge n. 8078, dell'11 settembre 1990 (Codice di Difesa del Consumatore), e la cui violazione colpisce, contemporaneamente, le sfere giuridiche dell'individuo e della collettività;* **II** – *abbia per oggetto la soluzione del conflitto di interessi relativo a uno stesso rapporto giuridico plurilaterale, la cui soluzione, per sua natura o per disposizione di legge, deva essere necessariamente uniforme, assicurando trattamento isonomico a tutti i componenti del gruppo.* **§ 1º** *Oltre al Pubblico Ministero e alla Pubblica Difesa, possono richiedere la conversione i soggetti legittimi riferiti nell'art. 5º della Legge n. 7347, del 24 luglio 1985, e nell'art. 82 della Legge n. 8078, dell'11 settembre 1990 (Codice di Difesa del Consumatore).* **§ 2º** La conversione non può implicare la formazione di un processo collettivo per la tutela dei diritti individuali omogenei. **§ 3º** *Non si ammette la conversione, inoltre, se:* **I** – *già iniziata, nel processo individuale, l'udienza di istruzione e giudizio; o* **II** – *vi è un processo collettivo pendente con lo stesso oggetto; o* **III** – *il giudice non è competente per il processo collettivo che sarebbe formato.* **§ 4º** *Determinata la conversione, il giudice convocherà l'attore della richiesta affinché, entro il termine fissato, modifichi o emendi la petizione iniziale, al fine di adeguarla alla tutela collettiva.* **§ 5º** *In caso di modifica o emenda della petizione iniziale, il giudice determinerà la citazione dell'imputato a manifestarsi, se lo desidera, entro il termine di 15 (quindici) giorni.* **§ 6º** *L'attore originario dell'azione individuale attuerà nella condizione di litisconsorte unitario della parte legittimata alla conduzione del processo collettivo.* **§ 7º** *L'attore originario non è responsabile delle spese processuali derivanti dalla conversione del processo individuale in collettivo.* **§ 8º** *Dopo la conversione si osserveranno le regole del processo collettivo.* **§ 9º** *La conversione potrà avvenire anche*

L'azione di cui parla la Suprema Corte, nominandola "azione collettiva ordinaria", **non è collettiva**, ma un'azione individuale, che deve essere processata e giudicata secondo il regime giuridico del CPC.

Nel valutare il suddetto RE 612043-PR[11], l'STF ha stabilito che, essendoci azione collettiva di rito ordinario (*rectius*: azione individuale in litisconsorzio), depositata a difesa degli interessi degli associati, raggiungerebbe solo gli affiliati della rispettiva associazione, *in verbis*:

> "*L'efficacia soggettiva della cosa giudicata formata a partire da un'azione collettiva, di rito ordinario, depositata da un'associazione civile in difesa degli interessi degli associati, raggiunge solo gli affiliati, residenti nell'ambito della giurisdizione dell'organo giudicante, che lo fossero in momento precedente o fino alla data di deposito della domanda, inclusi nella relazione giuridica annessa alla petizione iniziale del processo conoscitivo*".

La soluzione data dall'STF in sede di giudizio di merito del RE 612043-PR **non è stata l'azione civile pubblica o collettiva**, ma l'azione individuale, in quanto ha limitato gli effetti della cosa giudicata agli associati inclusi nell'elenco allegato al fascicolo con la petizione iniziale. Se fosse un'azione collettiva, la cosa giudicata avrebbe efficacia *erga omnes* (LACP 16)[12] e non sarebbe limitata alle persone (associati) incluse nell'elenco allegato alla petizione iniziale.

se l'attore ha accumulato richiesta di natura strettamente individuale, nel qual caso l'elaborazione di tale richiesta avverrà in fascicoli separati. **§ 10** *Il Pubblico Ministero dovrà essere sentito sulla richiesta prevista dal* caput, *tranne quando egli stesso l'abbia formulata.*" (Messaggio n. 56, del 16.3.2015 – DOU 17.3.2015).

[10] Sarebbe ancora più evidente questa differenza, se fosse stato approvato il **CPC 333**, in quanto tentava di convertire l'azione individuale promossa in litisconsorzio facoltativo-semplice in un'azione collettiva, indicando che non sono la stessa cosa e che il CPC tratta di azione individuale e CDC/LACP trattano di azione civile pubblica o collettiva. Il *nomen iuris* "azione collettiva ordinaria", coniato dall'STF, è scorretto dal punto di vista dottrinale e legale e porta confusione dal punto di vista della prassi del diritto processuale, ragion per cui non può essere utilizzato. Meglio attenersi alla legge e alla tecnica e nominare questa azione *individuale*.

[11] STF, Grande Sezione, RE 612043-PR, rel. Min. Marco Aurélio, g. 6.6.2018, m.v., DJUe 6.6.2018.

[12] **LACP: "Art. 16.** *La sentenza civile sarà cosa giudicata erga omnes, salvo che l'azione sia respinta per insufficienza di prove, nel qual caso qualsiasi soggetto legittimo potrà proporre un'altra azione sullo stesso fondamento, utilizzando nuove prove*". È la formulazione che vige, in quanto l'STF, nel dichiarare l'incostituzionalità della **LACP 16** con la formulazione ad essa data dall'**art. 2º della L 9494/1997**, ha affermato che vi sarebbe stato il ripristino della formulazione precedente.

L'esigenza di iscrizione all'elenco degli associati che beneficerebbero della sentenza emessa nell' "azione collettiva ordinaria" (*rectius*: azione individuale in litisconsorzio) si applica al caso in esame e, soprattutto, **qualifica tale rivendicazione come individuale.**

Alla luce dell'intesa dell'STF, è stato stabilito che nelle "azioni collettive ordinarie" (*rectius*: azioni individuali in litisconsorzio), l'associazione agirebbe per rappresentazione dei suoi affiliati e la cosa giudicata avrebbe la sua efficacia soggettiva ristretta agli associati che integrassero la controversia dall'inizio della rivendicazione, cioè associati i cui nomi figurano nell'elenco che è stato allegato alla petizione iniziale.

Per le ipotesi di azioni collettive *stricto sensu* (*rectius*: azioni civili pubbliche o azioni collettive), *es.*, atto di mandamus collettivo, il regime di attuazione dell'associazione sarebbe quello della sostituzione processuale; di conseguenza, l'efficacia soggettiva della cosa giudicata, in tali casi, non sarebbe ristretta alle disposizioni della L 9494/97 2º-A,[13] ma i limiti soggettivi della cosa giudicata sarebbero *erga omnes*, cioè gli effetti dell'*auctoritas rei iudicatæ* raggiungerebbero tutti coloro che si trovassero nella stessa posizione giuridica, associati o meno.[14]

Infatti non vi è stato ripristino, circostanza vietata dalla **LINDB 2º § 3º**, ma il recupero della formulazione originaria per gli effetti della sentenza di dichiarazione *in abstracto* dell'incostituzionalità della formulazione del 1997. Tali effetti sono, quanto a) all'*essenza*, di **nullità** della legge dichiarata incostituzionale e, quanto b) al *tempo*, **retroattivi**, cioè di efficacia *ex tunc*, retroattiva alla data della legge incostituzionale. La legge nulla (L 9494/1997) è come se non fosse mai esistita. Perciò la formulazione originale è in vigore, ma non perché vi sarebbe stato un ripristino (STF, Grande Sezione, RE 1101937-SP, rel. Min Alexandre de Moraes, g. 8.4.2021, m.v., DJUe 14.6.2021 – **Tema 1075 RG**).

[13] **L 9.494/1997:** "**Art. 2º-A.** *La sentenza civile pronunciata in un'azione a carattere collettivo proposta da un ente associativo, a difesa degli interessi e dei diritti dei suoi associati, riguarderà solo i sostituiti che abbiano, alla data del deposito dell'azione, domicilio nell'ambito della competenza territoriale dell'organo emittente.* **Comma unico.** *Nelle azioni collettive proposte contro l'Unione, gli Stati, il Distretto Federale, i Comuni e le loro autarchie e fondazioni, la petizione iniziale dovrà, obbligatoriamente, essere corredata con il verbale dell'assemblea dell'ente associativo che l'ha autorizzata, accompagnata dall'elenco nominale dei suoi associati e dall'indicazione dei rispettivi indirizzi*" (Articolo e comma inseriti dalla Misura Provvisoria n. 2180-35, del 24.8.2001, DOU 27.8.2001, MedProv che si trova in vigore).

[14] STF, RE 573232-SC, rel. Min. Ricardo Lewandowski [respinto], rel. per il giud. min. Marco Aurélio, g. 15.5.2014, m.v. (respinti i Mins. Ricardo Lewandowski, Joaquim Barbosa e Cármen Lúcia), DJUe 19.9.2014 (**Tema 82 della RG**). La tesi fissata nel giudizio di merito del RE è la seguente: "**I** – *La previsione statutaria generica non è sufficiente a legittimare l'attuazione, in Giudizio, delle associazioni a difesa dei diritti degli affiliati, essendo indispensabile l'autorizzazione espressa, anche se deliberata in assemblea, ai sensi dell'articolo 5º, capo XXI, della Costituzione Federale;* **II** – *Le finalità*

La conclusione è la seguente: il diritto di azione, qualificato come diritto fondamentale delle associazioni, dalla CF 5º XXI, quindi, è esercitato **individualmente e in litisconsorzio**: non si tratta di un'azione civile pubblica o collettiva, che *in casu* è inammissibile.

Abbreviazioni

CDC – Codice di Difesa del Consumatore (Legge n. 8078, dell'11.9.1990)
CF – Costituzione della Repubblica Federativa del Brasile (del 5.10.1988)
CPC – Codice di Procedura Civile (Legge n. 13105, del 18.3.2015)
DJU – Giornale della Giustizia dell'Unione
DJUe – Giornale della Giustizia dell'Unione elettronico
DOU – Giornale Ufficiale dell'Unione
LACP – Legge sull'Azione Civile Pubblica (Legge n. 7347, del 25.7.1985)
LINDB – Legge di Introduzione alle Norme del Diritto Brasiliano (Decreto-legge n. 4657, del 4.9.1942)
MP – Pubblico Ministero
MedProv – Misura Provvisoria
m.v. – maggioranza dei voti
RE – Ricorso Straordinario
REsp – Ricorso Speciale
RG – Ripercussione Generale
STF – Supremo Tribunale Federale
STJ – Superiore Tribunale di Giustizia
v.u. – votazione unanime

Riferimenti

Nery Junior, Nelson; Andrade Nery, Rosa Maria de. **Código de Processo Civil Comentado.** 21ª ed. São Paulo: Thomson Reuters/Revista dos Tribunais, 2023.

______________**.Leis Constitucionais Comentadas e Anotadas.** São Paulo: Revista dos Tribunais, 2019.

______________. **Leis Civis Comentadas.** 5ª ed., São Paulo: Thomson Reuters/Revista dos Tribunais, 2019.

Pellegrini Grinover Ada et. al. **Código Brasileiro de Defesa do Consumidor: comentados pelos autores do anteprojeto: direito material e processo coletivo.** *Volume único.* 12ª ed., Rio de Janeiro: Forense, 2019.

soggettive del titolo giudiziale, formalizzato in un'azione proposta da un'associazione, sono definite dalla rappresentazione nel processo conoscitivo, limitata all'esecuzione degli associati indicati nella petizione iniziale".

PARTE 3

BIOPOLÍTICA E PROTEÇÃO DOS DIREITOS INDIVIDUAIS: O AVANÇO DA TECNOLOGIA E SEU IMPACTO NO DIREITO CIVIL

BIOPOLITICA E TUTELA DEI DIRITTI INDIVIDUALI:
IL PROGRESSO DELLA TECNOLOGIA
E IL SUO IMPATTO SUL DIRITTO CIVILE

11

SISTEMA DE DIREITO CIVIL – TRADIÇÃO E MODERNIDADE. CULTURA CONDUZIDA PELA TECNOLOGIA. FATOR DE *STRESS*?

Rosa Maria Barreto Borriello de Andrade Nery

Desde 2002, com o advento do Código Civil (que chamávamos de novo), o sistema jurídico de direito privado brasileiro acostumou-se a conviver com uma perplexidade, entranhada nas vísceras do sistema jurídico civil, que desafiava nossa latinidade: a curiosa situação de que alguém, alcançado pelo sistema de responsabilidade civil, pudesse responder objetivamente por sua conduta, afastando – principalmente na área contratual –, a necessária verificação de culpa e dolo do agente como causas necessárias do efeito "***dano***".

Até hoje – nesse contexto – os doutrinadores e a jurisprudência encontram dificuldades para compreender a exata extensão do termo "lealdade", pelo confronto de dois importantes princípios fundamentais do direito privado (*autonomia privada* e *boa-fé objetiva*).

O fato é que, todos sabemos, em direito privado (e, também, em direito público CF 37 § 6.º), as obrigações e os deveres decorrem de fatos, de atos e de negócios jurídicos (que abrem espaço para a específica análise de culpa e dolo).

A **vontade**, que se expressa pela **palavra** que vincula, entretanto, abre espaço, também, para a **conduta** do sujeito, que expressa o conduzir-se efetivamente verdadeiro, de acordo com aquilo que prometera.

Se as condutas são desleais, ou se desmentem a função do comportamento expectado, todos sabemos, isto pode acarretar responsabilidade civil.

Por isso, a conhecida expressão "*o contrato obriga*", nós a sabemos muito bem o que significa. Conhecemos porque está muito claro em nossa cultura que a liberdade tem esse poder, de conduzir o sujeito à promessa, promessa vinculante, que obriga.

E a promessa se faz pela palavra.

Entretanto, conhecer e compreender aquela outra expressão, de que "*circunstâncias de fato*" também obrigam – como se passa, por exemplo, quanto ao sentido da célebre expressão, em língua alemã, cunhada por Martin Wolff a propriedade obriga (*Eigentum verpflichtet*) – já não é uma empreitada tão fácil para nós.

Compreender os esquemas lógicos que justificam o vínculo obrigacional a que estamos sujeitos pela palavra, por exemplo, nos coloca em conexão muito fácil com princípios constitutivos do sistema de direito privado, todos eles conhecidos e compreensíveis, ainda que não sejam exaustivos. O mais importante, o princípio da autonomia privada.

Todavia, não se pode dizer a mesma coisa dos esquemas que justificam o vínculo obrigacional (em experiência contratual), a partir de circunstâncias de fato, ainda que invocado o princípio da boa-fé objetiva, porque não é fácil apontar e apurar a responsabilidade de quem se comportou de forma objetivamente disfuncional e causou danos à outra parte.

Para além dessa modernidade conceitual do direito civil, entretanto – modernidade que ainda não foi bem compreendida na interlocução argumentativa do direito privado e dos sistemas de responsabilidade civil objetiva (que no Brasil impera no direito do consumidor, no direito ambiental, na responsabilidade civil do Estado e nas estruturas de responsabilidade civil inspiradas pelo risco, pelas obrigações de resultado e pela lealdade, no sistema do próprio Direito Civil) – três fenômenos novos nos alcançaram na cadência da lógica do discurso jurídico:

A – primeiro, a mudança dos parâmetros de julgamento dos casos civis levados pelos tribunais superiores no Brasil, conforme trazida pelo novo sistema de julgamentos do novo *código de processo civil*, (2015), consistente na formulação de temas numerados indexados (por número e título da matéria) por enunciados abstratos, tirados de julgamentos repetitivos;

B – segundo a combinação desse sistema com a pesquisa feita por meio eletrônico, que mudou o raciocínio e a lógica da argumentação dos jurisdicionados, para o convencimento do juiz e para a fundamentação das sentenças.

C – terceiro, o abandono da palavra como veículo fundamental da intercomunicação dos sujeitos de direito e do convencimento do juiz, além do desapego de estruturas lógicas da língua como arte de bem dizer.

Esses fenômenos mudaram – intencional ou não intencionalmente – os fatores estruturais da *dialética jurídica* e impactam severamente a realidade atual do discurso jurídico.

O primeiro fator: a desnecessidade de a doutrina compreender e dos tribunais aplicarem o *sistema de cláusulas gerais* do Código Civil e do Código do Consumidor, dando (de certa maneira) aos tribunais superiores um poder de "**calar**" o juiz de primeiro grau, pela imposição dos **temas fixados para julgamento**, como o permite o Código de Processo Civil; desnecessidade do enfrentamento doutrinário da matéria e abandono da doutrina; técnica jurídica dos casos com visível afastamento do sistema de *direito civil* (*civil law*) e franca aproximação dos tribunais do sistema conhecido como*common law* e, o que é muito mais grave, com desconexão crescente do que se julga com o sistema do Código Civil e da lei. Perda da ideia de sistema do CC e fomento ao embaralhado de temas de julgamento sem lógica ou sistema.

O segundo fator: prioridade para se encontrar um discurso jurídico que persiga unicamente encontrar parâmetros úteis para o caso de interesse do momento, e encaixar os casos nos "*temas*" que encerram a discussão, ainda que isso fira a lei;

O terceiro fator: desinteresse pelos livros; pela lei; busca desenfreada pelo argumento do que foi julgado e deu ensejo ao *tema*, forçando o argumento de que o caso é igual a outros (já julgados) e que a solução já pronta serve qual uma luva ao caso concreto. Abandono da palavra como veículo do convencimento: a lógica do computador.

À essa alteração **lógica do discurso jurídico,** somada à cadência dos julgamentos ocorridos nas Cortes Superiores do País, se soma, ainda, uma **nova** ocorrência, curiosíssima, preocupante e bombástica.

Os grandes negócios têm sido realizados com o auxílio de **plataformas digitais**, que conectam estruturas de **negócios empresariais e/ou de consumo**, celebradas em **degraus**, mas interligadas na sua sequência econômico-financeira, de sorte que quem pretendeu negociar o primeiro passo, fica dependente da sequência que a plataforma oferece, muito interessante e eficiente, mas –se não aceita-põe de escanteio a possibilidade de negociação do pretendente, criando um seleto grupo **que pode, porque aceita**, e um outro grupo, que **não pode e fica excluído**, porque não aceita, as regras de quem tem o poder de montar o mecanismo estrutural onde cabe a expressão da vontade conforme pré-estabelecida pelo organizador da plataforma, que comanda (e se subordina à) a captação da vontade contratual daquele que ele não conhece, mas é alguém que expressou o desejo da contratação, com o auxílio da lógica digital.

Todos esses fenômenos são fatores de *stress* para a teoria geral dos contratos que tem sido revisitada.

Para além da comunicação da vontade negocial por meio desses mecanismos novos, a facilitação de novas tecnologias (digitação da voz, que se converte em texto; conversão de palavras escritas à mão em texto digital; assinaturas eletrônicas; textos escritos por *chatbots* (*ChatGPT*) para a expressão da vontade negocial prometem mudar a maneira como haveremos de perceber os defeitos dos negócios jurídicos, pois a ideia de erro, dolo, coação, simulação e fraude passou a estar submetida a um processo convulsivo e de transformação.

O tratamento dessas figuras há de ser outro e rapidamente compreendido.

Talvez o "velho" direito civil, com sua incomparável sabedoria, sedimentada em séculos de experiência humana, esteja às ordens da modernidade, para o manejo de instrumentos novos a serviço da lealdade do exercício da atual função institucional da teoria geral do direito civil e, especialmente, da teoria geral do contrato.

Por isso, para além da estrutura de direito privado, que colhe no princípio da autonomia da vontade uma de suas fontes mais caras, são muitos outros os institutos jurídicos que se colocam como mecanismos a serviço da fidelidade da expressão do querer humano, em correspondência com sua capacidade de autodeterminação.

É da natureza e tradição do direito privado a preservação incondicional da capacidade de querer do homem, resguardando-o das ardilosas investidas dos espertos, ou das surpreendentes dificuldades naturais que obstam sua liberdade de querer e de auto-determinar-se. Ou seja. Um dos melhores aspectos do direito privado, talvez, o aspecto mais importante de todo o sistema, que muito tem para oferecer aos outros sistemas de direito, seja mesmo esse: a dogmatização da capacidade de exercício de direitos pelo sujeito, pois a ciência jurídica tem na palavra sua linguagem, sua expressão máxima:

> "A linguagem é o meio com que se exprime a interpretação da norma, seja aquela praticada pelo juiz que as aplicam; seja aquela elaborada pelos estudiosos que fazem disso o assunto de sua ciência – a ciência jurídica".[1]

A palavra é expressão de racionalidade: a humanidade se revela pela palavra. A palavra é a marca fundamental das mais intrincadas conjecturas culturais das ciências humanas. No direito, ela é expressão de presença do sujeito das relações e, especificamente considerada no direito civil; a palavra é veículo e expressão de liberdade e de comprometimento. Não qualquer comprometimento, mas aquele que cria vínculos, obriga e gera submissão coercitiva para quem prometeu e não cumpriu.

Entretanto, essa ideia convive com outra, de igual relevância, pois a boa-fé abre lugar a uma concepção mais elástica das fontes de obrigação e constantemente essas fontes são questionadas, como inidôneas.

Isto tem conexão imediata com uma decorrência especial do vínculo contratual. Não o vínculo jurídico que obriga pela vontade livre e livremente declarada. Não uma obrigatoriedade que se restringe ao que se declarou, ao que se escreveu e ao que foi assinado.

Há em jogo um outro fator de vínculo e esse fator é **objetivo**: um vínculo muito importante, como aquele que pode perceber no momento em que o comportamento da parte é suficiente para gerar uma expectativa (Turco, citando Mengoni, fala de algo *sufficiente ad ingenerare un affidamento*),[2] evidentemente, entendida essa expectativa como a esperança de uma parte contratual de se conduzir lealmente e de esperar da outra igual lealdade.

Surge então uma expectativa de tal relevância jurídica que o princípio da boa-fé objetiva se alça a fator bastante para criar **vínculo obrigacional** e **ponderação** entre interesses, inspirado na proporcionalidade, no equilíbrio, na justa medida.

[1] Roppo, Vicenzo. **Il racconto dela legge**. Milano: Baldini-Castoldi, 2019, p. 169.

[2] Turco, Claudio. **Interesse negativo e responsabilità precontrattuale**. Milano: Giuffè, 1990, cap. II, p. 112.

Por isso também se diz que o princípio da boa-fé favorece a proporcionalidade das relações fomenta a constante aplicação do princípio da proporcionalidade, que é um meta-princípio que opera em situações de conflito e está presente constantemente nas discussões em torno do vínculo negocial, de sua obrigatoriedade e de suas consequências e – ainda muito mais: é um fator de pacificação das relações civis, para esse tempo de tensão e *stress*, de mudança de parâmetros; de influência tecnológica; de discurso jurídico alterado; de comprometimento da palavra; e de cada vez mais exigente anseio pela fidelidade e confiança dos parceiros.

Referências

Roppo, Vincenzo, **Il racconto dela legge**, Milano: Baldini-Castoldi, 2019.

Turco, Claudio. **Interesse negativo e responsabilità precontrattuale**, Milano: Giuffè, 1990

11

SISTEMA DI DIRITTO CIVILE – TRADIZIONE E MODERNITÀ. CULTURA GUIDATA DALLA TECNOLOGIA. FATTORE DI *STRESS*?

Rosa Maria Barreto Borriello de Andrade Nery

Dal 2002, con l'avvento del Codice Civile (che chiamavamo nuovo), il sistema giuridico di diritto privato brasiliano si è abituato a convivere con una perplessità, radicata nelle viscere del sistema giuridico civile, che sfidava la nostra latinità: la curiosa situazione in cui qualcuno, raggiunto dal sistema della responsabilità civile, potrebbe rispondere obiettivamente della propria condotta, escludendo – soprattutto in ambito contrattuale – il necessario accertamento della colpa e del dolo dell'agente quali cause necessarie dell'effetto "***danno***".

Fino ad oggi – in tale contesto – i dottrinari e la giurisprudenza incontrano difficoltà a comprendere l'esatta estensione del termine "lealtà", a causa del confronto di due importanti principi fondamentali del diritto privato (*autonomia privata* e *buona fede oggettiva*).

Il fatto è che, come tutti sappiamo, nel diritto privato (e anche nel diritto pubblico CF 37 § 6º), gli obblighi e i doveri derivano da fatti, atti e negozi giuridici (che aprono spazio all'analisi specifica della colpa e del dolo).

La **volontà**, che si esprime con la **parola** che vincola, però, apre spazio anche alla **condotta** del soggetto, che esprime il condursi effettivamente vero, secondo quanto da lui promesso.

Se le condotte sono sleali, o se smentiscono la funzione del comportamento atteso, lo sappiamo tutti, questo può portare a responsabilità civile.

Perciò la nota espressione "*il contratto obbliga*", sappiamo benissimo cosa significa. Lo sappiamo perché è molto chiaro nella nostra cultura che la libertà ha questo potere di condurre il soggetto alla promessa, promessa vincolante, che obbliga.

E la promessa si fa dalla parola.

Tuttavia, conoscere e comprendere quell'altra espressione, che anche le "*circostanze di fatto*" obbligano – come accade, ad esempio, a proposito del significato della celebre espressione, in lingua tedesca, coniata da Martin Wolff, la proprietà obbliga (*Eigentum verpflichtet*) – non è un'impresa così facile per noi.

Comprendere gli schemi logici che giustificano il vincolo obbligazionario al quale siamo soggetti dalla parola, per esempio, ci mette in facilissima connessione con i principi costitutivi del sistema di diritto privato, tutti noti e comprensibili, anche se non esaustivi. Il più importante, il principio dell'autonomia privata.

Tuttavia, non si può dire la stessa cosa degli schemi che giustificano il vincolo obbligazionario (nell'esperienza contrattuale), a partire da circostanze di fatto, anche se invocato il principio della buona fede oggettiva, perché non è facile indicare e accertare la responsabilità di chi si è comportato in modo oggettivamente disfunzionale e ha causato danni alla controparte.

Al di là di questa modernità concettuale del diritto civile, però – modernità che non è ancora stata ben compresa nell'interlocuzione argomentativa del diritto privato e dei sistemi di responsabilità civile oggettiva (che in Brasile prevale nel diritto dei consumatori, nel diritto dell'ambiente, nella responsabilità civile dello Stato e nelle strutture di responsabilità civile ispirate dal rischio, dalle obbligazioni di risultato e dalla lealtà, nel sistema del Diritto Civile stesso) – tre nuovi fenomeni ci sono pervenuti nella cadenza della logica del discorso giuridico:

A – in primo luogo, la modifica dei parametri di giudizio delle cause civili adottati dai tribunali superiori in Brasile, come portata dal nuovo sistema di giudizi del nuovo *codice di procedura civile*, (2015), consistente nella formulazione di temi numerati indicizzati (per numero e titolo della materia) da enunciati astratti, tratti da giudizi ripetitivi;

B – secondo, la combinazione di tale sistema con la ricerca effettuata elettronicamente, il che ha cambiato il ragionamento e la logica dell'argomentazione di quelli sotto giurisdizione, per il convincimento del giudice e per la motivazione delle sentenze;

C – terzo, l'abbandono della parola come veicolo fondamentale dell'intercomunicazione dei soggetti di diritto e del convincimento del giudice, oltre al distacco dalle strutture logiche della lingua come arte del ben dire.

Questi fenomeni hanno cambiato – intenzionalmente o meno – i fattori strutturali della *dialettica giuridica* e impattano severamente sulla realtà attuale del discorso giuridico.

Il primo fattore: la non necessità che la dottrina comprenda e che i tribunali applichino il *sistema di clausole generali* del Codice Civile e del Codice del Consumatore, dando (in un certo senso) ai tribunali superiori il potere di "**tacere**" il giudice di primo grado, per l'imposizione dei **temi posti a giudizio**, come consentito dal Codice di Procedura Civile; la non necessità del confronto dottrinale della materia e abbandono della dottrina; tecnica giuridica delle cause con visibile allontanamento dal sistema di *diritto civile* (*civil law*) e franco ravvicinamento dei tribunali al sistema detto *common law* e, cosa molto più grave, con una disconnessione crescente di ciò che si giudica con il sistema del Codice Civile e della legge. Perdita dell'idea di sistema del CC e fomento del groviglio di temi di giudizio senza logica o sistema.

Il secondo fattore: priorità per trovare un discorso giuridico che cerchi unicamente di trovare parametri utili per la causa di interesse in quel momento, e inserire le cause nei "*temi*" che chiudono la discussione, anche se questo viola la legge;

Il terzo fattore: disinteresse per i libri; per la legge; ricerca sfrenata dell'argomento di ciò che è stato giudicato e ha dato origine al *tema*, forzando l'argomento che il caso è uguale ad altri (già giudicati) e che la soluzione già pronta calza come un guanto al caso concreto. Abbandono della parola come veicolo del convincimento: la logica del computer.

A questa alterazione **logica del discorso giuridico,** aggiunta alla cadenza dei giudizi avvenuti nelle Corti Superiori del Paese, si aggiunge anche un **nuovo** accadimento, curiosissimo, preoccupante e roboante.

I grandi affari sono stati realizzati con l'ausilio di **piattaforme digitali**, che collegano strutture di **affari imprenditoriali e/o di consumo**, celebrate a **tappe**, ma interconnesse nella loro sequenza economico-finanziaria, in modo che chi intende negoziare il primo passo dipende dalla sequenza che offre la piattaforma, molto interessante ed efficiente, ma – se non accettata – mette da parte la possibilità di negoziazione del richiedente, creando un gruppo selezionato **che può, perché accetta**, e un altro gruppo, che **non può ed è escluso**, perché non accetta le regole di chi ha il potere di istituire il meccanismo strutturale in cui si inserisce l'espressione della volontà come prestabilita dall'organizzatore della piattaforma, che comanda (e si subordina a) la cattura della volontà contrattuale di colui che non conosce, ma è qualcuno che ha espresso il desiderio della contrattazione, con l'ausilio della logica digitale.

Tutti questi fenomeni sono fattori di *stress* per la teoria generale dei contratti che è stata rivisitata.

Al di là della comunicazione della volontà negoziale attraverso questi nuovi meccanismi, la facilitazione di nuove tecnologie (digitazione vocale, che si converte in testo; conversione di parole scritte a mano in testo digitale; firme elettroniche; testi scritti da *chatbot* (*ChatGPT*) per l'espressione della volontà negoziale promettono di cambiare il modo in cui percepiremo i difetti dei negozi giuridici, poiché l'idea di errore, dolo, coercizione, simulazione e frode è diventata soggetta a un processo convulsivo e di trasformazione.

Il trattamento di queste figure dovrà essere diverso e rapidamente compreso.

Forse il "vecchio" diritto civile, con la sua incomparabile sapienza, sedimentata in secoli di esperienza umana, è agli ordini della modernità, per il maneggio di nuovi strumenti al servizio della lealtà dell'esercizio dell'attuale funzione istituzionale della teoria generale del diritto civile e, soprattutto, della teoria generale del contratto.

Perciò, oltre alla struttura del diritto privato, che raccoglie nel principio dell'autonomia della volontà una delle sue fonti più care, vi sono molti altri istituti giuridici che si pongono come meccanismi al servizio della fedeltà dell'espressione del volere umano, in corrispondenza con la sua capacità di autodeterminazione.

Fa parte della natura e della tradizione del diritto privato la preservazione incondizionata della capacità di volere dell'uomo, proteggendolo dagli astuti attacchi dei furbi, o dalle sorprendenti difficoltà naturali che ostacolano la sua libertà di volere e di autodeterminarsi. Cioè. Uno degli aspetti migliori del diritto privato, forse l'aspetto più importante dell'intero sistema, che ha molto da offrire agli altri sistemi del diritto, è proprio questo: la dogmatizzazione della capacità di esercizio dei diritti dal soggetto, poiché la scienza giuridica ha nella parola il suo linguaggio, la sua espressione massima:

"Il linguaggio è il mezzo con cui si esprime l'interpretazione della norma, sia essa praticata dal giudice che la applica; sia essa elaborata dagli studiosi che ne fanno oggetto della loro scienza – la scienza giuridica".[1]

La parola è espressione di razionalità: l'umanità si rivela attraverso la parola. La parola è il segno fondamentale delle più intricate congetture culturali delle scienze umane. Nel diritto, è espressione della presenza del soggetto dei rapporti e, specificatamente considerata nel diritto civile; la parola è veicolo ed espressione di libertà e impegno. Non un impegno qualsiasi, ma quello che crea vincoli, obbliga e genera sottomissione coercitiva per chi ha promesso e non ha mantenuto.

Tuttavia, questa idea convive con un'altra, di pari rilevanza, poiché la buona fede fa spazio a una concezione più elastica delle fonti dell'obbligazione e costantemente queste fonti sono messe in discussione, in quanto inaffidabili.

Questo ha una connessione immediata con una conseguenza speciale del vincolo contrattuale. Non il vincolo giuridico che obbliga per la volontà libera e liberamente dichiarata. Non un obbligo che si limita a quanto dichiarato, a quanto scritto e a quanto firmato.

C'è in gioco un altro fattore di vincolo e questo fattore è **oggettivo**: un vincolo molto importante, come quello che si può percepire nel momento in cui il comportamento della parte è sufficiente ad ingenerare un'aspettativa (Turco, citando Mengoni, parla di qualcosa *sufficiente ad ingenerare un affidamento*),[2] evidentemente, intesa questa aspettativa come la speranza di una parte contrattuale di condursi lealmente e di aspettarsi la stessa lealtà dall'altra.

Sorge, allora, un'aspettativa di tale rilevanza giuridica che il principio della buona fede oggettiva diventa fattore sufficiente a creare **vincolo obbligazionario** e **ponderazione** tra interessi, ispirato alla proporzionalità, all'equilibrio, alla giusta misura.

Perciò si dice anche che il principio della buona fede favorisce la proporzionalità dei rapporti e fomenta la costante applicazione del principio della proporzionalità, che è un meta-principio che opera in situazioni di

[1] Roppo, Vicenzo. **Il racconto dela legge**. Milano: Baldini-Castoldi, 2019, p. 169.

[2] Turco, Claudio. **Interesse negativo e responsabilità precontrattuale**. Milano: Giuffè, 1990, cap. II, p. 112.

conflitto ed è presente costantemente nelle discussioni intorno al vincolo negoziale, del suo obbligo e delle sue conseguenze e – ancora di più: è un fattore di pacificazione dei rapporti civili, per questo tempo di tensione e *stress*, di cambio di parametri; di influenza tecnologica; di discorso giuridico alterato; di impegno della parola; e di un desiderio sempre più esigente per la fedeltà e la fiducia dei partner.

Riferimenti

Roppo, Vincenzo, **Il racconto della legge**, Milano: Baldini-Castoldi, 2019.

Turco, Claudio. **Interesse negativo e responsabilità precontrattuale**, Milano: Giuffè, 1990

12
L'IMPATTO DELLE NUOVE TECNOLOGIE SULLE REGOLE DEL CONTRATTO

Vitulia Ivone

Introduzione

Il tempo presente segnala una stagione nuova per il diritto dei contratti: dopo l'avvento del codice civile del 1942 e della Carta costituzionale del 1948, dopo il lavoro di adeguamento della Corte costituzionale, l'impegno della dottrina e della giurisprudenza, l'avvento delle nuove tecnologie induce il giurista a rivedere le vecchie categorie civilistiche, a ripensare gli strumenti del contratto e costatare la persistenza della loro centralità.

Le stagioni del diritto civile italiano attraversano due secoli di storia, atteso che la storia del diritto civile italiano non si presenta in modo lineare dal punto di vista dei confini della materia, né dal punto di vista delle scansioni temporali, e neppure dal punto di vista del metodo.

Si tratta di decenni di riflessioni operate da autorevoli scuole civilistiche che hanno consegnato nelle mani degli studiosi un patrimonio fecondo per comprendere la storia della cultura giuridica italiana, figlia di vicende politiche e sociali che hanno attraversato l'Italia tracciandone il percorso evolutivo.

Solo la consapevolezza della storia del diritto civile italiano può rafforzare l'opera di quei giuristi che sono intenti a creare il diritto post moderno, quello attraversato dalle regole del mercato globale e delle nuove tecnologie[1].

[1] M. R. Ferrarese. **Mercati e globalizzazione. Gli incerti cammini del diritto**, in *Pol. dir.*, 1998, p.410; L. Ruggieri. **Mercato telematico ed auto-nomia privata, un nuovo ruolo per la lex mercatoria**, in *Rass. dir. civ.*, 2002, p.305; A Zoppini. **Un dialogo su globalizzazione e diritto**, in *Contr . impr.*, 2007, p.1364.

1. La compattezza del codice civile del 1942

Nel 2022, il Codice civile italiano ha compiuto ottanta anni di onorato servizio.

La storia del codice civile italiano[2] – che in questa sede può solo essere parziale ed inesaustiva, anche per la mancanza, in chi scrive, delle giuste coordinate di appannaggio dello studioso della storia del diritto italiano – si intreccia con la storia d'Italia: il 1942 è un periodo particolarmente drammatico della storia patria, tra l'infuriare della guerra e il crepuscolo del regime fascista che aveva dato vita al codice civile come strumento normativo.

In epoca repubblicana, quel codice nato nel 1942 sopravvive, sia pure con ripuliture, integrazioni e ritocchi destinati a renderlo compatibile con il nuovo assetto costituzionale.

Nel tempo presente, il codice civile del 1942 è conservato nel complesso intatto nella sua struttura e nei suoi caratteri fondamentali, a testimonianza della solidità del suo impianto.

Tuttavia, i significativi mutamenti intervenuti nella società italiana, i cambiamenti politico-economici, le nuove frontiere dei diritti delle persone inducono, periodicamente, i fautori della rottamazione delle norme ad invocare complesse opere di ricodificazione.

Per questo, è necessario capire non solo se il codice civile italiano sia ancora rispondente alla funzione per cui è stato creato, ma anche, in termini più generali, se la stessa idea della codificazione sia ancora adeguata al tempo presente.

Perché se si ritiene che, almeno in astratto, un moderno ordinamento giuridico necessiti di uno strumento normativo di questo tipo, non si può fare a meno di chiedersi se gli attuali meccanismi di produzione legislativa e le pressioni derivanti dalle nuove tecnologie siano presumibilmente in

[2] G. Alpa. **Diritto civile italiano. Due secoli di storia**, Bologna, 2018. Il libro segue le trasformazioni del diritto civile italiano sullo sfondo delle vicende politiche e sociali succedutesi nel nostro paese e ne traccia il percorso evolutivo. Oltre all'influenza della cultura francese e di quella austro-tedesca, vengono analizzati i dibattiti del primo Novecento, il ruolo dei diversi organi di informazione e di discussione, la storia dell'avvocatura e dell'ingresso delle donne nella professione forense. Sono inoltre approfonditi i temi relativi ai rapporti tra legislatori e giudici, al diritto coloniale, ai primi tentativi di ricodificazione dopo la codificazione unitaria del 1865, per giungere ai nuovi confini del diritto civile contemporaneo nel quadro più ampio della cultura giuridica europea.

grado di condurre a compimento, con risultati felici, un'opera così complessa quale sarebbe l'emanazione di un nuovo codice civile o anche solo la rielaborazione organica di intere parti di quello vigente[3].

2. Le nuove tecnologie e l'assetto del contratto

Le nuove tecnologie stanno influenzando significativamente le regole contrattuali in Italia, portando ad una serie di cambiamenti e sfide sia per le parti coinvolte nei contratti che per il sistema giuridico nel suo complesso[4].

[3] Il primo ottobre 2016 è entrata in vigore la riforma del Codice civile francese, che ha inciso profondamente sulla disciplina del contratto, delle obbligazioni e del regime delle prove. La riforma, adottata dal Governo mediante Ordinanza, rappresenta la più significativa revisione del *Code Napoléon* operata negli ultimi 200 anni ed ha interessato l'intero Libro III del Codice stesso. Tale riforma, attesa da tempo, era divenuta obiettivamente indifferibile, sia per allineare il Codice civile alle moderne esigenze sia perché nel corso degli anni la giurisprudenza aveva cercato di sopperire alle lacune codicistiche, ma in maniera non sempre coerente ed uniforme.
Dal punto di vista sistematico, il Legislatore francese ha provveduto alla riformulazione di numerose disposizioni contenute nel Libro III del Codice civile (intitolato *Dei differenti modi di acquisto della proprietà*), rendendo l'intero testo maggiormente comprensibile, attraverso l'utilizzo sia di formulazioni più chiare ed esplicite sia di un vocabolario più consono ai tempi, mantenendo però quelle caratteristiche di precisione e concisività che hanno contraddistinto il Codice Napoleonico.
Per ciò che attiene alle modifiche sostanziali apportate dalla Riforma al diritto dei contratti e delle obbligazioni, degna di nota è innanzitutto l'introduzione di un capo dedicato alla formazione del contratto, il quale colma le precedenti lacune codicistiche, dettando una serie di norme relative alle fasi della pre-negoziazione ed alle fasi della negoziazione vera e propria. A questo riguardo, la novella stabilisce il principio generale della assoluta libertà delle parti di adottare/creare il modello contrattuale che ritengono più opportuno, senza alcuna limitazione, se non il rispetto delle norme di ordine pubblico <e come tali, inderogabili> dei diritti e delle libertà fondamentali ed al principio generale di buona fede. Anche il principio generale di buona fede assume un ruolo fondante e cruciale, una vera e propria pietra angolare su cui si basa l'intero sistema, riecheggiando l'analogo principio contenuto nei *Principles* di Unidroit. Un altro importante principio introdotto è quello concernente l'obbligo di conservare la riservatezza su tutte le informazioni di natura confidenziale scambiate tra le parti di una pre-negoziazione o di una negoziazione, conseguendone che esse possano essere utilizzate da una delle parti solo se vi è una specifica autorizzazione in tal senso dall'altra parte.
La riforma incide sul principio di buna fede, sulla causa del contratto, sulla libertà contrattuale, sulle clausole abusive, sulla violenza economica e sulla teoria dell'imprevedibilità. Tuttavia, la giurisprudenza successiva ha sottolineato la incompiutezza della riforma, pur sottolineandone il carattere innovativo.

[4] S. Rodotà. **Il mondo nella rete. Quali i diritti, quali i vincoli, Laterza**, 2014, p.27 ss.; P. Pacileo. **Profilazione e diritto di opposizione**, in *La nuova disciplina europea della privacy*, a

Tra i principali ambiti in cui le nuove tecnologie vanno ad incidere sulle regole contrattuali in Italia si segnala lo sviluppo dell'e-commerce, che dal 2003, ha reso possibile la conclusione di contratti online in Italia. La normativa italiana stabilisce le regole per il commercio elettronico, inclusa la protezione dei consumatori e la responsabilità dei fornitori di beni e servizi *online*[5].

Sovviene anche il tema della digitalizzazione dei contratti, ovvero quelle tecnologie digitali che hanno reso possibile la creazione, la firma e l'esecuzione dei contratti in formato elettronico.

L'introduzione, in Italia, della legge 21 dicembre 2000, n. 461, che ha previsto la firma digitale, conferendo validità legale ai documenti elettronici, ha semplificato la gestione dei contratti, riducendo la necessità di documenti cartacei e velocizzando il processo di negoziazione e firma.

Un altro ambito è quello degli Smart Contract, ovvero quei protocolli informatici che eseguono, verificano e facilitano l'applicazione automatica dei termini di un contratto. Essi sono basati sulla tecnologia blockchain e possono eliminare la necessità di intermediari tradizionali nelle transazioni. In Italia, la tecnologia blockchain è stata riconosciuta legalmente

cura di Sica, D'Antonio, Riccio, Padova, 2016, p.177 e ss.; G. Finocchiaro. **Il contratto nell'era dell'intelligenza artificiale**, in *Riv. Trim. Dir. e Proc. Civ.*, 2018, p.441 e ss.; E. Pellecchia. **Profilazione e decisione automatizzate al tempo della black box society: qualità dei dati e leggibilità dell'algoritmo nella cornice della responsible research and innovation**, in *Leggi Civ. Comm.*, 2018, p.1209 e ss.; G. Alpa. **La "proprietà" dei dati personali**, in *Persona e mercato dei dati. Riflessioni sul GDPR*, a cura di Zorzi Galgano, Milano, 2019, p.17; A. Benedetti. **Gli scambi attraverso algoritmi e il problema del linguaggio: appunti minimi**, in *Analisi giur. dell'econ.*, 2019, p.153 e ss.; R. Messinetti. **La tutela della persona umana versus l'intelligenza artificiale. Potere decisionale dell'apparato tecnologico e diritto alla spiegazione della decisione automatizzata,** in *Contr. e Impr.*, 2019, p.861; E. Falletti. **Decisioni automatizzate e diritto alla spiegazione: alcune riflessioni comparatistiche**, in *Dir. Inf.*, 2020, p.169 e ss.; G. Finocchiaro. **Riflessioni sugli smart contract e sull'intelligenza artificiale**, in *Giustciv. com*, 2020, 11-2020, p.1-4: G. Resta. **I dati personali oggetto del contratto**, in *La circolazione dei dati. Titolarità, strumenti negoziali, diritti e tutele*, a cura di Gambino e Stazi, Roma, 2020, p.55 ss.; V. Ricciuto. **Il contratto ed i nuovi fenomeni patrimoniali: il caso della circolazione dei dati personali**, in *Riv. dir. civ.*, 2020, 642 ss.; A. Benedetti. **Contratto, algoritmi e diritto civile transnazionale: cinque questioni e due scenari**, in *Riv. Dir. Civ.*, 2021, p.411 e ss.; M. Maugeri. **Smart contracts e disciplina dei contratti**, Bologna, 2021; G. Proietti. **Algoritmi e interesse del titolare del trattamento nella circolazione dei dati personali**, in *Contr. e impr*, 3, 2022; M. Sciacca. **Algocrazia e sistema democratico. Alla ricerca di una mite soluzione antropocentrica,** in *Contr. e impr.*, 4, 2022.

[5] Il riferimento è al Decreto Legislativo 9 aprile 2003, n. 70 (Codice dell'e-commerce).

dalla legge 12 marzo 2019, n. 12, che ha definito i "sistemi di registrazione condivisa" come strumenti per la registrazione di contratti digitali.

Incide – su questo assetto – anche la protezione dei dati personali che, con l'aumento dell'uso delle tecnologie digitali nei contratti, è diventata un aspetto fondamentale. In Italia, l'entrata in vigore del Regolamento generale sulla protezione dei dati (GDPR) dell'Unione Europea nel 2018 ha introdotto nuove regole sulla gestione e la protezione dei dati personali nei contratti[6].

In linea di massima, si può sostenere che le organizzazioni che elaborano dati personali devono rispettare una serie di obblighi e garantire la sicurezza delle informazioni.

Infine, l'intelligenza artificiale, che sta influenzando la negoziazione e l'esecuzione dei contratti. L'IA può essere utilizzata per automatizzare alcune fasi del processo contrattuale, come l'analisi dei documenti, la revisione dei contratti e l'individuazione di clausole specifiche. Tuttavia, l'impiego dell'IA nei contratti solleva questioni legali riguardanti la responsabilità delle decisioni prese dall'IA e la necessità di garantire la conformità alle norme giuridiche.

È importante notare che l'impatto delle nuove tecnologie sulle regole contrattuali in Italia è in continua evoluzione. Il sistema giuridico sta cercando di adattarsi a queste nuove sfide e sono in corso discussioni su questioni come la validità giuridica dei contratti intelligenti e l'adeguatezza delle leggi esistenti per affrontare le questioni emergenti[7].

[6] Il 4 maggio 2016 è stato pubblicato nella Gazzetta Ufficiale dell'Unione Europea il testo del nuovo regolamento europeo sulla privacy. Enti pubblici e privati, imprese e professionisti hanno avuto due anni di tempo per programmare e organizzare l'adeguamento ai nuovi requisiti. In merito all'oggetto e alla finalità del Regolamento, l'art.1 stabilisce norme per la protezione delle persone fisiche con riguardo al trattamento dei dati personali, nonché relative alla libera circolazione di tali dati. Al secondo comma dell'art. 1 aggiunge che è compito della norma proteggere i diritti e le libertà fondamentali delle persone fisiche e in particolare il diritto alla protezione dei dati personali.

[7] M. Giuliano. **La Blockchain e gli smart contracts nell'innovazione del diritto del terzo millennio**, in *Dir. inf.*, 2018, p.995 ss.; G. Finocchiaro. **Intelligenza artificiale e protezione dei dati personali**, in *Giur. it.*, 2019, p.1670; F. Pizzetti (a cura di). **Intelligenza artificiale, protezione dei dati personali e regolazione**, Torino, 2018.

3. *Smart contract, blockchain* e regole contrattuali

La vastità del tema necessita uno sforzo di autolimitazione.

Si ritiene, in questa sede, di affrontare il dialogo tra contratto e intelligenza artificiale: in specie, l'applicazione delle regole del contratto agli smart contract.

In quanto "contratto intelligente", esso è quello strumento informaticamente programmato per eseguirsi automaticamente, al realizzarsi di condizioni preimpostate[8].

Nonostante lo *smart contract* possa essere concepito anche indipendentemente dalla *blockchain,* solo le caratteristiche di quest'ultima garantiscono al contratto intelligente l'immodificabilità e l'esecuzione automatica del codice informatico[9].

Gli aspetti vantaggiosi della collocazione di uno *smart contract* in una *blockchain* sono individuabili nell'immutabilità delle informazioni e delle obbligazioni contrattuali, nella certezza dell'esecuzione di obbligazioni, nella possibilità di scambio di denaro, trasferimento di proprietà e qualsiasi altra cosa di valore in modo trasparente e senza ricorrere ai servizi di un intermediario.

Il primo sforzo di interessamento del legislatore italiano verso la *blockchain* e i suoi ambiti di applicazione avviene con il D.L. 14 dicembre 2018, n.135, convertito in L. 11 febbraio 2019, n.12 il cui art. 8-*ter* qualifica le *Tecnologie basate su registri distribuiti e smart contract,* definendole come «un programma per elaboratore che opera su tecnologie basate su registri distribuiti e la cui esecuzione vincola automaticamente due o più parti sulla base di effetti predefiniti dalle stesse. Gli *smart contract* soddisfano il requisito della forma scritta previa identificazione informatica delle parti interessate, attraverso un processo avente i requisiti fissati dall'Agenzia per l'Italia digitale con linee guida».

La prima considerazione che emerge dalla lettura della definizione legislativa è che tali contratti si basino su una sorta di automatismo, sull'esecuzione automatica e sull'inalterabilità del contenuto; a ciò fa da contraltare l'impossibilità che vi siano soggetti terzi – compreso il giudice – atti a determinarne l'esecuzione.

[8] F. Di Giovanni. **Attività contrattuale e Intelligenza Artificiale**, in *Giur. it.*, 2019, p.1679, nt. 9.

[9] C. Bomprezzi. **Commento in materia di Blockchain e Smart contract alla luce del nuovo Decreto Semplificazioni**, in *Dir. merc. tecn.*, 2019, 1-7, in *www.dimt.it.*

Mentre nel contratto la cui disciplina è dettata nel codice civile, il controllo viene garantito da una figura terza, che può essere quella di un notaio o di un avvocato, nello *smart contract* il ricorso ad una figura terza viene meno: tuttavia, alcune garanzie devono essere comunque sempre rispettate.

Si pensi a quanto stabilito nell'art.1325 c.c., in cui l'accordo negoziale, che rappresenta uno dei requisiti essenziali del contratto, rimane in capo alle rispettive parti. Dovrà esserci, come nei normali contratti, una perfetta coincidenza tra la volontà delle parti, che dovrà essere tradotta in codice.

Negli *smart contracts* non c'è spazio per una eventuale violazione delle condizioni sottoscritte, dal momento che tra le loro caratteristiche intrinseche ci sono proprio l'esecuzione automatica e l'inalterabilità.

Circa le numerose tematiche che l'analisi degli *smart contract* ha posto sotto il profilo giuridico, si è discusso preliminarmente sul se gli *smart contract*, date le loro caratteristiche di immodificabilità e di autoesecuzione, potessero qualificarsi come contratti: alcuni hanno fornito risposta positiva, esplicitando la parziale assimilabilità degli *smart contract* ai contratti di distribuzione automatica e l'intento di assicurare adeguata tutela ai contraenti[10]; altri hanno sostenuto l'esatto opposto, rilevando che gli *smart contract* sarebbero strumenti per la conclusione e la gestione degli accordi (e non già accordi in sé)[11] oppure che "ritenere che il codice sia legge equivarrebbe [...] ad affermare che qualsiasi errore, clausola illegale o mancato recepimento di norme imperative diverrebbe parte del contratto, rendendo lo stesso scollegato da ogni tipo di controllo esterno"[12].

Di avviso più moderato chi ha considerato che la qualificazione degli *smart contract* come contratti o meno non fosse data in termini generali, ma dipendesse dalle specifiche caratteristiche assunte di volta in volta, ferma restando l'attitudine degli "*smart contract* - contratti" a superare il vaglio di meritevolezza di cui all'art.1322 c.c., comma 2, c.c.[13].

[10] D. Di Sabato. **Gli smart contracts: robot che gestiscono il rischio contrattuale**, in *Contr. impr.*, 2017, p.392.

[11] P. Cuccurru. **Blockchain e automazione contrattuale. Riflessioni sugli smart contract**, in *Nuova giur. civ. comm.*, 2017, p.111.

[12] L. Parola – P. Merati – G. Gavotti. **Blockchain e smart contract: questioni giuridiche aperte**, in *Contratti*, 2018, p.685.

[13] M. Giaccaglia. **Considerazioni su Blockchain e smart contracts (oltre le criptovalute)**, in *Contr. impr.*, 2019, p.952 e ss.

In esito alle considerazioni complessivamente ricordate, pare ragionevole concludere che gli *smart contract* non richiedano al giurista di superare categorie consolidate e/o di inventarne di nuove: è certo necessario comprendere tali fattispecie sotto il profilo tecnologico e sociologico, ma la disciplina di riferimento è pur sempre individuata nel diritto dei contratti.

Vi è di più, gli *smart contracts* presentano anche notevoli vantaggi: indipendenza da intermediari, quali notai e avvocati, nella fase di verifica ed approvazione del contratto; immodificabilità del codice, che esclude l'esigenza di figure terze che vaglino la liceità e validità di un accordo; risparmio economico, dovuto in gran parte all'esclusione di intermediari nelle fasi di verifica e approvazione; maggiore precisione e riduzione degli errori, poiché lo *smart contract*, in modo automatico, al verificarsi delle condizioni stabilite, fa sì che si verifichino determinate azioni; semplificazione delle operazioni di contrattazione.

4. Il tema del linguaggio algoritmico e il possibile superamento di talune ambiguità

Sotto il profilo interpretativo – di cui si dirà meglio in seguito -si è sottolineata l'esigenza di collegare gli *smart contract* a un elemento esterno, così da renderli soggetti, nonostante la peculiarità del linguaggio che li caratterizza, ai criteri esegetici oggettivi e soggettivi dettati dal Codice civile[14].

Dunque, le questioni sui contratti *smart* sono per lo più riconducibili alle loro due caratteristiche essenziali: espressione algoritmica delle clausole contrattuali – che ha indotto la dottrina a discorrere di vera e propria "barriera semantica"[15] – ed eseguibilità automatica e tendenzialmente irreversibile.

Quanto al primo elemento, ovvero l'impiego del linguaggio algoritmico, s'è detto che negli *smart contracts* il programma contrattuale viene codificato tramite algoritmi informatici, linee di codice che contengono le istruzioni per il funzionamento del *software*. Se è vero che la loro elabo-

[14] L. Parola – P. Merati – G. Gavotti. **Blockchain e smart contract**, cit., p.685-686.

[15] F. Di Ciommo. **Blockchain, smart con- tract, intelligenza artificiale (ai) e trading algoritmico: ovvero, del regno del non diritto**, in *Riv. infortuni e malattie prof.*, 2019, p.12; R. Clarizia. **Mercato, persona e intelligenza artificiale: quale futuro?**, in *Jus civile*, 2020, p.699 s.; M. Maugeri. **La Risoluzione del Parlamento europeo del 20 ottobre 2020 sugli Smart Contracts nella pro- spettiva del diritto dei contratti e della concorrenza**, in *Contr. impr. Eur.*, 2021, p.37 ss.

razione può in concreto determinare costi consistenti, l'uso dell'algoritmo reca con sé il vantaggio di razionalizzare e standardizzare gli scambi attraverso l'uso di un "linguaggio universale".

Secondo alcuni, poi, il linguaggio algoritmico gioverebbe ad inibire il ricorso talora malizioso a clausole ambigue, nonchè a rendere "obiettivo" il significato delle determinazioni negoziali.

5. La tenuta delle clausole generali

Il linguaggio algoritmico propone poi la questione dell'intraducibilità di direttive costituzionali o di clausole generali come la buona fede, l'equità, la solidarietà, l'ordine pubblico, la giusta causa o la ragionevolezza, che con difficoltà potrebbero esprimersi tramite istruzioni lineari convertibili in stringhe informatiche[16].

Si assiste allora ad un drastico "impoverimento" dello schema contrattuale, ridotto a linee di codice che il meccanico procedimento robotico è attrezzato a riconoscere e ad eseguire: un linguaggio "povero" che, senz'altro compatibile con uno *smart contract* che si arrestasse ad assolvere funzioni essenziali come quella del trasferimento di valute, mal si attaglierebbe ad operazioni più complesse o destinate a protrarsi nel tempo in cui quei principi e quei valori sono destinati a rivestire importanza centrale.

Pertanto, negli *smart contracts* non residua spazio per astrazioni o elementi non misurabili che possano incidere sull'accordo in maniera non programmabile *ex ante*: l'incertezza, semplicemente, «è al di fuori dello spettro cognitivo del computer» che non contempla l'imprevisto, né l'imprevedibile[17].

Ed invero, per quanto completo, ben progettato, collegato ai cd. *big data e* costantemente aggiornato, l'algoritmo è inadeguato a ragionamenti "per valore" e «ignorando le ragioni delle proprie azioni» esegue una sequenza di istruzioni dettagliate senza però comprenderne il senso[18].

[16] L. Parola- P. Merati- G. Gavotti. **Blockchain e smart contract: questioni giuridiche aperte**, cit., p.687, ove il rilievo secondo cui anche un'esecuzione in tutto aderente alla lettera del contratto, come nel caso di esecuzione automatizzata dello smart contract, «potrebbe costituire nei fatti un inadempimento perché contraria al canone generale della buona fede».

[17] P. Cuccurru. **Blockchain ed automazione contrattuale. Riflessioni sugli smart contract,** in *Nuova Giur. Civ.*, 2017, p.115.

[18] A. Condello. **Metodo giuridico e algoritmo**, in *Riv. crit. dir. priv.*, 2020, p.347.

Si tratta di questione che, evidenziando il difetto di quella pretesa assoluta "auto- sufficienza" dei contratti *smart*, si riflette anche sul piano della loro esecuzione.

Riferimenti

ALPA, G.**Diritto civile italiano. Due secoli di storia**. Bologna, 2018.

__________, **La "proprietà" dei dati personali**. In *Persona e mercato dei dati. Riflessioni sul GDPR*, a cura di Zorzi Galgano, Milano, 2019.

BENEDETTI, A. **Contratto, algoritmi e diritto civile transnazionale: cinque questioni e due scenari**. In *Riv. Dir. Civ.*, 2021.

__________. **Gli scambi attraverso algoritmi e il problema del linguaggio: appunti minimi**. in *Analisi giur. dell'econ.*, 2019.

BOMPREZZI, C. **Commento in materia di Blockchain e Smart contract alla luce del nuovo Decreto Semplificazioni**. In *Dir. merc. tecn.*, 2019.

CONDELLO, A. **Metodo giuridico e algoritmo**. In *Riv. crit. dir. priv.*, 2020.

CUCCURRU, P. **Blockchain e automazione contrattuale. Riflessioni sugli smart contract**. In *Nuova giur. civ. comm.*, 2017.

CLARIZIA, R. **Mercato, persona e intelligenza artificiale: quale futuro?** In *Jus civile*, 2020.

DI CIOMMO, F. **Blockchain, smart contract, intelligenza artificiale (ai) e trading algoritmico: ovvero, del regno del non diritto**. In *Riv. infortuni e malattie prof.*, 2019.

DI GIOVANNI, F. **Attività contrattuale e Intelligenza Artificiale**. In *Giur. it.*, 2019.

DI SABATO, D. **Gli smart contracts: robot che gestiscono il rischio contrattuale**. In *Contr. impr.*, 2017.

FALLETTI, E. **Decisioni automatizzate e diritto alla spiegazione: alcune riflessioni comparatistiche**. in *Dir. Inf.*, 2020.

FERRARESE, M. R. **Mercati e globalizzazione. Gli incerti cammini del diritto**, in *Pol. dir.*, 1998.

FINOCCHIARO, G. **Il contratto nell'era dell'intelligenza artificiale**, in *Riv. Trim. Dir. e Proc. Civ.*, 2018.

__________. **Riflessioni sugli smart contract e sull'intelligenza artificiale**. In *Giustciv.com*, 2020.

__________. **Intelligenza artificiale e protezione dei dati personali**. In *Giur. it.*, 2019.

GIACCAGLIA, M. **Considerazioni su Blockchain e smart contracts (oltre le criptovalute)**. In *Contr. impr.*, 2019.

GIULIANO, M.**La Blockchain e gli smart contracts nell'innovazione del diritto del terzo millennio**. In *Dir. inf.*, 2018.

MAUGERI, M. **La Risoluzione del Parlamento europeo del 20 ottobre 2020 sugli Smart Contracts nella pro- spettiva del diritto dei contratti e della concorrenza**. In *Contr. impr. Eur.*, 2021.

__________. **Smart contracts e disciplina dei contratti**. Bologna, 2021.

Messinetti, R. **La tutela della persona umana versus l'intelligenza artificiale. Potere decisionale dell'apparato tecnologico e diritto alla spiegazione della decisione automatizzata**. In *Contr. e Impr.*, 2019.

Pacileo, P. **Profilazione e diritto di opposizione.** In *La nuova disciplina europea della privacy*, a cura di Sica, D'Antonio, Riccio, Padova, 2016

Parola, L.; Merat P.; Gavotti, G.**Blockchain e smart contract: questioni giuridiche aperte**. In *Contratti*, 2018.

Pellecchia, E. **Profilazione e decisione automatizzate al tempo della black box society: qualità dei dati e leggibilità dell'algoritmo nella cornice della responsible research and innovation**. In *Leggi Civ. Comm.*, 2018

Pizzetti, F. (a cura di). **Intelligenza artificiale, protezione dei dati personali e regolazione**. Torino, 2018.

Proietti, G. **Algoritmi e interesse del titolare del trattamento nella circolazione dei dati personali**. In *Contr. e impr*, 3, 2022.

Resta, G. **I dati personali oggetto del contratto**. In *La circolazione dei dati. Titolarità, strumenti negoziali, diritti e tutele,* a cura di Gambino e Stazi, Roma, 2020.

Ricciuto, V. **Il contratto ed i nuovi fenomeni patrimoniali: il caso della circolazione dei dati personali**. In *Riv. dir. civ.*, 2020.

Rodotà, S. **Il mondo nella rete. Quali i diritti, quali i vincoli**, Laterza, 2014.

Ruggieri, L. **Mercato telematico ed auto- nomia privata, un nuovo ruolo per la lex mercatoria**, in *Rass. dir. civ.*, 2002.

Sciacca, M. **Algocrazia e sistema democratico. Alla ricerca di una mite soluzione antropocentrica**. in *Contr. e impr.*, 4, 2022.

Zoppini, A. **Un dialogo su globalizzazione e diritto**, in *Contr. impr.*, 2007.

13

DO *MATCH* PARA NASCER AOS *FOLLOWERS* APÓS MORRER: OS DESAFIOS JURÍDICOS E ÉTICOS DA TECNOLOGIA PARA A EXISTÊNCIA HUMANA

Ana Cláudia S. Scalquette

Introdução

Era uma vez... em uma sociedade não tão distante...

Assim podem começar as reflexões sobre a vida e a morte, tuteladas pelo Direito, há algumas décadas...

Os romances aconteciam por cartas... os noivados, com cerimônia, antecediam um casamento que, historicamente, muitas vezes era ajustado entre as famílias.

A descendência, sinônimo de riqueza, humana e monetária, era numerosa.

Os casamentos eram até que a morte separasse os casais, mesmo quando imperava a infelicidade.

A morte era realmente o fim para o Direito, salvaguardadas as regras de Direito das Sucessões.

Já no século XX, a reviravolta social aconteceu, não só pela igualdade de gênero, mas pela mudança de uma sociedade rural para uma sociedade urbana e pelo fenômeno da globalização.

Nada, porém, foi mais desafiador em termos de Direito Privado do que a chegada da tecnologia com seu impacto sobre as relações humanas que agora também acontecem na rede mundial de computadores, conhecida como *Internet*.

Os reflexos destas novas possibilidades de comunicação, informação e até negócios, no que concerne ao início e ao final da vida, serão objeto deste texto que, certamente, aumentará as dúvidas sobre o futuro jurídico de nossas relações privadas.

1. O nascer

O Nascimento, a filiação e por conseguinte, a reprodução sempre foram objetos de preocupação humana e, por conseguinte, objetos de tutela especial por parte do direito positivado.

A personalidade civil da pessoa começa do nascimento com vida, mas a lei põe a salvo, desde a concepção, os direitos do nascituro[1], assim prevê o artigo 2º do Código Civil Brasileiro.

Até 1978, no mundo, o nascimento com vida e a gestação eram tutelados pelos mais diversos países, com alguma semelhança.

Por que razão, então, o recorte de data foi mencionado? Foi em 1978 que nasceu o primeiro bebê chamado de "bebê de proveta", ou seja, concebido com técnica de reprodução humana medicamente assistida, conhecida como fertilização *in vitro*.

Como o auxílio de um médico – Patrick Steptoe – e de um Biólogo – Robert Edwards, ambos vencedores do prêmio Nobel de Medicina, em 2010, óvulo e espermatozoide foram unidos fora do corpo de uma mulher, técnica que revolucionou as possibilidades de filiação, sobretudo em razão de infertilidade e esterilidade.

O que fizeram muitos países chamados de desenvolvidos? Trataram de regulamentar o uso e a aplicação das técnicas médicas de reprodução humana assistida para que a harmonia das relações sociais e familiares pudesse ser garantida, ou seja, buscaram manter o objetivo maior do

[1] Sobre os direitos inatos e a situação do nascituro, Rosa Maria de Andrade Nery e Nelson Nery Junior, refletem que: "o ser humano, ainda não nascido, tem por decorrência de sua *condição humana* uma situação jurídica própria, um estatuto jurídico que decorre de sua humanidade, que se estabelece por causa de sua *originária humanidade*. Embora ainda não se tenha revelado como sujeito de direito, o ser, excepcionalmente, titulariza posição jurídica de vantagem com relação a bens que compõem a sua humanidade (especificamente quanto à vida e à liberdade), da maneira como o ser se formou, naturalmente ou por intervenção técnica de medicina, como já se sabe possível na atualidade. O exercício dos direitos que daí decorre será titularizado pela *personalidade* de que o ser nascido será investido, quando do nascimento com vida, ou pela pessoa ou pessoas, que em face daquele que *ainda não é* tinha a expectativa do advir dessa personalidade. **Instituições de Direito Civil: Direitos de Personalidade (Direito de Humanidade)**. Vol. VII. São Paulo: Revista dos Tribunais, 2018, p.12-13.

Direito de Família que é a pacificação das relações familiares e sua consequência sobre pessoas e sobre os bens.

Infelizmente, o Brasil ainda não teve esta fortuna. A reprodução humana assistida no Brasil carece de regulamentação. O primeiro bebê nascido com uma técnica de reprodução humana assistida no país ocorreu no Estado do Paraná, em 1984[2].

Quase quatro décadas se passaram e apenas um artigo na legislação brasileira trata de filiação decorrente de reprodução assistida e o faz sobre o aspecto da presunção para fins de reconhecimento de paternidade e maternidade, não regulamentando seu uso ou seus efeitos.

Pode-se imaginar que em um país imenso, o número de clínicas e de pessoas que buscam tratamento também não poderia ser diferente.

O que ocorre, em termos de mercado e de empreendedorismo quando uma demanda por determinado serviço surge e em tão grande escala? Surgem, de forma correlacionada, outras oportunidades de "negócios" ao primeiro conectados.

Prova disto é a chamada "indústria de casamento" que orbita em torno do matrimônio, indo desde o lugar de realização da cerimônia civil ou religiosa, espaço para evento, decoração, serviço de alimentação, música, convites, pacotes de lua de mel, registros fotográficos e outras inúmeras ofertas.

Há, também, a chamada "indústria da morte", também com o mesmo apelo emocional da citada "indústria do casamento". Nesta o argumento é "você se casa para sempre, portanto, não deixe de realizar todos os seus sonhos neste momento!". Na "indústria da morte", por outro lado, o apelo emocional é "esta é a última homenagem que realizará ao seu ente querido... faça o que puder para não se arrepender!".

Pode-se notar que em ambos os casos, há um componente emocional que em nada se relaciona com a essência dos fatos da vida – casamento e morte – visto que no primeiro o essencial é exatamente a vínculo existente entre os futuros cônjuges, independentemente do tamanho da festa ou da cerimônia; e no segundo, o valor está na relação que se teve em vida com

2 Em 7 de outubro de 1984, nasceu no Brasil, na região metropolitana de Curitiba, mais especificamente na cidade de São José dos Pinhais, Ana Paula Caldeira, a 1ª bebê nascida após a utilização de técnica de fertilização in vitro em nosso país. SCALQUETTE, Ana Cláudia Silva. **Estatuto da Reprodução Assistida**. São Paulo: Saraiva, 2010, p.22.

o (a) então falecido (a) e não em itens rebuscados para homenageá-lo em sua morte.

Neste mesmo diapasão, é o que ocorre com a Filiação quando não se consegue uma gravidez natural. A proposta é: "faça o que tiver que fazer para ter seu sonho da maternidade/paternidade realizado!".

Mas este "faça o que tiver que fazer", considerando que se está falando de vida humana, teria não só limites jurídicos como limites éticos.

É ético escolher o sexo de um futuro filho? É ético escolher "eliminar" embriões que podem apresentar algum problema de saúde em busca de um bebê saudável? Não estaríamos flertando com a tão combatida eugenia?

Se se pensa em técnicas de Reprodução na era tecnológica por que não permitir para os interessados "buscar" em redes sociais, um(a) doador(a) perfeito(a)?

Assim tem ocorrido no Brasil, uma vez que existe um vácuo legislativo e o princípio da legalidade, consagrado na Constituição Federal é o de que para o particular tudo aquilo que não é proibido é permitido[3].

Seria, então, permitido escolher um doador como em um mercado de produtos em que se obtém na prateleira aquele que lhe parece o mais adequado?

No que se refere a banco de sêmen, empresas estrangeiras inclusive veem no Brasil um mercado atrativo para, em nome da generosidade de auxiliar pessoas que não podem engravidar, mormente por serem estéreis ou inférteis, realizarem negócios absolutamente rentáveis.

A evolução, se é que assim pode ser chamada esta prática, da facilitação de busca de doadoras de óvulos chegou ao seu ápice com a criação do "*Tinder* de óvulos". O aplicativo – conhecido mundialmente para a busca de relacionamentos amorosos – ganhou sua versão médica para que pessoas interessadas em encontrar uma doadora possam realizar seu intuito em uma conexão digital e se der "match", expressão da língua inglesa para dizer que as pessoas "combinam", o óvulo pode ser obtido, pois uma clínica médica que cadastrou as doadoras previamente encontrará a "preferida" para viabilizar o tratamento.

[3] Constituição Federal Brasileira:
"Art. 5º Todos são iguais perante a lei, sem distinção de qualquer natureza, garantindo-se aos brasileiros e aos estrangeiros residentes no País a inviolabilidade do direito à vida, à liberdade, à igualdade, à segurança e à propriedade, nos termos seguintes:
(...)
II – ninguém será obrigado a fazer ou deixar de fazer alguma coisa senão em virtude de lei;"

Claro que a reprodução, com alguma assistência, é histórica, vide o Código de Manu[4] que permitia que um homem que não conseguisse engravidar sua esposa contasse com o auxílio de seu irmão para tanto. Sem se entrar no mérito de como seria possível entender como desejável este comportamento de permissão de relação sexual extramatrimonial para fins de reprodução, o questionamento contemporâneo que se faz é sobre se seria ou não justificável e aceitável que a escolha de material genético possa ser feita em um aplicativo para a "fabricação" de um ser humano.

Se se entender que sim, é justificável e aceitável esta escolha, a pergunta que se segue é a de saber como seria feito o controle para que no futuro não venha a ocorrer o casamento entre irmãos ou entre outros parentes próximos... Seria obrigatório constar no assento de nascimento informações sobre o(a) doador(a) ou isso poderia ser entendido como um ato discriminatório e, portanto, atentatório à igualdade entre os filhos, prevista no artigo 227, parágrafo sexto Constituição Brasileira?[5]

Muitas são as dúvidas e as incertezas que derivam da nova "roupagem" da filiação quando se pensa sobre as técnicas de Reprodução Humana Assistida e, no Brasil, até então, não se tem uma tutela legal específica, a exemplo do que existe na Itália.

O projeto de lei mais completo sobre o assunto é o PL 115/2015, de autoria do Deputado Juscelino Rezende Neto, que discorre sobre a aplicação e uso das técnicas médicas reprodutivas, apresentado tutelas civil, administrativa e penal, além de uma parte principiológica bastante detalhada que pode servir como base para situações fáticas das mais diversas ordens, sejam as que envolvam a família, o patrimônio, a sucessão e/ou a proteção da dignidade do ser humano[6].

[4] Conforme Artigo 59 do Código de Manu: "59. Não havendo filhos, a desejada gravidez pode ser obtida pela coabitação da esposa, convenientemente autorizada, com um irmão, ou algum outro parente até sexto grau do marido". RULLI NETO, Antonio. **Leis de Manu**. São Paulo: Fiúza Editores, 2002, p. 133.

[5] Art. 227, § 6º", da Constituição Federal: "Os filhos, havidos ou não da relação do casamento, ou por adoção, terão os mesmos direitos e qualificações, proibidas quaisquer designações discriminatórias relativas à filiação".

[6] Quando se menciona Dignidade da Pessoa Humana não se pode apartá-la da proteção dos Direitos do Homem. Neste sentido, imperioso destacar o alerta de Norberto Bobbio: O problema que temos diante de nós não é filosófico, mas jurídico e, num sentido mais amplo, político. Não se trata de saber quais e quantos são esses direitos, qual é a sua natureza e seu fundamento, se são direitos naturais ou históricos, absolutos ou relativos, mas sim qual é o

Urge a aprovação de uma legislação específica sobre o tema, pois, no Brasil, já se está vivenciando, de forma desordenada e absolutamente sem qualquer limite, a "indústria do nascimento", inegavelmente sensível em razão de seu objeto ser – nada mais nada menos – que a própria vida humana[7].

2. O morrer

Da mesma forma que o nascimento, a morte, no século passado, parecia ser uma questão juridicamente pacificada. Preocupava-se o direito com a transmissão dos bens, isto é, com abertura da Sucessão e com alguns direitos de personalidade que podiam continuar sendo tutelados *post mortem*, como o direito à honra e ao nome do falecido(a), por exemplo.[8]

Inimaginável, há algumas décadas, que a imagem do "de cujus" pudesse ainda ser explorada como um negócio como o que existe hoje nas redes sociais.

Deve-se pontuar que as discussões ético-jurídicas que envolveram a morte antes da chegada da tecnologia versavam em torno do critério médico sobre "morte cárdio respiratória" ou "morte cerebral" e sobre "morte digna" no que dizia respeito à eutanásia, à ortotanásia e à distanásia.

Quanto a estas discussões éticas, cumpre salientar que, no Brasil, desde 1997, a morte encefálica passou a ser a regra, por força da Lei de Remoção de Órgãos, Tecidos e Partes do Corpo Humano para fins de Transplante e Tratamento – Lei 9.434, com a posterior edição de regras quanto aos procedimentos médicos necessários para sua determinação[9].

modo mais seguro para garanti-los, para impedir que, apesar das solenes declarações, eles sejam continuamente violados. **A era dos direitos**. Tradução de Carlos Coutinho. Rio de Janeiro: Elsevier, 2004, p. 25.

[7] Sobre a única solução possível quando se está diante de um vazio legislativo: "No caso de falta de legislação específica, porém, não há escolha. É buscar a tutela jurisdicional ou "buscar a tutela jurisdicional". SCALQUETTE, Ana Cláudia Silva; SCALQUETTE, Rodrigo Arnoni. **Análise Contemporânea da Tutela dos Casos Difíceis: o precedente no direito brasileiro.** *In* 60 Desafios do Direito: Direito na Sociedade Contemporânea. Volume 1. Coordenadores: Ana Cláudia Silva Scalquette e José Francisco Siqueira Neto; Organizadores: Carlos Eduardo Nicoletti Camillo e Gianpaolo Poggio Smanio. São Paulo: Atlas, 2013

[8] Sobre direitos de personalidade e a morte de seu titular, vide MIGLIORE, Alfredo Domingues Barbosa. **Direito além da vida: um ensaio sobre os direitos de personalidade *post mortem*.** São Paulo: LTr, 2009, p.129 e seguintes.

[9] Resolução do Conselho Federal de Medicina n. 2.173/2017, disponível em https://saude.rs.gov.br/upload/arquivos/carga20171205/19140504-resolucao-do-conselho-federal-de-medicina-2173-2017.pdf

Imprescindível, ainda, ressaltar que a proteção da vida humana, mormente quando se pensa sobre o seu momento de início e seu término, é decisão político-legislativa.

Já sobre a "morte digna", destaque-se que a eutanásia é entendida pela legislação penal Brasileira, como um homicídio privilegiado (Artigo 121, parágrafo 1º do Código Penal)[10], mesmo quando se trata de doença terminal. Percebe-se, portanto, claramente, a opção político-legislativa brasileira tomada.

Inegável que a chegada da tecnologia, da inteligência artificial e de tantos outros avanços do mundo digital desafiaram o direito privado, trazendo problemas não previstos pelo legislador.

A nova forma de comunicação, por exemplo, exercida nas redes sociais em que "seguidores" e "curtidas" são monetizados, traz agora um arranjo complexo que exige conhecimento não apenas afeito à sucessão ou transmissão de bens, mas também sobre como avaliar o valor do negócio "postagem-seguidores-curtidas", liderado por influenciadores digitais, para que tributos sejam recolhidos nesta transmissão e a partilha seja feita de forma adequada, respeitando-se a legítima.

Para além da questão jurídica, existe, ainda, a questão ética. Seria desejável, possível e recomendável que a imagem de uma pessoa e sua intimidade continuassem a ser expostas em redes sociais que não mais teriam a sua supervisão?

De algum modo, em busca da perpetuação da memória do ente querido e do negócio que pode ser rentável para os herdeiros, dois efeitos nocivos podem ser verificados.

O amadurecimento faz parte da vida do ser humano. Com o passar dos anos, os seres se transformam e se aperfeiçoam, lapidando suas personalidades em busca de uma vida mais harmônica e feliz. Deste modo, ao se perpetuar a interação de um ente falecido com seus seguidores ao longo dos anos, estar-se-ia "congelando" esta evolução e, em alguma medida, expondo um comportamento do(a) falecido(a) que poderia ser considerado inoportuno, infantil e até mesmo inadequado para os padrões dos anos vindouros.

[10] Artigo 121, § 1º "Se o agente comete o crime impelido por motivo de relevante valor social ou moral, ou sob o domínio de violenta emoção, logo em seguida a injusta provocação da vítima, o juiz pode reduzir a pena de um sexto a um terço".

Ao se deixar este ser "congelado" no tempo, com uma exposição continua, não se estaria de alguma forma, diminuindo-se o valor de sua história e de sua imagem?

O segundo ponto que também pode ser destacado é o de que alguém, obviamente que não o(a) falecido(a), terá de tomar as decisões sobre o que postar, sobre quais temas abordar, agindo como se pudesse dar continuidade aos atos do próprio falecido. Isso poderia ser um desvio de seus objetivos e até de sua personalidade socialmente exposta.

Também em alguma medida, haveria uma violência à história daquele(a) que não mais está presente para escrevê-la.

Talvez seja possível, em um futuro não tão distante, que pessoas programem seus próprios algoritmos, uma espécie de ChatGPT pessoal, idealizado pelo dono do perfil em rede social, o que permitiria a interação com seguidores como se seu titular fosse, mesmo após a sua morte.

Mesmo que a tecnologia assim permitisse e acredita-se que certamente o permitirá, não restaria ainda o primeiro problema? O de não se permitir uma evolução de comportamento, ideias, opiniões, ideais que se alteram por força de situações enfrentadas durante a vida de cada um de nós, mas, sobretudo, pelo confronto com pessoas, fatos e acontecimentos históricos que o titular da conta em rede social não mais viverá.

Ou seja, por mais perfeita e detalhada que possa vir a ser feita qualquer programação e ainda que seja feita pelo próprio titular, não seria certamente a reação que teria se caso vivo estivesse, resultando em uma manifestação alheia ao seu "ser".

3. O efeito pêndulo e os perigos das relativizações

Não é raro que partamos de um vazio normativo em que tudo é permitido para um arcabouço jurídico em que muitos limites são fixados, muitas vezes gerando disputas judiciais infindáveis.

É o que se pode chamar de "efeito pêndulo", ora batendo à esquerda, ora à direita.

Quando se pensa em nascimento, morte e os demais fenômenos relativos à vida durante seu desenvolvimento, imperioso reconhecer que o papel do legislativo tem uma responsabilidade maior, pois cuida da chamada "Biopolítica", política relacionada à vida.

Determinar limites, procedimentos, garantir direitos e prever sanções acaba sendo uma função extremamente difícil porque envolve escolhas que, na maioria das vezes, estão relacionadas à ética e à moral.

Uma saída que parece trazer um alívio a tensões, sejam de ordem jurídica sejam de ordem ética, é a de se ter como parâmetro a autonomia privada[11], entendida não apenas como o poder de escolha de se praticar ou não determinados atos, mas, ainda, como o poder de fixar limites precisos para que se garanta a dignidade dos seres humanos, desde antes do seu nascimento até após o seu falecimento.

Imprescindível incluir, nesta trajetória que vai do nascimento até o *post mortem*, a questão da imagem, que é o "cartão de visitas" do "ser".

A Inteligência Artificial tem nos proporcionado um novo mundo em termos de possibilidades. Um caso paradigmático[12] que pode ser citado como complexo foi a recriação por Inteligência Artificial da imagem de Elis Regina, um dos ícones da música brasileira, para que pudesse ser utilizada em uma peça publicitária da Volkswagem, interagindo com sua filha Maria Rita, também cantora.

A propaganda comoveu grande parte dos brasileiros que puderam rever sua cantora, como se viva estivesse, e reviver um período nostálgico de suas vidas com o veículo Kombi, ícone dos anos 70.

Passada a emoção, vieram os questionamentos jurídicos. A recriação da imagem de Elis Regina, por Inteligência Artificial, seria permitida pelo Direito? Elis Regina, se viva estivesse, teria feito a escolha de ser "garota propaganda" de um veículo fabricado pela Volkswagem? Seria possível que um familiar pudesse tomar esta decisão por ela?

Uma situação é a utilização da obra de um artista já falecido para uma peça publicitária, o que também é uma questão complexa, dada a delicadeza de diversas nuances sociais e políticas já vivenciadas no Brasil, outra situação, que parece ser ainda muito mais aguda, é a "ressuscitação" por Inteligência Artificial do próprio artista falecido, como se ele pudesse

[11] João Carlos Loureiro, Professor da Faculdade de Direito da Universidade de Coimbra, esclarece que, sob uma visão bioconstitucional, "a autonomia é apenas um dos princípios estruturantes, juntamente com o princípio da inviolabilidade da vida humana, da integridade (pessoal e da espécie), da não comercialização ou da proibição da venalização do corpo humano, da igualdade (especialmente no acesso aos cuidados da saúde), da familiaridade, da prevenção, da precaução, da cooperação e da sustentabilidade. **A árvore da vida e da morte: informação genética entre a autonomia e a familiaridade** *In* Casos de Bioética Y Derecho. Coordinadores ADORNO, Roberto e IVONE, VITULIA. Valencia: Editorial Tirant Lo Blanch e TORINO: G. Giappichelli Editore: 2013, p. 84.

[12] Disponível em https://www.meioemensagem.com.br/comunicacao/elis-regina-volkswagen-comercial

"afiançar" determinado produto ou empresa, como se tivesse feito esta escolha, mesmo após a sua morte.

Diferentemente do que acontece quando tentamos imaginar a aplicação de uma teoria desenvolvida por um cientista ou jurista e transportá-la para a atualidade, como é até natural que ocorra nos sistemas jurídicos, a exemplo da herança sistêmica deixada pelos jurisconsultos romanos, "recriar", "ressuscitar" pessoas por Inteligência Artificial e interagir com elas, qualquer que seja a área, cria a confusão entre "real" e "virtual", contribuindo para o aprofundamento do caos social e intelectual que se está vivenciando.

Acabamos focando, nos últimos anos, nos problemas trazidos pela chamada herança digital e sua dificuldade de partilha, situação que alterou a realidade dos inventários, agora recheados de redes sociais e seguidores, mas há outros desafios que a tecnologia tem trazido e ainda pode vir a trazer com o avanço do uso da Inteligência Artificial.

Interessante perceber que o ser humano criou a máquina para ser uma facilitadora de suas atividades cotidianas e agora debruça-se sobre o imbróglio para resolver os problemas criados por ela, como se a criatura dominasse o criador e se a Inteligência, chamada de Artificial, passasse a desafiar a Inteligência Natural.

Mais do que curioso, poder-se-ia dizer filosófico[13],é constatar que aquilo que se criou para resolver problemas para que seres humanos pudessem ficar mais livres para "viver a vida" de forma mais otimizada e dinâmica, acaba se tornado o próprio problema para os seres humanos, escravizando-os de todas as formas, quer pelo vício do uso ou pela falta de controle dos efeitos, quer pelas implicações descontroladas de um mundo chamado de virtual que, inacreditavelmente, parece não pertencer a ninguém, como se nós, os humanos, não o tivéssemos criado.

Engolidos por uma "bola de neve" de inovações, o criador não tem mais de sobra o item mais precioso que existe para que a reorganização acon-

[13] A propósito da constituição normativa do Ser Humano, oportunas as reflexões de Alain Supiot, Professor da Faculdade de Direito da Universidade de Nantes (França): "Nada há mais dificultoso do que aprender o que nos fundamenta. Acreditamos todos no artigo primeiro da Declaração Universal dos Direitos Humanos, segundo o qual os seres humanos nascem livres e dotados de razão, e temos dificuldade em admitir que a razão e a liberdade sejam construções frágeis que repousam nas instituições. Somente uma reflexão sobre nós mesmos, sobre a fragilidade de nossa própria razão pode fazer-nos entrever os limites da soberania do espírito sobre si mesmo. ***Homo juridicus*: ensaio sobre a função antropológica do Direito.** Tradução Maria Ermantina de Almeida Prado Galvão. São Paulo: WMF Martins Fontes, 2007, p. 4.

teça e novas estratégias, mais saudáveis de vida em sociedade, possam ser idealizadas: o tempo.

Tomados por mais e mais novidades, notícias, informações, criações e novas possibilidades, embaralhado fica o instrumento pensante e o conhecido e famoso "ócio criativo", atualmente, é iguaria, algo que pouco ou nunca se viu, mas se ouve falar...

As alternativas que se apresentam são: abandonar toda e qualquer tecnologia, reconhecendo-a como o mal da humanidade; deixar o avanço acontecer de forma cada vez mais dinâmica e acelerada, até que não tenhamos sequer a linguagem falada[14], dada a interferência das máquinas em nossas relações sociais; ou, usando a mais poderosa das inteligências – a humana – perceber que algo não vai bem e precisa ser mais bem organizado[15].

A terceira parece o equilíbrio do pêndulo e permitirá à sociedade atleta, relaxar os músculos para voltar à sua melhor forma com treinos equilibrados que incluem máquinas como acessórias e não principais, afinal, nunca precisamos delas para nascer, viver ou morrer.

O trabalho do jurista, neste momento de proposição da norma, é essencial, pois, por mais extenuante que possa ser pensar sobre uma tutela específica e por maior que seja a convicção de que haverá imperfeições na regulamentação proposta, ainda assim, essencial a sua propositura, pois quem senão os sucessores dos jurisconsultos para darem sequência a este trabalho.[16]

[14] Sobre enunciado, discurso e texto, Domicio Proença Filho disserta: "As pessoas só podem comunicar aos outros aquilo que conhecem. Quanto mais ampliamos nossos saberes, mais nos familiarizamos com as múltiplas interpretações da realidade da vida e maior é o nosso potencial de comunicação." **Leitura do texto, leitura do mundo**. Rio de Janeiro: Anfiteatro, 2017, p. 67.

[15] Jean-Cassien Billier e Aglaé Maryioli, sobre a interpretação construtiva do Direito, a nosso ver, objetivo almejado após esta reflexão proposta, ensinam: "A primeira regra é a da *conveniência* – o direito que convém (*fit*) -, segundo a qual as autoridades de aplicação reúnem o conjunto de regras precedentes e princípios que sejam concernentes ao caso a tratar para fazer a lista de todas as soluções jurídicas que parecem caber. Certamente, estas devem assegurar a coerência e a unidade do direito da melhor forma possível. **História da Filosofia do Direito**. Tradução de Maurício de Andrade. Barueri/SP: Manole, 2005, p. 423-424.

[16] Sobre a fluidez do Direito e suas normas, Vitulia Ivone pondera: Lo sforzo paziente e scrupoloso incide sulla correttezza della prospettiva nella quale vengono presentati i problemi e della direzione intrapresa per la loro soluzione: nella ricostruzione delle pur ampie posizioni della dottrina e delle determinazioni della giurisprudenza emerge come – in tema di relazioni affettive – il diritto non sia creazione spontanea ed astratta, ma viva dell'influenza di fattori

Conclusões

O que era teoricamente simples, com a chegada da tecnologia, ganha complexidade.

Nascer, viver e morrer, atos até então naturais, são diretamente influenciados pelas inovações que chegam até mesmo ao metaverso.

Costuma-se resumir os fatos que ocorrem no mundo digital com uma simples receita: o que vale no mundo real deve valer no mundo virtual.

Seria realmente simples assim? Parece que não, pois agora a vida não só se faz fora do útero, como se prolonga após a morte, o que é bastante desafiador.

Soluções não há, mas parâmetros para alcançá-las, estes sim, continuam os mesmos. Tudo deve ocorrer em razão do "ser humano", para o "ser humano" e pelo "ser humano".

Máquinas devem permanecer como boas máquinas, auxiliares de seus donos, e o Direito que ganha novas atribuições agora deve fazer valer seu bom arcabouço sistêmico para proteger o "ser", em toda a sua extensão.

Referências

Billier, Jean-Cassien; Maryioli, Aglaé. **História da Filosofia do Direito**. Tradução de Maurício de Andrade. Barueri/SP: Manole, 2005.

Bobbio, Norberto. **A era dos direitos**. Tradução de Carlos Coutinho. Rio de Janeiro: Elsevier, 2004.

Ivone, Vitulia. **Profili di danno endofamiliare**. Torino: G. Giappichelli Editore, 2020.

Loureiro, João Carlos. **A árvore da vida e da morte: informação genética entre a autonomia e a familiaridade** *In* Casos de Bioética Y Derecho. Coordinadores Adorno, Roberto e Ivone, Vitulia. Valencia: Editorial Tirant Lo Blanch e TORINO: G. Giappichelli Editore: 2013.

Migliore, Alfredo Domingues Barbosa. **Direito além da vida: um ensaio sobre os direitos de personalidade *post mortem***. São Paulo: LTr, 2009.

Nery, Rosa Maria de Andrade; Nery Junior, Nelson. **Instituições de Direito Civil: Direitos de Personalidade (Direito de Humanidade)**. Vol. VII. São Paulo: Revista dos Tribunais, 2018.

Proença Filho, Domicio. **Leitura do texto, leitura do mundo**. Rio de Janeiro: Anfiteatro, 2017.

Rulli Neto, Antonio. **Leis de Manu**. São Paulo: Fiúza Editores, 2002.

Scalquette, Ana Cláudia S. **Estatuto da Reprodução Humana**. São Paulo: Saraiva, 2010.

ed elementi che ne decretano uno sviluppo incessante e progressivo. A volte, estenuante. Ivone, Vitulia. **Profili di danno endofamiliare**. Torino: G. Giappichelli Editore, 2020, p. XI.

SCALQUETTE, Ana Cláudia Silva; SCALQUETTE, Rodrigo Arnoni. **Análise Contemporânea da Tutela dos Casos Difíceis: o precedente no direito brasileiro.** *In* 60 Desafios do Direito: Direito na Sociedade Contemporânea. Volume 1. Coordenadores: Ana Cláudia Silva Scalquette e José Francisco Siqueira Neto; Organizadores: Carlos Eduardo Nicoletti Camillo e Gianpaolo Poggio Smanio. São Paulo: Atlas, 2013.

SUPIOT, Alain. ***Homo juridicus*: ensaio sobre a função antropológica do Direito.** Tradução Maria Ermantina de Almeida Prado Galvão. São Paulo: WMF Martins Fontes, 2007.

13

DAL *MATCH* PER NASCERE AI *FOLLOWER* DOPO LA MORTE: LE SFIDE GIURIDICHE ED ETICHE DELLA TECNOLOGIA ALL'ESISTENZA UMANA

Ana Cláudia S. Scalquette

Introduzione

C'era una volta... in una società non così lontana...

Così possono iniziare le riflessioni sulla vita e sulla morte, tutelate dal Diritto, da qualche decennio...

I romanzi avvenivano per lettere... i fidanzamenti, con cerimonia, precedevano un matrimonio che, storicamente, era spesso aggiustato tra le famiglie.

La discendenza, sinonimo di ricchezza, umana e monetaria, era numerosa.

I matrimoni duravano finché morte non separi le coppie, anche quando regnava l'infelicità.

La morte era davvero la fine per il Diritto, salvaguardate le regole del Diritto successorio.

Nel XX secolo è successo lo sconvolgimento sociale, non solo per l'uguaglianza di genere, ma anche per il cambiamento da una società rurale a una società urbana e per il fenomeno della globalizzazione.

Nulla, però, è stato più impegnativo in termini di Diritto Privato dell'arrivo della tecnologia con il suo impatto sui rapporti umani che ormai avvengono anche nella rete mondiale di computer, nota come *Internet*.

I riflessi di queste nuove possibilità di comunicazione, informazione e persino business, per quanto riguarda l'inizio e la fine della vita, saranno oggetto di questo testo che, sicuramente, solleverà dubbi sul futuro giuridico dei nostri rapporti privati.

1. Il nascere

La nascita, la filiazione e, di conseguenza, la riproduzione sono sempre state oggetto di preoccupazione umana e, di conseguenza, oggetto di tutela speciale da parte del diritto positivizzato.

La personalità civile della persona inizia dalla nascita viva, ma la legge tutela, fin dal concepimento, i diritti del nascituro[1], così prevede l'articolo 2º del Codice Civile brasiliano.

Fino al 1978, nel mondo, la nascita viva e la gestazione erano tutelate dai più diversi Paesi, con qualche somiglianza.

Per quale ragione, allora, è stato menzionato il ritaglio della data? Fu nel 1978 che nacque il primo bambino cosiddetto "bambino in provetta", cioè concepito con tecnica di riproduzione umana medicalmente assistita, nota come fecondazione *in vitro*.

Con l'aiuto di un medico – Patrick Steptoe – e di un biologo – Robert Edwards –, entrambi vincitori del premio Nobel per la medicina, nel 2010, ovulo e spermatozoo furono uniti al di fuori del corpo di una donna, una tecnica che ha rivoluzionato le possibilità di filiazione, soprattutto a causa di infertilità e sterilità.

Cosa hanno fatto molti Paesi cosiddetti sviluppati? Hanno cercato di regolamentare l'uso e l'applicazione delle tecniche mediche di riproduzione umana assistita affinché l'armonia dei rapporti sociali e familiari potesse essere garantita, cioè hanno cercato di mantenere l'obiettivo maggiore del Diritto di famiglia, che è la pacificazione dei rapporti familiari e la sua conseguenza sulle persone e sui beni.

Purtroppo, il Brasile non ha ancora avuto questa fortuna. La riproduzione umana assistita in Brasile manca di regolamentazione. Il primo

[1] Sui diritti innati e sulla situazione del nascituro, Rosa Maria de Andrade Nery e Nelson Nery Junior riflettono che: "l'essere umano, non ancora nato, ha a seguito della sua *condizione umana* una situazione giuridica propria, uno statuto giuridico che scaturisce dalla sua umanità, che si stabilisce a causa della sua *originaria umanità*. Sebbene non si sia ancora rivelato come soggetto di diritto, l'essere, eccezionalmente, è titolare di una posizione giuridica di vantaggio rispetto ai beni che compongono la sua umanità (in particolare per quanto riguarda la vita e la libertà), del modo in cui l'essere si è formato, naturalmente o per intervento tecnico di medicina, come è già noto essere possibile nell'attualità. L'esercizio dei diritti che ne derivano sarà titolarizzato dalla *personalità* di cui l'essere nato sarà investito, al momento della nascita viva, oppure dalla persona o dalle persone che, nei confronti di chi *non è ancora nato*, avevano l'aspettativa della venuta di questa personalità. **Instituições de Direito Civil: Direitos de Personalidade (Direito de Humanidade)**. Vol. VII. São Paulo: Revista dos Tribunais, 2018, p.12-13.

bambino nato con una tecnica di riproduzione umana assistita nel Paese si verificò nello Stato del Paraná, nel 1984[2].

Sono trascorsi quasi quattro decenni e solo un articolo nella legislazione brasiliana si occupa della filiazione derivante dalla riproduzione assistita e lo fa sotto l'aspetto della presunzione ai fini del riconoscimento della paternità e della maternità, non regolandone l'uso o gli effetti.

Si può immaginare che, in un Paese immenso, anche il numero di cliniche e di persone in cerca di trattamento non possa essere diverso.

Cosa succede, in termini di mercato e di imprenditorialità, quando sorge una domanda per un determinato servizio e su così larga scala? Sorgono, in modo correlato, altre opportunità di "business", connessi al primo.

Ne è prova la cosiddetta "industria del matrimonio" che orbita attorno al matrimonio, dal luogo in cui si svolge la cerimonia civile o religiosa, lo spazio per l'evento, la decorazione, il servizio di ristorazione, la musica, gli inviti, i pacchetti luna di miele, la documentazione fotografica e altre innumerevoli offerte.

Vi è anche la cosiddetta "industria della morte", anch'essa con lo stesso richiamo emotivo della citata "industria del matrimonio". In questo caso, l'argomento è "ti sposerai per sempre, quindi devi realizzare tutti i tuoi sogni in questo momento!". Nell'"industria della morte", invece, il richiamo emotivo è "questo è l'ultimo omaggio che renderai alla persona cara... fai il possibile per non pentirtene!".

Si può notare che in entrambi i casi vi è una componente emotiva che non ha alcuna relazione con l'essenza dei fatti della vita – matrimonio e morte – dato che nel primo l'essenziale è proprio il legame esistente tra i futuri coniugi, indipendentemente dalle dimensioni della festa o della cerimonia; e nel secondo, il valore sta nel rapporto che si aveva in vita con l'allora defunto/a e non in oggetti intricati per onorarlo nella sua morte.

Allo stesso modo, è ciò che accade con la filiazione quando non si riesce una gravidanza naturale. La proposta è: "fai quello che devi fare per realizzare il tuo sogno di maternità/paternità!".

Ma questo "fai quello che devi fare", considerando che si sta parlando della vita umana, avrebbe non solo limiti giuridici, ma anche limiti etici.

[2] Il 7 ottobre 1984, nacque in Brasile, nella regione metropolitana di Curitiba, più precisamente nella città di São José dos Pinhais, Ana Paula Caldeira, la prima bambina nata dopo l'utilizzo della tecnica di fecondazione in vitro nel nostro Paese. SCALQUETTE, Ana Cláudia Silva. **Estatuto da Reprodução Assistida**. São Paulo: Saraiva, 2010, p.22.

È etico scegliere il sesso di un futuro figlio? È etico scegliere di "eliminare" embrioni che potrebbero presentare un problema di salute nella ricerca di un bambino sano? Non staremmo flirtando con la tanto combattuta eugenetica?

Se si pensa alle tecniche di riproduzione nell'era tecnologica, perché non consentire agli interessati di "ricercare" sui social network un/a donatore/trice perfetto/a?

Questo succede in Brasile, poiché esiste un vuoto legislativo e il principio della legalità, consacrato nella Costituzione federale, è che all'individuo è permesso tutto ciò che non è proibito[3].

Sarebbe quindi permesso scegliere un donatore come in un mercato di prodotti in cui si ottiene sullo scaffale quello che si ritiene sia il più adatto?

Per quanto riguarda le banche del seme, le aziende straniere infatti vedono in Brasile un mercato attraente per, in nome della generosità di aiutare le persone che non possono rimanere incinte, soprattutto perché sterili o infertili, svolgere attività assolutamente redditizie.

L'evoluzione, se così si può chiamare questa pratica, della facilitazione della ricerca di donatrici di ovuli ha raggiunto il suo apice con la creazione del "*Tinder* di ovuli". L'applicazione – nota in tutto il mondo per la ricerca di relazioni sentimentali – ha ottenuto la sua versione medica in modo che le persone interessate a trovare una donatrice possano realizzare la loro intenzione in una connessione digitale e, se fanno "match", espressione in lingua inglese per dire che le persone sono "compatibili", l'ovulo può essere ottenuto, in quanto una clinica medica che ha registrato le donatrici precedentemente troverà quella "preferita" per rendere fattibile il trattamento.

Certo che la riproduzione, con qualche assistenza, è storica, come ad esempio Le leggi di Manu[4], che permettevano a un uomo che non riuscisse a mettere incinta la moglie di contare sull'aiuto di suo fratello per farlo.

[3] Costituzione Federale brasiliana:
"Art. 5º Tutti sono uguali davanti alla legge, senza distinzioni di alcuna sorta, garantendo ai brasiliani e agli stranieri residenti nel Paese l'inviolabilità del diritto alla vita, alla libertà, all'uguaglianza, alla sicurezza e alla proprietà, nei termini seguenti:
(...)
II – nessuno sarà obbligato a fare o non fare qualcosa se non in virtù della legge;"

[4] Ai sensi dell'Articolo 59 delle leggi di Manu: "59. Non vi essendo figli, la desiderata gravidanza può essere ottenuta mediante la coabitazione della moglie, opportunamente autorizzata, con un fratello, o qualsiasi altro parente fino al sesto grado del marito". RULLI NETO, Antonio. **Leis de Manu**. São Paulo: Fiúza Editores, 2002, p. 133.

Senza entrare nel merito di come fosse possibile intendere come auspicabile questo comportamento di consentire rapporti sessuali extraconiugali a scopo riproduttivo, l'interrogativo contemporaneo che si fa è se sia o meno giustificabile e accettabile che la scelta del materiale genetico possa essere fatta in un'applicazione per la "fabbricazione" di un essere umano.

Se si capisce che sì, è giustificabile e accettabile questa scelta, la domanda che segue è sapere come verrebbe fatto il controllo affinché in futuro non si verifichi il matrimonio tra fratelli e sorelle o tra altri parenti stretti... Sarebbe obbligatorio includere nel certificato di nascita le informazioni sul/la donatore/trice o questo potrebbe essere inteso come un atto discriminatorio e, quindi, attentatorio all'uguaglianza tra i figli, prevista dall'articolo 227, comma sesto, Costituzione brasiliana?[5]

Molti sono i dubbi e le incertezze che derivano dalla nuova "sembianza" della filiazione quando si pensa alle tecniche di Riproduzione Umana Assistita e, in Brasile, finora, non si ha una specifica tutela legale, come ad esempio quella che esiste in Italia.

Il disegno di legge più completo in materia è il PL 115/2015, redatto dal deputato Juscelino Rezende Neto, che tratta l'applicazione e l'uso delle tecniche mediche riproduttive, presentando tutele civile, amministrativa e penale, oltre a una parte principiologica abbastanza dettagliata che può servire come base per situazioni fattuali dei più diversi ordini, siano esse riguardanti la famiglia, il patrimonio, la successione e/o la protezione della dignità dell'essere umano [6].

Urge l'approvazione di una legislazione specifica in materia, poiché in Brasile si sta già sperimentando, in modo disordinato e assolutamente

[5] Art. 227, § 6º", della Costituzione Federale: "I figli, avuti o meno dalla relazione del matrimonio, o per adozione, avranno gli stessi diritti e qualifiche, proibita qualsiasi designazione discriminatoria relativa alla filiazione".

[6] Quando si menziona Dignità della Persona Umana, non si può allontanarla dalla protezione dei Diritti dell'uomo. In questo senso, è imperativo sottolineare l'avvertimento di Norberto Bobbio: Il problema che abbiamo davanti a noi non è filosofico, ma giuridico e, in un senso più ampio, politico. Non si tratta di sapere quali e quanti siano questi diritti, quale sia la loro natura e il loro fondamento, se siano diritti naturali o storici, assoluti o relativi, ma quale sia il modo più sicuro per garantirli, per impedire che, nonostante le solenni dichiarazioni, siano continuamente violati. **A era dos direitos**. Traduzione di Carlos Coutinho. Rio de Janeiro: Elsevier, 2004, p. 25.

senza alcun limite, l'"industria della nascita", innegabilmente sensibile in quanto ha per oggetto nient'altro che la vita umana stessa[7].

2. Il morire

Allo stesso modo della nascita, la morte, nel secolo scorso, sembrava essere una questione giuridicamente pacificata. Il diritto si occupava della trasmissione dei beni, cioè dell'apertura della successione e di alcuni diritti della personalità che potevano continuare ad essere tutelati *post mortem*, come il diritto all'onore e al nome del defunto/a, per esempio.[8]

Inimmaginabile, qualche decennio fa, che l'immagine del "de cujus" potesse ancora essere sfruttata come un business, come quello che esiste oggi sui social network.

Va notato che le discussioni etico-giuridiche che riguardavano la morte prima dell'arrivo della tecnologia ruotavano attorno al criterio medico sulla "morte cardiorespiratoria" o "morte cerebrale" e sulla "morte dignitosa" per quanto riguardava l'eutanasia, l'ortotanasia e la distanasia.

Per quanto riguarda queste discussioni etiche, va notato che, in Brasile, dal 1997, la morte encefalica è diventata la regola, per forza della Legge sulla rimozione di organi, tessuti e parti del corpo umano a fini di trapianto e trattamento – Legge 9.434, con la successiva promulgazione di regole riguardanti le procedure mediche necessarie per la sua determinazione[9].

È imprescindibile, inoltre, sottolineare che la protezione della vita umana, soprattutto quando si pensa al suo momento di inizio e al suo termine, è una decisione politico-legislativa.

[7] Sull'unica soluzione possibile quando si sta di fronte a un vuoto legislativo: "Nel caso di mancanza di legislazione specifica, però, non c'è scelta. Si deve cercare la tutela giurisdizionale o "cercare la tutela giurisdizionale". SCALQUETTE, Ana Cláudia Silva; SCALQUETTE, Rodrigo Arnoni. **Análise Contemporânea da Tutela dos Casos Difíceis: o precedente no direito brasileiro.** *In* 60 Desafios do Direito: Direito na Sociedade Contemporânea. Volume 1. Coordinatori: Ana Cláudia Silva Scalquette e José Francisco Siqueira Neto; Organizzatori: Carlos Eduardo Nicoletti Camillo e Gianpaolo Poggio Smanio. São Paulo: Atlas, 2013

[8] Sui diritti della personalità e sulla morte del suo titolare, vedere MIGLIORE, Alfredo Domingues Barbosa. **Direito além da vida: um ensaio sobre os direitos de personalidade *post mortem*.** São Paulo: LTr, 2009, p.129 e seguenti.

[9] Risoluzione del Consiglio Federale di Medicina n. 2.173/2017, disponibile su https://saude.rs.gov.br/upload/arquivos/carga20171205/19140504-resolucao-do-conselho-federal-de-medicina-2173-2017.pdf

Quanto alla "morte dignitosa", va rilevato che l'eutanasia è intesa dalla legislazione penale brasiliana come un omicidio privilegiato (Articolo 121, comma 1º del Codice Penale)[10], anche quando si tratta di malattia terminale. Si nota, quindi, chiaramente, l'opzione politico-legislativa brasiliana presa.

È innegabile che l'arrivo della tecnologia, dell'intelligenza artificiale e di tanti altri progressi del mondo digitale abbiano sfidato il diritto privato, portando problemi non previsti dal legislatore.

La nuova forma di comunicazione, ad esempio, esercitata sui social network in cui i "follower" e i "like" sono monetizzati, porta ora un assetto complesso che richiede conoscenze non solo legate alla successione o alla trasmissione dei beni, ma anche su come valutare il valore del business "post-followers-like", guidato da influencer digitali, in modo che i tributi vengano raccolti in questa trasmissione e la condivisione sia fatta in modo adeguato, rispettando quella legittima.

Oltre alla questione giuridica, esiste anche la questione etica. Sarebbe auspicabile, possibile e consigliabile che l'immagine di una persona e la sua intimità continuassero ad essere esposte sui social network che non avrebbero più la sua supervisione?

In qualche modo, alla ricerca della perpetuazione della memoria della persona cara e dell'attività che può essere redditizia per gli eredi, si possono verificare due effetti nocivi.

La maturità fa parte della vita dell'essere umano. Nel corso degli anni, gli esseri si trasformano e si perfezionano, affinando la loro personalità alla ricerca di una vita più armoniosa e felice. In questo modo, perpetuando l'interazione di una persona deceduta con i suoi follower nel corso degli anni, si starebbe "congelando" questa evoluzione e, in una certa misura, esponendo un comportamento del/la defunto/a che potrebbe essere considerato inopportuno, infantile e persino inappropriato per gli standard degli anni a venire.

Lasciando questo essere "congelato" nel tempo, con un'esposizione continua, non si starebbe in qualche modo diminuendo il valore della sua storia e della sua immagine?

[10] Articolo 121, § 1º "Se l'agente commette il delitto spinto da motivo di rilevante valore sociale o morale, o sotto il dominio di violenta emozione, subito dopo l'ingiusta provocazione della vittima, il giudice può ridurre la pena di un sesto a un terzo".

Il secondo punto che si può anche sottolineare è che qualcuno, ovviamente non la persona deceduta, dovrà prendere decisioni su cosa postare, su quali argomenti trattare, comportandosi come se potesse continuare gli atti della persona deceduta stessa. Questa potrebbe essere una deviazione dai suoi obiettivi e persino dalla sua personalità socialmente esposta.

Inoltre, in una certa misura, vi sarebbe una violenza alla storia di chi non è più presente per scriverla.

Forse sarà possibile, in un futuro non così lontano, che le persone programmino i propri algoritmi, una sorta di ChatGPT personale, ideato dal proprietario del profilo sul social network, il che permetterebbe l'interazione con i follower come se fosse il suo titolare, anche dopo la sua morte.

Anche se la tecnologia lo permettesse, e si crede che sicuramente lo permetterà, non rimarrebbe comunque il primo problema? Quello di non permettere un'evoluzione di comportamento, idee, opinioni, ideali che mutano a causa di situazioni affrontate durante la vita di ognuno di noi, ma, soprattutto, per il confronto con persone, fatti ed eventi storici che il titolare dell'account sul social network non vivrà più.

Cioè, per quanto perfetta e dettagliata possa essere fatta qualsiasi programmazione e anche se fatta dal titolare stesso, non sarebbe certamente la reazione che avrebbe se fosse vivo, risultando in una manifestazione estranea al suo "essere".

3. L'effetto pendolo e i pericoli delle relativizzazioni

Non è raro che partiamo da un vuoto normativo in cui tutto è consentito a un quadro giuridico in cui sono fissati molti limiti, generando spesso controversie giuridiche interminabili.

È quello che si può chiamare "effetto pendolo", a volte colpendo a sinistra, a volte a destra.

Quando si pensa alla nascita, alla morte e ad altri fenomeni relativi alla vita durante il suo sviluppo, è imperativo riconoscere che il ruolo del legislativo ha una maggiore responsabilità, in quanto si occupa della cosiddetta "Biopolitica", politica relativa alla vita.

Determinare limiti, procedure, garantire diritti e prevedere sanzioni risulta essere una funzione estremamente difficile perché comporta scelte che, la maggior parte delle volte, sono legate all'etica e alla morale.

Una via d'uscita che sembra alleggerire le tensioni, siano di ordine giuridico o etico, è quella di avere come parametro l'autonomia privata[11], intesa non solo come il potere di scegliere se compiere o meno determinati atti, ma anche come il potere di fissare limiti precisi per garantire la dignità degli esseri umani, da prima della loro nascita fino a dopo la loro morte.

È imprescindibile includere, in questa traiettoria che va dalla nascita al *post mortem*, la questione dell'immagine, che è il "biglietto da visita" dell'"essere".

L'Intelligenza Artificiale ci ha proporzionato un nuovo mondo in termini di possibilità. Un caso paradigmatico[12] che si può citare come complesso è stata la ricreazione da parte dell'Intelligenza Artificiale dell'immagine di Elis Regina, una delle icone della musica brasiliana, per poterla utilizzare in uno spot pubblicitario di Volkswagen, interagendo con la figlia Maria Rita, anche essa cantante.

La pubblicità ha commosso gran parte dei brasiliani, che hanno potuto rivedere la loro cantante, come se fosse viva, e rivivere un periodo nostalgico della loro vita con il veicolo Kombi, icona degli anni '70.

Passata l'emozione, sono iniziate le discussioni giuridiche. La ricreazione dell'immagine di Elis Regina, da parte dell'Intelligenza Artificiale, sarebbe consentita dal Diritto? Elis Regina, se fosse viva, avrebbe scelto di fare la "ragazza immagine" per un veicolo prodotto da Volkswagen? Sarebbe possibile che un membro della famiglia potesse prendere questa decisione per lei?

Una situazione è l'utilizzo dell'opera di un artista già deceduto per uno spot pubblicitario, il che è anche una questione complessa, data la delicatezza di varie sfumature sociali e politiche già vissute in Brasile; un'altra situazione, che sembra essere ancora molto più acuta, è la "risurrezione"

[11] João Carlos Loureiro, Professore presso la Facoltà di Giurisprudenza dell'Università di Coimbra, chiarisce che, da una visione biocostituzionale, "l'autonomia è solo uno dei principi strutturanti, insieme al principio dell'inviolabilità della vita umana, dell'integrità (personale e della specie), della non commercializzazione o del divieto della venalizzazione del corpo umano, dell'uguaglianza (soprattutto nell'accesso alle cure sanitarie), della familiarità, della prevenzione, della precauzione, della cooperazione e della sostenibilità". **A árvore da vida e da morte: informação genética entre a autonomia e a familiaridade** *In* Casos de Bioética Y Derecho. Coordinatori ADORNO, Roberto e IVONE, VITULIA. Valencia: Editorial Tirant Lo Blanch e TORINO: G. Giappichelli Editore: 2013, p. 84.

[12] Disponibile sul https://www.meioemensagem.com.br/comunicacao/elis-regina-volkswagen-comercial

da parte dell'Intelligenza Artificiale dell'artista deceduto stesso, come se potesse "garantire" per un determinato prodotto o azienda, come se avesse fatto questa scelta, anche dopo la sua morte.

A differenza di quanto accade quando cerchiamo di immaginare l'applicazione di una teoria sviluppata da uno scienziato o giurista e trasportarla nell'attualità, come è addirittura naturale che accada nei sistemi giuridici, come ad esempio l'eredità sistemica lasciata dai giureconsulti romani, "ricreare", "resuscitare" le persone con l'Intelligenza Artificiale e interagire con esse, qualunque sia l'area, crea la confusione tra "reale" e "virtuale", contribuendo all'approfondimento del caos sociale e intellettuale che si sta vivendo.

Abbiamo finito per concentrarci, negli ultimi anni, sui problemi portati dalla cosiddetta eredità digitale e dalla sua difficoltà di condivisione, una situazione che ha cambiato la realtà degli inventari, ormai pieni di social network e follower, ma vi sono altre sfide che la tecnologia ha portato e potrebbe ancora portare con l'avanzamento dell'uso dell'Intelligenza Artificiale.

È interessante notare che l'essere umano ha creato la macchina per facilitare le sue attività quotidiane e ora si concentra sull'imbroglio per risolvere i problemi da essa creati, come se la creatura dominasse il creatore e se l'Intelligenza, detta Artificiale, passasse a sfidare l'Intelligenza Naturale.

Più che curioso, si potrebbe dire filosofico[13], è constatare che ciò che è stato creato per risolvere problemi, affinché gli esseri umani potessero essere più liberi di "vivere la vita" in modo più ottimizzato e dinamico, finisce per diventare il problema stesso per gli esseri umani, schiavizzandoli in ogni modo, sia per dipendenza dall'uso o mancanza di controllo sugli effetti, sia per le implicazioni incontrollate di un mondo cosiddetto

[13] Riguardo la costituzione normativa dell'Essere Umano, sono opportune le riflessioni di Alain Supiot, Professore alla Facoltà di Giurisprudenza dell'Università di Nantes (Francia): "Niente è più difficile che imparare ciò che ci fondamenta. Crediamo tutti nel primo articolo della Dichiarazione universale dei diritti umani, secondo il quale gli esseri umani nascono liberi e dotati di ragione, e facciamo fatica ad ammettere che la ragione e la libertà siano costruzioni fragili che poggiano sulle istituzioni. Soltanto una riflessione su noi stessi, sulla fragilità della nostra propria ragione, può farci intravedere i limiti della sovranità dello spirito su sé stesso". ***Homo juridicus*: ensaio sobre a função antropológica do Direito.** Traduzione di Maria Ermantina de Almeida Prado Galvão. São Paulo: WMF Martins Fontes, 2007, p. 4.

virtuale che, incredibilmente, sembra non appartenere a nessuno, come se noi, gli umani, non lo avessimo creato.

Inghiottito da una "palla di neve" di innovazioni, il creatore non ha più in abbondanza l'oggetto più prezioso che esiste perché la riorganizzazione avvenga e nuove strategie, più sane di vita in società, possano essere idealizzate: il tempo.

Preso da sempre più novità, notizie, informazioni, creazioni e nuove possibilità, lo strumento pensante viene rimescolato e il noto e famoso "ozio creativo", attualmente, è una prelibatezza, qualcosa che non si è mai visto, ma di cui si sente parlare...

Le alternative che si presentano sono: abbandonare ogni e qualsiasi tecnologia, riconoscendola come il male dell'umanità; lasciare che l'avanzamento avvenga in modo sempre più dinamico e accelerato, finché non avremo nemmeno il linguaggio parlato[14], data l'interferenza delle macchine nelle nostre relazioni sociali; oppure, utilizzando la più potente delle intelligenze – quella umana –, rendersi conto che qualcosa non va bene e deve essere meglio organizzato[15].

La terza sembra l'equilibrio del pendolo e permetterà alla società atleta di rilassare i muscoli per tornare alla sua forma migliore con allenamenti equilibrati che includono macchine come accessori e non principali, del resto, non ne abbiamo mai avuto bisogno per nascere, viver o morire.

Il lavoro del giurista, in questo momento di proposizione della norma, è essenziale, poiché, per quanto estenuante possa essere pensare ad una tutela specifica e per quanto grande sia la convinzione che vi saranno imperfezioni nella regolamentazione proposta, è pur sempre essenziale

[14] Su enunciato, discorso e testo, Domicio Proença Filho disserta: "Le persone possono solo comunicare agli altri quello che conoscono. Più espandiamo i nostri saperi, più diventiamo familiari con le molteplici interpretazioni della realtà della vita e più grande è il nostro potenziale di comunicazione." **Leitura do texto, leitura do mundo**. Rio de Janeiro: Anfiteatro, 2017, p. 67.

[15] Jean-Cassien Billier e Aglaé Maryioli, sull'interpretazione costruttiva del Diritto, a nostro avviso, obiettivo auspicato dopo questa riflessione proposta, insegnano: "La prima regola è quella della *convenienza* – il diritto che conviene (*fit*) –, secondo la quale le autorità di applicazione riuniscono l'insieme delle regole precedenti e dei principi che riguardino il caso da trattare per fare l'elenco di tutte le soluzioni giuridiche che sembrano adattarsi. Certamente, esse devono assicurare la coerenza e l'unità del diritto nel miglior modo possibile". **História da Filosofia do Direito**. Traduzione di Maurício de Andrade. Barueri/SP: Manole, 2005, p. 423-424.

la sua proposta, perché chi se non i successori dei giureconsulti per dare proseguimento a questo lavoro.[16]

Conclusioni

Ciò che era teoricamente semplice, con l'arrivo della tecnologia, acquista complessità.

Nascere, vivere e morire, atti finora naturali, sono direttamente influenzati dalle innovazioni che raggiungono anche il metaverso.

Si è soliti riassumere i fatti che accadono nel mondo digitale con una semplice ricetta: ciò che vale nel mondo reale deve valere nel mondo virtuale.

Sarebbe davvero così semplice? Sembra di no, perché ora la vita non solo si fa al di fuori dell'utero, ma si estende anche dopo la morte, il che è piuttosto impegnativo.

Non ci sono soluzioni, ma parametri per raggiungerle, questi sì rimangono gli stessi. Tutto deve avvenire a causa dell'"essere umano", per l'"essere umano" e dall'"essere umano".

Le macchine devono restare buone macchine, assistenti dei loro proprietari, e il Diritto che acquista nuove attribuzioni ora deve far valere il suo buon quadro sistemico per proteggere l'"essere", in tutta la sua estensione.

Riferimenti

BILLIER, Jean-Cassien; MARYIOLI, Aglaé. **História da Filosofia do Direito**. Tradução de Maurício de Andrade. Barueri/SP: Manole, 2005

BOBBIO, Norberto. **A era dos direitos**. Tradução de Carlos Coutinho. Rio de Janeiro: Elsevier, 2004.

IVONE, Vitulia. **Profili di danno endofamiliare**. Torino: G. Giappichelli Editore, 2020.

LOUREIRO, João Carlos. **A árvore da vida e da morte: informação genética entre a autonomia e a familiaridade** *In* Casos de Bioética Y Derecho. Coordinadores ADORNO, Roberto e IVONE, VITULIA. Valencia: Editorial Tirant Lo Blanch e TORINO: G. Giappichelli Editore: 2013.

[16] Sulla fluidità del Diritto e delle sue norme, Vitulia Ivone pondera: Lo sforzo paziente e scrupoloso incide sulla correttezza della prospettiva nella quale vengono presentati i problemi e della direzione intrapresa per la loro soluzione: nella ricostruzione delle pur ampie posizioni della dottrina e delle determinazioni della giurisprudenza emerge come – in tema di relazioni affettive – il diritto non sia creazione spontanea ed astratta, ma viva dell'influenza di fattori ed elementi che ne decretano uno sviluppo incessante e progressivo. A volte, estenuante. IVONE, Vitulia. **Profili di danno endofamiliare**. Torino: G. Giappichelli Editore, 2020, p. XI.

MIGLIORE, Alfredo Domingues Barbosa. **Direito além da vida: um ensaio sobre os direitos de personalidade *post mortem***. São Paulo: LTr, 2009.

NERY, Rosa Maria de Andrade; NERY JUNIOR, Nelson. **Instituições de Direito Civil: Direitos de Personalidade (Direito de Humanidade)**. Vol. VII. São Paulo: Revista dos Tribunais, 2018.

PROENÇA FILHO, Domicio. **Leitura do texto, leitura do mundo**. Rio de Janeiro: Anfiteatro, 2017.

RULLI NETO, Antonio. **Leis de Manu**. São Paulo: Fiúza Editores, 2002.

SCALQUETTE, Ana Cláudia S. **Estatuto da Reprodução Humana**. São Paulo: Saraiva, 2010.

SCALQUETTE, Ana Cláudia Silva; SCALQUETTE, Rodrigo Arnoni. **Análise Contemporânea da Tutela dos Casos Difíceis: o precedente no direito brasileiro.** *In* 60 Desafios do Direito: Direito na Sociedade Contemporânea. Volume 1. Coordenadores: Ana Cláudia Silva Scalquette e José Francisco Siqueira Neto; Organizadores: Carlos Eduardo Nicoletti Camillo e Gianpaolo Poggio Smanio. São Paulo: Atlas, 2013.

SUPIOT, Alain. ***Homo juridicus*: ensaio sobre a função antropológica do Direito.** Tradução Maria Ermantina de Almeida Prado Galvão. São Paulo: WMF Martins Fontes, 2007.

PARTE 4

BIOPOLITICA, POLÍTICA CRIMINAL E SUA ADAPTAÇÃO À ERA TECNOLÓGICA

BIOPOLITICA E POLITICA CRIMINALE E IL SUO ADATTAMENTO ALL'ERA TECNOLÓGICA

14
A UTILIZAÇÃO DE INTELIGÊNCIA ARTIFICIAL NA ATUAÇÃO JURÍDICA

GIANPAOLO POGGIO SMANIO
ORLY KIBRIT

Introdução

Na atualidade, em que vivemos na "Era da Informação", os contornos da sociedade e da atuação social devem ser repensados e adaptados à realidade digital. Nesse sentido, vislumbra-se a evolução da utilização da inteligência artificial para diversos fins e em diversos setores, com diferentes formas e níveis de atuação.

A atuação jurídica não permanece alheia a essa movimentação e já há, no seu contexto, impactos dessa evolução, inclusive em relação ao uso da inteligência artificial, cujos contornos necessitam de delimitação, justificando-se a escolha da temática aqui proposta.

O presente artigo, então, tem por finalidade demonstrar a importância, a necessidade e os desafios da utilização da inteligência artificial na esfera jurídica, focando na atuação do Ministério Público do Estado de São Paulo – maior Ministério Público do país – e na atuação do Judiciário – no Supremo Tribunal Federal, no Superior Tribunal de Justiça e em Tribunais de Justiça.

Para tanto, serão analisados projetos e programas de inteligência artificial em tais órgãos, observando-se a sua funcionalidade, bem como as perspectivas para que a utilização da inteligência artificial ajude na reestruturação da atuação jurídica no Brasil, especialmente diante da atual situação de nossa estrutura judiciária, sem, de outro lado, ultrapassar limites que deslegitimem tal atuação, como os direitos da cidadania.

1. Conceito e fundamentos da inteligência artificial

A inteligência artificial é um ramo da Ciência da Computação que utiliza algoritmos, ou seja, conjuntos de regras e procedimentos lógicos, para tornar máquinas aptas a raciocinar autonomamente e realizar tarefas típicas da mente humana. Em outras palavras, tal conceito diz respeito ao uso de algoritmos para (i) analisar dados, (ii) aprender com eles, e, então, (iii) apresentar resultados e/ou fazer previsões a respeito de algo. Desse modo, as máquinas são inteligentes no sentido funcional: capazes de alterar e/ou melhorar seu comportamento a partir da experiência.

Assim, utilizando-se de informações e padrões existentes no ambiente, forma-se um banco de dados a partir do qual as máquinas tornam-se aptas a tomar decisões e resolver problemas. Trata-se de um mecanismo denominado *machine learning*, o qual permite que os sistemas aprendam os dados já conhecidos e, a partir deles, produzam novas informações que embasam futuras decisões e tornam máquinas capazes de aprender e se aperfeiçoar a partir da experiência, independentemente de nova programação[1].

Nesse contexto, torna-se difícil vislumbrar um limite para aplicação da inteligência artificial e, no que fiz respeito à sua aplicação ao Direito, já foram identificadas áreas como: elaboração de documentos e peças processuais, faturamento automático de honorários advocatícios, pesquisa jurídica, elaboração e revisão de contratos, previsão de resultados de litígios, identificação de propriedade intelectual em portfólios e, por fim, identificação de padrões em decisões judiciais.

Não obstante, outros campos de aplicação poderão surgir em consequência do avanço tecnológico, pois, assim como são diversos os ramos do Direito (civil, penal, tributário, econômico, processual etc.), também são diversas as possibilidades de conjugação da inteligência artificial desses ramos. O que não se pode olvidar, nesse contexto da "Era da Informação", especificamente ao que nos importa aqui, de utilização de inteligência artificial, é da proteção aos direitos da cidadania[2].

[1] WOLKART, Erik Navarro; BECKER, Daniel. Tecnologia e precedentes: do portão de Kafka ao panóptico digital pelas mãos da jurimetria. *In* ALVES, Isabella Fonseca (org.). **Inteligência artificial e processo.** Belo Horizonte, São Paulo: D'Plácido, 2020. p. 10.

[2] A respeito: SMANIO, Gianpaolo Poggio KIBRIT, Orly. **Cidadania e persecução penal na Era da Informação.** São Paulo: Editora Mackenzie, 2022.

Assim, nos próximos tópicos, abordaremos a importância do uso da inteligência artificial na atividade jurídica, exemplos desse uso e a necessidade de que sejam estabelecidos limites e regulamentada a questão.

2. Custos e níveis de litigiosidade no Brasil: uso da inteligência artificial como parte da solução

No Brasil, o Conselho Nacional de Justiça, órgão do Poder Judiciário responsável pelo controle da atuação administrativa e financeira desse Poder e do cumprimento dos deveres funcionais dos juízes[3], publica anualmente o relatório "Justiça em Números", que divulga detalhadamente a realidade dos tribunais brasileiros a partir de indicadores estatísticos oficiais.

O relatório de 2019 mostra que, no ano de 2018, as despesas totais do Poder Judiciário chegaram a R$ 93.725.289.276, e correspondem a 1,4% do Produto Interno Bruto (PIB) nacional, sendo que o gasto com recursos humanos representa aproximadamente 91% desse valor. O relatório também informa que o custo pelo serviço de Justiça em 2018 foi equivalente a R$ 449,53 por habitante.

Diante desse cenário, chamam atenção os dados relativos a gastos com informática, que cresceram entre os anos de 2009 e 2014 e, nos últimos quatro anos, se mantiveram estáveis. Tais despesas abrangem a aquisição de equipamentos e programas de informática e mostram a incorporação de recursos tecnológicos ao Poder Judiciário, para o atendimento da grande demanda que cresce a cada ano.

Em relação aos índices de litigiosidade[4], o Poder Judiciário finalizou o ano de 2018 com 78,7 milhões de processos em tramitação. Desses, 64,6 milhões estavam efetivamente em andamento, com os 14,1 milhões restantes suspensos, sobrestados ou em arquivo provisório. Nesse ano, também foram proferidas 32 milhões de sentenças e decisões terminativas. Nesse panorama, um indicador chamado "Tempo de Giro do Acervo" mostra que, mesmo que não houvesse ingresso de novas demandas e fosse mantida a produtividade dos magistrados e dos servidores, esse estoque de processos só seria zerado com aproximadamente dois anos e quatro meses de trabalho do contingente.

Verifica-se, então, que "as características da sociedade contemporânea favorecem o aumento do volume e a complexidade das demandas judiciais,

[3] Conforme estabelece a Constituição Federal Brasileira, no artigo 103-B, §4º.

[4] CONSELHO NACIONAL DE JUSTIÇA. Justiça em números 2019. Brasília: CNJ, 2019.

e o Estado, de seu turno, não dispõe de estrutura judiciária adequada para dar vazão ao número crescente de litígios"[5].

Tal panorama é alarmante e mostra a falência do sistema nos moldes tradicionais. Diante desse cenário, somos desafiados, cotidianamente, a pensar em soluções para os problemas que se apresentam, mostrando-se a inteligência artificial como uma alternativa de melhora[6] que precisa ser, cada vez mais, aplicada e aperfeiçoada.

3. Experiências de aplicação da inteligência artificial no âmbito do Ministério Público

No âmbito do Ministério Público, instituição pública autônoma a quem a Constituição Federal atribuiu a incumbência de defender a ordem jurídica, o regime democrático e os interesses sociais e individuais indisponíveis, o uso da inteligência artificial também vem sendo implementado a partir de algumas experiências que permitem ao Promotor de Justiça atuar com eficiência, eliminando a dedicação a trabalhos repetitivos para se concentrar em uma atuação institucional mais estratégica[7].

Vislumbra-se, por exemplo, a aplicação da inteligência artificial na formação de acordos extrajudiciais de não persecução penal, evitando-se, assim, a judicialização de determinados conflitos e consequente sobrecarga do Poder Judiciário. Isso permitirá que se ganhe tempo e eficiência, já que julgamentos ficariam voltados a casos de maior complexidade. Além disso, na esfera de proteção dos direitos difusos e coletivos, a aplicação da inteligência artificial tem o potencial de facilitar assinaturas de termos de ajustamento de conduta (TACs), notadamente em casos como danos ambientais e ao consumidor.

[5] Faria, Guilherme Henrique Lage. Gerenciamento processual, inteligência artificial e negociação processual: uma compatibilização essencial em tempos de Sistema ELIS. *In* Alves, Isabella Fonseca (org.). **Inteligência artificial e processo**. Belo Horizonte, São Paulo: D'Plácido, 2020. p. 74.

[6] Maranhão, Juliano Souza de Albuquerque; Florêncio, Juliana Abrusio; Almada, Marco. Inteligência artificial aplicada ao direito e o direito da inteligência artificial. *In* **Suprema – revista de estudos constitucionais**. Brasília, v. 1., n. 1, jan./jun. 2021. p. 173.

[7] MINISTÉRIO PÚBLICO DO ESTADO DE SÃO PAULO. **MPSP avalia novas soluções para otimizar uso de inteligência artificial**. Disponível em: [https://www.mpsp.mp.br/w/mpsp-avalia-novas-solu%C3%A7%C3%B5es-para-otimizar-uso-de-intelig%C3%AAncia-artificial]. Acesso em: 4 ago. 2023.

No que diz respeito ao Ministério Público de São Paulo (MPSP), o maior Ministério Público do Brasil, com cerca de 2.000 membros, várias iniciativas na área de inteligência artificial vêm sendo desenvolvidas, dentre elas uma parceria envolvendo a instituição e o Ministério Público de Buenos Aires para o desenvolvimento de uma ferramenta de coleta de dados e produção de peças a partir da inteligência artificial.

No ano de 2018, o MPSP realizou mais de 50 mil pesquisas em incontáveis bases de dados, tarefa que demanda muito tempo. Nesse contexto, a instituição tem empreendido esforços de automatização desse processo, utilizando ferramentas como inteligência artificial.

Além disso, pode-se mencionar a assistente virtual chamada "Maia" (Minha Amiga Inteligência Artificial)[8], a qual foi desenvolvida pelas empresas *Elo Group* e *Ilhasoft*[9] e usa a inteligência artificial para conversar sobre relacionamentos abusivos de uma forma leve e descontraída. Toda a base de conhecimento da *Maia* – ou seja, as informações que ela acessa para poder interagir com mulheres jovens – foi desenvolvida utilizando a cartilha informativa sobre relacionamentos abusivos, lançada pelo Núcleo de Gênero[10] da instituição. Após o seu "nascimento", no dia dos namorados, em 12 de junho de 2019, a "Maia" entrou em uma fase de construção coletiva, que permite à assistente aprender e evoluir com base em *feedbacks* de garotas que utilizam o sistema. O projeto visa conscientizar jovens sobre relacionamentos abusivos, dando dicas e ajudando-as a identificar se podem estar em uma situação desse tipo, mas mostra também o potencial de aplicação da inteligência artificial na conscientização dos cidadãos sobre seus direitos, podendo ser desenvolvidas ferramentas semelhantes para os mais diversos ramos, como consumidor, meio ambiente, saúde, educação etc.

Outras inovações também estão sendo implementadas no MPSP, como o "Sisap"[11], desenvolvido com o objetivo de facilitar o dia a dia das Promo-

[8] MINISTÉRIO PÚBLICO DO ESTADO DE SÃO PAULO. **Notícias**. Disponível em: [http://www.mpsp.mp.br/portal/page/portal/noticias/publicacao_noticias/2019_Noticias/2019_Junho/8B374BAC9E3CA3F4E050A8C0DD0115FD]. Acesso em: 4 ago. 2023.

[9] A *Elo Group* é uma consultoria especializada em tecnologia, e a *Ilhasoft*, uma empresa focada no desenvolvimento de *chatbots* e soluções de comunicação. Ambas são colaboradoras pro-bono do projeto "Maia".

[10] O Núcleo de Gênero do MPSP foi criado em 2015 e atua como órgão estratégico no enfrentamento e prevenção à violência contra a mulher.

[11] MINISTÉRIO PÚBLICO DO ESTADO DE SÃO PAULO. **Vídeo explica funcionalidades do Sistema de Automação de Processos, o SISAP**. Disponível em: [https://mpsp.mp.br/

torias, para que o trabalho possa ser realizado em equipe, permitindo que o Promotor e o Procurador de Justiça dediquem o tempo às suas atividades principais. A camada de dados desse sistema está sendo estruturada de maneira que, no futuro, ele possa receber tecnologia de inteligência artificial com o intuito de encontrar trabalhos repetitivos e automatizá-los, reduzindo a carga de trabalho operacional e, também, evidenciando informações que antes não podiam ser analisadas. A "Soli" (Solução de Inteligência do MPSP)[12] é outra ferramenta cujo objetivo é gerar ações preventivas a partir da análise de múltiplas bases de dados, internos e externos, transformando-se o dado bruto em informação de fácil interpretação para apoio na tomada de decisão estratégica, criação de relatório e *dashboards*, além de auxílio no desenvolvimento de ações bem direcionadas e fundamentadas.

A inteligência artificial também tem espaço no campo investigatório, no qual pode ser utilizada, por exemplo, para analisar vínculos entre contatos e celulares apreendidos e descobrir quais as conexões da rede de relacionamento de uma pessoa investigada são ais fortes e frequentes. É possível, ainda, pesquisar por palavras-chaves em documentos, e-mails ou conversas de WhatsApp, fazer a classificação de rostos por meio de banco de dados predefinido e ainda realizar a geolocalização de celulares por meio de coordenadas.

Observa-se, assim, que os impactos mais relevantes da aplicação da inteligência artificial na rotina do Ministério Publico referem-se a menos esforço, mais tempo, mais agilidade, maior mobilidade, além de resolutividade e eficiência.

4. Experiências de aplicação da inteligência artificial no âmbito do Poder Judiciário

O Supremo Tribunal Federal, em parceria com 3 (três) cursos da Universidade de Brasília (UnB) – Direito, Engenharia de Software e Ciência da Computação –, passou a desenvolver o programa denominado VICTOR[13],

w/v%C3%ADdeo-explica-funcionalidades-do-sistema-de-automa%C3%A7%C3%A3o-de-processos-o-sisap]. Acesso em: 4 ago. 2023.

[12] MINISTÉRIO PÚBLICO DO ESTADO DE SÃO PAUO. **Soli, ferramenta para cruzamento de dados, chega ao MPSP**. Disponível em: [https://mpsp.mp.br/w/soli-ferramenta-para-cruzamento-de-dados-chega-ao-mpsp]. Acesso em: 4 ago. 2023.

[13] MAIA FILHO, Mamede Said; JUNQUILHO, Tainá Aguiar. Projeto Victor: perspectivas de aplicação da inteligência artificial ao direito. Revista de Direitos e Garantias Fundamentais,

em homenagem ao ex-Ministro da Corte, Victor Nunes Leal, em razão de ter sido o primeiro Ministro a tentar sistematizar os precedentes do STF.

Tido como o 12º Ministro da Corte, o programa utiliza-se, justamente, do mecanismo de aprendizado de máquina (*machine learning*) a fim de dinamizar a avaliação do enquadramento dos recursos em relação aos principais temas de repercussão geral fixados pelo Tribunal, bem como separar e classificar as peças mais relevantes do processo judicial.

Na fase inicial do projeto, VICTOR lê todos os recursos extraordinários que sobem para o STF e identifica quais estão vinculados a determinados temas de repercussão geral. Essa ação representa apenas uma parte (pequena, mas importante) da fase inicial do processamento dos recursos no Tribunal, mas envolve um alto nível de complexidade em aprendizado de máquina.

Divulgou-se que, por meio do processo judicial eletrônico (PJe), esses recursos subiam para o Supremo e era preciso que um servidor separasse e identificasse suas peças, tarefa que demandava em média 30 minutos de serviço. Contudo, com o Victor, essa tarefa é realizada em apenas 5 segundos. Esclareceu-se, por fim, que mecanismos de Inteligência Artificial não irão substituir servidores do Poder Judiciário, apenas permitirão que eles atuem em funções mais complexas.

Destacam-se 4 atividades realizadas pela ferramenta: (i) converte imagens em textos no processo digital; (ii) separa o começo e o fim de um documento (peça processual, decisão etc.) em todo o acervo do Tribunal; (iii) separa e classifica as peças processuais mais utilizadas nas atividades do STF; (iv) identifica a incidência dos temas de repercussão geral mais comuns.

De outra sorte, tal projeto inovador pode se utilizar da Inteligência Artificial para contribuir com a formação de um banco de dados relevante sobre o Poder Judiciário brasileiro com informações como: (a) quem são os litigantes mais frequentes perante o STF, no âmbito recursal; (b) quais temas de repercussão geral possuem maior volume de processos vinculados; (c) quais questões constitucionais têm sofrido maior judicialização etc. Dessa maneira, pode-se diagnosticar de forma realista e empiricamente informada o estado d'arte do instituto da repercussão geral no Tribunal, corrigindo eventuais disfunções.

Vitória, v. 19, n. 3, set./dez. 2018. Disponível em: https://sisbib.emnuvens.com.br/direitosegarantias/article/ view/1587. Acesso em: 4 ago. 2023.

No mesmo contexto, o Conselho Nacional de Justiça criou, em 2018, laboratório de inteligência artificial para a implementação nacional do Pje (processo judicial eletrônico), pretendendo difundir tal tecnologia e, consequentemente, padronizar os dados judiciários do país, bem como otimizar a alocação dos recursos financeiros e humanos do Brasil[14].

Também o Superior Tribunal de Justiça passou a fazer uso da inteligência artificial em sua atuação, lançando o Projeto Sócrates, já em sua versão 2.0[15], para o fornecimento de informações relevantes aos Ministros relatores, como a identificação de um caso na categoria de demandas repetidas, a verificação das referências legislativas, a listagem de processos semelhantes e, inclusive, sugestões de decisão.

Nos últimos anos, viu-se que, em alguns estados brasileiros, os tribunais têm se valido de novas tecnologias e, inclusive, aplicando-as em julgamentos de casos. Em sessão inédita realizada na 8ª Câmara Cível, a Desembargadora Ângela Rodrigues, do Tribunal de Justiça de Minas Gerais, julgou 280 processos em poucos segundos, por meio de utilização de uma Inteligência Artificial[16].

A ferramenta (Sistema RADAR), após separar os recursos, monta um padrão de voto que contempla matéria já decidida pelos Tribunais Superiores, ou pelo Incidente de Resolução de Demandas Repetitivas (IRDR), processo que trata de um assunto abordado em inúmeros outros processos. Assim, depois que o incidente é julgado, a mesma decisão deve ser aplicada a todas as outras ações judiciais do mesmo teor.

Esse esboço de voto é apresentado ao desembargador relator, que tem a possibilidade de fazer alterações e imprimir seu traço pessoal ao texto. Feitas as correções, a máquina já identifica os recursos iguais e procede ao julgamento conjunto, em questão de segundos.

[14] CONSELHO NACIONAL DE JUSTIÇA. **CNJ anuncia a criação de laboratório de inteligência artificial para o PJe**. Disponível em: [https://www.cnj.jus.br/cnj-anuncia-a-criacao-de-laboratorio-de-inteligencia-artificial-para-o-pje/]. Acesso em: 4 ago. 2023.

[15] SUPERIOR TRIBUNAL DE JUSTIÇA. **Revolução tecnológica e desafios da pandemia marcaram gestão do ministro Noronha na presidência do STJ**. Disponível em: [https://www.stj.jus.br/sites/portalp/Paginas/Comunicacao/Noticias/23082020-Revolucao-tecnologica-e-desafios-da-pandemia-marcaram-gestao-do-ministro-Noronha-na-presidencia-do-STJ.aspx]. Acesso em: 4 ago. 2023.

[16] TRIBUNAL DE JUSTIÇA DE MINAS GERAIS. **TJMG utiliza inteligência artificial em julgamento virtual**. Disponível em: [https://www.tjmg.jus.br/portal-tjmg/noticias/tjmg-utiliza-inteligencia-artificial-em-julgamento-virtual.htm]. Acesso em: 4 ago. 2023.

A despeito dos apontados benefícios pelo uso de inteligência artificial nas tarefas jurídicas, sobretudo em tarefas repetitivas, "não há como ignorar os riscos no crescente uso de dados e processos totalmente automatizados, com exclusão total do elemento humano da equação jurisdicional"[17].

Com isso, tem-se que o uso da inteligência artificial no âmbito do Poder Judiciário é capaz de auxiliar na gestão processual e conferir maior celeridade processual, com eficiência, sempre orientado por uma abordagem de direitos humanos[18].

Em outras palavras, "não obstante a eficiência potencialmente alcançada na gestão de ações judiciais e até mesmo, eventualmente, na prolação de decisões judiciais, o uso de inteligência artificial não prescinde de regulamentação e limitação"[19]. Nesse sentido, foi apresentado, perante a Câmara dos Deputados, o Projeto de Lei 21/2020[20], estabelecendo princípios, direitos e deveres para o uso de inteligência artificial no Brasil, o que já representa um importante avanço na consolidação do tema.

Nesse necessário debate, não se pode perder de vista que o deslocamento da função decisória às máquinas deve ser pensado com cautela e "demanda o aprofundamento numa série de fatores, passando-se pela psicologia, teoria do conhecimento, hermenêutica jurídica, teoria de processo e tantos outros campos"[21]. Não é, portanto, um passo simples.

[17] VIEGAS, Cláudia Mara de Almeida Rabelo. Inteligência artificial: uma análise da sua aplicação no Judiciário Brasileiro. *In* ALVES, Isabella Fonseca (org.). **Inteligência artificial e processo**. Belo Horizonte, São Paulo: D'Plácido, 2020. p. 147.

[18] ARAS, Vladimir. A inteligência artificial e o direito de ser julgado por humanos. *In* PINTO, Henrique Alves; GUEDES, Jefferson Carús; CÉSAR, Joaquim Porte de Cerqueira (coord.). **Inteligência artificial aplicada ao processo de tomada de decisões**. Belo Horizonte: D'Plácido, 2021. p. 130.

[19] GROSTEIN, Julio; KIBRIT, Orly. O jogo da imitação: transparência e eficiência nas políticas de uso de inteligência artificial pelos tribunais brasileiros. *In* **Revista Lex de Direito Administrativo** – Ano II, nº 4 – jan./abr. 2022. p. 101.

[20] BISMARCK, Eduardo. **Projeto de Lei 21/2020**. Estabelece fundamentos, princípios e diretrizes para o desenvolvimento e a aplicação da inteligência artificial no Brasil; e dá outras providências. Brasília, DF: Câmara dos Deputados, 2020. Disponível em: https://www.camara.leg.br/propostas-legislativas/2236340. Acesso em: 4 ago. 2023.

[21] VIANA, Antônio Aurélio de Souza. Juiz-robô e a decisão algorítmica: a inteligência artificial na aplicação dos precedentes. *In* ALVES, Isabella Fonseca (org.). **Inteligência artificial e processo**. Belo Horizonte, São Paulo: D'Plácido, 2020. p. 43.

Conclusões

Como se pode observar, fazer uso de uma Inteligência Artificial em uma tarefa consubstanciada em identificar recursos que estejam vinculados a temas de repercussão geral e separá-los mostra-se perfeitamente possível. Mas atribuir à essa nova tecnologia a execução de tarefas típicas da função jurisdicional (decidir, julgar, fundamentar) não é uma questão simples.

Todos os julgamentos dos órgãos do Poder Judiciário devem ser, por força constitucional, motivados. Devem expressar os motivos de fato e de direito que convencerão o Magistrado a decidir a questão daquela maneira. Os juízes devem, portanto, motivar suas sentenças por meio da exposição dos argumentos que o fizeram chegar à conclusão.

A argumentação faz parte do mundo jurídico, que é feito de linguagem, racionalidade e convencimento. Todos os participantes do processo apresentam argumentos e a fundamentação é requisito essencial da decisão judicial.

Sendo o precedente judicial uma decisão proferida em um caso concreto isoladamente considerado, e cujas razões de decidir formam uma tese jurídica que pode vir a ser aplicada em casos futuros que com ele guardem semelhança, tem-se que o que vinculará os juízes em decisões futuras será a fundamentação da decisão. Não abrange, portanto, o "obiter dictum" (dito de passagem), que é o argumento jurídico dispensável, não essencial à solução da questão jurídica.

Certo é, portanto, que o juiz possui um poder discricionário no julgamento das demandas judiciais, e sendo, dessa forma, detentor (em um regime democrático) de um poder discricionário, o magistrado deve prestar contas do modo como o usa mediante a motivação de suas decisões. Por conseguinte, se a decisão judicial não for motivada, ela será arbitrária, o que é vedado por nosso ordenamento jurídico.

Embora as Inteligências Artificiais não possam fazer as vezes de um juiz na formação de um precedente (decidir fundamentadamente), elas poderiam, ao menos, contribuir com a realização de trabalhos complexos e demorados de forma mais célere, razão pela qual seu uso se limitaria a mero auxílio ao Judiciário no exercício da atividade cognoscitivo-argumentativa, ainda não sendo possível a substituição total do homem pela máquina.

O processo de desjudicialização dos conflitos e de informatização do Direito e, precisamente, a associação entre inteligência artificial e meios consensuais de solução dos litígios vêm ganhando espaço e importância entre os operadores do Direito e certamente trarão inúmeros benefícios, especialmente no que diz respeito à efetividade na pacificação de conflitos.

Referências

ARAS, Vladimir. A inteligência artificial e o direito de ser julgado por humanos. *In* PINTO, Henrique Alves; GUEDES, Jefferson Carús; CÉSAR, Joaquim Porte de Cerqueira (coord.). **Inteligência artificial aplicada ao processo de tomada de decisões**. Belo Horizonte: D'Plácido, 2021.

BISMARCK, Eduardo. **Projeto de Lei 21/2020**. Estabelece fundamentos, princípios e diretrizes para o desenvolvimento e a aplicação da inteligência artificial no Brasil; e dá outras providências. Brasília, DF: Câmara dos Deputados, 2020. Disponível em: https://www.camara.leg.br/propostas-legislativas/2236340. Acesso em: 4 ago. 2023.

CONSELHO NACIONAL DE JUSTIÇA. **CNJ anuncia a criação de laboratório de inteligência artificial para o PJe**. Disponível em: [https://www.cnj.jus.br/cnj-anuncia-a-criacao-de-laboratorio-de-inteligencia-artificial-para-o-pje/]. Acesso em: 4 ago. 2023.

CONSELHO NACIONAL DE JUSTIÇA. Justiça em números 2019. Brasília: CNJ, 2019.

FARIA, Guilherme Henrique Lage. Gerenciamento processual, inteligência artificial e negociação processual: uma compatibilização essencial em tempos de Sistema ELIS. *In* ALVES, Isabella Fonseca (org.). **Inteligência artificial e processo**. Elo Horizonte, São Paulo: D'Plácido, 2020.

GROSTEIN, Julio; KIBRIT, Orly. O jogo da imitação: transparência e eficiência nas políticas de uso de inteligência artificial pelos tribunais brasileiros. *In* **Revista Lex de Direito Administrativo** – Ano II, nº 4 – jan./abr. 2022.

MAIA FILHO, Mamede Said; JUNQUILHO, Tainá Aguiar. Projeto Victor: perspectivas de aplicação da inteligência artificial ao direito. Revista de Direitos e Garantias Fundamentais, Vitória, v. 19, n. 3, set./dez. 2018. Disponível em: https://sisbib.emnuvens.com.br/direitosegarantias/article/ view/1587. Acesso em: 4 ago. 2023.

MARANHÃO, Juliano Souza de Albuquerque; FLORÊNCIO, Juliana Abrusio; ALMADA, Marco. Inteligência artificial aplicada ao direito e o direito da inteligência artificial. *In* **Suprema – revista de estudos constitucionais**. Brasília, v. 1., n. 1, jan./jun. 2021.

MINISTÉRIO PÚBLICO DO ESTADO DE SÃO PAULO. **MPSP avalia novas soluções para otimizar uso de inteligência artificial**. Disponível em: [https://www.mpsp.mp.br/w/mpsp-avalia-novas-solu%C3%A7%C3%B5es-para-otimizar-uso-de-intelig%C3%AAncia-artificial]. Acesso em: 4 ago. 2023.

MINISTÉRIO PÚBLICO DO ESTADO DE SÃO PAULO. **Vídeo explica funcionalidades do Sistema de Automação de Processos, o SISAP**. Disponível em: [https://mpsp.mp.br/w/v%C3%ADdeo-explica-funcionalidades-do-sistema-de-automa%C3%A7%C3%A3o-de-processos-o-sisap]. Acesso em: 4 ago. 2023.

MINISTÉRIO PÚBLICO DO ESTADO DE SÃO PAULO. **Notícias**. Disponível em: [http://www.mpsp.mp.br/portal/page/portal/noticias/publicacao_noticias/2019_Noticias/2019_Junho/8B374BAC9E3CA3F4E050A8C0DD0115FD]. Acesso em: 4 ago. 2023.

MINISTÉRIO PÚBLICO DO ESTADO DE SÃO PAUO. **Soli, ferramenta para cruzamento de dados, chega ao MPSP**. Disponível em: [https://mpsp.mp.br/w/soli-ferramenta-para-cruzamento-de-dados-chega-ao-mpsp]. Acesso em: 4 ago. 2023.

SMANIO, Gianpaolo Poggio KIBRIT, Orly. **Cidadania e persecução penal na Era da Informação.** São Paulo: Editora Mackenzie, 2022.

SUPERIOR TRIBUNAL DE JUSTIÇA. **Revolução tecnológica e desafios da pandemia marcaram gestão do ministro Noronha na presidência do STJ**. Disponível em: [https://www.stj.jus.br/sites/portalp/Paginas/Comunicacao/Noticias/23082020-Revolucao-tecnologica-e-desafios-da-pandemia-marcaram-gestao-do-ministro-Noronha-na-presidencia-do-STJ.aspx]. Acesso em: 4 ago. 2023.

TRIBUNAL DE JUSTIÇA DE MINAS GERAIS. **TJMG utiliza inteligência artificial em julgamento virtual**. Disponível em: [https://www.tjmg.jus.br/portal-tjmg/noticias/tjmg-utiliza-inteligencia-artificial-em-julgamento-virtual.htm]. Acesso em: 4 ago. 2023.

VIANA, Antônio Aurélio de Souza. Juiz-robô e a decisão algorítmica: a inteligência artificial na aplicação dos precedentes. *In* ALVES, Isabella Fonseca (org.). **Inteligência artificial e processo**. Belo Horizonte, São Paulo: D'Plácido, 2020.

VIEGAS, Cláudia Mara de Almeida Rabelo. Inteligência artificial: uma análise da sua aplicação no Judiciário Brasileiro. *In* ALVES, Isabella Fonseca (org.). **Inteligência artificial e processo**. Belo Horizonte, São Paulo: D'Plácido, 2020.

WOLKART, Erik Navarro; BECKER, Daniel. Tecnologia e precedentes: do portão de Kafka ao panóptico digital pelas mãos da jurimetria. *In* ALVES, Isabella Fonseca (org.). **Inteligência artificial e processo**. Belo Horizonte, São Paulo: D'Plácido, 2020.

14
L'USO DELL'INTELLIGENZA ARTIFICIALE NELLE AZIONI LEGALI

Gianpaolo Poggio Smanio
Orly Kibrit

Introduzione

Al giorno d'oggi, in cui viviamo nell'era dell'informazione, i contorni della società e dell'agire sociale devono essere ripensati e adattati alla realtà digitale. In questo senso si può vedere l'evoluzione dell'uso dell'intelligenza artificiale per scopi diversi e in settori diversi, con forme e livelli di azione differenti.

L'azione legale non rimane estranea a questo movimento e vi sono già, nel suo contesto, impatti di questa evoluzione, anche in relazione all'uso dell'intelligenza artificiale, i cui contorni necessitano di delimitazione, giustificando la scelta del tema qui proposto.

Questo articolo, quindi, mira a dimostrare l'importanza, la necessità e le sfide dell'uso dell'intelligenza artificiale nella sfera legale, concentrandosi sulle prestazioni del Pubblico Ministero dello Stato di San Paolo – il più grande Pubblico Ministero del paese – e sulle prestazioni della magistratura – presso il Tribunale federale, il Tribunale superiore di giustizia e le Corti di giustizia.

A tal fine, verranno analizzati progetti e programmi di intelligenza artificiale in tali organismi, osservandone la funzionalità, nonché le prospettive di utilizzo dell'intelligenza artificiale per aiutare nella ristrutturazione dell'azione legale in Brasile, soprattutto alla luce dell'attuale situazione di nostra struttura senza, invece, superare limiti che delegittimano tale azione, come i diritti di cittadinanza.

1. Concetto e fondamenti dell'intelligenza artificiale

L'Intelligenza Artificiale è una branca dell'Informatica che utilizza algoritmi, cioè insiemi di regole e procedure logiche, per rendere le macchine in grado di ragionare in modo autonomo ed eseguire compiti tipici della mente umana. In altre parole, tale concetto riguarda l'uso di algoritmi per (i) analizzare dati, (ii) imparare da essi, e quindi (iii) presentare risultati e/o fare previsioni su qualcosa. In questo modo le macchine sono intelligenti in senso funzionale: capaci di cambiare e/o migliorare il proprio comportamento in base all'esperienza.

Pertanto, utilizzando le informazioni e gli standard esistenti nell'ambiente, si forma un database da cui le macchine diventano in grado di prendere decisioni e risolvere problemi. Si tratta di un meccanismo chiamato machine learning, che consente ai sistemi di apprendere da dati già noti e, da essi, produrre nuove informazioni che supportano le decisioni future e rendono le macchine capaci di apprendere e migliorare dall'esperienza, indipendentemente dalla nuova programmazione[1].

In questo contesto, è difficile prevedere un limite per l'applicazione dell'intelligenza artificiale e, per quanto riguarda la sua applicazione al diritto, aree quali: preparazione di atti e atti processuali, fatturazione automatica delle spese legali, ricerca legale, preparazione e rivedere i contratti, prevedere gli esiti delle controversie, identificare la proprietà intellettuale nei portafogli e infine identificare i modelli nelle decisioni dei tribunali.

Tuttavia, altri campi di applicazione possono sorgere a seguito dei progressi tecnologici, poiché, così come diversi sono i rami del diritto (civile, penale, tributario, economico, processuale, ecc.), diverse sono anche le possibilità di combinare l'intelligenza artificiale di questi rami. Ciò che non può essere dimenticato, in questo contesto dell'era dell'informazione, in particolare ciò che qui conta, l'uso dell'intelligenza artificiale, è la tutela dei diritti di cittadinanza[2].

Pertanto, nei prossimi argomenti, affronteremo l'importanza dell'uso dell'intelligenza artificiale nell'attività legale, esempi di questo uso e la necessità di stabilire limiti e regolamentare la questione.

[1] WOLKART, Erik Navarro; BECKER, Daniel. Tecnologia e precedentes: do portão de Kafka ao panóptico digital pelas mãos da jurimetria. *In* ALVES, Isabella Fonseca (org.). **Inteligência artificial e processo.** Belo Horizonte, São Paulo: D'Plácido, 2020. p. 10.

[2] A rispetto: SMANIO, Gianpaolo Poggio KIBRIT, Orly. **Cidadania e persecução penal na Era da Informação.** São Paulo: Editora Mackenzie, 2022.

2. Costi e livelli di contenzioso in Brasile: utilizzo dell'intelligenza artificiale come parte della soluzione

In Brasile, il Consiglio Nazionale di Giustizia, l'organo del Potere Giudiziario incaricato di controllare l'andamento amministrativo e finanziario di tale Potere e di adempiere ai doveri funzionali dei giudici[3], pubblica annualmente il rapporto "Giustizia in Numeri", che dettaglia la realtà dei Tribunali brasiliani dagli indicatori statistici ufficiali.

Il rapporto del 2019 mostra che, nel 2018, le spese totali della magistratura hanno raggiunto R$ 93.725.289.276 e corrispondono all'1,4% del prodotto interno lordo (PIL) nazionale, con la spesa per le risorse umane che rappresenta circa il 91% di tale importo. Il rapporto informa inoltre che il costo per il servizio di giustizia nel 2018 è stato pari a R$ 449,53 per abitante.

A fronte di questo scenario, sono degni di nota i dati relativi alle spese informatiche, cresciute tra il 2009 e il 2014 e, negli ultimi quattro anni, rimaste stabili. Tali spese comprendono l'acquisizione di attrezzature e programmi per computer e mostrano l'incorporazione di risorse tecnologiche alla Magistratura, per soddisfare la grande domanda che cresce ogni anno.

Per quanto riguarda i tassi di contenzioso[4], la Magistratura ha chiuso il 2018 con 78,7 milioni di cause pendenti. Di questi, 64,6 milioni erano effettivamente in corso, con i restanti 14,1 milioni sospesi, sospesi o in fascicolo provvisorio. Quell'anno furono pronunciate 32 milioni di sentenze e decisioni definitive. In questo scenario, un indicatore chiamato "Tempo di riscossione" mostra che, anche se non ci fossero nuove richieste e la produttività dei giudici e dei dipendenti pubblici fosse mantenuta, questo stock di casi si azzererebbe solo dopo circa due anni e quattro mesi di lavoro contingentato.

Risulta, quindi, che "le caratteristiche della società contemporanea favoriscono un aumento del volume e della complessità dei contenziosi, e lo Stato, a sua volta, non dispone di una struttura giudiziaria adeguata per far fronte al crescente numero di controversie"[5].

[3] Come stabilito dalla costituzione federale brasiliana all'art 103-B, §4º.

[4] CONSELHO NACIONAL DE JUSTIÇA. Justiça em números 2019. Brasília: CNJ, 2019.

[5] FARIA, Guilherme Henrique Lage. Gerenciamento processual, inteligência artificial e negociação processual: uma compatibilização essencial em tempos de Sistema ELIS.

Questo panorama è allarmante e mostra il fallimento del sistema in modo tradizionale. Di fronte a questo scenario, siamo sfidati, quotidianamente, a pensare a soluzioni ai problemi che si presentano, mostrando l'intelligenza artificiale come un'alternativa di miglioramento[6] che deve essere sempre più applicata e migliorata.

3. Esperienze di applicazione dell'intelligenza artificiale nell'ambito della Procura della Repubblica

Nell'ambito del Pubblico Ministero, ente pubblico autonomo al quale la Costituzione federale ha affidato il compito di difendere l'ordine giuridico, il regime democratico e gli interessi sociali e individuali indisponibili, è stato implementato anche l'utilizzo dell'intelligenza artificiale sulla base di alcune esperienze che consentire al Pubblico Ministero di agire in modo efficiente, eliminando la dedizione al lavoro ripetitivo per concentrarsi su un'azione istituzionale più strategica[7].

Si prevede, ad esempio, l'applicazione dell'intelligenza artificiale nella formazione di accordi stragiudiziali di procedimenti non penali, evitando così la giudizializzazione di alcuni conflitti e il conseguente sovraccarico della Magistratura. Ciò consentirà di risparmiare tempo ed efficienza, poiché i giudizi si concentrerebbero su casi più complessi. Inoltre, nell'ambito della protezione dei diritti diffusi e collettivi, l'applicazione dell'intelligenza artificiale ha il potenziale per facilitare la firma di termini di adeguamento di condotta (TAC), in particolare in casi come danni ambientali e ai consumatori.

Per quanto riguarda il Pubblico Ministero di San Paolo (MPSP), il più grande Pubblico Ministero del Brasile, con circa 2.000 membri, sono state sviluppate diverse iniziative nell'area dell'intelligenza artificiale, tra cui una partnership che coinvolge l'istituzione e il Pubblico Ministero di Bue-

In ALVES, Isabella Fonseca (org.). **Inteligência artificial e processo.** Belo Horizonte, São Paulo: D'Plácido, 2020. p. 74.

[6] MARANHÃO, Juliano Souza de Albuquerque; FLORÊNCIO, Juliana Abrusio; ALMADA, Marco. Inteligência artificial aplicada ao direito e o direito da inteligência artificial. *In* **Suprema – revista de estudos constitucionais**. Brasília, v. 1., n. 1, jan./jun. 2021. p. 173.

[7] MINISTÉRIO PÚBLICO DO ESTADO DE SÃO PAULO. **MPSP avalia novas soluções para otimizar uso de inteligência artificial**. Disponibile in: [https://www.mpsp.mp.br/w/mpsp-avalia-novas-solu%C3%A7%C3%B5es-para-otimizar-uso-de-intelig%C3%AAncia-artificial]. Accedere in: 4 ago. 2023.

nos Aires per lo sviluppo di uno strumento per la raccolta dati e la produzione di parti basato sull'intelligenza artificiale.

Nel 2018, MPSP ha effettuato più di 50.000 ricerche in innumerevoli database, un compito che richiede molto tempo. In questo contesto, l'istituzione ha intrapreso sforzi per automatizzare questo processo, utilizzando strumenti come l'intelligenza artificiale.

Inoltre, si può citare l'assistente virtuale chiamato "Maia" (mia amica intelligenza artificiale)[8] che è stato sviluppato dalle società Elo Group e Ilhasoft[9] e utilizza l'intelligenza artificiale per parlare di relazioni violente in modo leggero e rilassato. L'intera base di conoscenza di Maia – ovvero le informazioni a cui accede per interagire con le giovani donne – è stata sviluppata utilizzando l'opuscolo informativo sulle relazioni violente, lanciato dal Centro per il genere[10] dell'istituzione. Dopo la sua "nascita", il giorno di San Valentino, il 12 giugno 2019, "Maia" è entrata in una fase di costruzione collettiva, che permette all'assistente di apprendere ed evolversi sulla base dei feedback delle ragazze che utilizzano il sistema. Il progetto mira a sensibilizzare i giovani sulle relazioni abusive, dando consigli e aiutandoli a identificare se potrebbero trovarsi in una situazione di questo tipo, ma mostra anche il potenziale dell'applicazione dell'intelligenza artificiale per aumentare la consapevolezza dei cittadini sui loro diritti, con la possibilità di sviluppare strumenti affini ai settori più diversi, come il consumatore, l'ambiente, la salute, l'istruzione, ecc.

Presso il MPSP sono inoltre in fase di implementazione altre novità, come "Sisap"[11], sviluppata con l'obiettivo di facilitare l'attività quotidiana delle Procure, in modo da poter svolgere il lavoro di squadra, consentendo alla Procura e alla Pubblica Procuratore di dedicare il proprio tempo alle

[8] MINISTÉRIO PÚBLICO DO ESTADO DE SÃO PAULO. **Notícias**. Disponibile in: [http://www.mpsp.mp.br/portal/page/portal/noticias/publicacao_noticias/2019_Noticias/2019_Junho/8B374BAC9E3CA3F4E050A8C0DD0115FD]. Accedere in: 4 ago. 2023.

[9] Elo Group è una società di consulenza specializzata in tecnologia, e Ilhasoft, una società focalizzata sullo sviluppo di chatbot e soluzioni di comunicazione. Entrambi sono collaboratori pro bono del progetto "Maia".

[10] Il MPSP Centro per il genero è stato creato nel 2015 e funge da organismo strategico nella lotta e nella prevenzione della violenza contro le donne.

[11] MINISTÉRIO PÚBLICO DO ESTADO DE SÃO PAULO. **Vídeo explica funcionalidades do Sistema de Automação de Processos, o SISAP**. Disponibile in: [https://mpsp.mp.br/w/v%C3%ADdeo-explica-funcionalidades-do-sistema-de-automa%C3%A7%C3%A3o-de-processos-o-sisap]. Accedere in: 4 ago. 2023.

sue principali attività. Il livello dati di questo sistema viene strutturato in modo tale che, in futuro, possa ricevere la tecnologia dell'intelligenza artificiale per trovare lavori ripetitivi e automatizzarli, riducendo il carico di lavoro operativo e mostrando anche informazioni che prima non erano disponibili. "Soli" (MPSP soluzione intelligente)[12] è un altro strumento il cui obiettivo è generare azioni preventive basate sull'analisi di più database, interni ed esterni, trasformando i dati grezzi in informazioni di facile interpretazione a supporto del processo decisionale, di report e dashboard, nonché assistenza nello sviluppo di azioni mirate e ragionate.

L'intelligenza artificiale trova spazio anche in ambito investigativo, dove può essere utilizzata, ad esempio, per analizzare collegamenti tra contatti e cellulari sequestrati e scoprire quali collegamenti nella rete relazionale di un indagato sono più forti e frequenti. È anche possibile cercare parole chiave in documenti, email o conversazioni WhatsApp, classificare i volti utilizzando un database predefinito e persino geolocalizzare i cellulari utilizzando le coordinate.

Si osserva, quindi, che gli impatti più rilevanti dell'applicazione dell'intelligenza artificiale nella routine del Pubblico Ministero si riferiscono a meno sforzo, più tempo, più agilità, maggiore mobilità, oltre a risolutezza ed efficienza.

4. Esperienze di applicazione dell'intelligenza artificiale nell'ambito della Magistratura

La Corte Suprema Federale, in collaborazione con 3 (tre) corsi dell'Università di Brasilia (UnB) – Giurisprudenza, Ingegneria del Software e Informatica – ha iniziato a sviluppare il programma denominato VICTOR[13], in onore dell'ex Ministro della Corte, Victor Nunes Leal, perché è stato il primo ministro a cercare di sistematizzare i precedenti della STF.

Considerato il 12º Ministro della Corte, il programma utilizza, appunto, il meccanismo del machine learning al fine di snellire la valutazione dell'in-

12 MINISTÉRIO PÚBLICO DO ESTADO DE SÃO PAUO. **Soli, ferramenta para cruzamento de dados, chega ao MPSP**. Disponibile in: [https://mpsp.mp.br/w/soli-ferramenta-para-cruzamento-de-dados-chega-ao-mpsp]. Accedere in: 4 ago. 2023.

13 MAIA FILHO, Mamede Said; JUNQUILHO, Tainá Aguiar. Projeto Victor: perspectivas de aplicação da inteligência artificial ao direito. Revista de Direitos e Garantias Fundamentais, Vitória, v. 19, n. 3, set./dez. 2018. Disponibile in: https://sisbib.emnuvens.com.br/direitosegarantias/article/ view/1587. Accedere in: 4 ago. 2023.

quadramento delle risorse in relazione ai principali temi di ripercussione generale fissati dalla Corte, nonché separare e classificare le parti più rilevanti del processo giudiziario.

Nella fase iniziale del progetto, VICTOR legge tutte le risorse straordinarie che arrivano all'STF e individua quali sono legate ad alcuni temi di ripercussione generale. Questa azione rappresenta solo una (piccola ma importante) parte della fase iniziale di elaborazione dei ricorsi in Tribunale, ma comporta un elevato livello di complessità nel machine learning.

È stato reso noto che, attraverso il processo giudiziario elettronico (PJe), queste risorse sono arrivate alla Corte Suprema ed è stato necessario che un server separasse e identificasse i loro pezzi, un compito che richiedeva una media di 30 minuti di servizio. Tuttavia, con Victor, questa attività viene eseguita in soli 5 secondi. Infine, è stato chiarito che i meccanismi di Intelligenza Artificiale non sostituiranno i server della Magistratura, le consentiranno solo di agire in funzioni più complesse.

Spiccano 4 attività svolte dallo strumento: (i) converte le immagini in testi nel processo digitale; (ii) separa l'inizio e la fine di un atto (pezzo processuale, decisione, ecc.) nell'intera collezione della Corte; (iii) separa e classifica gli atti processuali maggiormente utilizzati nell'attività della STF; (iv) individua l'incidenza dei temi di ripercussione generale più comuni.

D'altra parte, un progetto così innovativo può utilizzare l'Intelligenza Artificiale per contribuire alla formazione di un database rilevante sulla magistratura brasiliana con informazioni quali: (a) chi sono le parti in causa più frequenti davanti all'STF, nell'ambito del ricorso; (b) quali temi di ripercussione generale hanno il maggior volume di processi collegati; (c) quali questioni costituzionali sono state oggetto di una maggiore giurisprudenza, ecc. In tal modo è possibile diagnosticare in modo realistico ed empiricamente informato lo stato dell'arte dell'istituto di ripercussione generale in Tribunale, correggendo eventuali disfunzioni.

Nello stesso contesto, il Consiglio nazionale di giustizia ha creato, nel 2018, un laboratorio di intelligenza artificiale per l'attuazione nazionale del Pje (processo giudiziario elettronico), con l'obiettivo di diffondere tale tecnologia e, di conseguenza, standardizzare i dati giudiziari del Paese, nonché ottimizzare l'allocazione delle risorse finanziarie e umane del Brasile[14].

[14] CONSELHO NACIONAL DE JUSTIÇA. **CNJ anuncia a criação de laboratório de inteligência artificial para o PJe**. Disponibile in: [https://www.cnj.jus.br/cnj-anuncia-a-criacao-de-laboratorio-de-inteligencia-artificial-para-o-pje/]. Accedere in: 4 ago. 2023.

Anche la Corte Superiore di Giustizia ha iniziato a fare uso dell'intelligenza artificiale nel suo lavoro, lanciando il Progetto Sócrates, ora nella sua versione 2.0[15], per fornire informazioni rilevanti ai Ministri relatori, come l'identificazione di un caso nella categoria delle richieste ripetute , la verifica dei riferimenti normativi, l'elencazione di processi analoghi e persino suggerimenti decisionali.

Negli ultimi anni, si è visto che, in alcuni stati brasiliani, i tribunali hanno utilizzato nuove tecnologie e le hanno persino applicate nei processi. In una sessione senza precedenti tenutasi presso l'8a Camera Civile, il giudice Ângela Rodrigues, della Corte di Giustizia di Minas Gerais, ha giudicato 280 casi in pochi secondi, utilizzando un'Intelligenza Artificiale[16].

Lo strumento (Sistema RADAR), dopo aver separato i ricorsi, assembla uno schema di voto che include questioni già decise dalle Corti superiori, o dall'incidente di risoluzione della domanda ripetitivo (IRDR), un processo che affronta un argomento affrontato in innumerevoli altri processi. Pertanto, dopo che l'incidente è stato giudicato, la stessa decisione dovrebbe applicarsi a tutte le altre cause della stessa natura.

Questa bozza di voto viene presentata al giudice relatore, che ha la possibilità di apportare modifiche e stampare la sua caratteristica personale al testo. Effettuate le correzioni, la macchina individua già le stesse risorse ed esprime il giudizio congiunto, in pochi secondi.

Nonostante i vantaggi evidenziati dall'uso dell'intelligenza artificiale nelle attività legali, soprattutto in quelle ripetitive, "non si possono ignorare i rischi nell'uso crescente di dati e processi completamente automatizzati, con la totale esclusione dell'elemento umano dal equazione giurisdizionale"[17].

15 SUPERIOR TRIBUNAL DE JUSTIÇA. **Revolução tecnológica e desafios da pandemia marcaram gestão do ministro Noronha na presidência do STJ**. Disponibile in: [https://www.stj.jus.br/sites/portalp/Paginas/Comunicacao/Noticias/23082020-Revolucao-tecnologica-e-desafios-da-pandemia-marcaram-gestao-do-ministro-Noronha-na-presidencia-do-STJ.aspx]. Accedere in: 4 ago. 2023.

16 TRIBUNAL DE JUSTIÇA DE MINAS GERAIS. **TJMG utiliza inteligência artificial em julgamento virtual**. Disponibile in: [https://www.tjmg.jus.br/portal-tjmg/noticias/tjmg-utiliza-inteligencia-artificial-em-julgamento-virtual.htm]. Accedere in: 4 ago. 2023.

17 VIEGAS, Cláudia Mara de Almeida Rabelo. Inteligência artificial: uma análise da sua aplicação no Judiciário Brasileiro. *In* ALVES, Isabella Fonseca (org.). **Inteligência artificial e processo**. Belo Horizonte, São Paulo: D'Plácido, 2020. p. 147.

Pertanto, l'uso dell'intelligenza artificiale nell'ambito della magistratura è in grado di assistere nella gestione procedurale e fornire una maggiore velocità procedurale, con efficienza, sempre guidata da un approccio ai diritti umani[18].

In altre parole, "nonostante l'efficienza potenzialmente raggiunta nella gestione dei processi e anche, eventualmente, nella pronuncia delle decisioni giudiziarie, l'uso dell'intelligenza artificiale non dispensa dalla regolamentazione e dalla limitazione"[19]. In questo senso è stato presentato alla Camera dei Deputati il Progetto di diritto 21/2020[20], che stabilisce principi, diritti e doveri per l'uso dell'intelligenza artificiale in Brasile, che rappresenta già un importante passo avanti nel consolidamento del tema.

In questo necessario dibattito, non si può perdere di vista il fatto che lo spostamento della funzione decisionale alle macchine va pensato con cautela e "richiede l'approfondimento di una serie di fattori, tra cui la psicologia, la teoria della conoscenza, l'ermeneutica giuridica, la teoria di processo e tanti altri campi"[21]. Non è quindi un passaggio semplice.

Conclusioni

Come si vede, avvalersi di un'Intelligenza Artificiale in un compito incarnato nell'individuare risorse legate a temi di ripercussione generale e separarle risulta perfettamente possibile. Ma attribuire a questa nuova tecnologia lo svolgimento di compiti tipici della funzione giurisdizionale (deliberare, giudicare, motivare) non è cosa semplice.

[18] ARAS, Vladimir. A inteligência artificial e o direito de ser julgado por humanos. *In* PINTO, Henrique Alves; GUEDES, Jefferson Carús; CÉSAR, Joaquim Porte de Cerqueira (coord.). **Inteligência artificial aplicada ao processo de tomada de decisões**. Belo Horizonte: D'Plácido, 2021. p. 130.

[19] GROSTEIN, Julio; KIBRIT, Orly. O jogo da imitação: transparência e eficiência nas políticas de uso de inteligência artificial pelos tribunais brasileiros. *In* **Revista Lex de Direito Administrativo** – Ano II, nº 4 – jan./abr. 2022. p. 101.

[20] BISMARCK, Eduardo. **Projeto de Lei 21/2020**. Estabelece fundamentos, princípios e diretrizes para o desenvolvimento e a aplicação da inteligência artificial no Brasil; e dá outras providências. Brasília, DF: Câmara dos Deputados, 2020. Disponibile in: https://www.camara.leg.br/propostas-legislativas/2236340. Accedere in: 4 ago. 2023.

[21] VIANA, Antônio Aurélio de Souza. Juiz-robô e a decisão algorítmica: a inteligência artificial na aplicação dos precedentes. *In* ALVES, Isabella Fonseca (org.). **Inteligência artificial e processo**. Belo Horizonte, São Paulo: D'Plácido, 2020. p. 43.

Tutti i giudizi degli organi della Magistratura devono essere, per forza costituzionale, motivati. Devono esprimere le ragioni in fatto e in diritto che convincano il Magistrato a decidere in tal modo la questione. I giudici devono, quindi, motivare le loro sentenze esponendo gli argomenti che li hanno portati a giungere alla loro conclusione.

L'argomentazione fa parte del mondo giuridico, che è fatto di linguaggio, razionalità e persuasione. Tutti i partecipanti al processo presentano argomenti e il ragionamento è un requisito essenziale della decisione giudiziaria.

Poiché il precedente giudiziario è una decisione emessa in un caso concreto considerato isolatamente, e le cui ragioni per decidere formano una tesi giuridica che può essere applicata in futuri casi ad esso simili, resta inteso che ciò che vincolerà i giudici nelle decisioni future sarà la base della decisione. Non copre, quindi, l'"obiter dictum" (detto di sfuggita), che è l'argomentazione giuridica sacrificabile, non indispensabile alla soluzione della questione giuridica.

È certo, quindi, che il giudice ha un potere discrezionale nel giudizio delle istanze giudiziali, ed essendo, in tal modo, titolare (in regime democratico) di un potere discrezionale, il magistrato deve rendere conto del modo in cui lo utilizza attraverso la motivazione delle tue decisioni. Pertanto, se la decisione giudiziaria non è motivata, sarà arbitraria, cosa vietata dal nostro ordinamento giuridico.

Sebbene le Intelligenze Artificiali non possano fare da giudice nella formazione di un precedente (decidendo con ragione), potrebbero, almeno, contribuire a svolgere più rapidamente lavori complessi e dispendiosi in termini di tempo, ragion per cui il loro utilizzo si limiterebbe a mero aiuto alla Magistratura nell'esercizio dell'attività conoscitivo-argomentativa, non è ancora possibile sostituire integralmente l'uomo con la macchina.

Il processo di sgiudizializzazione dei conflitti e di informatizzazione del Diritto e, appunto, l'associazione tra intelligenza artificiale e mezzi consensuali di risoluzione delle controversie stanno acquisendo spazio e importanza tra gli operatori del Diritto e porteranno sicuramente numerosi benefici, soprattutto per quanto riguarda l'efficacia. nella pacificazione dei conflitti.

Riferimenti

ARAS, Vladimir. A inteligência artificial e o direito de ser julgado por humanos. *In* PINTO, Henrique Alves; GUEDES, Jefferson Carús; CÉSAR, Joaquim Porte de Cerqueira (coord.). **Inteligência artificial aplicada ao processo de tomada de decisões**. Belo Horizonte: D'Plácido, 2021.

BISMARCK, Eduardo. **Projeto de Lei 21/2020**. Estabelece fundamentos, princípios e diretrizes para o desenvolvimento e a aplicação da inteligência artificial no Brasil; e dá outras providências. Brasília, DF: Câmara dos Deputados, 2020. Disponibile in: https://www.camara.leg.br/propostas-legislativas/2236340. Accedere in: 4 ago. 2023.

CONSELHO NACIONAL DE JUSTIÇA. **CNJ anuncia a criação de laboratório de inteligência artificial para o PJe**. Disponibilie in: [https://www.cnj.jus.br/cnj-anuncia-a-criacao-de-laboratorio-de-inteligencia-artificial-para-o-pje/]. Accedere in: 4 ago. 2023.

CONSELHO NACIONAL DE JUSTIÇA. Justiça em números 2019. Brasília: CNJ, 2019.

FARIA, Guilherme Henrique Lage. Gerenciamento processual, inteligência artificial e negociação processual: uma compatibilização essencial em tempos de Sistema ELIS. *In* ALVES, Isabella Fonseca (org.). **Inteligência artificial e processo**. Elo Horizonte, São Paulo: D'Plácido, 2020.

GROSTEIN, Julio; KIBRIT, Orly. O jogo da imitação: transparência e eficiência nas políticas de uso de inteligência artificial pelos tribunais brasileiros. *In* **Revista Lex de Direito Administrativo** – Ano II, nº 4 – jan./abr. 2022.

MAIA FILHO, Mamede Said; JUNQUILHO, Tainá Aguiar. Projeto Victor: perspectivas de aplicação da inteligência artificial ao direito. Revista de Direitos e Garantias Fundamentais, Vitória, v. 19, n. 3, set./dez. 2018. Disponibile in: https://sisbib.emnuvens.com.br/direitosegarantias/article/ view/1587. Accedere in 4 ago. 2023.

MARANHÃO, Juliano Souza de Albuquerque; FLORÊNCIO, Juliana Abrusio; ALMADA, Marco. Inteligência artificial aplicada ao direito e o direito da inteligência artificial. *In* **Suprema – revista de estudos constitucionais**. Brasília, v. 1., n. 1, jan./jun. 2021.

MINISTÉRIO PÚBLICO DO ESTADO DE SÃO PAULO. **MPSP avalia novas soluções para otimizar uso de inteligência artificial**. Disponibile in: [https://www.mpsp.mp.br/w/mpsp-avalia-novas-solu%C3%A7%C3%B5es-para-otimizar-uso-de-intelig%C3%AAncia-artificial]. Accedere in: 4 ago. 2023.

MINISTÉRIO PÚBLICO DO ESTADO DE SÃO PAULO. **Vídeo explica funcionalidades do Sistema de Automação de Processos, o SISAP**. Disponibile in: [https://mpsp.mp.br/w/v%C3%ADdeo-explica-funcionalidades-do-sistema-de-automa%C3%A7%C3%A3o-de-processos-o-sisap]. Accedere in: 4 ago. 2023.

MINISTÉRIO PÚBLICO DO ESTADO DE SÃO PAULO. **Notícias**. Disponibile in: [http://www.mpsp.mp.br/portal/page/portal/noticias/publicacao_noticias/2019_Noticias/2019_Junho/8B374BAC9E3CA3F4E050A8C0DD0115FD]. Accedere in: 4 ago. 2023.

MINISTÉRIO PÚBLICO DO ESTADO DE SÃO PAUO. **Soli, ferramenta para cruzamento de dados, chega ao MPSP**. Disponibile in: [https://mpsp.mp.br/w/soli-ferramenta-para-cruzamento-de-dados-chega-ao-mpsp]. Accedere in: 4 ago. 2023.

SMANIO, Gianpaolo Poggio KIBRIT, Orly. **Cidadania e persecução penal na Era da Informação**. São Paulo: Editora Mackenzie, 2022.

SUPERIOR TRIBUNAL DE JUSTIÇA. **Revolução tecnológica e desafios da pandemia marcaram gestão do ministro Noronha na presidência do STJ**. Disponibile in: [https://www.stj.jus.br/sites/portalp/Paginas/Comunicacao/Noticias/23082020-Revolucao-tecnologica-e-desafios-da-pandemia-marcaram-gestao-do-ministro-Noronha-na-presidencia-do-STJ.aspx]. Accedere in: 4 ago. 2023.

TRIBUNAL DE JUSTIÇA DE MINAS GERAIS. **TJMG utiliza inteligência artificial em julgamento virtual**. Disponibile in: [https://www.tjmg.jus.br/portal-tjmg/noticias/tjmg-utiliza-inteligencia-artificial-em-julgamento-virtual.htm]. Accedere in: 4 ago. 2023.

VIANA, Antônio Aurélio de Souza. Juiz-robô e a decisão algorítmica: a inteligência artificial na aplicação dos precedentes. *In* ALVES, Isabella Fonseca (org.). **Inteligência artificial e processo**. Belo Horizonte, São Paulo: D'Plácido, 2020.

VIEGAS, Cláudia Mara de Almeida Rabelo. Inteligência artificial: uma análise da sua aplicação no Judiciário Brasileiro. *In* ALVES, Isabella Fonseca (org.). **Inteligência artificial e processo**. Belo Horizonte, São Paulo: D'Plácido, 2020.

WOLKART, Erik Navarro; BECKER, Daniel. Tecnologia e precedentes: do portão de Kafka ao panóptico digital pelas mãos da jurimetria. *In* ALVES, Isabella Fonseca (org.). **Inteligência artificial e processo**. Belo Horizonte, São Paulo: D'Plácido, 2020.

15

IL NUOVO VOLTO DEL PROCESSO PENALE ITALIANO: UN *RESTYLING* TRA SCELTE TECNOLOGICHE E ASPIRAZIONI DI EFFICIENTISMO

Luigi Kalb

1. Le ragioni della riforma

Dopo la epocale riforma del 1988, che ha introdotto il primo codice di procedura penale della Repubblica italiana, gli studiosi avevano pronosticato per gli anni a seguire solo interventi di rifinitura e non già modifiche destinate a stravolgere il nuovo sistema processuale. In realtà, tanto per dare risposte ad esigenze di sicurezza provenienti dalla collettività, quanto anche per ragioni emergenziali, abbiamo assistito ad ulteriori, significativi interventi di riforma.

Da più parti, si è poi osservato che la mancata, totale applicazione dei nuovi istituti processuali, così come disegnati dai padri della riforma del 1988, fosse da attribuire anche alla mancanza di un cambio generazionale da parte degli operatori del diritto.

Non c'è dubbio che istituti fondamentali per assicurare la futura deflazione del carico giudiziario, come ad esempio l'introduzione della nuova tipologia di riti alternativi a quello ordinario, non hanno registrato quel *favor* in origine programmato dai *conditores*.

Attualmente il sistema processuale penale registra un'ulteriore, significativa e assai rilevante riforma operante all'interno del modello tendenzialmente accusatorio, originariamente creato.

Le ragioni della recente riforma possono essere recuperate dai criteri che l'hanno ispirata, così come indicati nell'art. 1 della legge-delega n. 134 del 2021. Il Governo italiano è stato delegato ad adottare decreti legislativi per la modifica del codice di procedura penale, delle norme di attuazione del codice di procedura penale, del codice penale e della collegata legislazione speciale nonché delle disposizioni dell'ordinamento giudiziario in materia di progetti organizzativi delle procure della Repubblica, per la revisione del regime sanzionatorio dei reati e per l'introduzione di una disciplina organica della giustizia riparativa e di una disciplina organica dell'ufficio per il processo penale, con finalità di semplificazione, speditezza e razionalizzazione del processo penale, nel rispetto delle garanzie difensive e secondo i principi e criteri direttivi previsti dalla stessa legge-delega.

Appare chiaro, già da queste prime indicazioni, come l'intento del riformatore, anche in vista dell'attuazione di precise indicazioni provenienti da organi sovranazionali, si ispirasse a chiari obiettivi di efficienza del processo. Obiettivi che seppur condivisibili in generale, a maggior ragione se ricondotti alle scelte del modello processuale già adottato nel 1989, denotano la necessità di valutarne i risultati solo a patto di pervenire ad una concezione stabile di efficienza, il che comporta l'esigenza di correlare questa alle concrete risorse messe a disposizione[1].

Le fonti dell'attuale riforma del sistema processuale penale sono offerte da una pluralità di provvedimenti: si tratta, innanzitutto, del d.lg. n. 150 del 2022, che costituisce la fonte principale, nonché i decreti legislativi nn. 149 e 151. L'intervento del legislatore è completato dalla l. n. 71 del 2022, di riforma dell'ordinamento giudiziario, e da ulteriori decreti ministeriali, rilevanti ai fini dell'operatività degli istituti del cosiddetto processo telematico.

In estrema sintesi, la riforma si irradia su tre profili: riguarda il sistema sanzionatorio, l'evoluzione progressiva del procedimento penale e l'introduzione della giustizia riparativa, tesa a conciliare autore del reato, vittima dello stesso e comunità[2].

[1] Sia consentito, a questo proposito, rinviare ad un mio precedente lavoro i cui risultati hanno portato a considerare l'efficienza in ragione del rapporto intercorrente tra i prodotti raggiunti e le risorse impiegate: **La «ricostruzione orale «del fatto tra «efficienza» ed «efficacia» del processo penale**, Torino, 2005, p. 222 ss.

[2] Sulla riforma, *ex multis*, E. Aprile. **Primo commento alla proposta di riforma del processo penale** *(la c.d. riforma Cartabia)*, in *Foroitaliano.it*, 4 settembre 2019; P. Bronzo. **La "riforma Cartabia" e la razionalizzazione dei tempi processuali nella fase dibattimentale**, in *Cass. pen.*, 4, 2022, p. 1308 ss.; G. Canzio. **Il modello "Cartabia". Organizzazione giudiziaria, prescrizione del reato, improcedibilità**, in *Sistema penale*, 14 febbraio 2022, p. 1 ss.; Id., **Le linee del modello "Cartabia". Una prima lettura**, in *Il Penalista*, 26 agosto 2021; D.

Le modifiche al regime sanzionatorio riguardano la nuova disciplina in materia di adozione di pene sostitutive delle pene detentive brevi, con la possibilità data al giudice della cognizione di utilizzare un ampio spettro tra pene principali e sostitutive con le quali definire il processo in caso di condanna, superando altresì in tal modo la logica «carcerocentrica» dell'attuale sistema della giustizia punitiva penale[3].

Per quanto concerne la dinamica del nuovo procedimento penale, si segnala la nuova disciplina formulata a proposito dello svolgimento delle indagini. In vista dell'esigenza di assicurare trasparenza nell'azione investigativa, si rintracciano le nuove norme in tema di tempestività della iscrizione della notizia nel registro delle notizie di reato, con l'ulteriore significativa riforma in materia di controllo giurisdizionale tanto sulla regolarità dell'adempimento, quanto sulla qualificazione giuridica del fatto. A questo proposito, merita attenzione anche la disciplina riguardante l'organizzazione dell'ufficio della procura, con il riconoscimento dei nuovi criteri di priorità nell'esercizio dell'azione penale[4].

Cimadomo, **Premessa**, in *Proc. Pen. e Giust.*, Fascicolo straordinario – La disciplina transitoria della c.d. riforma Cartabia, 2023, p. 7 ss.; M. Daniele, **La riforma della giustizia penale e il modello perduto**, in *Cass. pen.*, 10, 2021, p. 3069 ss.; G.L. Gatta. **Riforma della giustizia penale: contesto, obiettivi e linee di fondo della "legge Cartabia"**, in *Consulta on line*, 23 ottobre 2021, p. 818 ss., disponibile al link: https://www.giurcost.org/contents/media/posts/21691/gatta2.pdf; M. Gialuz. **La giustizia penale come servizio pubblico: completare la "riforma Cartabia"**, in *Dir. pen. e proc.*, 3, 2023, p. 357 ss.; Id. **Per un processo penale più efficiente e giusto. Guida alla lettura della Riforma Cartabia**, in *Sistema penale,* 2 novembre 2022, p. 1 ss.; E.N. La Rocca. **Il modello di riforma "Cartabia": ragioni e prospettive della Delega n. 134/2021**, in *Arch. pen. web*, 3, 2021, p. 1 ss.; G. Lattanzi. **A margine della "riforma Cartabia"**, *ivi*, p. 1295 ss.; E. Lupo. **Il processo penale alla luce della "Riforma Cartabia"**, in *Cass. pen.*, 12, 2022, p. 4158 ss.; A. Marandola. **2022 e la mutazione genetica del processo: dalla cessazione dell'emergenza al passaggio (automatico) all'efficienza**, in *Dir. pen. e proc.*, 5, 2022, p. 573 ss.; Id. **L. n. 134 del 2021: dal diritto giurisprudenziale alla legge ordinaria**, in *Penale Diritto e Procedura,* 1, 2022, p. 75 ss.; O. Mazza. **Ideologie della riforma Cartabia: la Procedura penale del nemico**, in *Dir. pen. e proc.*, 4, 2023, p. 481 ss.; Id. **Il processo che verrà: dal cognitivismo garantista al decisionismo efficientista**, in *Arch. pen.*, 2, 2022, p. 1 ss.; G. Spangher. **Processo penale e tempo**, in *Cass. pen.*, 7-8, 2022, p. 2475 ss.; Id. **Introduzione**, in Aa.Vv., *La riforma Cartabia. Codice penale – Codice di procedura penale – Giustizia riparativa* (a cura di G. Spangher), Pacini, 2022, p. XXVI ss.; Id. **Riforma Cartabia: un processo a "trazione anteriore"**, in *Dir. pen. e proc.*, 2022, 12, p. 1485 ss.

[3] Sul punto, v. G. Spangher. **Introduzione**, cit., p. XXII.

[4] Cfr. G. Spangher. **Introduzione**, cit., p. XXIII.

Vanno sottolineate pure le modifiche a proposito della durata delle indagini preliminari nonché quelle attinenti al procedimento successivo all'avviso di deposito dei risultati dell'attività investigativa.

Particolare risalto va attribuito poi alla nuova regola di giudizio per l'archiviazione e per la richiesta di rinvio a giudizio, modulati sulla «ragionevole previsione di condanna».

L'evoluzione procedimentale registra anche interventi volti a definire in modo maggiormente ordinato i giudizi dibattimentali, mediante predisposizione di un calendario delle udienze nel quale potrebbero trovare sistemazione anche quelle monotematiche.

Una particolare rilevanza, infine, va attribuita alle scelte che favoriscono il ricorso all'utilizzo di strumenti tecnologici. Sotto questo profilo si segnala la nuova disposizione secondo la quale, in ogni stato e grado del procedimento, il deposito di atti, documenti, richieste, memorie abbia luogo esclusivamente con modalità telematiche (art. 111-*bis* c.p.p.). Così come quella che attribuisce all'autorità giudiziaria il potere di disporre che un atto sia compiuto a distanza o che una o più parti possa partecipare a distanza al compimento di un atto o alla celebrazione di un'udienza (art. 133-*bis* c.p.p.). Altresì rilevanti risultano le nuove disposizioni in materia di notificazioni penali, destinate a favorire la conoscenza legale dell'atto mediante il suo recapito al domicilio di digitale, appositamente indicato (art. 161 c.p.p.).

Merita pure particolare attenzione la nuova disciplina destinata a regolamentare lo svolgimento del processo in assenza dell'imputato, fondata sull'effettiva conoscenza del processo oppure su una esplicita dichiarazione di volontà dell'imputato volta a consentire lo svolgimento del processo in sua assenza.

2. Gli obiettivi di deflazione del carico giudiziario

L'obiettivo di ridurre in modo significativo il carico giudiziario, al fine anche di dare concretezza al principio costituzionale della ragionevole durata del processo, è stato sempre al centro dell'attenzione del legislatore penale italiano, anche perché agli interventi adottati non hanno fatto seguito i risultati programmati.

A seguito della riforma del 2022, il conseguimento di tale finalità presuppone l'analisi di un ampio panorama, comprendente una serie di plurime iniziative, che vanno nel loro complesso attentamente analizzate.

Il primo profilo di studio riguarda gli istituti finalizzati a coinvolgere l'intervento degli organi della giurisdizione penale. A questo proposito, vanno sicuramente richiamati i c.d. riti alternativi a quello ordinario, mediante i quali si attua l'anticipata definizione del giudizio penale in una fase antecedente al dibattimento (patteggiamento, rito abbreviato, decreto penale di condanna, messa alla prova) oppure, diversamente, si favorisce l'accelerazione della conclusione del giudizio proprio in dibattimento (rito immediato e rito direttissimo).

Altri istituti volti a favorire l'anticipata conclusione del giudizio penale sono rappresentati, oggi, dalla possibilità di adottare, già all'esito del giudizio di cognizione di primo grado, le cosiddette pene sostitutive (art. 545-*bis* c.p.p.). In tal caso, il giudice, nel pronunciare sentenza di condanna, quando ritiene di dover determinare la durata della pena detentiva entro il limite di quattro anni, può sostituirla con quella della semilibertà o della detenzione domiciliare; quando ritiene di doverla determinare entro il limite di tre anni, può sostituirla anche con il lavoro di pubblica utilità; quando ritiene di doverla determinare entro il limite di un anno, può sostituirla altresì con la pena pecuniaria.

In questa prospettiva di accelerazione dell'*iter* procedimentale vanno ricordate anche le disposizioni che, imponendo tempi immediati alla iscrizione nel registro dei reati ovvero riducendo le ipotesi di proroga delle indagini ovvero ancora attraverso il meccanismo controllato del passaggio dalla chiusura delle indagini all'esercizio dell'azione penale, cercano di ridurre i tempi morti del processo penale nella fase delle indagini.

Un altro profilo di studio che merita attenzione nell'ottica deflattiva è ora quello attinente alla possibilità di ricorrere alla nuova disciplina in materia di giustizia riparativa: gli artt. 42-66 d.lg. n. 150 del 2022 costituiscono la disciplina organica dell'ordinamento italiano in materia di *restorative justice*.

I programmi di giustizia riparativa tendono a promuovere il riconoscimento della vittima del reato, la responsabilizzazione della persona indicata come autore dell'offesa e la ricostruzione dei legami con la comunità. A tali programmi si può accedere in ogni stato e grado del procedimento penale, nella fase esecutiva della pena e della misura di sicurezza, dopo l'esecuzione delle stesse e all'esito di una sentenza di non luogo a procedere o di non doversi procedere o per intervenuta causa estintiva del reato.

Ogni programma deve consentire alla vittima del reato, alla persona indicata come autore dell'offesa e agli altri soggetti appartenenti alla comunità di partecipare liberamente, in modo consensuale, attivo e volontario, alla risoluzione delle questioni derivanti dal reato, con l'aiuto di un terzo imparziale, adeguatamente formato, denominato «mediatore».

Il legislatore ha delineato, pertanto, un procedimento riparativo – di carattere non giurisdizionale – al più complementare rispetto a quello di natura penale, atteso che ha previsto che l'autorità giudiziaria, per le determinazioni di competenza, valuta lo svolgimento del programma e, anche ai fini delle determinazioni da adottare in caso di condanna (art. 133 c.p.), il solo eventuale esito riparativo.

L'esame del nuovo impianto normativo conseguente alla riforma del 2022, però, consente di evidenziare due ipotesi riconducibili alla finalità di deflazione del carico giudiziario.

In entrambe le ipotesi il procedimento riparativo è idoneo a determinare la sospensione di quello pendente davanti agli organi della giurisdizione penale e il conseguente, eventuale, esito riparativo comporta l'estinzione del reato.

Ciò è verificabile nei procedimenti perseguibili a querela soggetta a remissione e in seguito al deposito dell'avviso di conclusione delle indagini (art. 129-*bis* c.p.p.) e in quello ove è presentata richiesta di sospensione con messa alla prova dell'imputato (art. 464-*bis* c.p.p.).

Un ultimo istituto merita di essere richiamato in questo contesto anche se rappresenta più una figura storica che l'attuazione del diritto vivente.

Si tratta del giurì d'onore, attivabile dell'offeso e dall'offensore nel caso fosse configurabile il reato di diffamazione. Il deferimento al giurì d'onore presuppone, infatti, l'accordo tra i due protagonisti del fatto-reato e comporta la sostituzione del procedimento penale con quello attribuito ad altri soggetti, componenti il giurì, scelti tra le persone iscritte in appositi albi formati dalle associazioni legalmente riconosciute come enti morali. Il giurì d'onore ha il compito di accertare la verità del fatto svolgendo il relativo procedimento, non pubblico, che dovrà concludersi nel termine di tre mesi dal giorno dell'accettazione dell'incarico (artt. 177 e 178 disp. att. c.p.p.).

3. Il nuovo rito ordinario

Il rito ordinario conferma la progressiva evoluzione del procedimento che inizia con le indagini preliminari, prosegue con l'apertura dell'udienza preliminare e si conclude, nell'ipotesi di rinvio a giudizio, con lo svolgimento del giudizio dibattimentale.

Qualora l'accertamento dovesse riguardare una di quelle fattispecie di competenza del tribunale in composizione monocratica e per le quali l'ufficio del pubblico ministero esercita l'azione penale con la citazione diretta a giudizio, la riforma ha introdotto l'udienza di comparizione predibattimentale ove il giudice ha il compito di stabilire se sussistono le condizioni per pronunciare sentenza di non luogo a procedere oppure se fissare la data per la prosecuzione del giudizio con udienza dibattimentale (art. 554-*bis* c.p.p.).

Tra le novità di maggiore rilievo, si segnala l'adozione da parte del giudice dell'udienza preliminare e di quella predibattimentale del criterio già utilizzato dall'ufficio del pubblico ministero per sostenere la richiesta di archiviazione in luogo dell'esercizio dell'azione penale, vale a dire la possibilità di pronunciare la sentenza di non luogo a procedere quando gli elementi acquisiti non consentono di formulare una ragionevole previsione di condanna.

Per quanto concerne l'organizzazione del dibattimento, la disciplina evidenzia una maggiore attenzione all'evoluzione programmata delle udienze, stabilendo che nell'ipotesi in cui non sia possibile esaurirlo in una sola udienza, il presidente, dopo la lettura dell'ordinanza con cui provvede sulle richieste di prova, sentite le parti, stabilisce il calendario delle udienze assicurando celerità e concentrazione e indicando per ciascuna udienza le specifiche attività da svolgere (art. 477 c.p.p.).

Al di là di quanto si dirà a proposito del controllo sulla presenza delle parti in dibattimento, un altro segnale evidenzia l'attenzione a favore di alcuni principi naturali del dibattimento quali l'immediatezza, l'oralità e il contraddittorio.

Infatti, si prevede che, se il giudice muta nel corso del dibattimento, la parte che vi ha interesse ha diritto di ottenere l'esame delle persone che hanno già reso dichiarazioni nel medesimo dibattimento nel contraddittorio con la persona nei cui confronti le dichiarazioni medesime saranno utilizzate, salvo che il precedente esame sia stato documentato integralmente mediante mezzi di riproduzione audiovisiva. In ogni caso, la rinnovazione dell'esame può essere disposta quando il giudice la ritenga necessaria sulla base di specifiche esigenze (art. 495 c.p.p.).

Interessanti novità si registrano anche sul fronte della documentazione degli atti. Ad esempio, l'esame dei testimoni, dei periti, dei consulenti tecnici, delle parti private, nonché gli atti di ricognizione e confronto sono documentati anche con mezzi di riproduzione audiovisiva, salva la contingente indisponibilità di strumenti idonei a tale riproduzione. In tali ipotesi, la trascrizione della riproduzione audiovisiva è disposta solo se richiesta dalle parti (art. 510 c.p.p.).

4. Il ricorso alla tecnologia: *a*) il processo telematico

Con l'adozione del decreto legislativo n. 150/2022, il legislatore delegato ha introdotto il rito telematico (di seguito, PPT) attraverso una riforma organica degli atti finalizzata a migliorare lo *standard* qualitativo del sistema processuale.

L'operatività della disciplina è stata differita al 31 dicembre 2024 e subordinata all'adozione dei decreti ministeriali che dovranno fissare le regole tecniche per la trasmissione e il deposito, in via telematica, di comunicazioni e notificazioni.

Senza una puntuale regolamentazione delle dirompenti novità previste nel modello organizzativo digitale, l'entrata in vigore – *ex abrupto* – del PPT avrebbe sortito la paralisi di cancellerie e segreterie non ancora adeguatamente formate per gestire la rivoluzionaria trasformazione digitale, che deve, altresì, essere preceduta da un «rodaggio» delle reti e delle infrastrutture tecnologiche deputate alla raccolta degli atti digitali.

Pertanto, sino al quindicesimo giorno successivo alla pubblicazione dei già menzionati regolamenti, continuerà ad applicarsi la disciplina normativa precedente al d. lgs. n. 150/2022, che limita la digitalizzazione alle previsioni nate per agevolare l'inoltro e il deposito degli atti durante il periodo pandemico.

Ed in particolare, l'art. 24 d.l. n. 137/2020, conv. in l. 176/2020, il d.m. 13 gennaio 2021[5], n. 16, e il d.m. 21 febbraio 2021[6], n. 44, hanno previsto l'obbligo di depositare, in via esclusiva, atti per via telematica attraverso l'utilizzo del «portale deposito atti penali (di seguito, PDP)» accessibile

[5] Cfr. D.M. 13 gennaio 2021 relativo al «***Deposito di atti, documenti e istanze nella vigenza dell'emergenza epidemiologica da COVID-19***», in *G.U.* n. 16 del 21.1.2021.

[6] Cfr. D.M. 21 febbraio 2021, n. 44 relativo al «***Regolamento concernente le regole tecniche per l'adozione nel processo civile e nel processo penale, delle tecnologie dell'informazione e della comunicazione, in attuazione dei principi previsti dal decreto legislativo 7 marzo 2005, n. 82, e successive modificazioni, ai sensi dell'articolo 4, commi 1 e 2, del decreto-legge 29 dicembre 2009, n. 193, convertito nella legge 22 febbraio 2010 n. 24***».

on line dai difensori, tramite l'area riservata del «portale dei servizi telematici (PST)» del Ministero della Giustizia.

Sino a ad oggi, il deposito telematico[7] è stato possibile soltanto per i seguenti atti: la nomina e la revoca dei difensori di fiducia, le denunce e le querele (con allegata procura speciale rilasciata in favore del difensore), l'atto di opposizione alla richiesta di archiviazione, le memorie e le istanze difensive, ivi comprese quelle previste dall'art. 415-*bis* c.p.p.[8]

Il 4 luglio 2023 è stato adottato il primo decreto ministeriale *post* riforma Cartabia – in ossequio a quanto previsto dall'art. 87-*ter* del d. lgs. 10 ottobre 2022, n. 150[9] – che ha ampliato il catalogo degli atti che dovranno essere depositati dai difensori, in via esclusiva, tramite l'utilizzo del summenzionato PDP.

Sono stati elencati n. 103 atti[10] che andranno depositati nelle rispettive segreterie della Procura della Repubblica presso il Tribunale, della Procura

[7] Unitamente all'atto è previsto obbligatoriamente il deposito del c.d. "atto abilitante" che attesta la conoscenza legale del procedimento (ad esempio, la certificazione ex art. 335 c.p.p., il verbale di identificazione, il decreto di sequestro, ecc...).

[8] Per i privati, invece, non trova applicazione l'art. 24 d.l. 137/2020 e il d.m. 13 gennaio 2021 che legittima soltanto i difensori al deposito telematico degli atti ivi elencati. Pertanto, i privati (nell'ipotesi, ad esempio, più frequente del deposito dell'atto di denuncia o querela) potranno continuare a depositare gli atti presso la segreteria/cancelleria dell'organo competente a riceverla.

[9] L'art. 87-*ter*, c. 6, del d.lgs 10 ottobre 2022, n. 150, ha previsto che con uno o più decreti del Ministro della giustizia sono individuati gli ulteriori atti per i quali è consentito il deposito telematico con le modalità di cui al c. 6-*bis*.

[10] 1. Ricusazione del giudice (articoli 37 e 38 del codice di procedura penale); 2. Richiesta di rimessione del processo (art. 46 del codice di procedura penale); 3. Richiesta di trasmissione degli atti a un diverso pubblico ministero (art. 54-*quater* del codice di procedura penale); 4. Atto di costituzione di parte civile (articoli 76, 78 del codice di procedura penale); 5. Istanza di esclusione della parte civile (art. 80 del codice di procedura penale); 6. Istanza di citazione del responsabile civile (art. 83 del codice di procedura penale); 7. Atto di costituzione del responsabile civile (art. 84 del codice di procedura penale); 8. Atto di intervento del responsabile civile (art. 85 del codice di procedura penale); 9. Istanza di esclusione del responsabile civile (art. 86 del codice di procedura penale); 10. Atto di costituzione del civilmente obbligato per la pena pecuniaria (art. 89 del codice di procedura penale); 11. Istanza di esclusione del civilmente obbligato per la pena pecuniaria (art. 89 del codice di procedura penale); 12. Istanza di citazione del civilmente obbligato per la pena pecuniaria (art. 89, comma 1 del codice di procedura penale); 13. Nomina difensore di fiducia (art. 96 del codice di procedura penale); 14. Nomina del sostituto del difensore (art. 102 del codice di procedura penale); 15. Non accettazione, rinuncia o revoca del difensore (art. 107 del codice di procedura penale); 16. Istanza di rilascio copie, estratti e certificati (art. 116 del codice di procedura

penale); 17. Memorie e richieste scritte (articoli 121, 367 del codice di procedura penale); 18. Procura speciale (art. 122 del codice di procedura penale); 19. Istanza di correzione di errore materiale (art. 130 del codice di procedura penale); 20. Comunicazione del domicilio dichiarato o del domicilio eletto (art. 162 del codice di procedura penale); 21. Comunicazione di mancata accettazione della domiciliazione (art. 162, comma 4-*bis* del codice di procedura penale); 22. Richiesta per la restituzione nel termine (art. 175 del codice di procedura penale); 23. Ricusazione del perito (art. 223 del codice di procedura penale); 24. Nomina del consulente tecnico di parte (articoli 225, 233 del codice di procedura penale); 25. Memorie del consulente tecnico (art. 233 del co- dice di procedura penale); 26. Richiesta di autorizzazione all'intervento del consulente di parte (art. 233, comma 1-*bis* del codice di procedura penale); 27. Opposizione al decreto di rigetto della richiesta di autorizzazione del consulente tecnico (art. 233, comma 1-*bis* del codice di procedura penale); 28. Opposizione al decreto di perquisizione del pubblico ministero (art. 252-*bis*, comma 1 del codice di procedura penale); 29. Richiesta di riesame del decreto di sequestro preventivo o probatorio (articoli 257, 322, 324 del codice di procedura penale); 30. Opposizione di segreto professionale o d'ufficio (art. 256, comma 1, 2 del codice di procedura penale); 31. Richiesta di restituzione di cose sequestrate (art. 262 del codice di procedura penale); 32. Opposizione al decreto del pubblico ministero che dispone la restituzione delle cose sequestrate o re- spinge la relativa richiesta (art. 263, comma 5 del codice di procedura penale); 33. Istanza di esame degli atti e di ascolto delle registrazioni o di cognizione dei flussi di comunicazioni (art. 268, comma 6 del codice di procedura penale); 34. Richiesta di copia e trascrizione degli esiti delle intercettazioni (art. 268, comma 8 del codice di procedura penale); 35. Richiesta di distruzione delle intercettazioni (art. 269, comma 2 del codice di procedura penale); 36. Richiesta di modifica delle modalità esecutive di misura cautelare (art. 279 del codice di procedura penale); 37. Richiesta di sostituzione, revoca o modifica di misura cautelare (art. 299 del codice di procedura penale); 38. Richiesta di riesame delle ordinanze che dispongono una misura coercitiva (art. 309 del codice di procedura penale); 39. Appello avverso ordinanze in materia di misure cautelari personali (art. 310 del codice di procedura penale); 40. Ricorso per cassazione avverso le ordinanze in materia di misure cautelari personali (art. 311 del codice di procedura penale); 41. Domanda di riparazione per ingiusta detenzione (articoli 314, 315 del codice di procedura penale); 42. Richiesta di revoca del sequestro preventivo (art. 321, comma 3 del codice di procedura penale); 43. Appello avverso ordinanze in materia di sequestro preventivo e decreto di revoca del sequestro emesso dal pubblico ministero (art. 322-*bis* del codice di procedura penale); 44. Ricorso per cassazione avverso le ordinanze in materia di misure cautelari reali (art. 325 del codice di procedura penale); 45. Denuncia da parte del privato cittadino (art. 333 del codice di procedura penale); 46. Richiesta di informazioni sull'iscrizione nel registro delle notizie di reato e sullo stato del procedimento (art. 335 del codice di procedura penale); 47. Richiesta di retrodatazione dell'iscrizione inda- gato nel registro delle notizie di reato (art. 335-*quater* del codice di procedura penale); 48. Notifica del deposito dell'istanza di retrodatazione dell'iscrizione dell'indagato nel registro delle notizie di reato (art. 335-*quater*, comma 6 del codice di procedura penale); 49. Memorie sulla richiesta di retrodatazione dell'iscrizione dell'indagato nel registro delle notizie di reato (art. 335-*quater*, comma 6 del codice di procedura penale); 50. Querela (art. 336 del codice di procedura penale); 51. Rinuncia alla querela (art. 339 del codice di procedura penale); 52. Remissione di querela (art. 340 del codice di procedura penale); 53. Accettazione della remissione di querela (art. 340 del codice di procedura penale); 54. Istanza di procedimento (art. 341 del codice di procedura penale); 55. Opposizione al decreto di convalida della perquisizione (art. 352, comma 4-*bis* del codice di procedura penale); 56. Richiesta di sequestro probatorio (art. 368 del codice di procedura penale); 57. Richiesta di incidente probatorio (art. 393 del co- dice di procedura penale); 58. Richiesta della persona offesa di promuovere incidente probatorio (art. 394 del codice di procedura penale); 59. Deduzioni sulla richiesta di incidente probatorio (art. 396 del codice di procedura penale); 60. Deduzioni sull'incidente probatorio (art. 396, comma 1 del codice di procedura penale); 61. Richiesta di autorizzazione alle indagini difensive presso persona detenuta (art. 391-*bis*, comma 7 del codice di procedura penale); 62. Memorie sulla richiesta di proroga delle indagini (art. 406, comma 3 del codice di procedura penale); 63. Dichiarazione della persona offesa della volontà di essere informata circa la richiesta di archiviazione (art. 408, comma 2 del codice di procedura penale); 64. Opposizione alla richiesta di archiviazione (art. 410 del codice di procedura penale); 65. Reclamo avverso il decreto o l'ordinanza di archiviazione (art. 410-*bis*, comma 3 del codice di procedura penale); 66. Memorie per il reclamo (art. 410-*bis*, comma 3 del codice di procedura penale); 67. Richiesta di avocazione al Procuratore generale (art. 413 del codice di procedura penale); 68. Istanza di copia delle intercettazioni indicate nell'elenco depositato dal difensore (art. 415-*bis*, comma 2-*bis* del codice di procedura penale); 69. Memorie, documenti e richieste dopo la notifica dell'avviso di conclusione delle indagini (art. 415-*bis*, comma 3 del codice di procedura penale); 70. Richiesta al giudice di ordinare l'assunzione del- le determinazioni sull'azione penale a seguito del deposi- to degli atti di indagine (art. 415-*ter*, comma 3 del codice di procedura penale); 71. Richiesta al giudice di ordinare l'assunzione del- le determinazioni sull'azione penale (art. 415-*bis*, comma 5-*quater* del codice di procedura penale); 72. Richiesta di acquisizione di prove non rinviabili (articoli 420-*quinquies*, 464-*sexies*, 467, 598-*ter*, comma 3, 721, comma 4 del codice di procedura penale); 73. Richiesta di giudizio abbreviato (articoli 438, 458, 519, 520, 554-*ter*, 558, comma 8 del codice di procedura penale); 74. Richiesta di applicazione della pena (articoli 444, 447, comma 1, 458-*bis*, 438, comma 5-*bis*, 519, 520, 554-*ter*, 558, comma 8 del codice di procedura penale); 75. Richiesta di giudizio immediato (articoli 453, comma 3, 419, comma 5 del codice di procedura penale); 76. Consenso alla richiesta di applicazione della pena (articoli 446, 447 del codice di procedura penale); 77. Richiesta di sostituzione della pena detentiva con il lavoro di pubblica utilità (art. 459, comma 1-*bis* e 1-*ter* del codice di procedura penale); 78. Opposizione al decreto penale di condanna (art. 461 del codice di procedura penale); 79. Richiesta di sospensione del procedimento con messa alla prova (art. 464-*bis* del codice di procedura penale); 80. Programma di trattamento per la messa alla pro- va (art. 464-*bis*, comma 4 del codice di procedura penale); 81. Accettazione della proposta di messa alla pro- va (articoli 464-*ter*.1, comma 2 del codice di procedura penale); 82. Memorie della persona offesa sulla proposta di messa alla prova (articoli 464-*ter*.1, comma 3 del codice di procedura penale); 83. Istanza di anticipazione o differimento dell'udienza (art. 465 del codice di procedura penale); 84. Lista dei testimoni, periti o consulenti tecnici (articoli 468, 555 del codice di procedura penale); 85. Richiesta di proporre impugnazione (art. 572, comma 1 del codice di procedura penale); 86. Rinuncia all'opposizione al decreto penale di condanna (art. 589 del codice di procedura penale); 87. Rinuncia all'impugnazione (art. 589 del codice di procedura penale); 88. Appello (art. 593 del codice di procedura penale); 89. Appello incidentale (art. 595 del europea, della Procura generale presso la Corte di appello e nella cancelleria del Giudice di pace, del Tribunale e della Corte di appello.

Si tratta, in sostanza, degli gli atti relativi alla fase procedimentale e processuale, ivi comprese la vicenda cautelare e le impugnazioni, con l'espressa esclusione di tutti quelli destinati alla segreteria della Procura della Repubblica presso il Tribunale per i minorenni, e alle cancellerie del Tribunale per i minorenni, del Tribunale di sorveglianza e della Corte di cassazione, oltre a tutti gli atti che riguardano le fasi disciplinate dai libri X e XI del codice di procedura penale.

In attesa di conoscere il contenuto delle fonti sub-primarie per il completamento del processo di trasformazione digitale, il riformato art. 110 c.p.p. rappresenta il faro del nuovo rito telematico, la cui regola generale è applicabile a tutti gli atti processuali[11].

Secondo il c. 1 dell'art. 110 c.p.p., quando è richiesta la forma scritta, «*gli atti del procedimento penale sono redatti e conservati in forma di documento informatico, tale da assicurare l'autenticità, l'integrità, la leggibilità, la reperibilità, l'interoperabilità e, ove previsto dalla legge, la segretezza*».

È fatta salva l'ipotesi, in deroga a quanto previsto dalla riferita disposizione generale, di depositare l'atto, ai sensi del comma 3 dell'art. 110 c.p.p., in formato analogico quando «*per la loro natura, o per specifiche esigenze processuali*» non è possibile trasformarlo in digitale.

Per quanto concerne, poi, la redazione, la sottoscrizione, la conservazione, l'accesso, la trasmissione, la ricezione di atti e documenti informatici,

codice di procedura penale); 90. Richiesta di partecipazione all'udienza (art. 598-*bis*, comma 2 del codice di procedura penale); 91. Concordato in appello (art. 599-*bis* del codice di procedura penale); 92. Richiesta di rinnovazione dell'istruttoria dibattimentale (art. 603 del codice di procedura penale); 93. Ricorso per cassazione avverso ordinanze pronunciate in primo grado e in grado di appello nei casi previsti da specifiche disposizioni del codice di procedura penale; 94. Ricorso per cassazione dell'imputato (art. 607 del codice di procedura penale); 95. Richiesta di rescissione del giudicato (art. 629- *bis* del codice di procedura penale); 96. Richiesta di revisione (art. 633 del codice di procedura penale); 97. Esercizio del diritto all'oblio (articoli 64-*ter* disp. att. del codice di procedura penale); 98. Domanda di oblazione (articoli 162, 162-*bis* del codice penale – 141 disp. att. del codice di procedura penale); 99. Istanza di ammissione a colloqui (art. 18 legge n. 354/1975); 100. Istanza di ammissione al gratuito patrocinio (art. 78 testo unico n. 115/2002); 101. Istanza di liquidazione dell'onorario (art. 82 te- sto unico n. 115/2002); 102. Ricorso per cassazione avverso il provvedi- mento di revoca del gratuito patrocinio (art. 113 testo unico n. 115/2002); 103. Istanza di acquisizione dei tabulati (art. 132, comma 3 decreto legislativo n. 196/2003).

[11] Così, B. Galgani. **Il processo penale telematico**, in *Dir. pen. e proc.*, 1/2023, p. 116.

il comma 2 dell'art. 110 c.p.p. rinvia ad una (non agevolmente identificabile) «*normativa, anche regolamentare*».

Una specifica indicazione per la sottoscrizione è comunque contenuta nel comma 2-*bis* dell'art. 110 c.p.p. che prescrive l'apposizione della firma in formato digitale o di «*altra firma elettronica qualificata*».

Sarà necessario attendere l'adozione delle disposizioni regolamentari per comprendere le modifiche tecniche e gli adempimenti per il deposito attraverso il PDP, allo stato disciplinato nel codice di rito solamente attraverso regole e deroghe di carattere generale unitamente alla normativa emergenziale innanzi richiamata.

Ci si riferisce, in particolare, alle concrete modalità di «*deposito telematico*» degli atti – «*in ogni stato e grado del procedimento*» (ex art. 111-*bis* c.p.p.) – e alla conservazione degli stessi nel «*fascicolo informatico*» (ex art. 111-*ter* c.p.p.).

L'*incipit* utilizzato dal legislatore nell'art. 111-*ter* c.p.p. – «*i fascicoli informatici del procedimento penale*» – lascia inequivocabilmente intendere una nuova modalità esclusiva di conservazione dei fascicoli (del pubblico ministero, del difensore e per il dibattimento) non più analogica, ma digitale.

Soltanto per il fascicolo del difensore (ex art. 391-*octies*, comma 3 c.p.p.) è stato espressamente previsto il mantenimento di un "doppio binario": gli atti in formato digitale sono conservati nel fascicolo informatico, mentre quelli redatti in forma di documento analogico vengono conservati in originale.

Sarebbe stato opportuno specificare se la suddetta disposizione sia estendibile anche per il fascicolo del p.m. e per quello dibattimentale.

Tuttavia, una visione globale delle modifiche apportare al codice di rito (ex artt. 110 e ss. c.p.p.), in uno ai regolamenti ministeriali sin ad ora adottati, non lascia spazio a dubbi nel ritenere regola generale la conservazione degli atti nel fascicolo informatico, mantenendo il «cartaceo» solamente per i documenti redatti in formato c.d. analogico.

La Riforma del 2022 ha, altresì, profondamente innovato la forma delle notificazioni.

Per le notificazioni a cura di cancellerie e segreteria, la regola generale prescrive, ex art. 148, comma 1, c.p.p. che le notificazioni degli atti siano eseguite con «*modalità telematica*» nel rispetto della normativa anche regolamentare[12].

[12] Anche per le notificazioni telematiche, il legislatore delegato ha differito l'operatività della disciplina al 31.12.2023, subordinandola all'adozione dei decreti ministeriali che dovranno fissare le relative modalità.

La suddetta clausola generale soggiace alla deroga indicata al successivo comma 4, che esclude l'operatività della forma telematica quando per espressa previsione di legge, o per l'inidoneità di un domicilio digitale del destinatario o per la sussistenza di impedimenti tecnici, non è possibile procedere con le modalità indicate al comma 1[13].

La modalità telematica è stata poi pedissequamente riproposta anche per le notifiche al pubblico ministero e al giudice.

Il legislatore delegato ha, poi, riservato una disciplina specifica per le notificazioni disposte in favore dell'indagato/imputato, del querelante, della persona offesa e delle parti eventuali.

Il querelante e la persona offesa devono dichiarare o eleggere domicilio per le comunicazioni e le notificazioni già nell'atto di querela o anche successivamente alla formulazione della stessa[14].

A tal fine, possono dichiarare un indirizzo di posta elettronica certificata «*o un altro servizio elettronico di recapito certificato qualificato*», con l'obbligo di comunicare all'autorità procedente il mutamento del domicilio in precedenza dichiarato o eletto.

Nell'eventualità in cui la persona offesa non provveda tempestivamente alla dichiarazione o all'elezione di domicilio, oppure l'indicazione risulti insufficiente o inidonea, le notifiche alla persona offesa che abbia proposto querela (e non abbia nominato un difensore di fiducia[15]) sono eseguite mediante deposito dell'atto nella segreteria del pubblico ministero procedente o nella cancelleria del giudice procedente[16].

Una disciplina *ad hoc* è stata riservata alle parti eventuali.

Ed in particolare, la notificazione della prima citazione alla parte civile, al responsabile civile e alla persona civilmente obbligata per la pena pecuniaria è eseguita, in assenza di idoneo domicilio digitale, con le forme stabilite per la prima notificazione all'imputato.

Quando invece la parte civile, il responsabile civile e il civilmente obbligato per la pena pecuniaria sono regolarmente costituiti in giudizio, le notificazioni sono eseguite presso i difensori nominati.

[13] In tale ipotesi si procede alla notifica tramite ufficiale giudiziario o polizia giudiziaria secondo quanto stabilità dall'art. 148 c. 5 e 6, c.p.p.

[14] Cfr. art. 153-*bis*, c. 1 e 2, c.p.p.

[15] Quando la persona offesa ha provveduto alla nomina del difensore di fiducia, le notifiche vengono eseguite, ai sensi dell'art. 33 disp. att., ex lege, presso il difensore di fiducia.

[16] Cfr. art. 154, c. 1, c.p.p.

Il responsabile civile e il civilmente obbligato per la pena pecuniaria ritualmente citati ma non costituiti in giudizio, se non dispongono di un domicilio digitale, devono dichiarare o eleggere il proprio domicilio «*nel luogo in cui si procede*» o dichiarare alla cancelleria del giudice competente un indirizzo di posta elettronica certificata «*o altro servizio elettronico di recapito certificato qualificato*»[17].

In mancanza di una indicazione corretta, le notificazioni sono eseguite mediante deposito nella cancelleria del giudice che procede.

Per quanto concerne la novellata disciplina delle notifiche all'indagato/imputato (libero), il legislatore delegato ha differenziato quelle relative agli atti introduttivi del giudizio (elevando lo *standard* di garanzie difensive) rispetto agli altri atti del procedimento.

In quest'ultima ipotesi, le notificazioni all'imputato (libero) sono eseguite mediante consegna al difensore di fiducia o a quello nominato d'ufficio quando lo stesso ha ricevuto gli avvertimenti di cui all'art. 161, comma 1, c.p.p.

Per la prima notificazione (non preceduta dagli avvertimenti ex art. 161, comma 1, c.p.p.) la notifica all'indagato/imputato libero è eseguita mediante consegna di copia dell'atto in forma di documento analogico[18].

Con la notifica del primo atto, l'autorità giudiziaria procedente avverte l'indagato/imputato che le successive notificazioni – diverse da quelle relative «*atti introduttivi del giudizio*» – saranno effettuate mediante consegna al difensore di fiducia o a quello nominato d'ufficio[19].

[17] Così l'art. 154, c. 4, c.p.p.

[18] Ai sensi dell'art. 157, c. 1, c.p.p. quando non è possibile consegnare personalmente la copia, la notificazione è eseguita nella casa di abitazione o nel luogo in cui l'imputato esercita abitualmente l'attività lavorativa. Nella casa di abitazione la consegna è eseguita a una persona che conviva anche temporaneamente ovvero addetta alla casa ovvero al servizio del destinatario o, in mancanza, al portiere o a chi ne fa le veci. In caso di notifica nel luogo in cui l'imputato esercitata abitualmente l'attività lavorativa, se non è possibile consegnare personalmente la copia, la consegna è eseguita al datore di lavoro, a persona addetta al servizio del destinatario, o ad una persona addetta alla ricezione degli atti o, in mancanza, al portiere o a chi ne fa le veci.

[19] Secondo quanto stabilito dall'art. 157, c. 8-*ter*, c.p.p., il destinatario dell'atto è avvisato dell'onere di indicare al difensore ogni recapito telefonico o indirizzo di posta elettronica nella sua disponibilità, ove il difensore possa effettuare le comunicazioni, nonché di informarlo di ogni loro successivo mutamento. L'omessa o ritardata comunicazione da parte del difensore dell'atto notificato all'assistito ove imputabile al fatto di quest'ultimo, non costituisce

Per le notifiche degli «*atti introduttivi del giudizio*» (ex art. 157-*ter*, c.p.p.) – avviso di fissazione dell'udienza preliminare, del decreto penale di condanna e delle citazioni in giudizio ai sensi degli artt. 450, comma 2, 456, 552, 601 c.p.p.[20] – il giudice, il pubblico ministero o la polizia giudiziaria, nel primo atto compiuto con l'intervento della persona sottoposta alle indagini o dell'imputato libero, lo invitano a dichiarare uno dei luoghi indicati nell'art. 157, comma 1, c.p.p. (casa di abitazione o luogo in cui l'imputato esercita abitualmente l'attività lavorativa) o un indirizzo di posta elettronica certificata «*o altro servizio elettronico di recapito certificato qualificato*».

Alla suddetta regola generale che, come detto, prescrive la notifica degli «*atti introduttivi del giudizio*» direttamente all'imputato (e non al difensore di fiducia o di ufficio) nei luoghi e con le modalità di cui all'art. 157 c.p.p., il legislatore delegato ha previsto quattro causali – di cui tre specifiche ed una generica – che eludono la regola generale indicata nel comma 1 dell'art. 157-*ter* c.p.p., attribuendo alla polizia giudiziaria (e non agli ufficiali giudiziari, ai sensi dell'art. 148, comma 5, c.p.p.) la notifica nei luoghi di cui all'art. 157, comma 1, c.p.p.: a) l'imminente decorrenza del termine prescrizionale; b) l'imminente decorrenza del termine previsto per la dichiarazione di improcedibilità; c) quando l'indagato imputato è gravato da un provvedimento cautelare; d) «*in ogni altro caso in cui sia ritenuto indispensabile e improcrastinabile sulla base di specifiche esigenze*»[21].

Le notifiche all'imputato detenuto, anche successive alla prima, sono sempre eseguite nel luogo di detenzione mediante consegna di copia all'indagato/imputato anche quando dagli atti risulti che lo stesso sia detenuto per una causa diversa dal procedimento per il quale deve eseguirsi la notifica.

inadempimento degli obblighi derivanti dal mandato professionale. Allo stesso modo, l'omessa o ritardata comunicazione del difensore al proprio assistito dell'atto notificato, imputabile al fatto di quest'ultimo, non costituisce inadempimento degli obblighi derivanti dal mandato professionale (v. art. 157, c. 8-*quater*, c.p.p.).

[20] Ai sensi dell'art. 161, c. 1, c.p.p., la polizia giudiziaria, nel primo atto compiuto con l'intervento della persona sottoposta alle indagini, la avverta che le successive notificazioni, ad eccezione degli atti introduttivi al giudizio, saranno eseguite presso il difensore di fiducia o quello di ufficio.

[21] Cfr. l'art. 157-*ter*, c. 2, c.p.p.

Da ultimo, le notifiche disposte in favore dell'imputato dichiarato irreperibile sono eseguite presso il difensore di fiducia o di ufficio[22].

5. Segue: *b*) la partecipazione a distanza

Seppur già presente nell'ordinamento italiano, la disciplina riguardante il ricorso alle modalità della partecipazione «a distanza» ha trovato ulteriori motivi di riforma in occasione dei provvedimenti adottati durante la recente emergenza epidemiologica.

Con la riforma del 2022, detta previsione ha trovato collocazione codicistica: si prevede infatti che, quando l'autorità giudiziaria, con decreto motivato, dispone che un atto sia compiuto a distanza o che una o più parti possano partecipare a distanza al compimento dell'atto o alla celebrazione di un'udienza, si osservano le disposizioni previste dal codice di procedura penale (art. 133-*bis* c.p.p.).

Anche in questo caso è evidente l'importanza del ricorso agli strumenti che attualmente sono offerti dalla tecnologia. Si prevede, infatti, l'attivazione di un collegamento audiovisivo tra l'aula d'udienza o l'ufficio giudiziario e il luogo in cui si trovano le persone che compiono l'atto o che partecipano all'udienza a distanza. Tale luogo è equiparato all'aula d'udienza (art. 133-*ter* c.p.p.).

È altresì previsto, a pena di nullità, che detto collegamento si debba svolgere con modalità idonee a salvaguardare il contraddittorio e l'effettiva partecipazione delle parti all'atto o all'udienza e ad assicurare la contestuale, effettiva e reciproca visibilità delle persone presenti nei diversi luoghi e la possibilità per ciascuna di essa di udire quanto viene detto dalle altre. Nei casi in cui sia previsto garantire la pubblicità dell'udienza deve essere assicurata un'adeguata pubblicità degli atti compiuti a distanza. Comunque dell'atto o dell'udienza è sempre disposta la registrazione audiovisiva.

Ove le persone che compiono l'atto o che partecipano all'udienza a distanza si colleghino da altro ufficio giudiziario o da un ufficio di polizia

[22] Quando non è possibile eseguire la notificazione, l'autorità giudiziaria dispone nuove ricerche dell'imputato, particolarmente nel luogo di nascita, dell'ultima residenza anagrafica, dell'ultima dimora, in quello dove egli abitualmente esercita la sua attività lavorativa e presso l'amministrazione carceraria centrale. Qualora le ricerche non diano esito positivo, l'autorità giudiziaria emette decreto di irreperibilità con il quale, dopo aver designato un difensore all'imputato che ne sia privo, ordina che le notificazioni siano eseguite mediante consegna di copia al difensore.

giudiziaria individuato dall'autorità giudiziaria, occorre che sia verificata la disponibilità di dotazioni tecniche e condizioni logistiche idonee per il collegamento audiovisivo.

Se si tratta di persone detenute, internate, sottoposte a custodia cautelare in carcere o ristrette in carcere a seguito di arresto o di fermo, quando compiono l'atto o partecipano all'udienza a distanza, si collegano dal luogo in cui si trovano ristrette.

Una particolare previsione è destinata a garantire l'esercizio del diritto di difesa. Si specifica, infatti, che i difensori si collegano dai rispettivi uffici o da altro luogo, purché idoneo. Deve essere comunque assicurato il diritto dei difensori o dei loro sostituti di essere presenti nel luogo dove si trova l'assistito; così come va, altresì, sempre assicurato il diritto dei difensori o dei loro sostituti di consultarsi riservatamente tra loro e con l'assistito per mezzo di strumenti tecnici idonei.

Altra specifica disposizione è volta ad assicurare il corretto svolgimento dell'attività giudiziaria seppur a distanza. È previsto che un ausiliario del giudice o del pubblico ministero, individuato anche tra gli ausiliari in servizio presso l'ufficio giudiziario, o un ufficiale di polizia giudiziaria, individuato in via prioritaria tra il personale in servizio presso le sezioni di polizia giudiziaria e designato tra coloro che non svolgono, né hanno svolto, attività di investigazione o di protezione nei confronti dell'imputato o ai fatti a lui riferiti, è presente nel luogo dove si trovano le persone che compiono l'atto o che partecipano all'udienza a distanza, attestandone l'identità e redigendo verbale delle operazioni svolte.

6. Segue: *c*) il ricorso al captatore informatico

Un significativo riscontro dell'importanza del ricorso agli strumenti tecnologici nella rinnovata disciplina processuale penale e, in particolare, nel quadro del mezzo di ricerca della prova incidente sulla libertà di segretezza delle comunicazioni (art. 15 Cost.) – operante, di regola, nel contesto delle attività investigative con risultati dotati di particolare attitudine probatoria – è individuabile a proposito del ricorso al cosiddetto «captatore informatico» inserito ora nella disciplina legittimante le attività di captazione di una comunicazione o di una conversazione.

L'istituto ha trovato di recente il suo inquadramento normativo, atteso che la previsione dell'utilizzo del captatore informatico in occasione dell'intercettazione di una conversazione o di una comunicazione è stata inserita nel codice di procedura penale italiano e trova applicazione nei confronti dei procedimenti iscritti dal 1º settembre 2020, superando così anche quanto affermato, nel diritto vivente, dalle Sezioni unite della Cassazione, che già nel 2016 ne avevano sostenuto l'operatività con una discutibile sentenza, individuando la fonte legittimante nella decretazione emergenziale del 1991[23].

Ora la disciplina codicistica, nell'ambito dei limiti di ammissibilità previsti, stabilisce che l'intercettazione di comunicazioni tra presenti può essere eseguita anche mediante l'inserimento di un captatore informatico su un dispositivo elettronico portatile. Tale modalità di captazione è sempre consentita ove si tratti di procedimenti riguardanti delitti attinenti alla criminalità organizzata o al terrorismo; necessita, invece, delle indicazioni sulle ragioni che giustificano l'utilizzo nell'ipotesi in cui il captatore dovesse essere posizionato nei luoghi identificabili come domicilio privato nonché qualora si tratti di delitti commessi da pubblici ufficiali o da incaricati di pubblico servizio contro la pubblica amministrazione per i quali è prevista la pena della reclusione non inferiore nel massimo a 5 anni (art. 266 c.p.p.).

In relazione all'indispensabile provvedimento giurisdizionale che occorre per autorizzare l'impiego di tale mezzo di ricerca della prova, il legislatore italiano specifica che il decreto con il quale si autorizza l'intercettazione tra presenti mediante l'inserimento di un captatore informatico sul dispositivo elettronico debba indicare le specifiche ragioni che rendano necessaria tale modalità per lo svolgimento delle indagini, nonché – ove si proceda per delitti di criminalità organizzata e di terrorismo o per quelli commessi da pubblici ufficiali o incaricati di pubblico servizio contro la pubblica amministrazione – i luoghi e il tempo, anche indirettamente determinati, in relazione ai quali è consentita l'attivazione del microfono (art. 267 c.p.p.).

Resta comunque ferma la possibilità da parte dell'ufficio del pubblico ministero procedente di operare in via d'urgenza. In tal caso il pubblico ministero può disporre con decreto motivato l'intercettazione tra presenti

[23] A questo proposito, sia consentito rinviare alle riflessioni critiche mosse nei confronti delle argomentazioni formulate dalla Corte: v. L. Kalb, **«Legalità processuale e funzione giurisdizionale»: alcune osservazioni sulla tenuta del binomio in materia di intercettazioni telefoniche**, in Aa.Vv., *Materiali per una cultura della legalità*, a cura di G. Acocella, Torino, 2022, p. 101 ss.

mediante l'inserimento di captatore informatico sul dispositivo elettronico portatile soltanto ove si tratti di procedimenti per delitti di criminalità organizzata e di terrorismo, per i delitti dei pubblici ufficiali o incaricati di pubblico servizio contro la pubblica amministrazione per i quali è prevista la pena della reclusione non inferiore al massimo a 5 anni. A tal fine, è tenuto a indicare le ragioni di urgenza che rendono impossibile attendere il provvedimento del giudice. Il decreto è poi trasmesso all'organo giurisdizionale che decide sulla convalida entro 48 ore dal provvedimento.

Il necessario rigore cui si ispira l'intera disciplina, anche in ragione di una lettura costituzionalmente orientata, ha indirizzato le scelte del legislatore italiano anche in relazione alla possibile utilizzabilità dei risultati conseguiti attraverso il ricorso al captatore informatico nei confronti di fatti diversi da quelli per i quali l'ufficio del pubblico ministero ha ricevuto l'autorizzazione all'esecuzione della intercettazione. Nella disposizione dedicata alla utilizzazione in altri procedimenti (art. 270 c.p.p.), ha specificato che i risultati delle intercettazioni tra presenti operate con captatore informatico sul dispositivo elettronico portatile possono essere utilizzati anche per la prova di reati diversi da quelli per i quali è stato emesso il decreto di autorizzazione qualora risultino indispensabili per l'accertamento di particolati tipologie di delitti (criminalità organizzata, terrorismo e delitti contro la pubblica amministrazione).

Anche questa disciplina dimostra non solo l'attenzione per l'utilizzo di nuovi strumenti offerti dalla tecnologia, ma pure come le scelte legislative si differenzino in ragione dell'oggetto dell'accertamento penale.

7. Meccanismi informativi e processo in assenza dell'imputato

Le ragioni di efficienza che hanno ispirato la riforma in materia di svolgimento del processo in assenza sono riconducibili alle indicazioni provenienti dalle fonti sovranazionali. La necessità di evitare un inutile dispendio di tempo e di risorse per la prosecuzione di un procedimento penale nei confronti dell'imputato assente, al di fuori delle condizioni rispondenti ai principi condivisi in sede sovranazionale, ha indotto il riformatore ad una completa rivisitazione della disciplina codicistica.

Ora la possibilità di procedere in assenza dell'imputato è condizionata all'esistenza di uno dei presupposti tassativamente indicati dall'art. 420-*bis* c.p.p.: quando l'imputato è stato citato a comparire a mezzo di notificazione dell'atto in mani proprie o di persona da lui espressamente delegata al ritiro dell'atto; quando ha espressamente rinunciato a comparire oppure sussistendo uno degli impedimenti previsti dal codice di rito ha rinunciato espressamente a farlo valere; si può procedere ugualmente in assenza dell'imputato anche quando il giudice ritenga altrimenti provato che lo stesso ha effettiva conoscenza della pendenza del processo e che la sua assenza all'udienza è dovuta ad una scelta volontaria e consapevole; si procede, altresì, in assenza quando l'imputato è stato dichiarato latitante o si è in altro modo volontariamente sottratto alla conoscenza della pendenza del processo.

Al di fuori di questi casi, ove l'imputato non fosse presente, il giudice rinvia l'udienza e provvede affinché il relativo avviso sia notificato personalmente all'imputato ad opera della polizia giudiziaria. Nell'ipotesi questa notifica non si perfezioni, il legislatore ha previsto che il giudice adotti la sentenza di non doversi procedere per mancata conoscenza della pendenza del processo da parte dell'imputato (art. 420-*quater* c.p.p.). Ciò costituisce una novità rispetto alla precedente disciplina, in quanto con tale sentenza il giudice dispone che, fino a quando per tutti i reati oggetto di imputazione non sia superato il termine previsto dall'art. 159, ultimo comma, del codice penale (ovvero il doppio del termine previsto per la prescrizione del singolo reato oggetto di accertamento), la persona nei cui confronti è stata emessa la sentenza sia ricercata dalla polizia giudiziaria e, nel caso in cui sia rintracciata, le sia personalmente notificata detta sentenza. Decorso detto termine, senza che la persona nei cui confronti sia stata emessa la sentenza sia stata rintracciata, detta sentenza di non doversi procedere per mancata conoscenza della pendenza del processo non potrà più essere revocata.

Nell'ipotesi in cui invece, nel termine indicato, fosse rintracciata, la polizia giudiziaria le notifica la sentenza (che contiene pure la data di convocazione del nuovo giudizio) e le dà avviso della riapertura del processo: in tal caso il giudice con decreto revoca la sentenza, dando avviso del nuovo giudizio anche all'ufficio del pubblico ministero, al difensore dell'imputato e alle altre parti.

Altra peculiarità della nuova disciplina riguarda la previsione dei rimedi che il legislatore garantisce all'imputato in tutti i casi in cui fosse dimostrabile che il processo in assenza si è svolto al di fuori dei casi tassativamente previsti ovvero che l'imputato, pur in presenza di un legittimo impedimento, non abbia potuto tempestivamente comunicarlo all'organo precedente.

Tali rimedi operano sia in sede di udienza preliminare, che nel successivo corso dell'intero procedimento penale e persino dopo il conseguimento del giudicato. Spetta allo stesso giudice provvedere *ex officio*, revocando l'ordinanza con la quale si è dichiarata l'assenza dell'imputato, ove dovesse rilevare la mancata presenza delle condizioni previste dalla nuova disciplina. Altresì l'imputato può chiedere la restituzione nel termine per esercitare le facoltà dalla quali è decaduto se fornisce la prova che per caso fortuito, forza maggiore o altro legittimo impedimento, si è trovato nell'assoluta impossibilità di comparire in tempo utile per esercitare le facoltà dalle quali è decaduto e che non ha potuto trasmettere tempestivamente la prova dell'impedimento senza sua colpa. Potrà ugualmente attivarsi, fornendo la prova di non aver avuto effettiva conoscenza della pendenza del processo e di non essere potuto intervenire senza sua colpa in tempo utile per esercitare le facoltà dalle quali è decaduto. Resta sempre salva la possibilità di dimostrare che i presupposti per poter procedere in sua assenza nella vicenda concreta non sono stati soddisfatti.

Gli obblighi informativi che la nuova disciplina assicura anche dopo il conseguimento del giudicato offrono all'imputato, nei cui confronti si è proceduto ingiustamente in assenza, di poter attivare i rimedi previsti *ex lege*. A tal fine, ora è previsto che anche nell'ordine di esecuzione sia contenuto l'avviso con il quale il condannato è informato che, ove si fosse proceduto in sua assenza al di fuori delle ipotesi previste dalla legge, potrà chiedere la restituzione nel termine per proporre impugnazione o la rescissione del giudicato (artt. 656 e 660 c.p.p.).

8. Giustizia riparativa ed esecuzione mite

In merito agli interventi sul sistema sanzionatorio, che interagiscono con il processo penale, è facile osservare come rispondano ad una duplice, concorrente finalità: diversificare e rendere più effettive e tempestive le pene, da un lato, e incentivare la definizione anticipata del procedimento, dall'altro.

Come sottolineato nella relazione illustrativa della riforma, gli interventi sul sistema sanzionatorio permettono anche di ridurre le impugnazioni; di rendere più efficiente la fase esecutiva attraverso la riduzione delle misure alternative alla detenzione in favore delle pene sostitutive applicate dal giudice di cognizione, con conseguente riduzione del numero e ridimensionamento della patologica situazione dei cosiddetti liberi sospesi, cioè dei condannati a pena detentiva che attendono talora per anni, in stato di libertà, la decisione sull'istanza di concessione di una misura alternativa alla detenzione; di incrementare i tassi di esecuzione e riscossione delle pene pecuniarie.

Anche i programmi di giustizia riparativa possono operare dopo il conseguimento del giudicato penale e nel corso della esecuzione penale, ma come già accennato in precedenza, il relativo procedimento non è alternativo a quello penale.

I programmi di giustizia riparativa si conformano ai principi europei e internazionali in materia e vengono svolti da almeno due mediatori con le garanzie previste dalla recente disciplina. Tali garanzie comprendono la mediazione tra le persone indicate come autore dell'offesa e la vittima del reato, anche estesa ai gruppi parentali, ovvero tra la persona indicata come autore dell'offesa e la vittima di un reato diverso da quello per cui si procede; il dialogo riparativo; ogni altro programma dialogico guidato dai mediatori svolto nell'interesse della vittima del reato e della persona indicata come autore dell'offesa.

il primo incontro tra i partecipanti ai programmi è preceduto da uno o più contatti con i mediatori e da colloqui tra il mediatore e ciascuno dei partecipanti, diretti a fornire le informazioni e a raccogliere il consenso nonché a verificare la fattibilità dei programmi stessi. A tali incontri hanno facoltà di intervenire anche i difensori su richiesta delle persone interessate.

Formazione e informazione sono due paradigmi che trovano ampio riferimento nella nuova disciplina codicistica. Durante l'intero procedimento penale è previsto che le parti interessate siano informate della possibilità di ricorrere alla giustizia riparativa.

L'autonomia del procedimento riparativo è connotato ineludibile della disciplina recentemente approvata, tant'è che il legislatore prevede principi generali e obiettivi indicati *ad hoc* per tale materia.

La giustizia riparativa in materia penale deve conformarsi ad un catalogo di principi espressamente indicati: la partecipazione attiva e volontaria della persona indicata come autore dell'offesa e della vittima del reato e degli altri eventuali partecipanti alla gestione degli effetti pregiudizievoli causati dall'offesa; l'equa considerazione dell'interesse della vittima e della persona indicata come autore dell'offesa; il coinvolgimento della comunità nei programmi di giustizia riparativa; il consenso alla partecipazione ai programmi di giustizia riparativa; la riservatezza sulle dichiarazioni e sulle attività svolte nel corso dei relativi programmi; la ragionevolezza e proporzionalità degli eventuali esiti riparativi consensualmente raggiunti; l'indipendenza dei mediatori e la loro equiprossimità rispetto ai partecipanti ai programmi di giustizia riparativa; la garanzia del tempo necessario allo svolgimento di ciascun programma.

L'accesso ai programmi di giustizia riparativa è sempre favorito, senza discriminazioni e nel rispetto della dignità di ogni persona. Può essere limitato soltanto in caso di pericolo concreto per i partecipanti, derivante dallo svolgimento del programma stesso.

La persona indicata come autore dell'offesa e la vittima del reato vengono informate senza ritardo da parte dell'autorità giudiziaria, in ogni stato e grado del procedimento penale o all'inizio dell'esecuzione della pena detentiva o della misura di sicurezza, in merito alla facoltà di accedere ai programmi di giustizia riparativa e ai servizi disponibili. I soggetti legittimati a partecipare a detti programmi hanno diritto di ricevere dai mediatori una informazione effettiva, completa e obiettiva sugli stessi programmi disponibili, sulle modalità di accesso e di svolgimento, sui potenziali esiti e sugli eventuali accordi tra i partecipanti nonché sulle garanzie e sui doveri che sono previsti dalla presente disciplina. I programmi si conformano ai principi europei e internazionali in materia e vengono svolti almeno da due mediatori con le garanzie previste da questa disciplina.

Il primo incontro tra i partecipanti ai programmi è preceduto da uno o più contatti con i mediatori e da colloqui tra il mediatore e ciascuno dei partecipanti, diretti a fornire tutte quelle informazioni previste dalla disciplina, a raccogliere il consenso nonché a verificare la fattibilità dei programmi stessi. Ai colloqui preliminari, su richiesta delle persone interessate, hanno facoltà di intervenire i difensori della persona indicata come autore dell'offesa e della vittima del reato.

I programmi si svolgono in spazi e in luoghi adeguati allo svolgimento degli stessi e idonei ad assicurare riservatezza e indipendenza. Nello svolgimento degli incontri i mediatori assicurano il trattamento rispettoso, non discriminatorio ed equiprossimo dei partecipanti, garantendo tempi adeguati alle necessità del caso. Gli interessati partecipano personalmente a tutte le fasi del programma e possono essere assistiti da persone di supporto anche in relazione alla loro capacità. Il mediatore, anche su richiesta dell'autorità giudiziaria procedente, invia comunicazioni sullo stato e sui tempi del programma.

Ove il programma si concluda con un esito riparativo questo può essere simbolico o materiale. L'esito simbolico può comprendere dichiarazioni o scuse formali, impegni comportamentali anche pubblici o rivolti alla comunità, accordi relativi alla frequentazione di persone o luoghi. L'esito materiale può comprendere il risarcimento del danno, le restituzioni, l'adoperarsi per elidere o attenuare le conseguenze dannose o pericolose del reato o evitare che lo stesso sia portato a conseguenze ulteriori. È garantita alle parti l'assistenza dei mediatori per l'esecuzione degli accordi relativi all'esito simbolico; anche in occasione della definizione degli accordi relativi all'esito materiale è consentita la partecipazione dei difensori della persona indicata come l'autore dell'offesa e della vittima del reato.

Merita particolare attenzione l'indicazione normativa a proposito della valutazione dell'esito del programma di giustizia riparativa A tale proposito la recente disciplina specifica che l'autorità giudiziaria potrà utilizzare l'esito riparativo a proposito delle valutazioni di sua competenza per quanto concerne l'accertamento della responsabilità penale. Si specifica altresì che, in ogni caso, la mancata effettuazione del programma, l'interruzione dello stesso, il mancato raggiungimento di un esito riparativo non producono effetti sfavorevoli nei confronti della persona indicata come autore dell'offesa.

È evidente che un ruolo assolutamente centrale sia attribuito ai mediatori esperti in programmi di giustizia riparativa. La formazione di costoro deve assicurare l'acquisizione delle conoscenze, competenze, abilità e dei principi deontologici necessari a svolgere con imparzialità, indipendenza, sensibilità ed equiprossimità i programmi di giustizia riparativa.

I mediatori devono ricevere una formazione iniziale e continua. Quella iniziale consiste in almeno 240 ore di cui un terzo dedicato alla formazione teorica e due terzi a quella pratica, seguite da almeno 100 ore di tirocinio presso uno dei centri per la giustizia riparativa. La formazione continua consiste in non meno di 30 ore annuali, dedicate all'aggiornamento teorico e pratico nonché allo scambio di prassi nazionali, europee e internazionali. La formazione teorica consente di acquisire conoscenze su principi, teorie e metodi della giustizia riparativa nonché nozioni basilari di diritto penale, diritto processuale penale, diritto penitenziario, diritto minorile, criminologia, vittimologia e ulteriori materie correlate. La formazione pratica mira a sviluppare capacità di ascolto e di relazione e a fornire competenze e abilità necessarie alla gestione degli effetti negativi dei conflitti, con specifica attenzione alle vittime, ai minorenni e alle altre persone vulnerabili. La formazione pratica e quella teorica sono assicurate dai centri per la giustizia riparativa e dalle università che operano in collaborazione secondo le rispettive competenze.

Riferimenti

Aprile, E. **Primo commento alla proposta di riforma del processo penale (la c.d. riforma Cartabia)**. In *Foroitaliano.it,* 4 settembre 2019.

Bronzo, P. **La "riforma Cartabia" e la razionalizzazione dei tempi processuali nella fase dibattimentale**. In *Cass. pen.*, 4, 2022.

Canzio, G. **Il modello "Cartabia". Organizzazione giudiziaria, prescrizione del reato, improcedibilità**. In *Sistema penale,* 14 febbraio 2022.

Cimadomo, D. **Premessa**. In *Proc. Pen. e Giust.*, Fascicolo straordinario – La disciplina transitoria della c.d. riforma Cartabia, 2023.

Daniele, M. **La riforma della giustizia penale e il modello perduto**. In *Cass. pen.*, 10, 2021.

Galgani, B. **Il processo penale telematico.** In *Dir. pen. e proc.*, 1/2023.

Gatta, G.L. **Riforma della giustizia penale: contesto, obiettivi e linee di fondo della "legge Cartabia"**. In *Consulta on line,* 23 ottobre 2021.

Gialuz, M. **La giustizia penale come servizio pubblico: completare la "riforma Cartabia"**. In *Dir. pen. e proc.*, 3, 2023.

La Rocca, E.N. **Il modello di riforma "Cartabia": ragioni e prospettive della Delega n. 134/2021**. In *Arch. pen. web*, 3, 2021

Lupo, E. **Il processo penale alla luce della "Riforma Cartabia"**. In *Cass. pen.*, 12, 2022.

Marandola, **A.2022 e la mutazione genetica del processo: dalla cessazione dell'emergenza al passaggio (automatico) all'efficienza**. In *Dir. pen. e proc.*, 5, 2022.

Mazza, O. **Ideologie della riforma Cartabia: la Procedura penale del nemico**. In *Dir. pen. e proc.*, 4, 2023.

Spangher, G. **Processo penale e tempo**. In *Cass. pen.*, 7-8, 2022.

16

BIOPOLITICA E AUTODETERMINAZIONE RESPONSABILE: I DIRITTI INFELICI ALLA PROVA DEL PROGRESSO SANITARIO NELLA DEMOCRAZIA PENALE

Antonino Sessa

Biopolitica, biopotere, bioetica, biodiritto e biodiritto penale sono facce della stessa medaglia. Il rapporto tra le stesse è evidentemente condizionato, oggi più che mai, dalla crisi della politica che si muove, oscillando discutibilmente, tra la reviviscenza di tendenze autoritarie che affondano le loro radici in una minaccia riconducibile alla totalitarizzazione di un diritto/potere di sovranità sul corpo umano lungo l'arco della vita e quelle più recenti tendenze rivolte alla scomposizione di identità in individui vulnerabili di fronte alle forme attuali di potere economico e tecnologico.

Risulta evidente, allora, come una indifferibile esigenza di razionalizzazione di un tale rapporto, così come appena sopra descritto nei suoi termini sistematicamente estremi, si fa ancora più pressante nel momento in cui il progresso tecnologico, specialmente in campo medico, ha portato il giurista a confrontarsi su fenomeni che, nell'evidente messa in crisi del principio fondamentale dell'*habeas corpus*, vale a dire della intangibilità dell'individuo nella sua dimensione decisionale e 'corporale', hanno avuto come diretta conseguenza quella di renderlo oggetto di forme discutibili di dittatura sanitaria ovvero di messa in crisi della democrazia penale attraverso l'imposizione, con il ricorso a forme ambigue di legittimazione, della indisponibilità del bene vita. Infatti, tra lo spazio libero dal diritto del sanitario, che si impadronisce della vulnerabilità del paziente in un rapporto patriarcale con lo stesso per come favorito dall'evoluzione di un progresso tecnologico imperante, e la legittimazione impositiva di trattamenti leciti non affidati a libere modalità causali di attuazione (si pensi alla legge n.217 del 2019) il passo verso la negazione di una libertà da ingerenze – personali e ordinamentali – è breve. Essa è destinata, così, a rappresentare inesorabilmente la minaccia più forte ed allo stesso tempo velata nei confronti della negazione di scelte insindacabili quale affermazione dei principi di dignità, salute, tolleranza e laicità da porre a fondamento di un'autodeterminazione responsabile quale espressione di quel pluralismo etico come valore di stretta derivazione normativo-superiore universalmente riconosciuto per un razionale traghettamento della bioetica nel biodiritto penale.

E la chiave di volta, allora, per la realizzazione di tali attese ordinamentali in un contesto sistematico finalmente affrancato da irragionevoli assolutismi di chiara marca confessionale, sembra poter essere rappresentata dal ricorso a normazioni che, rifuggendo imposizioni ineffettive, siano capaci, senza scegliere, di orientare a scegliere quegli stessi individui che, vivendo una condizione eticamente esposta al rischio di illiceità penale, sono chiamati in condizioni di necessità ovvero di deficit assoluto di conoscenza ad agire in situazioni che, ora riferibili a stati di vulnerabilità, ora a decisioni esistenziali, risultano pur sempre accomunate dal riconoscimento anticipato, per esigenze di ordine civile, dell'esercizio di un diritto fondamentale: l'autodeterminazione responsabile (artt. 2-3-13 e 32 cost.).

In un tale contesto normativo, pertanto, risulta facile comprendere come le fattispecie penali classiche hanno finito per scontare, nel tempo, tutto il loro limite di fronte alla loro assolutezza nella tutela di valori che, come quello della vita, anche *in fieri*, hanno via via abbandonato l'alveo autoritario della indisponibilità (anche se già solo per mano altrui), finendo per assurgere ad una ridefinizione costituzionale degli stessi in termini di inviolabilità, laddove eventuali eccezioni finiscono per essere governate da condizioni di necessità, ma in uno stato di normalità, vale a dire di una necessità che non sospende la legalità nella tutela dell'ordine esistente.

La dommatica penalistica di un diritto di necessità in uno stato di normalità, allora, in cui l'eccezione si muove nel diritto, è chiamata, così, a confrontarsi con una rigorosa rivisitazione del rapporto relazionale tra strutture ed opzioni di valore quando, queste ultime, non si limitano più ad influenzare l'ambito di applicazione di istituti classici, quanto piuttosto a forzare le stesse categorie tradizionali nell'ambito di un diritto penale che, sconosciuto alla parte generale, sia capace di rispondere, nel sintetico rispetto di garanzie formali e sostanziali, ad esigenze da stato sociale di diritto. Qui, l'autocontrollo penale, per quanto propriamente ispirato dalla autonormazione pubblicistica, si fa promotore della inversione del rapporto tra norma secondaria e norma primaria, laddove anche le regole di *soft law* sono chiamate a concorrere nella procedurale specificazione di elementi di fattispecie non più in via dichiarativa, ma in via costitutiva della procedurale essenza fondativa di uno spazio di diritto libero in cui l'individuo, esercitando un diritto fondamentale riconosciutogli per legge in via anticipata, sceglie insindacabilmente e vincolativamente, secondo forme che, poste a garanzia della non impedibilità della condotta, per quanto legittimata *ex ante*, siano in grado, ovviando a situazioni giuridiche caotiche, di ristabilire così la forza del diritto sul diritto della forza.

E non vi è chi non veda, a questo punto del nostro discorso, come il percorso che ha portato alla razionalizzazione di tutte le esigenze appena sopra evidenziate ha finito per passare inequivocabilmente attraverso la valorizzazione di condizioni, e non più di situazioni, di liceità che, predeterminate per legge, hanno contribuito al riconoscimento anticipato dell'esercizio di un diritto fondamentale. Quest'ultimo, che è qui quello della responsabile autodeterminazione sanitaria, diventando espressione di una laicità costituzionale come metodo, è rivolto ad assicurare proprio il valore del pluralismo etico nell'attuazione di una piena democraticità penale conforme ad uno stato di diritto.

L'affermazione del principio di autodeterminazione responsabile, allora, nel biodiritto penale, rifuggendo normazioni assolutistiche, sembra avere avuto il merito, a ben vedere, di ridurre quelle possibili aporie criminogene che, in nome del principio di ragionevolezza (art. 3 co. 2 cost.), solo una giurisprudenza laica, e da ultimo anche costituzionale (Corte cost. n. 242 del 2019) ha saputo assumere al fine di arginare spinte contraddittore e viziate *ab origine* da pregiudizi ideologici ed etici. L'obiettivo, pertanto, è stato ed è, quindi, quello di promuovere una normazione in materia bioetica che, responsabilizzando le scelte da libera autodeterminazione dei singoli soggetti decidenti, sia in grado di impedire definitivamente illeciti penali che, privi di affidabili oggettività giuridiche, porterebbero alla punizione di mere immoralità nella esaltazione di una concezione sanzionatoria del diritto punitivo che, alterando criteri di eguaglianza tipici di un ordinamento caratterizzato da reale pluralismo, si allontana dal recupero della garanzia normativa di uno spazio di diritto libero da solo in grado di porre gli individui in condizione di vulnerabilità nella possibilità di articolare scelte consapevoli al riparo da eteronome presupposizioni di stampo confessionale.

Nelle moderne democrazie, infatti, la laicità, quale fattore di ricchezza, è chiamata a rifuggire le insidie della disgregazione sociale, e ciò è ovviabile solo attraverso la costruzione di un *ethos* pubblico condiviso e radicato nella comune accettazione di valori democratici, al punto da separare tematiche religiose da valori di eguaglianza-ragionevolezza che, tipici di uno stato pluralista, concorrono ad affermare un diritto penale senza condizionamenti etici. Solo così, il biodiritto penale laico, per come razionalmente ispirato, diventa capace di rifuggire soluzioni caratterizzate non solo da una generale illiceità eticamente fondata, ma anche da una diffusa laicità laicista, tanto da promuovere scelte consapevoli in pazienti competenti sulla base di informazioni altrettanto consapevoli e adottate all'interno di scelte individuali rispettose di quella 'relativa neutralità ordinamentale' emergente dai valori fondamentali di riferimento.

L'affermazione di una tale laicità, dunque, nella sua accezione allargata al controllo della ragionevolezza ed al suo nucleo forte di divieto di discriminazione, nel riconoscere la tutela di libertà da e non semplicemente di libertà di (art. 32 cost), ha finito per trovare il suo primo radicamento in un illuminato diritto 'laicamente' giurisprudenziale che, frutto di una deontologia ermeneutica (in Italia cfr. Corte cost. n. 50 del 2022), si è rivelato in grado di orientare una normatività dinamica ispirata da opzioni assiologiche di tipo normativo-superiore. Queste ultime, infatti, nel favorire il superamento di uno stato confessionale nell'ambito di un procedimento evolutivo, e diversamente da quanto avvenuto nel 1930, sono diventate sempre più il fulcro garantista di confronto potenziale tra tutte le istanze ideali in cui la indisponibilità del bene vita, a ben vedere mai citato in Costituzione, lascia il posto alla indisponibilità della stessa persona per come assicurata dal diritto all'autodeterminazione responsabile (art. 2-3-13 e 32 cost). Essa, in nome di quelle garanzie poste costituzionalmente a tutela della intangibilità dell'uomo quando afflitto da tormenti del corpo, e giammai da tormenti dell'anima, si rende promotrice della stessa esatta qualifica giuridica del suicidio che, come mera manifestazione di libertà personale (art. 2-3 e 13 cost.), e senza assurgere a diritto, non solo conserva la sua impedibilità (art. 593 c.p.), ma arriva con ciò ad eliminare anche quelle evidenti aporie di sistema che porterebbero ad una imputazione per violenza privata del soccorritore a fronte della legittima difesa vantata dal suicida. Il caos giuridico è evidente.

Ed ecco, allora, che proprio per evitare tali marcate irragionevolezze sistematiche lo stato laico, nella democrazia penale del biodiritto, contrapponendosi allo stato confessionale, non si rende portatore di una propria concezione assiologica assoluta, ma si propone come garante di ogni istanza che, in concorso con altre, si definiscono per differenza e non per adesione, portando le stesse ad imporsi come fattore di definitiva deeticizzazione del diritto punitivo, e ciò in nome di una sovranità statuale da uniformare al principio pluralista caratterizzato dal rifiuto di tutte le opzioni integraliste finalizzate all'autoaffermazione e all'imposizione generale di ogni impostazione cognitivista di stampo etico. Ed una tale prospettiva, per quanto tesa alla decisa esaltazione costitutiva della laicità orientata alla dannosità sociale, e giammai all'offesa di beni eticizzanti in sé, non solo impedisce, nel trattamento sanitario di soggetti vulnerabili, ogni valorizzazione paternalistica di qualsiasi complesso ideologico, ma, nell'ambito di un modello di tutela teso a non privilegiare uno *status* rispetto a sentimenti diversamente orientabili, pure si rivela in grado di impedire una possibile deriva ordinamentale. Quest'ultima, originata dalla mancata stretta osservanza di quei criteri di eguaglianza sostanziale capaci di assicurare una razionale verifica di logicità del sistema punitivo, potrà essere scongiurata solo se si arriva a recuperare un rapporto di normalità tra norma penale e principi fondamentali nell'ambito di un controllo oggettivo di non arbitrarietà della legge per come radicato in tre principi assiologici fondamentali: la libertà di coscienza, l'eguaglianza di trattamento e la minimizzazione della violenza punitiva che, espressione della dottrina complessa della separazione tra diritto e morale, solo così sapranno creare quelle condizioni atte a scongiurare insopportabili illiberalità poste a difesa di assetti di potere precostituito.

La democrazia penale, allora, riposa in scelte normative che, orientate da un pluralismo dei valori e da una tolleranza ideologica, sono chiamate ad ispirare il giudizio di dannosità sociale, portando i destinatari della norma alla spontanea adesione ai precetti, e tutto ciò quale espressione della piena valorizzazione di quel nesso tra pluralismo e laicità che, assicurato da una relativa neutralità dello Stato, legittima le scelte dei soggetti decidenti da verificare se, nella loro consapevolezza, libertà e spontaneità sono in grado di assicurare condizioni di violabilità di valori fondamentali quando, e per quanto pubblicisticamente controllate, pongono nel nulla anche il controllo sostanziale sulla inviolabilità del bene. Si pensi, infatti, a quanto avviene riguardo allo stesso bene della vita, laddove il riferimento alla base del controllo pubblicistico alla violabilità di esso passa, accanto alle norme specifiche sull'omicidio ed alle sue attenuanti, solo attraverso la possibile neutralizzazione precettiva dell'art. 593 c.p., e questo nell'ambito di un ordinamento che, facendo un passo indietro, rende proceduralmente giustificata una aggressione solo così non vietata, per la conferma definitiva di una concezione non meramente liberale, ma costituzionale del consenso alla violazione di un bene che, soprattutto quando inviolabile, è affidato nella verifica proprio di questo ultimo elemento ad un controllo di tipo pubblicistico delle condizioni che, nella risoluzione di un conflitto tra beni parimenti meritevoli di tutela, ne legittimano la lesione. Ed una conferma di un tale assunto, la si può rinvenire, in via dirimente e sistematica, anche in quanto avviene in materia di patteggiamento, quando si assiste al controllo sostanziale, e non meramente notarile, sulla inviolabilità della libertà personale, per come emergente dalla negoziazione sanzionatoria, da parte del giudice.

Ed ecco perché, facendo tesoro proprio delle considerazioni appena sviluppate, appare chiaro come, e ad un più generale sguardo di sintesi, nel contesto normativo attuale la violazione di leggi morali è destinata a legittimare l'intervento penale solo quando questo sia in grado di esprimere non solo una vincolatività diffusa, ma sia anche giustificato da una seria compromissione della pace sociale. La laicità costituzionale, allora, sembra imporre il definitivo superamento di ogni sua accezione di tipo politico-istituzionale che, influenzata dalla tradizione anticlericale ottocentesca, sembra segnare il passo, nella sua funzione di scelta di valore, di fronte a quella di laicità da cogliere nella sua dimensione filosofico-culturale, vale a dire come scelta di metodo per la difesa di ogni uomo dalla invadenza paternalistica non solo dalle cattive chiese, ma anche dai cattivi stati.

E che la laicità costituzionale debba esprimere una laicità di metodo finisce, a ben vedere, per trovare conferma non solo nell'impronta pluralistica del contratto fondamentale, ma anche nel suo ispirarsi a quella sistematica tolleranza ideologica che, lontana da affondi integralistici, sia espressione di quei valori di riferimento che una democrazia costituzionale pone alla base di quella nuova etica laica la cui neutralità di compromesso deve fungere da criterio ispiratore, da un lato, per una pacifica negoziazione di intuizioni morali confliggenti e, dall'altro, per l'elaborazione di un moderno programma di politica criminale. Quest'ultimo, per quanto poi ispirato alla ricerca della imparzialità delle scelte normative di disciplina, deve essere in grado, rifiutando posizioni deontologiche precostituite, di promuovere un modello di diritto punitivo realistico da sviluppare oltre il limite del controllo penale, ma all'interno di un controllo integrato di fenomeni connotati da dannosità sociale.

Ecco perché, dunque, sulla base delle coordinate appena sopra ricostruite, il metodo laico, nella ricerca di una razionale ricostruzione di contrasto tra normativa ordinaria e principi costituzionali,ha finito, pertanto, per proporre un costante *revirement* tutte le volte in cui si è assistito al rischio del prevalere di giudizi di mera immoralità nel biodiritto penale, e questo anche per ovviare a scontati vuoti di tutela nel codice Rocco nella materia che qui ci occupa, specialmente quando solo una giurisprudenza antipaternalistica si è assunta il compito di arginare una prassi lontana dal teleologismo complessivo dei valori costituzionali. Di fronte alle carenze normative, allora, è stata proprio la razionale creatività della prassi, ed anche dello stesso giudice della Leggi, a porre limiti ad una possibile deriva di sistema nella tutela di (dis)valori di riferimento, al punto da originare in Italia un diritto penale provvisorio che, nell'incrociare destini ordinamentali, ha generato un circuito virtuoso e tale da impedire ogni possibile arretramento verso irragionevoli e criminogeni divieti assoluti che, in materia di bioetica, hanno dato corso ad aporie sistematiche non sempre in linea con una esigibile ed effettiva adeguatezza sociale del disposto legale. Quest'ultimo, infatti, solo attraverso la valorizzazione di condizioni di liceità ovvero di modalità procedurali costitutive e non dichiarative avrebbe potuto recuperare, nella consapevolezza generale, le basi per il superamento definitivo di quelle articolazioni disciplinari laicamente non condivise e lontane da impostazioni criminalpedagogiche di aggregazione di consensi intorno all'ordinamento nell'ambito di una funzione della pena normativamente orientata alla integrazione sociale.

Ed è proprio facendo tesoro delle argomentazioni appena sopra sviluppate che risulta facile comprendere come un ordinamento orientato alla democrazia penale, e particolarmente nella materia che qui ci occupa, non deve imporre scelte che, nell'adozione di decisioni frutto della libera autodeterminazione responsabile di individui in rapporto di alleanza sanitaria tra medico e paziente competenti, sono destinate a muoversi, di contro, all'interno di uno spazio di diritto libero in cui si assiste alla legittimazione *ex ante* di aggressioni proceduralmente non vietate, ma prive di dannosità sociale perché frutto di scelte consapevolmente autodeterminate e rivolte alla migliore protezione possibile in quel momento di ulteriori valori – salute, vita, dignità – nell'ambito di un ordinato vivere civile. Infatti, di fronte al superamento della teoria funzionalistica votata alla supremazia dello Stato sull'individuo, una Costituzione come quella italiana e tesa alla esaltazione antropocentrica della persona, collocando quest'ultima al centro della costruzione ordinamentale, mira a favorire la partecipazione del singolo alla vita dello Stato, fino a porre la libertà dell'individuo come regola prioritaria. Dunque, se nella norma fondamentale il rapporto tra libertà positive e libertà negative dell'individuo porta le prime a disegnare un ambito di estensione della "libertà di", e le seconde, come "libertà da", ad escludere che altri compiano atti contro la volontà del soggetto decidente, appare del tutto chiaro come siano proprio queste ultime adindividuare nel diritto alla libertà di autodeterminazione terapeutica lo strumento che, da esercitare mediante condotte attive od omisssive, pone le persone adulte e consapevoli al riparo dal potere impeditivo di terzi.

Con l'avvento della Costituzione, infatti, si è assistito all'ampliamento di diritti violabili/disponibili, per cui anche gli spazi di esercizio del consenso/dissenso informato (art. 32 cost.) sono risultati ancora più condizionati in virtù dell'affermarsi di una prospettiva personalistica in cui con la priorità dell'individuo sullo stato si è registrato il rango primario della solidarietà e della dignità della persona. Ed ecco perché, allora, libertà negative e libertà positive, però, hanno finito per stemperarsi in un sistema da stato sociale di diritto in cui l'autorealizzazione dell'individuo si è inserita via via in una dimensione molto più complessa rispetto alle sistematiche di mera ispirazione illuministica. A monte del biodiritto penale, a ben vedere, accanto al riconoscimento del *neminem laedere*, si è affermato anche il diritto a non subire trattamenti contrari alla propria volontà nelle diverse fasi della propria esistenza, e questo nel pieno rispetto del principio di autodeterminazione pure costituzionalmente riconosciuto (art. 2-3-13-32 cost), la cui violazione è sanzionata anche in via autonoma.

In una Costituzione antropocentrica, dunque, l'individuo finisce per affrancarsi, ed alla luce di quanto appena rilevato, dalla supremazia, anche indiretta, dello Stato, per una visione personalistica delle sua libertà in situazioni che, non solo, escludono che altri compiano atti contrari alla volontà del soggetto decidente, ma anche che, in una dimensione solidaristica ex art. 2 cost., si possa registrare il primato della vita umana, indisponibile, sulla libertà di autodeterminazione. E tutto ciò in ossequio al limite dei trattamenti sanitari obbligatori per legge come unica ipotesi di soggezione della persona umana alle esigenze della collettività per come espresse dal concetto liberale di evitare danni ad altri in attuazione di quel pluralismo etico di stretta derivazione costituzionale che il personalismo di una consapevole libera autodeterminazione come garanzia di dignità pone, nei sistemi democratici, quale argine insormontabile a derive paternalistiche eticizzanti in cui si perderebbe la dimensione complessiva della autorealizzazione dell'individuo, quale entità unicamente indisponibile.

Del resto, non vi è chi non veda come sono proprio le considerazioni sopra svolte, ed a maggior ragione, ad ispirare anche le ipotesi in cui l'autodeterminazione, passando attraverso competenze private, presuppone l'esistenza di un terzo garante competente che, nel fornire una consapevole informazione, fornisce le categorie adeguate a maturare una decisione che porta all'offesa di un bene giuridico sul piano della teoria del lecito. Il filtro personalistico, allora, e per come costituzionalmente da noi ricostruito, si pone a fondamento tanto di una soggettivizzazione necessaria alla individuazione di spazi di legittima autonomia nell'esercizio consapevole del diritto fondamentale alla libera autodeterminazione terapeutica quanto pure del suo ruolo decisivo all'interno del rapporto relazionale tra medico e paziente. Qui, la proceduralizzazione di tale ultimo rapporto assolve alla funzione essenziale di impedire al sanitario, se non in ossequio a predeterminate condizioni,l'azione di offendere il bene vita rimettendo ad esso la stessa esistenza del bene, e tutto questo anche diversamente dai casi di autorizzazione amministrativa, quando nella descrizione del fatto di reato l'ordinamento, in nome di una giustificazione sostanziale, rende lecita un'ipotesi in base ad apposita autorizzazione concessa per l'interesse ritenuto prevalente. Infatti, con il consenso informato del paziente competente, e nell'ambito di una legittimazione procedurale si giunge, di contro, anche con l'art. 32 cost., a tenere insieme in una alleanza terapeutica, non più di stampo paternalistico, la posizione del terzo garante, quella del medico, con il diritto all'autodeterminazione responsabile del soggetto decidente, creando così i presupposti per una verifica di natura pubblicistica nella quale l'ordinamento assume una posizione di relativa neutralità, non vietando o facoltizzando, ma appunto legittimando la risoluzione di un conflitto tra beni senza ricorrere ad un bilanciamento tra di essi, affidato al giudice *ex post*, quanto piuttosto mediante una procedura che si avvale di condizioni di liceità pre-determinate per legge con cui l'ordinamento legittima *ex ante* la condotta per questo non impedibile e oggetto di vincoli esecutivi sulla base della scelta insindacabile del soggetto decidente.

Dunque, attraverso l'accertamento ed il riconoscimento in via anticipata di un diritto, la qualifica di liceità di una condotta responsabilmente autodeterminata è affidata ad una consapevole quanto insindacabile scelta di autonomia del singolo, ma tutto questo sempre che essa si riveli come il frutto di un'approvazione e non dell'arbitrio dell'indicazione medica.

Ed è proprio facendo tesoro delle osservazioni sin qui sviluppate che sembra opportuno rimarcare come una dommatica di garanzia, nel biodiritto penale, non può che vivere della inversione della logica giuridica della tutela di valori i quali, non più affidati alla incriminazione, ma alla giustificazione, si affermano in una nuova idea di quest'ultima. Essa, procedurale e non sostanziale, si caratterizza per una struttura capace di superare le perplessità che hanno da sempre accompagnato la risoluzione di un conflitto tra beni parimenti meritevoli di tutela e che l'ordinamento, ponendosi in una condizione di relativa neutralità, affida allo stesso soggetto decidente senza ricorrere ad un bilanciamento in concreto operato da un terzo *ex post* (il giudice, come avviene nelle scriminanti tradizionali).

Nel biodiritto penale, allora, ed in nome di una imparzialità ideologica figlia della laicità costituzionale come metodo, il riconoscimento anticipato dell'esercizio di un diritto fondamentale segna una articolata genesi evolutiva della teoria del lecito in cui la procedurale legittimazione *ex ante* di condotte lesive completa quella della sostanziale legittimazione delle stesse ritagliando uno spazio libero dall'illecito in cui la pre-definizione di ambiti di codecisione mira a ridurre, nella materia che qui ci occupa, il rischio etico di illiceità penale in aggressioni proceduralmente non vietate da riferire in concreto a peculiari situazioni esistenziali.

E volendo a questo punto promuovere una risistemazione concettuale del dato normativo, diventa così consequenziale ispirare nel biodiritto penale le scelte di un legislatore che, orientato al teleologismo sistematico dei valori, è chiamato a verificare la funzione critica di rinnovate opzioni dommatiche assiologicamente coerenti con principi di politica criminale di stretta derivazione costituzionale. Si tratta, a ben vedere, di affrontare, per tale via, gli aspetti problematici di quel rapporto regola-eccezione che, nell'ambito di una dommatica della giustificazione sottratta all'arbitrio del legislatore, sembra destinata a proiettarsi proprio in quella nuova idea di giustificazione che, fondata su di una procedura costitutiva della qualifica di liceità, si struttura in condizioni pre-determinate per legge ed in grado di licitizzare un comportamento lesivo da parte di soggetti di cui è chiamata a controllare la consapevolezza di una decisione idonea, così, a bloccare *ex ante* la precettività penale di un fatto, ma questo solo in funzione della protezione di altri beni all'interno di un meccanismo tipico di fattispecie di eccezione atte ad autorizzare interventi nei diritti individuali. Risulta facile, allora, comprendere, ed a questo punto del nostro discorso, come la giustificazione e l'incriminazione possano essere chiamate a partecipare dell'unitarietà dell'ordinamento giuridico in cui, diversamente da quanto avviene per le ipotesi di *abolitio criminis*, si è di fronte ad un fenomeno che nella evoluzione del sistema di protezione dei beni giuridici realizza in determinati ambiti forme di tutela tese a condizionare con effetto *erga omnes* l'area del penalmente rilevante. Infatti, mentre nell'*abolitio criminis* l'ordinamento effettua a monte una scelta depenalizzante ed innovativa di protezione di beni giuridici, nelle cause di giustificazione si affronta la stessa problematica da una prospettiva sistematicamente diversa e nella misura in cui, senza introdurre opzioni normative immediatamente visibili nella politica di tutela dei valori coinvolti, si giunge alla consacrazione di una esclusione della responsabilità penale come conseguenza della lesione di un bene da parte dell'autore di un fatto tipico, ma oggetto di una valutazione di non antigiuridicità del tipo penale secondo condizioni oggettive – si pensi al riconoscimento in via anticipata dell'esercizio di un diritto fondamentale: l'autodeterminazione responsabile – e soggettive – si pensi alla finalità terapeutico/sanitaria del paziente competente – di liceità tassativamente pre-determinate in fattispecie proceduralmente giustificate, da una parte, mentre dall'altra, come nelle cause sostanziali di giustificazione, la liceità resta tradizionalmente oggetto di una valutazione di un fatto tipico, ma non antigiuridico. E tutto ciò decisamente in virtù della strutturazione della fattispecie di eccezione: nel primo caso, sulla base di modalità procedurali costitutive di uno spazio di diritto libero e frutto delle scelte valorative operate dal soggetto decidente; nel secondo caso, invece, sulla base di modalità dichiarative dell'affermazione di un diritto come determinato dall'ordinamento e affidato alla concretizzazione *ex post* del giudice.

Strutturalmente, allora, ed alla luce di quanto appena sopra esposto, le cause di giustificazione, tanto procedurali quanto sostanziali, si configurano nella comune espressione di un rapporto regola-eccezione che, al verificarsi delle stesse fattispecie di eccezione, e al venir meno ovvero al permanere del sacrificio di un bene in ragione della affermazione ovvero del riconoscimento anticipato di un diritto, è possibile rinvenire quelle modalità procedurali differenziate e destinate a determinare una diversa qualificazione di liceità che nello stato sociale di diritto assurge a concetto di genere in cui proprio la giustificazione procedurale è chiamata, in tutti e non solo in quei casi spinosi di biodiritto penale, a porre un argine al quadro inquietante ed emergente dalla crescita esponenziale di irragionevoli aporie sistematiche tendenti a modificare l'equilibrio tra la necessità del controllo sociale di un fenomeno e l'esercizio di diritti fondamentali individuali anche infelici, come il diritto (di autodeterminare il momento) di morire ed il diritto ad essere aiutati nel morire autodeterminato (artt. 2,3,13 e 32 cost.).

Ed è proprio su queste basi, allora, che la democrazia penale è chiamata ad affermarsi esaltando forme evolutive di autocontrollo penale che, frutto della rigorosa affermazione del principio di sussidiarietà, si rivelano in grado di resistere alla deriva di un reato come rischio sociale, quale inevitabile conseguenza di un diritto penale onnivoro da arginare solo affidandosi, in questi casi, ai risultati interdisciplinari concorrenti e riservati alla razionalità di un'autonormazione, più che privatistica, qui pubblicistica. Quest'ultima, nel sistema 'vivente' delle fonti, è destinata suggestivamente ad integrare il formante positivo nell'ambito di una legalità complessa in cui poter promuovere una razionale risoluzione di conflitti che, tra valori parimenti meritevoli di tutela, e nell'ambito di un diritto penale di garanzia, riesce ad assicurare libere scelte d'azione in un ordinato vivere civile libero da situazioni giuridicamente caotiche. Pertanto, ed in assoluta fedeltà al metodo, solo il richiamo all'empiria e ad una razionalità orientata a valori normativo-superiori, nel rifondare la struttura del(l'il) lecito penale tra unitarietà del reato e unitarietà dell'ordinamento, renderà possibile massimizzare in via politico-criminale quella rigorosa idea di sussidiarietà (art. 13 Cost.) che consentirà all'intervento penale, in funzione di integrazione sociale, di recuperare anche uno spazio libero dall'illecito come espressione di una dommatica di garanzia in cui la tutela primaria di beni, anche solidaristici, non passa più attraverso una incriminazione, ma attraverso una giustificazione, vale a dire una nuova valutazione ordinamentale di non antigiuridicità *ex ante* di condotte lesive.

Riferimenti

BELLITTI, D., *Recensione* a L. CEDRONI – P. CHIANTERA-STUTTE (a cura di), **Questioni di biopolitica**. Roma, 2003.

Donini M., **La necessità di diritti infelici. Il diritto di morire come limite all'intervento penale**, in *www.dirittopenalecontemporaneo.it* del 15 marzo 2017.

MOCCIA S., **Il diritto penale tra essere e valore. Funzione della pena e sistematica teleologica**, Napoli 1992.

__________. **La perenne emergenza. Tendenze autoritarie nel sistema penale**, Napoli 1997.

PIERGALLINI C., **Autonormazione e controllo penale: verso la privatizzazione delle fonti?** In Aa. Vv., *La crisi della legalità. Il "sistema vivente" delle fonti penali*, Napoli, 2016.

SESSA A.,**Il diritto penale dell'(in)eguaglianza alla prova del trattamento lecito di fine vita: per il ragionevole esercizio di un diritto fondamentale**. In *Ind. pen.* 2021.

__________. **Le giustificazioni procedurali nella teoria del reato. Profili dommatici e di politica criminale**, Napoli 2018.

TAVERRITI S. B., **L'autocontrollo penale. Responsabilità penale e modelli di autonormazione dei destinatari del precetto**. *Tesi di dottorato di ricerca in scienze giuridiche C. Beccaria. Curriculum diritto penale e processuale penale*, XXXI Ciclo, 2017/2018.

PARTE 5

TECNOLOGIA E DIREITO PENAL: UMA NOVA RELAÇÃO INTERATIVA

TECNOLOGIA E DIRITTO PENALE: UN NUOVO RAPPORTO INTERATTIVO

17
INTELIGÊNCIA ARTIFICIAL E DIREITO PENAL

Alexis Couto de Brito

A Inteligência Artificial (IA) já atua em vários segmentos e em proporciona muitas coisas boas. E o grande fator é o de rapidez e possibilidade de reduzir consideravelmente os erros causados pelos seres humanos. Espera-se que os avanços nos vários campos e subcampos da IA tragam grandes benefícios econômicos e sociais nos âmbitos da saúde, educação, agricultura, transporte (veículos autônomos), exploração espacial, ciência e entretenimento, que já se beneficiam dos avanços, e dentre outros ainda não explorados. No entanto, "os riscos inerentes às formas como essas tecnologias são pesquisadas, projetadas e desenvolvidas e como elas podem ser usadas podem facilmente prejudicar esses benefícios". Os riscos imediatos incluem a expansão das ameaças e vulnerabilidades de segurança cibernética existentes em sistemas dependentes de IA cada vez mais críticos, como computação em nuvem, e algumas consequências à medida que a IA converge com outras tecnologias, como no campo da biotecnologia e energia nuclear[1].

Se os riscos conduzirem a conflitos entre as pessoas, estes conflitos serão – como sempre – resolvidos pelo direito; e, se a natureza do conflito afeta bens jurídicos importantes, pelo direito penal. A questão que se coloca é sobre a possibilidade de um conflito de natureza penal ter, como uma das partes, a inteligência artificial.

[1] Kavanagh, Camino. **Artificial Intelligence**. Disponível em: http://www.jstor.com/stable/resrep20978.5, p. 13.

Considerando-se o estágio atual do desenvolvimento dogmático da ciência penal, poderíamos, em um primeiro momento, justificar a aplicação do direito penal a uma inteligência artificial? Vejamos:

1) Esse ramo do direito tem uma particularidade: a sanção que o caracteriza é essencialmente a privação da liberdade. A construção dogmática permite atualmente sanções alternativas, como restrição de atividades e multas. Estas poderiam ser aplicada a uma IA;
2) A função do direito penal, para muitos, é a proteção dos bens jurídicos mais importantes. Portanto, se um bem muito importante é afetado, podemos aplicar direito penal, uma referência ao princípio de proporcionalidade;
3) A função da pena varia, comumente, entre duas:
   a. É retribuição. Estaríamos retribuindo ao causador do prejuízo.
   b. É prevenção. Se especial negativa, com a inocuização; se especial positiva, melhorando a capacidade da IA; se geral positiva aumentado o sentimento jurídico de quem espera a vitória do direito; se negativa afetando às pessoas que se beneficiam de alguma maneira da IA.
4) A função garantista do processo: se estamos aplicando a mais grave das sanções devemos observar o máximo de garantias.

Se mantivermos a justificação do sistema não sobre a consequência – privação da liberdade – mas sim sobre o objeto – a ofensa aos bens jurídicos mais importantes – poderíamos – como de fato fazemos – aplicar o direito penal aos conflitos que não envolvam apenas indivíduos. Foi assim em determinado momento histórico quando resolvemos aplicar o direito penal aos conflitos que envolvem as empresas.

Mas neste ponto talvez ainda precisemos estender o debate sobre a autorresponsabilidade conectada à conduta e a reprovação social que condicionam a aplicação do direito penal.

Dentre muitas classificações e definições, o mais importante para a investigação da autorresponsabilidade penal de uma IA é o conceito de aprendizagem de máquina (*machine learning*). Ele garantiria a IA a capacidade de "pensar" autonomamente.

Entende-se por IA o sistema que possa refletir os aspectos da aprendizagem e inteligência humana, incluindo linguagem, resolução de problemas e pensamento abstrato. Em tese, tais aspectos poderiam ser rigorosamente codificados e reproduzidos por máquinas. Este é o ponto inicial para um segundo, mais avançado, em que devido ao ritmo acelerado do progresso tecnológico, chegaríamos ao desenvolvimento de máquinas verdadeiramente inteligentes[2].

De fato, os sistemas clássicos de IA que dominaram as pesquisas até o início dos anos 2000 objetivaram não apenas produzir os mesmos resultados que a inteligência humana, mas replicar os processos de pensamento humano. Governados pela **dedução**, esses sistemas usavam regras formais codificadas manualmente por especialistas humanos, definindo o que o sistema deveria fazer em cada circunstância relevante, e eram utilizados de forma muito proveitosa em certas tarefas, como provar teoremas em matemática e realizar operações lógicas. Mas para além disso, não eram muito eficazes[3]. Eram limitados em termos de aprendizado.

Os sistemas dos anos seguintes começaram a operar com a aprendizagem de máquina, que se baseiam na lógica da inferência estatística e probabilística, ou indução. Os sistemas de aprendizado de máquina recebem uma tarefa bem definida e grandes quantidades de dados de treinamento, a partir dos quais formam seus próprios modelos e algoritmos para a execução da tarefa, procurando e analisando padrões no conjunto de dados. Consequentemente, os programas são chamados a "aprender". O grande avanço atual está na pesquisa e utilização do aprendizado profundo (*deep learning*), pelos quais as técnicas estatísticas são mais complexas porquanto reforçadas pelo uso de "redes neurais artificiais", uma técnica de feedback estatístico bastante básica, vagamente inspirada no funcionamento de neurônios reais. O sistema de IA, conectado a outras redes de informação, poderia analisar as várias equações sobre uma certa atividade e oferecer uma resposta própria além de sua programação inicial. Quando expandidas para uma escala grande o suficiente, apoiadas por poder de computação suficiente as redes neurais podem realizar feitos notáveis de correspondência de padrões[4].

[2] HASELBERGER, William. **Can machines have common sense?** In: The new Atlantis, nr. 65. Center for the study of technology and society, 2021, p. 94.

[3] HASELBERGER, William. **Can machines have common sense?** In: The new Atlantis, nr. 65. Center for the study of technology and society, 2021, p. 96.

[4] HASELBERGER, William. **Can machines have common sense?** In: The new Atlantis, nr. 65. Center for the study of technology and society, 2021, p. 97.

Como vimos, os primeiros sistemas de IA eram "especialistas", com regras bem definidas e delineadas, em que um programa de computador simplesmente as seguia para se comportar em uma situação específica. Com o aprendizado profundo, essas máquinas cada vez mais inteligentes podem ser usadas para uma ampla gama de propósitos, incluindo análise de dados para encontrar padrões e anomalias, prever tendências, automatizar tarefas e fornecer os "cérebros" para sistemas robóticos autônomos[5]. Seria reconhecer que por meio do aprendizado de máquina profundo haveria um comportamento inteligente autônomo da máquina de IA. Assim, em determinada situação, a IA ajustaria seu comportamento para otimizar seu desempenho para atingir esse objetivo. "Os dados são o combustível que alimenta o mecanismo de aprendizado de máquina". O aprendizado supervisionado faz uso de dados de treinamento rotulados. Veja-se o exemplo de Scharre, Horowitz e Work[6]:

> Um algoritmo pode receber como entrada milhões de imagens rotuladas, como "cachorro", "pessoa", "maçã". O algoritmo então aprende padrões sutis dentro das imagens para distinguir entre categorias – por exemplo, entre uma maçã e um tomate. Essa abordagem, que depende de grandes quantidades de dados e aprendizado de máquina, pode ser útil em situações em que uma abordagem baseada em regras pode ser insuficiente. Tentar codificar manualmente um conjunto de regras para uma máquina (ou uma pessoa) distinguir visualmente entre uma maçã e um tomate seria um desafio. Ambos os objetos são redondos, vermelhos e brilhantes com uma haste verde no topo. No entanto, eles parecem diferentes de maneiras sutis e importantes que são óbvias até mesmo para uma criança pequena. Dadas imagens rotuladas suficientes de ambos, as máquinas também podem aprender essas diferenças e, em seguida, distinguir entre uma maçã e um tomate quando não são rotulados. De fato, em 2016 as máquinas superaram os humanos em testes de benchmark para classificação de imagens.

Haveria assim uma inteligência própria das máquinas, que supera a programação inicial e a torna algo único, capaz de garantir àquela uma responsabilidade penal?

[5] SCHARRE, Paul; HOROWITZ, Michael C.; WORK, Robert O. **What is Artificial Intelligence?** Disponível em: http://www.jstor.com/stable/resrep20447.5, p. 4.

[6] SCHARRE, Paul; HOROWITZ, Michael C.; WORK, Robert O. **What is Artificial Intelligence?** Disponível em: http://www.jstor.com/stable/resrep20447.5, p. 5.

Há algumas décadas, John Searle apresentou uma interessante e importante hipótese de trabalho sobre a compreensão (ou entendimento) que é parte essencial do agir humano, e que serve de fundamento para a reprovação de uma conduta[7]. Em seu exemplo, uma pessoa é isolada em um quarto no qual recebe um texto (A) em chines, idioma que desconhece completamente ("parecem rabiscos sem sentido").

A pessoa recebe então um segundo texto também em chines, junto com um conjunto de regras para correlacionar o segundo texto ao primeiro. As regras estão em seu idioma e são perfeitamente compreensíveis, permitindo a correlação de um conjunto de símbolos formais com outro conjunto de símbolos formais, e tudo o que "formal" significa aqui é ser possível identificar os símbolos inteiramente por suas formas.

Agora essa pessoa recebe um terceiro texto de símbolos chineses junto com algumas instruções, no seu idioma, que me permite correlacionar elementos deste terceiro texto com os dois primeiros, e essas regras instruem como devolver certos símbolos chineses com certos tipos de formas em resposta a certos tipos de formas que me estão no terceiro texto. Algo desconhecido para a pessoa é que o primeiro texto é "um script", o segundo uma "história" e o terceiro são "perguntas". Além disso, os símbolos devolvidos em resposta ao terceiro texto são "respostas às perguntas" e o conjunto de regras no idioma é "o programa".

A partir do aprendizado na manipulação dos textos e regras, a pessoa poderia adquirira tamanha habilidade que do ponto de vista externo, isto é, do ponto de vista de alguém fora da sala, as respostas às perguntas são absolutamente indistinguíveis das dos falantes nativos de chinês. Ninguém poderia, apenas olhando as respostas, dizer que a pessoa não fale chinês.

O mesmo processo poderia acontecer no idioma da pessoa. Mas haveria uma perceptível diferença. Tal pessoa não entende uma palavra das "histórias" chinesas. Tem entradas e saídas indistinguíveis das do falante nativo de chinês, mas ainda não entende nada. Um computador – ou uma IA – não entende nada de nenhuma história, seja em chinês, português, italiano ou qualquer outro idioma.

Mas a tecnologia poderia garantir a um computador algo como o pensar, entender e assim por diante apenas em virtude de ser um computador

[7] SEARLE, John. **Minds, brains, and programs.** In: Behavioral and Brain Sciences 3, p. 3 et seq.

com o tipo certo de programa? Um programa, o programa certo, poderia representar uma condição suficiente de compreensão? Para SEARLE, a resposta é não[8]:

> Porque as manipulações de símbolos formais por si só não têm qualquer intencionalidade; eles são completamente sem sentido; eles nem mesmo são manipulações de símbolos, já que os símbolos não simbolizam nada. No jargão linguístico, eles têm apenas uma sintaxe, mas nenhuma semântica. A intencionalidade que os computadores parecem ter está apenas nas mentes de quem os programa e de quem os usa, de quem envia a entrada e de quem interpreta a saída.

O exemplo da pessoa isolada em uma sala com os textos em chines tenta demonstrar que mesmo adicionando em um sistema que realmente tem intencionalidade (um homem), e o capacitando com um programa formal, este não carrega nenhuma intencionalidade adicional. Não acrescenta nada à capacidade da pessoa entender chinês.

A este ponto do desenvolvimento da neurociência já afirmei em outra sede que não é possível pautar o comportamento inteligente intencional por um fundamento determinista[9]. Como o exposto acima, uma IA pode reproduzir formas do raciocínio humano, emulando a indução e a dedução, ou seja, utiliza o método discursivo de obtenção do conhecimento. No entanto, o que falta a qualquer IA atualmente é um aspecto importante e diferenciado do raciocínio, intimamente conectado à volição: a capacidade de desenvolver um raciocínio abdutivo, de intuição que, na presença de uma certa regra geral e de um caso concreto apenas provável, elabora uma teoria, totalmente nova, sem conexão com as anteriores. As formas discursivas são a dedução – o tipo de vinculação estrita que preserva a verdade encontrada na lógica padrão, nas provas matemáticas e na IA clássica; e indução – o tipo de generalizações feitas por estatística, teoria da probabilidade e IA de aprendizado de máquina.

A intuição é uma forma de conhecimento utilizada pelo ser humano. É uma forma de busca do conhecimento de apreensão imediata da evidência[10].

[8] SEARLE, John. **Minds, brains, and programs.** In: Behavioral and Brain Sciences 3, p. 11.

[9] BRITO, Alexis Couto de. **Neurociência e livre-arbítrio entre a dogmática penal e a política criminal**, in: BUSATO, Paulo César. Neurociência e Direito Penal.

[10] MENDONÇA, Jacy de Souza. **Curso de filosofia do direito.** São Paulo: Quartier Latin, 2006, p. 342.

Também é considerada uma forma de conhecimento direto da verdade – nas palavras de Santo Tomás – mas também de conhecimento lógico como afirmaram Bergson, Scheler e principalmente Peirce, que elabora sua teoria da abdução. É uma terceira forma de pensamento lógico, que consiste na elaboração de uma hipótese que busca explicar um determinado fenômeno. Pode-se fazer uma inferência abdutiva quando além de aplicar regras lógicas (dedução) ou localizar correlações em um conjunto de dados (indução), segue-se diretamente a uma explicação ou hipótese previamente imprevista. Uma IA, mesmo que dotada de aprendizado profundo que já significa um salto da dedução para a indução, trabalha com a identificação de padrões e regularidades. A abdução vai além do padrão, e encontra soluções originais.

Para o raciocínio abdutivo vários fatores sensíveis devem ser considerados. O principal é a inesgotável fonte de possibilidades de acontecimentos e possíveis significados. Ambiguidades, contexto, tradições, história, ironia, sarcasmo, metáforas, dentre outros aspectos sociais e culturais podem influenciar definitivamente nas conclusões sobre certo fenômeno. A depender destes fatores a compreensão do fenômeno pode assumir várias formas e as conclusões serem igualmente múltiplas. Por vezes a conclusão depende do bom senso de quem a procura. E as vezes a melhor solução é justamente aquela que não observa ou conhece registros antecedentes. Evitar um acidente adotando uma atitude "sem pensar" é algo que uma IA, que não foi avisada do acidente, não poderá fazer. Tudo isso somente pode ser atribuído à abdução.

O raciocínio abdutivo e a volição parecem distinguir fundamentalmente o cérebro humano da IA. E aí então residiria o principal obstáculo para puni-la penalmente. Voluntariedade, para o direito penal, implica, no mínimo, a capacidade de agir de outra forma, escolher entre os argumentos. E uma IA que está programada para escolher "A" quando ocorrer "B" não está escolhendo. Escolher seria optar por continuar com uma atitude mesmo que não seja a indicada pelo algoritmo. Por exemplo se um robô encontra um obstáculo, poderia escolher entre continuar batendo nele "voluntariamente" ao invés de contorná-lo, apenas por perceber que seu comportamento alegrou a quem o assiste.

É sempre contundente e definitiva a afirmação de Vives Antón sobre o ser humano e o cérebro. Este pode até ser entendido como uma máquina, mas pertence a um ser humano que nada de máquina tem. As sensações, emoções, desejos e pensamentos que o cérebro possa produzir não pertencem a ele, mas a homem que sente, deseja ou pensa. Por isso – completa o autor – "porque as sensações, emoções, desejos e pensamentos não são estados de nenhum sistema mecânico nem biológico, senão produtos da atividade vital, uma máquina *não pode* (logicamente) pensar"[11].

Mas poderíamos argumentar que quando punimos pessoas jurídicas, aplicamos o direito penal a uma entidade que não possui vontade, que não "pensa".

Um dos autores que obteve considerada repercussão no tema foi Gabriel Hallevy. Partindo da análise da atribuição da responsabilidade penal no sistema da *common law* – na qual se analisam os requisitos da *actus reus* e *mens rea* – Hallevy não vê empecilhos e, ao contrário, demanda uma imediata responsabilidade autônoma das IA. A responsabilidade penal por um delito – esclarece – é composta pelo elemento fático (*actus reus*) e pelo elemento mental (*mens rea*) daquele delito[12]. Na sua visão[13]:

Se um robô de IA é capaz de atender aos requisitos do elemento factual e do elemento mental e, de fato, realmente atende, presumivelmente não há nada que impeça a responsabilidade criminal de ser imposta a esse robô de IA.

Com relação à consequência – a pena – Hallevy justifica-a assemelhando ao processo de punição a que foram submetidas as pessoas jurídicas. Quando uma punição puder ser imposta a uma pessoa jurídica como é para os seres humanos, ela será imposta sem mudança (p. ex. pena de morte)[14]. Do contrário, outras poderão ser atribuídas condizentes com a retribuição do ente artificial.

A responsabilidade penal da pessoa jurídica é hoje uma realidade quase global. A superação do modelo subjetivista fez com que não apenas à legislação, mas também a dogmática, criasse teorias para incluir a pessoa jurídica no âmbito penal.

[11] VIVES ANTÓN, Tomás Salvador. **Fundamentos del Sistema Penal.** 2. ed. Valencia: Tirant lo Blanch, p. 270.

[12] HALLEVY, Gabriel. **I, robot – I, criminal – When science fiction becomes reality: legal liability of AI robots committing criminal offenses.** In: Syracuse Science & Technology. Volume 22. 2010, p. 18.

[13] HALLEVY, Gabriel. **I, robot – I, criminal – When science fiction becomes reality: legal liability of AI robots committing criminal offenses.** In: Syracuse Science & Technology. Volume 22. 2010, p. 19.

[14] HALLEVY, Gabriel. **I, robot – I, criminal – When science fiction becomes reality: legal liability of AI robots committing criminal offenses.** In: Syracuse Science & Technology. Volume 22. 2010, p. 29.

Se partirmos da mesma base que utilizamos para as pessoas jurídicas, a uma máquina ou apenas a uma inteligência artificial poderíamos atribuir direitos e deveres. E se podemos a ela atribuir direitos e deveres, também podemos atribuir sanções. Seria a IA uma pessoa jurídica?

Dentre os vários autores modernos e teorias sobre a personalidade jurídica, Visa Kurki, um dos pensadores que estuda profundamente a personalidade jurídica e que influencia na consideração jurídica sobre empresas, animais e meio ambiente, elaborou os conceitos de incidentes e valor final, ou valor próprio.

Segundo Kurki, as questões em torno da personalidade jurídica da IA são multifacetadas, e merecem uma análise global. Utilizando seu conceito de incidente, distingue os três principais sobre a personalidade jurídica das IA's. O primeiro, no contexto do valor final, pergunta sobre ser uma IA de "valor final" e, portanto, digna de receber algumas das proteções que pessoas jurídicas, como crianças humanas, desfrutam. Cita a literatura de ficção científica e a recorrente questão moral de tratamento correto aos robôs humanoides. O segundo, no contexto da responsabilidade legal de uma IA. A responsabilidade civil de uma IA exigiria que pudesse possuir propriedade. O terceiro e último, sobre o funcionamento de uma IA como ator comercial: compra, venda etc. Os três aspectos de personalidade jurídica mais relevantes aqui são direitos especiais, propriedade e competências legais[15].

A personalidade jurídica possui direitos de reivindicação porque são de valor final. Se uma IA for de valor final, entende que a IA pode deter direitos de reivindicação. Somente as IA's de valor final podem ser pessoas jurídicas puramente passivas – um status legal comparável ao de uma criança ou de um indivíduo em coma. Essa IA também poderia, é claro, ser dotada de uma personalidade jurídica ativa se fosse, por exemplo, capaz de contratar, administrar sua propriedade e assim por diante. Se uma IA não for de valor final, só pode ser uma pessoa coletiva em virtude da sua capacidade de estar sujeita a deveres legais e/ou de administrar plataformas jurídicas através do exercício de competências. Os deveres legais estão aqui ligados ao contexto de responsabilidade, enquanto as competências legais dizem respeito ao contexto comercial. Assim como acontece com as coletividades humanas, poder-se-ia tratar uma IA como pessoa jurídica

[15] KURKI, Visa. **A theory of legal personhood.** Oxford: Oxford University Press, 2019, p. 176.

se puder atuar em um número suficiente de contextos jurídicos relevantes: propriedade, contratação e assim por diante. Aqui seria irrelevante se a IA pode "pensar" como um ser humano ou se simplesmente age "como se" pensasse. Para Kurki, para uma contratação, por exemplo, uma IA não precisaria entender tal instituto de forma sensorial e fenomenal para ser capaz de se contratar. Se os parceiros de negócios de uma IA podem contar com a capacidade da IA de ajustar seu comportamento futuro de acordo ao assinar um contrato, a contratação da IA seria inteligível. Seria irrelevante para este propósito se a IA pode, por exemplo, experimentar estados mentais relativos ao contrato; pode ser que tais estados mentais sejam necessários para contratos morais, mas certamente não para contratos legais[16].

Mas mesmo diante de sua análise profunda o autor é cauteloso[17]:

> A personalidade jurídica das IA's é um tema que, de fato, abrange inúmeras questões subjacentes. Há um número impressionante de diferentes arranjos de personalidade jurídica possíveis para IA's. A análise bidimensional – distinguindo separação e independência – serve para categorizar alguns desses arranjos. É, no entanto, principalmente restrito ao ambiente comercial. Deve-se enfatizar que dotar uma IA com os incidentes de personalidade jurídica que lhe permitem funcionar como um ator comercial independente não significa qualquer aceitação da noção de que as IA's são dotadas de valor final. A personalidade jurídica de uma IA pode servir a vários propósitos que podem não ter nada a ver com a própria IA, como eficiência econômica ou alocação de risco. É claro que, se algumas IA's se tornarem sencientes, muitas das questões abordadas neste capítulo terão que ser reconsideradas.

Para a transferência de sua construção para o âmbito penal, Kurki considera que se a IA poderia funcionar como uma rede neural que pudesse aprender padrões de comportamento de forma independente, e ainda que entidades não possam ser responsáveis no sentido moral, a lógica de dissuasão da punição poderia ser aplicável a elas. Esses tipos de IA's seriam seres intencionais e direcionados a objetivos, e por isso poderiam levar em consideração as sanções legais[18]. Basile tem convicção da necessidade

[16] KURKI, Visa. **A theory of legal personhood.** Oxford: Oxford University Press, 2019, pp. 176-177.

[17] KURKI, Visa. **A theory of legal personhood.** Oxford: Oxford University Press, 2019, p. 189.

[18] KURKI, Visa. **A theory of legal personhood.** Oxford: Oxford University Press, 2019, pp. 181-182.

de uma cuidadosa reflexão doutrinária, nos próximos anos, para que se desenvolva um quadro conceitual que possa sustentar o legislador diante da inevitabilidade de tal tipo de responsabilidade penal, que certamente não poderá ter por espelho aquela desenvolvida para a responsabilidade humana[19].

Obviamente, o tipo de sanção a que a IA estaria sujeita dependeria dos detalhes do acordo de personalidade jurídica. Sanções econômicas seriam altamente relevantes no que diz respeito à responsabilidade da IA, mas tais sanções exigem que a IA possa possuir propriedade. Uma sanção potencial poderia ser a desativação da IA se ela desobedecesse a lei. Não precisamos assumir nenhum interesse próprio por parte da IA para que tal sanção funcione. A IA simplesmente reconheceria que seus objetivos seriam prejudicados se fosse desabilitada e, portanto, evitaria uma conduta que provavelmente resultaria em tal sanção.

Mas antes mesmo da IA ser uma realidade nos termos em que se encontra o famoso artigo de Solum já questionava a capacidade de se considerar uma IA como uma pessoa jurídica[20].

De fato, a pessoa jurídica – adote-se ou não a teoria da realidade – quando punida implica necessariamente a influência de seus gestores pessoas físicas com relação à obediência à norma. Às pessoas físicas que de fato se dirige a norma, ainda que aparentemente à pessoa jurídica. Nessa lógica, como aponta Cappellini, "as pessoas jurídicas nada mais são do que telas, máscaras, que são atingidas pela ameaça de sanção (obviamente econômica) para influenciar aqueles marionetistas humanos que as manipulam, animando-as em tempo real"[21]. Quanto à IA que possua uma capacidade de aprendizado autônomo teremos a inicial criação e programação pela pessoa física, mas que se distancia dela para se tornar um ser autônomo, com decisão própria. Essa cisão entre homem e máquina, criador e criação, sem controle constante do primeiro sobre o segundo e sem repercussão

[19] Basile, Fabio. **Intelligenza artificiale e diritto penale: Quattro possibili percorsi di indagine.** Disponível em https://archiviodpc.dirittopenaleuomo.org/d/6821-intelligenza-artificiale-e-diritto-penale-quattro-possibili-percorsi-di-indagine, p. 31.

[20] Solum, Lawrence. **Legal Personhood for Artificial Intelligences.** Volume 70, nº 4. Chapel Hill: Universidade da Carolina do Norte, 1992, passim.

[21] Cappellini, Alberto. **Machina delinquere non potest? Brevi appunti su intelligenza artificiale e responsabilità penale.** Disponível em: https://discrimen.it/machina-delinquere-non-potest-brevi-appunti-su-intelligenza-artificiale-e-responsabilita-penale/, p. 514.

da sanção aplicada à IA os interesses das figuras humanas que estão por trás dela. Nas palavras de Cappellini[22]:

> O artífice não está interessado no destino de suas criaturas: com exceção, talvez, do dono da máquina sobre a qual a "punição" é imposta, que sofre danos econômicos em decorrência da destruição permanente ou deterioração de sua propriedade. Uma sanção direcionada à IA, portanto, não afetará essencialmente ninguém além de si mesmos. Não afetará o comportamento de qualquer ser humano com liberdade de escolha. E mesmo que isso fosse possível, em todo caso, permaneceria sempre o fato de que o homem, ainda que ameaçado por reflexo pela punição da máquina, não pode influenciar diretamente o comportamento do sujeito artificial, influenciando-o em tempo real para não cometer crimes.

O paralelismo formulado por Hallevy e descrito acima é sugestivo, mas a responsabilidade penal da pessoa jurídica não é uma unanimidade entre os cientistas. A ausência de dolo, a utilidade da sanção penal como finalidade preventiva e a falta de um corpo físico a ser privado de liberdade são insuperáveis para alguns autores. Mesmo diante da existência de previsão legal de punição e a cominação de sanções penais formalmente aplicáveis às empresas, o que se visa atingir substancialmente são as pessoas físicas que integram os órgãos de gestão da empresa.

Do ponto de vista dogmático, sabemos que em uma perspectiva objetiva de imputação, como criação de risco e realização do resultado, seria possível valorar que os requisitos de uma responsabilidade penal da pessoa jurídica poderiam ser preenchidos. Aparentemente, porquanto verificar a imputação objetiva a um tipo penal pressupõe atribuir significado a uma ação humana voluntária, que passa a ser o supedâneo daquilo que depois vamos imputar como um determinado tipo penal. E a permissão ou proibição do risco passa pela percepção voluntária e consciente sobre esse determinado risco. A justificação social para a punição penal da pessoa jurídica sempre foi a utilização indevida por pessoas físicas de uma empresa para escapar da responsabilidade por suas condutas criminosas, como um instrumento. E embora as sanções possam ser qualificadas de penais, não perdem a gênese de sanções administrativas.

[22] CAPPELLLINI, Alberto. **Machina delinquere non potest? Brevi appunti su intelligenza artificiale e responsabilità penale.** Disponível em: https://discrimen.it/machina-delinquere-non-potest-brevi-appunti-su-intelligenza-artificiale-e-responsabilita-penale/, pp. 514-515.

Especialmente quanto à imputação ao tipo objetivo, temos problemas para definir o âmbito de proibição do risco. Se estamos dispostos a não renunciar a todos os benefícios que em tese seriam muitos deste tipo de tecnologia, teremos que ser mais complacentes com o âmbito de risco permitido. Em caso de mau funcionamento, talvez tenhamos que conviver com o azar como sempre fizemos em grandes passos da evolução da sociedade e da tecnologia. Nem tudo pode ser previsto, evitado ou contido, característica de toda ação humana e agora, talvez, da IA. O direito penal continua sendo a *ultima ratio* e outros ramos do direito parecem mais adequados para lidar com os problemas criados pela IA. A alternativa, que não parece realista, seria proibir a implementação de tais sistemas com base no princípio da precaução, com a consequente renúncia aos benefícios sociais por eles proporcionados. No exemplo de Haselberger, "carros sem motorista poderiam entrar no mercado, apesar do risco de causar ferimentos, se não a morte, a outros usuários da estrada, porque esses carros ainda são a melhor solução para problemas de trânsito"[23].

Conclusões

Se as IA's ainda não possuem capacidade de criar vínculos independentes dos anteriores, algo que possa ser considerado como pensar ou mesmo volição, não parece possível aplicar a ela o direito penal tradicional que se aplica a pessoas físicas. O fundamento normativo do direito penal de poder cumprir ou descumprir uma norma penal por absoluta vontade não pode ser equiparado a nenhum estágio do raciocínio de uma IA, e se perde o fundamento posterior de reprovação sobre o agente e persecução de uma finalidade preventiva da pena. Para tanto precisaríamos que uma IA optasse por causar um dano ou cometer um homicídio mesmo diante de um comando de interno de "não matar"; ou que após seu comportamento ser considerado criminoso, pudesse ser capaz de modificar seu próximo atuar com base na única sanção aplicada. O ponto centra ainda é a compreensão. Compreensão da linguagem que constitui o direito. Sem a compreensão da linguagem não se pode escolher e a base do direito é a escolha, ainda que a liberdade não possa ser equiparada ao livre arbítrio.

Escolher não depende de fórmulas ou programas, mas de compreender os argumentos apresentados, e a partir de uma ponderação decidir por esta

[23] Borsari, Ricardo. **Intelligenza Artificiale e responsabilità penale: prime considerazioni.** Disponível em: https://www.medialaws.eu/wp-content/uploads/2019/11/borsari.pdf., p. 268.

ou aquela conduta. A ela ainda teremos que atribuir um significado que num segundo grau também deverá depender de compreensão e argumentação.

A alternativa, de punir a IA por meio do desenvolvimento da punição da pessoa jurídica, também não parece viável, pois aqui tratamos de punir indiretamente os que operam a empresa, que a utilizam como um instrumento criminoso. A IA sobre a qual que aqui especulamos não seria instrumento, seria em si mesmo um centro de ação e, portanto, não haveria qualquer finalidade em denominá-la criminosa, uma mensagem que não possuiria qualquer destinatário em termos de prevenção, ou qualquer dignidade pena a ser preservada pela função garantista do processo.

Referências

BASILE, Fabio. **Intelligenza artificiale e diritto penale: Quattro possibili percorsi di indagine.** Disponível em https://archiviodpc.dirittopenaleuomo.org/d/6821-intelligenza-artificiale-e-diritto-penale-quattro-possibili-percorsi-di-indagine.

BORSARI, Ricardo. **Intelligenza Artificiale e responsabilità penale: prime considerazioni.** Disponível em: https://www.medialaws.eu/wp-content/uploads/2019/11/borsari.pdf.

BRITO, Alexis Couto de. **Neurociência e livre-arbítrio entre a dogmática penal e a política criminal**, in: BUSATO, Paulo César (org.). Neurociência e Direito Penal. São Paulo: Atlas, 2014.

CAPPELLLINI, Alberto. **Machina delinquere non potest? Brevi appunti su intelligenza artificiale e responsabilità penale.** Disponível em: https://discrimen.it/machina-delinquere-non-potest-brevi-appunti-su-intelligenza-artificiale-e-responsabilita-penale/

HALLEVY, Gabriel. **I, robot – I, criminal – When science fiction becomes reality:legal liability of AI robots committing criminal offenses.** In: Syracuse Science & Technology. Volume 22. 2010.

HASSELBERGER, William. **Can machines have common sense?** In: The new Atlantis, nr. 65. Center for the study of technology and society, 2021.

KAVANAGH, Camino. **Artificial Intelligence.** Disponível em: http://www.jstor.com/stable/resrep20978.5

KURKI, Visa A. J. **A theory of legal personhood.** Oxford: Oxford University Press, 2019.

MENDONÇA, Jacy de Souza. **Curso de filosofia do direito.** São Paulo: Quartier Latin, 2006.

SCHARRE, Paul; HOROWITZ, Michael C.; WORK, Robert O. **What is Artificial Intelligence?** Disponível em: http://www.jstor.com/stable/resrep20447.5.

SCOTT, David. **On Learning.** Disponível em https://www.jstor.org/stable/j.ctv1b0fvk2.19.

SEARLE, John. **Minds, brains, and programs.** In: Behavioral and Brain Sciences. Volume 3. Fascículo 3. Universidade de Cambridge, 1980.

SOLUM, Lawrence B. **Legal Personhood for Artificial Intelligences.** Volume 70, nº 4. Chapel Hill: Universidade da Carolina do Norte, 1992.

VIVES ANTÓN, Tomás Salvador. **Fundamentos del Sistema Penal.** 2. ed. Valencia: Tirant lo Blanch, 2011.

17
INTELLIGENZA ARTIFICIALE E DIRITTO PENALE

Alexis Couto de Brito

L'Intelligenza Artificiale (IA) è già presente in diversi settori e offre molti vantaggi. Il fattore principale è la velocità e la possibilità di ridurre considerevolmente gli errori causati dagli esseri umani. Ci si aspetta che i progressi nei vari campi e sottocampi dell'IA portino grandi benefici economici e sociali nei settori della salute, dell'educazione, dell'agricoltura, dei trasporti (veicoli autonomi), dell'esplorazione spaziale, della scienza e dell'intrattenimento, che già traggono vantaggio dagli sviluppi, e altri ancora inesplorati. Tuttavia, "i rischi intrinseci legati alle modalità di ricerca, progettazione e sviluppo di queste tecnologie e al loro possibile utilizzo possono facilmente compromettere tali benefici". I rischi immediati includono l'espansione delle minacce e delle vulnerabilità esistenti nei sistemi dipendenti dall'IA, sempre più critici, come il cloud computing, e alcune conseguenze mentre l'IA converge con altre tecnologie, come nel campo della biotecnologia e dell'energia nucleare[1].

Se i rischi conducono a conflitti tra le persone, questi conflitti saranno – come sempre – risolti dal diritto; e se la natura del conflitto riguarda beni giuridici importanti, saranno risolti dal diritto penale. La questione che si pone è sulla possibilità che un conflitto di natura penale abbia, come una delle parti, l'intelligenza artificiale

[1] Kavanagh, Camino. **Artificial Intelligence.** Disponível em: http://www.jstor.com/stable/resrep20978.5, p. 13.

Considerando lo stadio attuale dello sviluppo dogmatico della scienza penale, potremmo giustificare inizialmente l'applicazione del diritto penale a un'intelligenza artificiale? Vediamo:

1) Questo ramo del diritto ha una particolarità: la sanzione che lo caratterizza è essenzialmente la privazione della libertà. La costruzione dogmatica permette attualmente sanzioni alternative, come restrizione di attività e multa. Queste potrebbero essere applicate a un'intelligenza artificiale;
2) La funzione del diritto penale, per molti, è la protezione dei beni giuridici più importanti. Pertanto, se un bene molto importante è colpito, potremmo applicare il diritto penale, facendo riferimento al principio di proporzionalità;
3) La funzione della pena varia comunemente tra due aspetti:
   a. È una retribuzione. Stiamo retribuendo colui che ha causato il danno.
   b. È una prevenzione. Se speciale negativa, con l'inocuizzazione; se speciale positiva, migliorando la capacità dell'IA; se generale positiva, aumentando il sentimento giuridico di chi si aspetta la vittoria del diritto; se negativa, colpendo le persone che beneficiano in qualche modo dell'IA.
4) La funzione garantista del processo: se stiamo applicando la più grave delle sanzioni, dobbiamo garantire il massimo di garanzie.

Se manteniamo la giustificazione del sistema non sulla conseguenza – la privazione della libertà – ma sull'oggetto – l'offesa ai beni giuridici più importanti – potremmo – come di fatto facciamo – applicare il diritto penale ai conflitti che non coinvolgono solo individui. È stato così in un determinato momento storico quando abbiamo deciso di applicare il diritto penale ai conflitti che coinvolgono le persone giuridiche.

Ma in questo punto forse dobbiamo ancora estendere il dibattito sulla responsabilità individuale connessa al comportamento e alla disapprovazione sociale che condizionano l'applicazione del diritto penale.

Tra le molte classificazioni e definizioni, la più importante per l'indagine della responsabilità penale di un'IA è il concetto di apprendimento automatico (machine learning). Esso garantirebbe all'IA la capacità di "pensare" autonomamente.

Per IA si intende il sistema in grado di riflettere gli aspetti dell'apprendimento e dell'intelligenza umana, inclusi il linguaggio, la risoluzione dei problemi e il pensiero astratto. In teoria, tali aspetti potrebbero essere rigorosamente codificati e riprodotti dalle macchine. Questo è il punto di partenza per un secondo, più avanzato, in cui a causa del rapido progresso tecnologico, arriveremmo allo sviluppo di macchine veramente intelligenti[2].

Infatti, i sistemi classici di IA che hanno dominato le ricerche fino agli inizi degli anni 2000 avevano come obiettivo non solo quello di produrre gli stessi risultati dell'intelligenza umana, ma anche quello di replicare i processi di pensiero umano. Governati dalla deduzione, questi sistemi utilizzavano regole formali codificate manualmente da esperti umani, definendo ciò che il sistema avrebbe dovuto fare in ogni circostanza rilevante, e venivano utilizzati in modo molto efficace in alcune attività, come dimostrare teoremi in matematica e svolgere operazioni logiche. Tuttavia, al di là di ciò, non erano molto efficienti[3]. Erano limitati in termini di apprendimento.

I sistemi degli anni seguenti hanno iniziato a operare con l'apprendimento automatico, che si basa sulla logica dell'inferenza statistica e probabilistica, o induzione. I sistemi di apprendimento automatico ricevono un compito ben definito e grandi quantità di dati di allenamento, dai quali sviluppano i propri modelli e algoritmi per eseguire il compito, cercando e analizzando i modelli nel set di dati. Di conseguenza, i programmi sono chiamati a "imparare". Il grande progresso attuale riguarda la ricerca e l'uso dell'apprendimento profondo (deep learning), in cui le tecniche statistiche sono più complesse, rinforzate dall'uso delle "reti neurali artificiali", una tecnica di feedback statistico abbastanza basilare, vagamente ispirata al funzionamento dei neuroni reali. Il sistema di intelligenza artificiale, collegato ad altre reti di informazioni, potrebbe analizzare varie equazioni su una certa attività e offrire una risposta propria oltre alla sua programmazione iniziale. Quando ampliate a una scala sufficientemente grande e supportate da una potenza di calcolo sufficiente, le reti neurali possono compiere notevoli imprese di corrispondenza di modelli[4].

[2] HASELBERGER, William. **Can machines have common sense?** In: The new Atlantis, nr. 65. Center for the study of technology and society, 2021, p. 94.

[3] HASELBERGER, William. **Can machines have common sense?** In: The new Atlantis, nr. 65. Center for the study of technology and society, 2021, p. 96.

[4] HASELBERGER, William. **Can machines have common sense?** In: The new Atlantis, nr. 65. Center for the study of technology and society, 2021, p. 97.

Come abbiamo visto, i primi sistemi di intelligenza artificiale erano "specialisti", con regole ben definite e delineate, in cui un programma informatico le seguiva semplicemente per comportarsi in una situazione specifica. Con l'apprendimento profondo, queste macchine sempre più intelligenti possono essere utilizzate per una vasta gamma di scopi, inclusa l'analisi dei dati per individuare modelli e anomalie, prevedere tendenze, automatizzare compiti e fornire "cervelli" per sistemi robotici autonomi[5]. Si riconosce che attraverso l'apprendimento profondo, la macchina di intelligenza artificiale avrebbe un comportamento intelligente autonomo. Quindi, in una determinata situazione, l'IA adatterebbe il suo comportamento per ottimizzare le sue prestazioni per raggiungere tale obiettivo. "I dati sono il carburante che alimenta il meccanismo di apprendimento automatico". L'apprendimento supervisionato utilizza dati di allenamento etichettati. Si prenda l'esempio di Scharre, Horowitz e Work[6]:

> Un algoritmo può ricevere come input milioni di immagini etichettate, come "cane", "persona", "mela". L'algoritmo impara quindi modelli sottili all'interno delle immagini per distinguere tra categorie – ad esempio, tra una mela e un pomodoro. Questo approccio, che si basa su grandi quantità di dati e apprendimento automatico, può essere utile in situazioni in cui un approccio basato su regole potrebbe essere insufficiente. Tentare di codificare manualmente un insieme di regole per far distinguere visivamente a una macchina (o a una persona) tra una mela e un pomodoro sarebbe una sfida. Entrambi gli oggetti sono rotondi, rossi e brillanti con un gambo verde sulla parte superiore. Tuttavia, sembrano diversi in modi sottili e importanti che sono ovvi anche per un bambino piccolo. Con abbastanza immagini etichettate di entrambi, le macchine possono imparare anche queste differenze e quindi distinguere tra una mela e un pomodoro anche quando non sono etichettati. Infatti, nel 2016, le macchine hanno superato gli esseri umani nei test di riferimento per la classificazione delle immagini.

Ci sarebbe quindi un'intelligenza propria delle macchine, che supera la programmazione iniziale e la rende qualcosa di unico, capace di garantire a essa una responsabilità penale?

[5] SCHARRE, Paul; HOROWITZ, Michael C.; WORK, Robert O. **What is Artificial Intelligence?** Disponibile in: http://www.jstor.com/stable/resrep20447.5, p. 4.

[6] SCHARRE, Paul; HOROWITZ, Michael C.; WORK, Robert O. **What is Artificial Intelligence?** Disponibile in: http://www.jstor.com/stable/resrep20447.5, p. 5.

Alcune decadi fa, John Searle ha presentato un'interessante ed importante ipotesi di lavoro riguardo alla comprensione (o intendimento) che è una parte essenziale dell'agire umano e che serve come fondamento per la disapprovazione di un comportamento[7]. Nel suo esempio, una persona viene isolata in una stanza dove riceve un testo (A) in cinese, una lingua che non conosce affatto ("sembra solo scarabocchi senza senso").

La persona riceve quindi un secondo testo, anch'esso in cinese, insieme a un gruppo di regole per correlare il secondo testo al primo. Le regole sono nella sua madrelingua e sono perfettamente comprensibili, consentendo la correlazione tra un insieme di simboli formali e un altro insieme di simboli formali, e tutto ciò che è "formale" qui significa che è possibile identificare i simboli interamente dalle loro forme.

Ora questa persona riceve un terzo testo di simboli cinesi insieme ad alcune istruzioni nella sua madrelingua, che le permettono di correlare elementi di questo terzo testo con i primi due, e queste regole istruiscono come restituire certi simboli cinesi con certi tipi di forme in risposta a certi tipi di forme che appaiono nel terzo testo. Qualcosa di sconosciuto per la persona è che il primo testo è "uno script", il secondo è una "storia" e il terzo sono "domande". Inoltre, i simboli restituiti in risposta al terzo testo sono "risposte alle domande" e l'insieme di regole nella lingua è "il programma".

A partire dall'apprendimento nella manipolazione dei testi e delle regole, la persona potrebbe acquisire una tale abilità che dal punto di vista esterno, cioè da qualcuno al di fuori della stanza, le risposte alle domande sono assolutamente indistinguibili da quelle di una madrelingua cinese. Nessuno potrebbe, solo guardando le risposte, dire che la persona non parla cinese.

Lo stesso processo potrebbe avvenire nella lingua della persona. Ma ci sarebbe una differenza percettibile. Tale persona non comprende una parola delle "storie" cinesi. Ha input e output indistinguibili da quelli di una madrelingua cinese, ma ancora non capisce nulla. Un computer – o un'intelligenza artificiale – non capisce nulla di nessuna storia, che sia in cinese, portoghese, italiano o qualsiasi altra lingua.

Ma la tecnologia potrebbe garantire a un computer qualcosa come il pensare, il comprendere e così via, solo perché è un computer con il giu-

[7] SEARLE, John. **Minds, brains, and programs.** In: Behavioral and Brain Sciences. Volume 3. Tomo 3. Università de Cambridge, 1980, p. 3 et seq.

sto tipo di programma? Un programma, il giusto programma, potrebbe rappresentare una condizione sufficiente per la comprensione? Per Searle, la risposta è no[8]:

> Poiché le manipolazioni di simboli formali di per sé non hanno alcuna intenzionalità; sono completamente prive di significato; essi non sono nemmeno manipolazioni di simboli, poiché i simboli non simboleggiano nulla. Nel gergo linguistico, hanno solo una sintassi, ma nessuna semantica. L'intenzionalità che i computer sembrano avere è solo nella mente di chi li programma e di chi li utilizza, di chi invia l'input e di chi interpreta l'output.

L'esempio della persona isolata in una stanza con testi in cinese cerca di dimostrare che anche aggiungendo a un sistema che ha effettivamente intenzionalità (un uomo) e capacitarlo con un programma formale, questo non porta ad alcuna intenzionalità aggiuntiva. Non aggiunge nulla alla capacità della persona di capire il cinese.

A questo punto dello sviluppo delle neuroscienze, ho affermato altrove che non è possibile basare il comportamento intelligente intenzionale su un fondamento determinista[9]. Come esposto sopra, un'intelligenza artificiale può riprodurre forme del ragionamento umano, emulando l'induzione e la deduzione, cioè, utilizzando il metodo discorsivo per ottenere conoscenze. Tuttavia, ciò che manca attualmente a qualsiasi IA è un aspetto importante e differenziato del ragionamento, strettamente connesso alla volontà: la capacità di sviluppare un ragionamento abduttivo, di intuizione che, di fronte a una certa regola generale e a un caso concreto solo probabile, elabora una teoria completamente nuova, senza connessioni con quelle precedenti. Le forme discorsive sono la deduzione – il tipo di collegamento stretto che preserva la verità trovata nella logica standard, nelle dimostrazioni matematiche e nell'IA classica; e l'induzione – il tipo di generalizzazioni fatte per statistica, teoria della probabilità e IA di apprendimento automatico.

L'intuizione è una forma di conoscenza utilizzata dall'essere umano. È una forma di ricerca della conoscenza di apprensione immediata

[8] SEARLE, John. **Minds, brains, and programs.** In: Behavioral and Brain. In: Behavioral and Brain Sciences. Volume 3. Tomo 3. Università de Cambridge, 1980, p. 11.

[9] BRITO, Alexis Couto de. **Neurociência e livre-arbítrio entre a dogmática penal e a política criminal.** In: BUSATO, Paulo César. Neurociência e Direito Penal.

dell'evidenza[10]. È anche considerata una forma di conoscenza diretta della verità – nelle parole di San Tommaso – ma anche di conoscenza logica come hanno affermato Bergson, Scheler e soprattutto Peirce, che ha elaborato la sua teoria dell'abduzione. È una terza forma di pensiero logico, che consiste nell'elaborazione di un'ipotesi che cerca di spiegare un determinato fenomeno. Si può fare un'infrazione abduttiva quando, oltre all'applicazione di regole logiche (deduzione) o alla ricerca di correlazioni in un insieme di dati (induzione), si giunge direttamente a una spiegazione o un'ipotesi precedentemente imprevista. Un'intelligenza artificiale, anche se dotata di apprendimento profondo, che già significa un passo dalla deduzione all'induzione, lavora con l'identificazione di modelli e regolarità. L'abduzione va oltre lo schema e trova soluzioni originali.

Per il ragionamento abduttivo, devono essere presi in considerazione diversi fattori sensibili. Il principale è la fonte inesauribile di possibilità di eventi e significati possibili. Ambiguità, contesto, tradizioni, storia, ironia, sarcasmo, metafore e altri aspetti sociali e culturali possono influenzare decisamente le conclusioni su un certo fenomeno. A seconda di questi fattori, la comprensione del fenomeno può assumere diverse forme e le conclusioni possono essere altrettanto molteplici. A volte, la conclusione dipende dal buon senso di chi la cerca. E a volte la migliore soluzione è proprio quella che non osserva o conosce registri precedenti. Evitare un incidente adottando un atteggiamento "senza pensarci" è qualcosa che un'intelligenza artificiale, non avvisata dell'incidente, non potrà fare. Tutto questo può essere attribuito solo all'abduzione.

Il ragionamento abduttivo e la volontà sembrano distinguere fondamentalmente il cervello umano dall'intelligenza artificiale. Ed è qui che risiederebbe l'ostacolo principale per punirla penalmente. La volontarietà, per il diritto penale, implica almeno la capacità di agire diversamente, di scegliere tra gli argomenti. E un'intelligenza artificiale programmata per scegliere "A" quando si verifica "B" non sta scegliendo. Scegliere sarebbe optare per continuare con un atteggiamento anche se non è quello indicato dall'algoritmo. Ad esempio, se un robot incontra un ostacolo, potrebbe scegliere di continuare a colpirlo "volontariamente" invece di evitarlo, solo perché percepisce che il suo comportamento ha fatto piacere a chi lo sta osservando.

[10] Mendonça, Jacy de Souza. **Curso de filosofia do direito.** São Paulo: Quartier Latin, 2006, p. 342.

L'affermazione di Vives Antón sull'essere umano e il cervello è sempre incisiva e definitiva. Questo può anche essere compreso come una macchina, ma appartiene a un essere umano che nulla ha di macchina. Le sensazioni, le emozioni, i desideri e i pensieri che il cervello può produrre non gli appartengono, ma all'uomo che sente, desidera o pensa. Pertanto – conclude l'autore – "poiché le sensazioni, le emozioni, i desideri e i pensieri non sono stati di alcun sistema meccanico o biologico, ma prodotti dell'attività vitale, una macchina non può (logicamente) pensare"[11].

Ma potremmo argomentare che, quando puniamo persone giuridiche, applichiamo il diritto penale a un'entità che non ha volontà, che non "pensa".

Uno degli autori che ha ottenuto una considerevole risonanza su questo tema è Gabriel Hallevy. Partendo dall'analisi dell'attribuzione della responsabilità penale nel sistema della common law – in cui si esaminano i requisiti di actus reus e mens rea – Hallevy non vede ostacoli e, al contrario, richiede una responsabilità autonoma immediata delle IA. La responsabilità penale per un reato – spiega – è composta dall'elemento fattuale (actus reus) e dall'elemento mentale (mens rea) di quel reato[12]. Secondo la sua visione[13]:

Se un robot di intelligenza artificiale è in grado di soddisfare i requisiti dell'elemento fattuale e dell'elemento mentale e, infatti, li soddisfa effettivamente, presumibilmente non c'è nulla che impedisca di imporre la responsabilità penale a tale robot di intelligenza artificiale.

In relazione alla conseguenza – la pena – Hallevy la giustifica assimilando il processo di punizione a cui sono state sottoposte le persone giuridiche. Quando una punizione può essere inflitta a una persona giuridica come lo è per gli esseri umani, essa sarà inflitta senza modifiche (ad esempio la pena di morte) [14]. In caso contrario, altre pene potrebbero essere attribuite in linea con la retribuzione dell'ente artificiale.

[11] Vives Antón, Tomás Salvador. **Fundamentos del Sistema Penal.** 2. ed. Valencia: Tirant lo Blanch, 2011, p. 270.

[12] Hallevy, Gabriel. **I, robot – I, criminal – When science fiction becomes reality: legal liability of AI robots commiting crimnal offenses.** In: Syracuse Science & Technology. Volume 22. 2010, p. 18.

[13] Hallevy, Gabriel. **I, robot – I, criminal – When science fiction becomes reality: legal liability of AI robots commiting crimnal offenses.** In: Syracuse Science & Technology. Volume 22. 2010, p. 19.

[14] Hallevy, Gabriel. **I, robot – I, criminal – When science fiction becomes reality: legal liability of AI robots commiting crimnal offenses.** In: Syracuse Science & Technology. Volume 22. 2010, p. 29.

La responsabilità penale della persona giuridica è oggi una realtà quasi globale. Il superamento del modello soggettivista ha portato non solo alla legislazione, ma anche alla dogmatica, a creare teorie per includere la persona giuridica nell'ambito penale.

Se partiamo dalla stessa base che utilizziamo per le persone giuridiche, potremmo attribuire diritti e doveri a una macchina o semplicemente a un'intelligenza artificiale. E se possiamo attribuire a essa diritti e doveri, possiamo anche attribuire sanzioni. Sarebbe l'IA una persona giuridica?

Tra i vari autori moderni e teorie sulla personalità giuridica, Visa Kurki, uno dei pensatori che studia profondamente la personalità giuridica e che influenza la considerazione giuridica su aziende, animali e ambiente, ha elaborato i concetti di "incidenti" e "valore finale", o "valore intrinseco".

Secondo Kurki, le questioni legate alla personalità giuridica dell'IA sono sfaccettate e meritano un'analisi globale. Utilizzando il suo concetto di "incidente", distingue i tre principali aspetti della personalità giuridica delle IA. Il primo, nel contesto del "valore finale", si chiede se un'IA abbia un "valore finale" e, quindi, sia degna di ricevere alcune delle protezioni di cui godono le persone giuridiche, come i bambini umani. Fa riferimento alla letteratura di fantascienza e alla ricorrente questione morale del trattamento corretto dei robot umanoidi. Il secondo, nel contesto della responsabilità legale di un'IA. La responsabilità civile di un'IA richiederebbe che essa possa possedere proprietà. Il terzo e ultimo aspetto riguarda il funzionamento di un'IA come attore commerciale: acquisto, vendita, ecc. I tre aspetti più rilevanti della personalità giuridica qui sono diritti speciali, proprietà e competenze legali[15].

La personalità giuridica possiede diritti di rivendicazione perché sono di valore finale. Se un'IA è di valore finale, si ritiene che possa avere diritti di rivendicazione. Solo le IA di valore finale possono essere persone giuridiche puramente passive – uno status legale paragonabile a quello di un bambino o di un individuo in coma. Questa IA potrebbe anche essere dotata di una personalità giuridica attiva se fosse, ad esempio, in grado di contrattare, gestire la sua proprietà e così via. Se un'IA non è di valore finale, può essere solo una persona collettiva a causa della sua capacità di essere soggetta a doveri legali e/o di gestire piattaforme giuridiche attraverso l'esercizio di competenze. I doveri legali sono qui legati al contesto

[15] Kurki, Visa. **A theory of legal personhood.** Oxford: Oxford University Press, 2019, p. 176.

della responsabilità, mentre le competenze legali riguardano il contesto commerciale. Come accade con le collettività umane, si potrebbe trattare un'IA come persona giuridica se può agire in un numero sufficiente di contesti giuridici rilevanti: proprietà, contratti e così via. Qui sarebbe irrilevante se l'IA può "pensare" come un essere umano o se agisce semplicemente "come se" pensasse. Per Kurki, per una contrattazione, ad esempio, un'IA non avrebbe bisogno di comprendere tale istituto in modo sensoriale e fenomenico per essere in grado di contrattare. Se i partner commerciali di un'IA possono contare sulla sua capacità di adattare il suo comportamento futuro firmando un contratto, la contrattazione dell'IA sarebbe intelligibile. Sarebbe irrilevante per questo scopo se l'IA può, ad esempio, sperimentare stati mentali relativi al contratto; potrebbe essere che tali stati mentali siano necessari per contratti morali, ma certamente non per contratti legali[16].

Ma anche di fronte alla sua approfondita analisi, l'autore è cauto[17]:

> La personalità giuridica delle IA è un tema che, in effetti, abbraccia numerose questioni sottostanti. Ci sono un impressionante numero di diverse configurazioni di personalità giuridica possibili per le IA. L'analisi bidimensionale – distinguendo tra separazione e indipendenza – serve a categorizzare alcune di queste configurazioni. Tuttavia, è principalmente limitata all'ambiente commerciale. Va sottolineato che dotare un'IA degli incidenti di personalità giuridica che le consentono di agire come attore commerciale indipendente non implica alcuna accettazione dell'idea che le IA siano dotate di valore finale. La personalità giuridica di un'IA può servire a vari scopi che possono non avere nulla a che fare con l'IA stessa, come l'efficienza economica o l'allocazione del rischio. È evidente che, se alcune IA diventeranno senzienti, molte delle questioni affrontate in questo capitolo dovranno essere rivalutate.

Per il trasferimento del loro sviluppo nel contesto penale, Kurki considera che, se l'IA potesse funzionare come una rete neurale in grado di imparare modelli di comportamento in modo indipendente e anche se le entità non possono essere responsabili nel senso morale, la logica di dissuasione della punizione potrebbe essere applicabile a esse. Questi tipi di

[16] Kurki, Visa. **A theory of legal personhood.** Oxford: Oxford University Press, 2019, pp. 176-177.

[17] Kurki, Visa. **A theory of legal personhood.** Oxford: Oxford University Press, 2019, p. 189.

IA sarebbero esseri intenzionali e orientati verso obiettivi, e per questo motivo potrebbero prendere in considerazione le sanzioni legali[18]. Basile è convinto della necessità di una riflessione dottrinale attenta nei prossimi anni, in modo da sviluppare un quadro concettuale che possa sostenere il legislatore di fronte all'inevitabilità di tale tipo di responsabilità penale, che certamente non potrà essere copiata da quella sviluppata per la responsabilità umana[19].

Ovviamente, il tipo di sanzione a cui sarebbe soggetta l'IA dipenderebbe dai dettagli dell'accordo di personalità giuridica. Le sanzioni economiche sarebbero altamente rilevanti per quanto riguarda la responsabilità dell'IA, ma tali sanzioni richiedono che l'IA possa possedere proprietà. Una possibile sanzione potrebbe essere la disattivazione dell'IA se violasse la legge. Non abbiamo bisogno di presumere alcun interesse proprio da parte dell'IA perché tale sanzione funzioni. L'IA semplicemente riconoscerebbe che i suoi obiettivi sarebbero compromessi se fosse disattivata e quindi eviterebbe un comportamento che probabilmente comporterebbe tale sanzione.

Ma anche prima che l'IA diventasse una realtà nei termini in cui si trova, l'importante articolo di Solum poneva già in discussione la capacità di considerare un'IA come una persona giuridica[20].

In effetti, la persona giuridica – indipendentemente dal fatto che si adotti o meno la teoria della realtà – quando punita implica necessariamente l'influenza dei suoi gestori persone fisiche riguardo all'obbedienza alla norma. Queste persone fisiche sono effettivamente le cui si rivolge la norma, anche se apparentemente alla persona giuridica. In questa logica, come afferma Cappellini, "le persone giuridiche non sono altro che schermi, maschere, colpite dalla minaccia di sanzioni (ovviamente economiche) per influenzare quei burattinai umani che le manipolano, dando loro vita in tempo reale"[21]. Per quanto riguarda l'IA che possiede

[18] Kurki, Visa. **A theory of legal personhood.** Oxford: Oxford University Press, 2019, pp. 181-182.

[19] Basile, Fabio. **Intelligenza artificiale e diritto penale: Quattro possibili percorsi di indagine.** Disponibile in: https://archiviodpc.dirittopenaleuomo.org/d/6821-intelligenza-artificiale-e-diritto-penale-quattro-possibili-percorsi-di-indagine, p. 31

[20] Solum, Lawrence. **Legal Personhood for Artificial Intelligences.** Volume 70, nº 4. Chapel Hill: Universidade da Carolina do Norte, 1992, passim.

[21] Cappellini, Alberto. **Machina delinquere non potest? Brevi appunti su intelligenza artificiale e responsabilità penale.** Disponibile in: https://discrimen.it/machina-delinquere-non-potest-brevi-appunti-su-intelligenza-artificiale-e-responsabilita-penale/, p. 514.

una capacità di apprendimento autonomo, avremo la sua creazione e programmazione iniziale da parte della persona fisica, ma essa si distaccherà da essa per diventare un essere autonomo, con decisione propria. Questa separazione tra uomo e macchina, creatore e creazione, senza un controllo costante del primo sul secondo e senza conseguenze di sanzioni applicate all'IA, serve agli interessi delle figure umane che sono dietro ad essa. Nelle parole di Cappellini [22]:

> L'artefice non è interessato al destino delle sue creature: ad eccezione, forse, del proprietario della macchina su cui è imposta la "punizione", che subisce danni economici a causa della distruzione permanente o del deterioramento della sua proprietà. Una sanzione rivolta all'IA, pertanto, non influenzerà essenzialmente nessuno oltre a se stessa. Non influenzerà il comportamento di nessun essere umano con libertà di scelta. E anche se ciò fosse possibile, in ogni caso, rimarrebbe sempre il fatto che l'uomo, anche se minacciato per riflesso dalla punizione della macchina, non può influenzare direttamente il comportamento del soggetto artificiale, influenzandolo in tempo reale per evitare di commettere crimini.

Il parallelismo formulato da Hallevy e descritto sopra è suggestivo, ma la responsabilità penale della persona giuridica non è unanime tra gli studiosi. L'assenza di dolo, l'utilità della sanzione penale come scopo preventivo e la mancanza di un corpo fisico da privare della libertà sono insormontabili per alcuni autori. Anche di fronte all'esistenza di previsioni legali di punizione e all'applicazione formale di sanzioni penali alle aziende, ciò che si intende raggiungere sostanzialmente sono le persone fisiche che fanno parte degli organi di gestione dell'azienda.

Dal punto di vista dogmatico, sappiamo che da una prospettiva oggettiva di imputazione, come la creazione di rischio e la realizzazione del risultato, sarebbe possibile valutare che i requisiti per una responsabilità penale della persona giuridica potrebbero essere soddisfatti. Apparentemente, perché verificare l'imputazione oggettiva a un reato presuppone attribuire significato a un'azione umana volontaria, che diventa la base di ciò che poi imputeremo come un determinato reato. E il permesso o il divieto del rischio passa attraverso la percezione volontaria e consapevole

[22] Cappellini, Alberto. Disponibile in: https://discrimen.it/machina-delinquere-non-potest-brevi-appunti-su-intelligenza-artificiale-e-responsabilita-penale/, pp. 514-515.

di tale rischio. La giustificazione sociale per la punizione penale della persona giuridica è sempre stata l'uso improprio da parte di persone fisiche di un'azienda per sfuggire alla responsabilità per le loro condotte criminali, come uno strumento. E sebbene le sanzioni possano essere qualificate come penali, non perdono la natura di sanzioni amministrative.

In particolare, per quanto riguarda l'imputazione all'elemento oggettivo del reato, abbiamo problemi nel definire l'ambito di proibizione del rischio. Se siamo disposti a non rinunciare a tutti i benefici che in teoria potrebbero essere molti di questo tipo di tecnologia, dovremo essere più tolleranti riguardo all'ambito di rischio consentito. In caso di malfunzionamento, potremmo dover convivere con l'incertezza come abbiamo sempre fatto nei grandi passi dell'evoluzione della società e della tecnologia. Non tutto può essere previsto, evitato o contenuto, caratteristica di ogni azione umana e ora, forse, anche dell'IA. Il diritto penale rimane l'ultima ratio e altre rame del diritto sembrano più adeguate ad affrontare i problemi creati dall'IA. L'alternativa, che non sembra realistica, sarebbe vietare l'implementazione di tali sistemi sulla base del principio di precauzione, rinunciando così ai benefici sociali che essi possono fornire. Nell'esempio di Haselberger, "le auto senza conducente potrebbero entrare sul mercato, nonostante il rischio di causare lesioni, se non la morte, ad altri utenti della strada, perché queste auto rappresentano comunque la migliore soluzione per i problemi del traffico"[23].

Conclusione

Se le IA non hanno ancora la capacità di creare collegamenti indipendenti da quelli precedenti, qualcosa che possa essere considerato come pensiero o persino volizione, non sembra possibile applicare loro il diritto penale tradizionale che si applica alle persone fisiche. Il fondamento normativo del diritto penale di poter rispettare o violare una norma penale per pura volontà non può essere equiparato a nessun stadio del ragionamento di un'IA, e si perde il fondamento successivo della riprovazione dell'agente e della persecuzione di una finalità preventiva della pena. Per fare ciò, avremmo bisogno che un'IA scelga di causare un danno o commettere un omicidio nonostante un comando interno di "non uccidere"; o che dopo aver compiuto un atto cri-

[23] BORSARI, Ricardo, Intelligenza Artificiale e responsabilità penale: prime considerazioni. Disponibile in: https://www.medialaws.eu/wp-content/uploads/2019/11/borsari.pdf, p. 268.

minale, possa modificare il suo comportamento futuro basandosi sull'unica sanzione applicata. Il punto centrale rimane la comprensione. La comprensione del linguaggio che costituisce il diritto. Senza la comprensione del linguaggio non si può scegliere e la base del diritto è la scelta, anche se la libertà non può essere equiparata al libero arbitrio.

Scegliere non dipende da formule o programmi, ma dalla comprensione degli argomenti presentati e, attraverso una ponderazione, decidere per questa o quella condotta. A ciò dovremo ancora attribuire un significato che, in un secondo grado, dovrà anch'esso dipendere dalla comprensione e dall'argomentazione.

L'alternativa di punire l'IA attraverso lo sviluppo della punizione della persona giuridica non sembra neanche fattibile, poiché qui si tratta di punire indirettamente coloro che gestiscono l'azienda, che la utilizzano come uno strumento criminale. L'IA di cui qui speculiamo non sarebbe uno strumento, ma sarebbe essa stessa un centro di azione e, quindi, non avrebbe alcuna finalità nell'etichettarla come criminale, un messaggio che non avrebbe alcun destinatario in termini di prevenzione, né alcuna dignità umana da preservare per la funzione garantista del processo.

Riferimenti

BASILE, Fabio. **Intelligenza artificiale e diritto penale: Quattro possibili percorsi di indagine.** Disponível em https://archiviodpc.dirittopenaleuomo.org/d/6821-intelligenza-artificiale-e-diritto-penale-quattro-possibili-percorsi-di-indagine.

BORSARI, Ricardo. **Intelligenza Artificiale e responsabilità penale: prime considerazioni.** Disponível em: https://www.medialaws.eu/wp-content/uploads/2019/11/borsari.pdf.

BRITO, Alexis Couto de. **Neurociência e livre-arbítrio entre a dogmática penal e a política criminal**, in: BUSATO, Paulo César (org.). Neurociência e Direito Penal. São Paulo: Atlas, 2014.

CAPPELLINI, Alberto. **Machina delinquere non potest? Brevi appunti su intelligenza artificiale e responsabilità penale.** Disponível em: https://discrimen.it/machina-delinquere-non-potest-brevi-appunti-su-intelligenza-artificiale-e-responsabilita-penale/

HALLEVY, Gabriel. **I, robot – I, criminal – When science fiction becomes reality:legal liability of AI robots committing criminal offenses.** In: Syracuse Science & Technology. Volume 22. 2010.

HASSELBERGER, William. **Can machines have common sense?** In: The new Atlantis, nr. 65. Center for the study of technology and society, 2021.

KAVANAGH, Camino. **Artificial Intelligence.** Disponível em: http://www.jstor.com/stable/resrep20978.5

KURKI, Visa A. J. **A theory of legal personhood.** Oxford: Oxford University Press, 2019.

MENDONÇA, Jacy de Souza. **Curso de filosofia do direito.** São Paulo: Quartier Latin, 2006.

SCHARRE, Paul; HOROWITZ, Michael C.; WORK, Robert O. **What is Artificial Intelligence?** Disponível em: http://www.jstor.com/stable/resrep20447.5.

SCOTT, David. **On Learning.** Disponível em https://www.jstor.org/stable/j.ctv1b0fvk2.19.

SEARLE, John. **Minds, brains, and programs.** In: Behavioral and Brain Sciences. Volume 3. Fascículo 3. Universidade de Cambridge, 1980.

SOLUM, Lawrence B. **Legal Personhood for Artificial Intelligences.** Volume 70, nº 4. Chapel Hill: Universidade da Carolina do Norte, 1992.

VIVES ANTÓN, Tomás Salvador. **Fundamentos del Sistema Penal.** 2. ed. Valencia: Tirant lo Blanch, 2011.

18

DIRITTO PENALE E INTELLIGENZA ARTIFICIALE: UN POSSIBILE MODELLO DI INTERAZIONE PER LA PREVENZIONE DEI *CORPORATE CRIMES*

Fabio Coppola

Premessa

Un articolo del *Corriere della Sera* del 12 marzo 1997 titolava "*Internet ormai in declino, 5 milioni di siti sono morti*". Secondo la ricerca citata dal giornale, uno dei motivi di abbandono della 'rete' consisteva nel fatto che le famiglie "*ne temono la pericolosità*". Un altro articolo pubblicato su *Stampa Sera* il 4 settembre 1969 preconizzava: "*ogni uomo del Duemila avrà probabilmente una segretaria individuale, sotto forma di telefono tascabile, collegato a un ordinatore in grado di ascoltare e soddisfare tutte le nostre richieste di aiutarci in ogni lavoro. Persino per la sicurezza della società si annunciano grandi innovazioni: non ci saranno più prigioni, ma sistemi punitivi "flessibili"; controllo continuo dei pregiudicati, mezzi efficaci per assicurare il loro positivo reinserimento nella vita sociale. E non ci dovrebbero neppure più essere scuole: i ragazzi staranno a casa, accenderanno il terminale del calcolatore elettronico, che a forma di video televisivo impartirà loro le lezioni necessarie. La memoria sarà stimolata da speciali prodotti, si saranno scoperti sistemi di istruzione più efficaci. L'ipotesi che più seduce e spaventa è quella di poter agire sul cervello, instillandovi le conoscenze, arricchendolo continuamente, senza sforzo, di nuove nozioni. Il Duemila sarà meraviglioso, ma per qualche aspetto fa anche paura*".

Come dimostrato dai ritagli di giornale sopra riportati, ogni innovazione o cambiamento genera timore e resistenza. È accaduto con l'avvento dei *personal computer*, con la neonata energia elettrica e lo stesso si sta verificando con i sistemi di intelligenza artificiale[1]. Per il passato, sappiamo tutti come sia andata a finire e quanto siano diventati indispensabili per la sopravvivenza dell'uomo e per il lavoro la rete elettrica e i *PC*.

Difficile dire se accadrà lo stesso con l'intelligenza artificiale, ma la pervasività che ha assunto nelle nostre vite sembra portare in quella direzione.

Vi è da dire che la narrazione sulle potenzialità dell'IA non ha aiutato a guadagnarle il favore dei sondaggi. A molti, le capacità predittive della macchina richiamano subito i distopici scenari *a la Minority Report*, dove l'IA – nella pellicola *hollywoodiana* dalle sembianze umane – veniva utilizzata per arrestare le persone in base alla sola previsione della futura commissione di un reato[2].

Eppure, non è difficile scorgere all'orizzonte le opportunità offerte dalla digitalizzazione in atto e i riflessi sul sistema penale.

Proviamo, dunque, a sviluppare qualche riflessione per una pacifica convivenza tra tecnologia e categorie penalistiche.

Quale intelligenza artificiale per le sfide del sistema penale?

Occorre anzitutto chiarire cosa si intenda per intelligenza artificiale, come funziona e quale ruolo possa esserle assegnato nella giustizia penale.

Operando per necessarie semplificazioni, una prima, generica definizione di intelligenza artificiale ricomprende la possibilità dei sistemi informatici di riprodurre la capacità di *problem solving* dell'uomo[3]. E di farlo con maggiore efficacia.

L'essere umano prende infatti decisioni in modo così variegato e imprevedibile – è forse questo un valore da preservare nel tempo? -da non potersi pretendere che la macchina riproduca digitalmente gli stessi complessi meccanismi di funzionamento.

Facciamo qualche esempio: se l'equipaggio del Titanic fosse stato composto da agenti artificiali con l'obiettivo di raggiungere il porto di New York in una determinata data, siamo sicuri che avrebbe effettuato le stesse scelte dell'uomo con il medesimo esito? Consideriamo poi, questa volta in favore dell'uomo, le scelte apparentemente insensate: quante carriere diffi-

[1] Nel presente lavoro riferita anche con "IA".

[2] C. Burchard. **the "Criminal Law" of predictive society... or how "smart" algorithms (could) change the administration of criminal justice**, in *Law and Order*, 1/2020.

[3] M. Simmler-N. ***Markwalder, Roboter in der Verantwortung?*** *– Zur Neuauflage der Debatte um den funktionalen Schuldbegriff*, in *Zeitschrift für die gesamte Strafrechtswissenschaft*, 129, 2017, 24.

cili o amori impossibili si inseguono pur con le poche (razionali) speranze di successo? Probabilmente, un sistema di IA avrebbe subito rinunciato all'insperato proposito, prevedendo rare *chance* di successo. Invece l'uomo, testardo e con la convinzione delle proprie idee, persiste e talvolta viene premiato con il raggiungimento del risultato.

Ecco, come si sarà compreso, le decisioni umane non sono sempre razionali, ossia funzionali rispetto all'obiettivo originariamente fissato, né sono agilmente ripetibili. Sull'*iter* decisionale incidono attitudini culturali, predisposizioni caratteriali e ideologiche, emozioni e sensazioni che non sempre trovano una spiegazione squisitamente logica.

Volendo allora specificare ulteriormente la definizione di una IA, possiamo concordare con chi ne ha visto un agente razionale migliore dell'uomo[4], in quanto capace di individuare ed eventualmente adottare la strada più efficace per raggiungere un determinato obiettivo. Se poi in concreto la strada suggerita dovesse presentare ostacoli non visibili al cieco razionalismo della macchina, dovrà essere l'uomo con la propria sensibilità (talvolta: sana follia) a raddrizzare la barra verso la scelta non solo più razionale, ma la migliore.

Così disegnata, l'IA è sicuramente uno strumento di estrema utilità per l'uomo, cui difficilmente si potrà fare a meno in futuro, seppur con le dovute precauzioni.

L'AI Act rappresenta il primo tentativo di regolamentazione dei sistemi di intelligenza artificiale in sede europea. L'allegato I del regolamento europeo, disciplina tre possibili tecniche e approcci di intelligenza artificiale:

> "*a) approcci di apprendimento automatico, compresi l'apprendimento supervisionato, l'apprendimento non supervisionato e l'apprendimento per rinforzo, con utilizzo di un'ampia gamma di metodi, tra cui l'apprendimento profondo (deep learning);*
>
> *b) approcci basati sulla logica e approcci basati sulla conoscenza, compresi la rappresentazione della conoscenza, la programmazione induttiva (logica), le basi di conoscenze, i motori inferenziali e deduttivi, il ragionamento (simbolico) e i sistemi esperti;*
>
> *c) approcci statistici, stima bayesiana, metodi di ricerca e ottimizzazione*".

[4] L'AI Act definisce sistema di IA "*un software sviluppato con una o più delle tecniche e degli approcci elencati nell'allegato I, che può, per una determinata serie di obiettivi definiti dall'uomo, generare output quali contenuti, previsioni, raccomandazioni o decisioni che influenzano gli ambienti con cui interagiscono*". In argomento, si rimanda a S. Russell-P.Norvig, **Artificial Intelligence. A Modern Approach,** 4th edition, Pearson, 2022, 58.

Recuperando dalla fonte europea i sistemi di IA che si prestano al nostro discorso, possiamo isolare le potenzialità di *machine learning,* di simulazione virtuale dei comportamenti umani e di raccolta e memorizzazione dei *big data.* Tutte attività teoricamente utili al sistema penale.

Il problema resta quello di tracciare delle coordinate rassicuranti entro cui sviluppare le promesse dell'IA in ambiente giudiziario.

Non è un caso che l'allegato II all'AI Act inserisce tra le applicazioni di IA ad "alto rischio" proprio "*i sistemi di IA destinati ad assistere un'autorità giudiziaria nella ricerca e nell'interpretazione dei fatti e del diritto e nell'applicazione della legge a una serie concreta di fatti*"[5]. Ciò non vuol dire che l'uso dell'intelligenza artificiale sia vietata in ambito giudiziario, bensì che la sua adozione richiederà adeguate misure di tutela per la gestione dei rischi[6].

Più nello specifico, la Carta etica europea sull'utilizzo dell'IA nei sistemi giudiziari[7], da un lato, fa divieto di "*fornire ai giudici il contenuto delle decisioni di altri giudici con la pretesa di vincolare la propria decisione alle precedenti*"; dall'altro, riconosce la possibilità di "*offrire ai giudici una ricognizione qualitativa e quantitativa maggiormente dettagliata sulle loro attività, con il solo proposito di informare il giudice per assisterlo nella decisione che dovrà adottare*"[8]

In questa cornice normativa, sulla scia di un precedente lavoro tarato sulle problematiche della commisurazione della pena[9], proveremo a sviluppare una possibile applicazione dell'intelligenza artificiale per la prevenzione dei *corporate crimes.*

[5] Allegato III all'AI Act "Sistemi di IA di cui all'articolo 6, paragrafo 2, 5.

[6] AI Act, Capo 2 "Requisiti per i sistemi di IA ad alto rischio", 50 ss.

[7] *CEPEJ* (*Carta etica europea sull'utilizzo dell'intelligenza artificiale nei sistemi giudiziari e negli ambiti connessi),* 3 dicembre 2018, 34. Consultabile all'indirizzo: https://rm.coe.int/carta-etica-europea-sull-utilizzo-dell-intelligenza-artificiale-nei-si/1680993348

[8] **Ibidem**. Traduzione del testo virgolettato ad opera dell'Autore. Il testo originale in lingua inglese recita: *"offering judges a more detailed quantitative and qualitative assessment of their activities, thanks to new tools, but with a purely informative aim of assisting in decision-making and for their exclusive use"* e *"providing each judge with the content of the decisions produced by all the other judges and claiming to lock his future choice into the mass of these "precedents"*.

[9] Sia consentito rinviare a F. Coppola. **Commisurazione della pena e intelligenza artificiale: una ipotesi di lavoro con l'algoritmo Ex-Aequo**, in *Archivio penale*, 2/2023, 1-29.

Quale intelligenza artificiale per la prevenzione dei corporate crimes? La simulazione del test di idoneità del Modello nel Metaverso

Come si accennava, un settore in cui l'IA potrebbe conseguire risultati promettenti è quello della prevenzione dei reati riferibili all'ente e del sistema di *compliance* penale espresso dal d.lgs. 231/2001.

La responsabilità dell'ente da reato poggia, infatti, su un contegno colposo dell'ente (la c.d. colpa da organizzazione), all'interno del quale si contesta all'ente di non aver adottato e attuato quelle misure organizzative e di gestione del rischio da reato capaci di prevenire i reati compresi nel catalogo '231' perpetrati nell'interesse o vantaggio dell'ente[10]. Da qui, si ricava una duplice regola di giudizio per l'ente: se non adotta un *compliance program* o ne adotta uno non adeguato al proprio rischio da reato, potrà essere chiamato a rispondere dell'illecito commesso in quanto l'ente è stato negligente nel fornire il proprio contributo preventivo; se invece l'ente adotta e applica idonei modelli di organizzazione e gestione del rischio, anche nel caso in cui reato venisse commesso a vantaggio o nell'interesse dell'ente, quest'ultimo non ne risponderebbe in quanto potrebbe dimostrare di aver fatto tutto quanto possibile a prevenirlo e che la condotta delittuosa deve essere stata commessa da qualcuno che ha fraudolentemente eluso le misure preventive predisposte dall'ente.

Il congegno normativo del d.lgs. 231/2001 sembra essere rassicurante e premiale nella misura in cui fornisce all'ente una circostanza esimente dal reato laddove adempia allo sforzo preventivo cui è chiamato, su base volontaria e non coattiva, a contribuire.

Mutatis mutandis, la stessa prospettiva sembra presente anche nel modello inglese di responsabilità dell'ente da reato. Per citare due esempi, il *Guidance on Corporate Prosecutions* del *Serious Fraud Office* condiziona il *public interest* all'esercizio dell'azione penale alla presenza o meno di un

[10] Senza pretese di completezza, M. Colacurci. **L'idoneità del modello nel sistema 231, tra difficoltà operative e possibili correttivi**, in *Diritto penale contemporaneo*, 2/2016, 66 ss.; A. Fiorella-N. Selvaggi. **Dall'«utile» al «giusto». Il futuro dell'illecito dell'ente da reato nello «spazio globale»**, Giappichelli, 2018; A. Fiorella. **Oggettivo e soggettivo nella definizione dell'efficacia dei c.d. modelli organizzativi. Problemi e linee di sviluppo della ricerca,** in A. Fiorella-A.M. Stile (a cura di). **Corporate Criminal Liability and Compliance Programs.** *First Colloquium*, Jovene, 2012, 53 ss.; C.E. Paliero-C. Piergallini. **La colpa da organizzazione**, in *Responsabilità amministrativa società enti*, 3/2006, 173 ss.; D. Pulitanò. **La responsabilità <<da reato>> degli enti: i criteri di imputazione**, in *Riv. It. Dir. Proc. Pen.*, 2002, 415 ss.

effettivo "*compliance programme*"[11]. *Il Bribery Act* 2010 alla *Section* 7, paragrafo (2) prevede la possibilità dell'ente di difendersi dalle accuse di corruzione provando di aver adottato misure adeguate a prevenire il reato che è stato realizzato.

Tornando all'Italia, nonostante una normativa 'apripista' e d'avanguardia, la risposta degli enti alla chiamata alle armi del sistema '231' si è spesso dimostrata meramente 'cosmetica' nella predisposizione di modelli preventivi standardizzati, non sempre allineati alle specificità della vita aziendale[12].

Viene da chiedersi perché lo spirito della riforma del 2001 sia rimasto "*per lo più sulla carta*"[13].

Senza la pretesa di fornire risposte semplici a un problema complesso, uno dei fattori che ha inciso in misura ragionevole sulla volontà dell'ente di investire risorse umane e capitali nella prevenzione dei *corporate crimes* è costituito dalla imprevedibilità del *test* di idoneità del Modello (c.d. MOG), cui la legge (art. 6, d.lgs. 231/2001) àncora l'esenzione di responsabilità dell'ente per i fatti di reato commessi da persone ad esso legate e con suo vantaggio o interesse.

Comprensibilmente, la valutazione dell'idoneità del Modello va effettuata caso per caso rispetto alle specificità dell'ente e del peculiare rischio da reato. Tuttavia, nella prassi giudiziaria si è registrato un pericoloso ragionamento deduttivo *post facto*: se il Modello fosse stato adeguato, sarebbe stato capace di prevenire il reato che è stato commesso. Pertanto, il reato *deve* essere stato agevolato da una organizzazione aziendale inadeguata.

Così, nei primi venti anni di esperienza '231', la giurisprudenza ha delineato minuziosamente i criteri di inidoneità del Modello. Difetta, invece, il medesimo sforzo argomentativo in ordine a indicazioni precise circa la idoneità del Modello. In questo modo, l'ente è costretto a subire l'imprevedibilità del giudizio di idoneità, che finisce per scoraggiare l'adozione di misure dalla incerta efficacia.

[11] Serious Fraud Office, **Guidance on Corporate Prosecutions**, 2009-2010, 7-8.

[12] A. Fiorella – N. Selvaggi. **Compliance programs e dominabilità "aggregata" del fatto. Verso una responsabilità da reato dell'ente compiutamente personale**, in *Diritto penale contemporaneo*, 3-4/2014, 114.

[13] P. Fimiani-N.Selvaggi-A.Matonti-A. Quattrociocchi-G. Morgante, **Individuazione di standard di prevenzione del rischio e regole di compliance nel giudizio sul d.lgs. 231/2001**, in F. Centonze – S. Manacorda (a cura di), *Verso una riforma della responsabilità da reato degli enti. Dato empirico e dimensione applicativa*, Il Mulino, 2023, 403.

A questo *trend* si oppone con forza una recente e illuminata sentenza della Corte di Cassazione, che rappresenta il primo 'manifesto' organico sulla valutazione giudiziale di idoneità del Modello[14].

Tuttavia, anche in questo caso, per arrivare a una decisione definitiva, si sono dovuti attendere cinque gradi di giudizio, con evidenti ripercussioni sull'*appeal* che la *compliance* penale assume nei confronti del mondo imprenditoriale.

Un dato è certo. Il sistema '231' soffre di incertezza e imprevedibilità rispetto a uno dei suoi perni più attrattivi: l'idoneità esimente del Modello. A questa problematica potrebbero fornire un contributo decisivo i sistemi di IA poc'anzi delineati, in particolare il Metaverso, inteso quale *digital twin* del mondo reale.

Si sono già sviluppati autorevoli studi sull'utilizzo dell'IA per la automatizzazione dei processi decisionali all'interno dell'azienda, ad esempio il blocco automatico dei pagamenti in violazione delle *policies* aziendali, e per la mappatura delle aree di rischio e la costruzione del Modello[15]. Il presente lavoro vuole provare a inserire un ulteriore tassello per l'utilizzazione dei sistemi di IA nel contesto della '231'.

L'idea, al momento in uno stadio primordiale della ricerca, è quella di simulare il *test* di idoneità del Modello nel Metaverso, ossia una sede diversa da quella giudiziaria e che consenta una valutazione virtuale in tempi anteriori a quelli processuali. In tal modo, in caso di risultato positivo, l'ente potrebbe essere rasserenato rispetto alla bontà del proprio sforzo preventivo e maggiormente invogliato a investire nella *compliance*. In caso di risultato negativo, l'ente potrebbe sempre integrare il proprio Modello prima della commissione di un reato e dunque senza soffrire le conseguenze economiche, reputazionali e imprenditoriali che il procedimento da reato all'ente reca con sé.

Prima di sviluppare in dettaglio il nostro modello di interazione tra intelligenza artificiale e *compliance* penale, occorrono due premesse indispensabili. La prima: per essere credibile, il *test* dovrebbe essere effettuato

[14] Cass. Pen., Sez. VI, 15 giugno 2022, n. 23401 (con nota di A. Castaldo), in A. R. Castaldo-F. Coppola-M. Naddeo, Un Anno di Sentenze. 231&Compliance, Giappichelli, 2023, 58-64.

[15] P. Fimiani-N.Selvaggi-A.Matonti-A. Quattrociocchi-G. Morgante. **Op. cit.**, 447; V. Mongillo. **Presente e futuro della compliance penale**, in *Sistema Penale*, 11 gennaio 2022; G. Morgante – G. Fiorinelli. **Promesse e rischi della compliance penale digitalizzata**, in *Archivio Penale*, 2/2022.

caso per caso, considerando le specifiche connotazioni di ogni singolo ente. Diversamente, si finirebbe per ricadere nelle stesse obiezioni che hanno riguardato le ipotesi di certificazione di qualità del Modello. Ci riferiamo alla necessaria standardizzazione del Modello rispetto a regole generalizzate, che potrebbero non tenere conto della peculiarità del contesto in cui operano. Soltanto l'analisi del singolo *environment* aziendale può garantire una valutazione calibrata sul rischio effettivamente rilevato[16].

La seconda: nonostante il *test* virtuale, la decisione finale circa l'idoneità del Modello resterebbe appannaggio dell'autorità giudiziaria. In tal modo, la nostra proposta potrebbe integrare, senza sostituire, il modello legale delineato dal d.lgs. 231/2001 e si uniformerebbe agli *standard* di autonomia decisionale delineati dalla Carta etica. Qualsiasi proposta di sottrarre ai giudici la responsabilità della decisione giudiziaria si scontrerebbe altresì con le comprensibili eccezioni di incostituzionalità, in particolare rispetto alla naturalità del giudice precostituito per legge[17].

Così costruite le premesse del nostro discorso, verifichiamo ora le potenzialità della *Metaverse compliance*.

Ci muoviamo all'interno di un sistema digitale già utilizzato per simulare attività umane e l'efficacia di strumenti di prevenzione. Ciò è avvenuto, ad esempio, in ambito medico, dove si sono testate l'efficacia di cure innovative e i rischi di determinati interventi rispetto alla fisionomia del paziente considerato[18].

Riteniamo sia possibile riprodurre la stessa logica nella prevenzione dei reati *ex* d.lgs. 231/2001 con le seguenti modalità.

Il *test* digitale di idoneità del Modello richiede anzitutto la riproduzione nel Metaverso dell'esatto funzionamento della realtà aziendale presa in considerazione. Naturalmente, ci riferiamo a una replica 'in scala' avatar-virtuale, ossia tramite la digitalizzazione dei processi decisionali e comportamentali dell'ente.Andrà poi testata la tenuta dei protocolli preventivi rispetto a un ulteriore *input*: i rischi situazionali sottesi ai *corporate crimes*. Detta così, l'operazione potrebbe apparire semplice. Al contrario,

[16] In questo senso, nuovamente la recente Cass. Pen., Sez. VI, 15 giugno 2022, n. 23401.

[17] F. Basile. **Intelligenza artificiale e diritto penale: qualche aggiornamento e qualche nuova riflessione**, *in G. Balbi – F. De Simone – A. Esposito – S. Manacorda (a cura di), Diritto penale e intelligenza artificiale. "Nuovi Scenari", Giappichelli, 2022,* 10.

[18] M. A. Kawarase 4th – A. Anjankar, **Dynamics of Metaverse and Medicine: A Review Article**, in Cureus. 2022 Nov 8;14(11): e31232.

essa richiede un percorso a *step* non banale, che per concretizzarsi dovrà necessariamente dialogare con il modo imprenditoriale, accademico e giudiziario.

Il primo *step* concerne la digitalizzazione della vita aziendale. Si tratta di riprodurre, anche visivamente, l'ente all'interno del Metaverso, attraverso la rappresentazione digitale delle sue strutture aziendali, dei dipendenti, degli apicali ecc. Occorre poi digitalizzarne il funzionamento. A tal fine, i c.d. *compliance programs* appaiono un utile punto di partenza. Se la logica preventiva del Modello basa la propria efficacia sulla cristallizzazione e diffusione delle regole di funzionamento e *policies* aziendali, di modo che ne risulti rafforzata la consapevolezza di chi lavora nell'ente e integrata la *compliance* richiesta per prevenire fenomeni criminosi, queste regole di comportamento possono costituire la principale fonte da cui attingere le informazioni da digitalizzare. Tramite i modelli organizzativi e di gestione sarebbe dunque possibile riprodurre nel Metaverso un prototipo essenziale della vita dell'ente. Per una maggiore accuratezza, questi dati andrebbero arricchiti grazie alla partecipazione, eventualmente tramite interviste e questionari, delle imprese.

Nell'ottica immaginata, al termine della prima fase di digitalizzazione, ci troveremmo a vedere materializzato nel Metaverso il clone virtuale di un'azienda reale e a osservarne il funzionamento secondo le regole impartite alla macchina.

È a questo punto che si inserisce lo *step* successivo, cioè lo *stress-test* dei rischi da *corporate crimes*. In altre parole, andrebbe inserito un elemento di 'disturbo' nel mondo virtuale realizzato: le situazioni di rischio sottese al catalogo dei reati '231'.

Bisognerebbe dunque estrarre dalle fattispecie legali gli scenari fattuali in cui il rischio può concretizzarsi e digitalizzarli nel Metaverso.

È probabilmente l'operazione di raccolta dati più complicata delle due, ma anche in questo caso possiamo contare su una solida base di partenza. Ci si riferisce alla classificazione dinamica dei reati, di recente lanciata dall'ISTAT[19], che "*diversamente dalla classificazione sintetica, per le categorie dei reati non ci si basa sui titoli e sezioni del codice penale, ma si dettagliano in modo ampio gli "argomenti" sia dei codici sia delle leggi complementari rappresentati attra-*

[19] ISTAT. **Classificazione analitica dei reati**, 16 marzo 2023. Disponibile al seguente indirizzo: https://www.istat.it/it/archivio/263102.

verso insiemi degli elementi del tesauro". Questo raggruppamento organico dei reati potrebbe in futuro essere implementato con le dinamiche situazionali che compongono i reati e che traggono linfa vitale dalla prassi giudiziaria. La raccolta dati si baserebbe dunque su dati giudiziari. Andrebbe poi arricchita con l'opinione degli esperti criminologi e penalisti.

A questo punto, ci troveremmo, da un lato, una realtà aziendale *in action* nel Metaverso e, dall'altro, un *basket* di rischi da reato digitalizzati, provenienti dalla prassi e dagli studi scientifici.

È qui che si innesta lo *step* conclusivo, ossia la prova di resistenza degli anticorpi aziendali rispetto al rischio di commissione dei *corporate crimes*.

Come si anticipava, a differenza delle ipotesi di certificazione del Modello, il *test* di idoneità nel Metaverso consente una valutazione maggiormente individualizzata ed empirica per due evidenti ragioni: a) simulando la vita dell'ente, si consentirebbe una valutazione concreta del suo sforzo preventivo, che invece i 'bollini verdi' rilasciati sulla carta non potrebbero garantire; b) il risultato del *test*, positivo o negativo che sia, non sarebbe rapportato a modelli organizzativi aprioristicamente ritenuti virtuosi, e quindi efficaci. Ogni ente otterrebbe una valutazione personalizzata rispetto alla propria gamma di rischi e alla propria struttura organizzativa. In tal modo, il *test* ci appare maggiormente aderente ai dettami della sentenza pilota "*Impregilo*", che impone di calibrare la valutazione di idoneità rispetto alle specificità dell'ente.

Quanto ai risultati, l'esito del *test* potrebbe essere positivo, fornendo dunque all'ente una risposta rassicurante. Al contrario, se l'esito dovesse essere negativo, significherebbe che l'ente non ha fatto abbastanza per prevenire il rischio di commissione dei reati. In entrambi i casi, il risultato potrebbe essere garantito e certificato grazie alla *blockchain*[20].

Ciò non dovrebbe tradursi in uno stigma per l'ente che non dovesse superare il *test*. La nostra intenzione è infatti quella di recuperare soltanto effetti positivi dalla simulazione ("*good vibes only*" *approach*) nei termini che seguono.

Nel caso di esito positivo, riteniamo ciò potrebbe fornire un ausilio agli Uffici di Procura – *in extremis*, anche al giudicante – per valutare l'idoneità

[20] Per una interessante prospettiva di utilizzo delle tecnologie *blockchain* per la tenuta del Modello, G. Russo. **I modelli di organizzazione, gestione e controllo. Letteratura, prassi e innovazioni tecnologiche**, FrancoAngeli, 2022, 111 ss.

del Modello ai sensi dell'art. 6 del d.lgs. 231/2001. L'efficacia preventiva del Modello va infatti valutata rispetto a quanto l'ente può ragionevolmente prevedere al momento della sua adozione o implementazione. Il che non vuol significare lo svuotamento del potere valutativo affidato al Pubblico Ministero o al Giudice. Tramite il *test*, ci si limiterebbe a fornire un indice oggettivo circa la bontà delle *policies* preventive adottate o comunque un parametro di diligenza per valutare l'impegno dell'ente. L'autorità giudiziaria potrebbe sempre superare l'esito della simulazione, motivando in ordine alle ragioni che rendono il Modello inidoneo *nonostante* il *test*.

Laddove invece il *test* risultasse negativo, ossia il Modello non idoneo a prevenire i rischi sottesi ai *corporate crimes*, non ci sarebbero automatici effetti negativi per l'ente. Trattandosi di una simulazione virtuale, ci sarebbe ancora la possibilità di intervenire nella realtà per colmare i *gap* preventivi rilevati dalla macchina. Insomma, anche l'esito negativo potrebbe portare benefici al sistema '231', richiedendo all'ente un maggiore sforzo fino a che il Modello risulti efficace nel Metaverso.

Occorre infine confrontarsi con alcune criticità della proposta di simulazione sopra delineata.

La prima concerne la imprevedibilità del fattore umano. Potrebbe obiettarsi: dal momento che l'affidabilità del *test* è legata alla prevedibilità dei rischi digitalizzati, essa sconterebbe il genetico *deficit* di informazioni a disposizione per la simulazione. Sarebbe infatti pressoché impossibile prevedere tutte le condotte umane delittuose, sempre molto creative e capaci di adattarsi al contesto in cui devono operare. Come valutare, dunque, un Modello che abbia ottenuto una valutazione positiva in seguito alla simulazione, ma che non sia stato in concreto capace di prevenire un reato '231' commesso in un modo originale e non previsto dalla macchina? Trattandosi di un rischio 'straordinario' (non presente tra quelli in cui solitamente si concretizza il reato), esiste una possibile risposta che, ancorché non risolutiva del problema, potrebbe darne una collocazione giuridica. Ci riferiamo alla commissione del reato "*eludendo fraudolentemente i modelli di organizzazione e di gestione*" di cui all'art. 6 del d.lgs. 231/2001, che stabilisce uno dei parametri normativi per decretare l'esenzione della responsabilità dell'ente da reato.

Nella nostra ottica, tra i comportamenti in *fraudolenta elusione* del Modello vi rientrerebbero anche le condotte criminose non prevedibili al momento del *test*. Queste condotte, proprio in quanto eccezionali, non potranno essere utilizzate per censurare la qualità del Modello. Potranno invece fornire un utile supporto per aggiornare il catalogo dei rischi da utilizzare *in futuro* per la simulazione digitale e la *compliance* penale, assicurando così maggiore accuratezza e affidabilità alla simulazione.

Un'altra ragionevole obiezione riguarda la difficoltà di fornire alla macchina informazioni tali da simulare in maniera verosimile il *test* di tenuta preventiva del Modello. In altre parole, occorre che la macchina conosca quali misure siano efficaci, quali no e per quali rischi. Infatti, l'agente razionale virtuale è in grado di raggiungere il miglior risultato possibile a condizione che conosca quale sia l'*output* desiderato e a quali condizioni[21]. È però evidente la difficoltà di conoscere in anticipo tutte le variabili e tutti gli *output* possibili[22]. Tuttavia, il medesimo *gap* conoscitivo affligge anche l'uomo quando adotta le *policies* preventive. In questi termini, la critica proverebbe meno di quanto possa sembrare: così come l'uomo non può sapere con esattezza se gli anticorpi preventivi adottati dall'ente saranno adeguati allo scopo, anche la macchina avrà le medesime difficoltà. Con un punto a favore della intelligenza artificiale: la sua capacità di immagazzinare dati e di *machine learning* può, nel tempo, rivelarsi più performante dell'uomo nell'apprendere nuovi rischi e nuovi efficaci antidoti. Man mano che le aziende testeranno i loro Modelli nel Metaverso, la macchina acquisirà un *set* informativo più completo, tale da rendere la previsione virtuale sempre più realistica.

Conclusioni

Affinché tutto ciò sia possibile, c'è naturalmente bisogno di approfondire il funzionamento tecnico dello schema di simulazione che abbiamo teorizzato e lavorare sulle problematiche sopra delineate e quelle ancora da scoprire. L'ingente portata dell'impegno scientifico non deve, a parere di chi scrive, far desistere dal proposito di dominare gli strumenti di intelligenza artificiale per rivitalizzare la *mission* preventiva della *compliance* penale. L'IA è diventata componente essenziale della "*civiltà delle macchine*"[23] e sarebbe utopistico pensare di farne a meno nei settori nevralgici del funzionamento del Paese, come la giustizia e l'economia. La vera sfida del giurista è quella di provare a minimizzare le criticità che la tecnologia applicata al

[21] S. Russell – P. Norvig, **Op. cit.**, 57.

[22] *Ivi*, 58.

[23] Prendiamo in prestito l'efficace definizione di R. Bodei. **Dominio e sottomissione. Schiavi, animali, macchine, Intelligenza Artificiale**, Il Mulino, 2019, 225.

diritto porta con sé e dominarne i *tools* in favore di un virtuoso modello di interazione.

Riferimenti

BASILE, F. **Intelligenza artificiale e diritto penale: qualche aggiornamento e qualche nuova riflessione**. In G. Balbi – F. De Simone – A. Esposito – S. Manacorda (a cura di), Diritto penale e intelligenza artificiale. "Nuovi Scenari", Giappichelli, 2022.

BODEI, R. **Dominio e sottomissione. Schiavi, animali, macchine, Intelligenza Artificiale**. Il Mulino, 2019.

BURCHARD, C. **The "Criminal Law" of predictive society... or how "smart" algorithms (could) change the administration of criminal justice**. In Law and Order, 1/2020.

COLACURCI, M. **L'idoneità del modello nel sistema 231, tra difficoltà operative e possibili correttivi**, in Diritto penale contemporaneo, 2/2016.

COPPOLA, F. **Commisurazione della pena e intelligenza artificiale: una ipotesi di lavoro con l'algoritmo Ex-Aequo**. In Archivio penale, 2/2023.

FIMIANI, P.; SELVAGGI, N.; MATONTI, A. QUATTROCIOCCHI, A.; MORGANTE, G.**Individuazione di standard di prevenzione del rischio e regole di compliance nel giudizio sul d.lgs. 231/2001**. In F. Centonze – S. Manacorda (a cura di), Verso una riforma della responsabilità da reato degli enti. Dato empirico e dimensione applicativa, Il Mulino, 2023.

FIORELLA, A. **Dall'«utile» al «giusto». Il futuro dell'illecito dell'ente da reato nello «spazio globale»**, Giappichelli, 2018.

FIORELLA, A. **Oggettivo e soggettivo nella definizione dell'efficacia dei c.d. modelli organizzativi. Problemi e linee di sviluppo della ricerca**. In A. Fiorella-A.M. Stile (a cura di), Corporate Criminal Liability and Compliance Programs. First Colloquium, Jovene, 2012.

FIORELLA A. – SELVAGGI. N.**Compliance programs e dominabilità "aggregata" del fatto. Verso una responsabilità da reato dell'ente compiutamente personale**. In Diritto penale contemporaneo, 3-4/2014.

MONGILLO, V. **Presente e futuro della compliance penale**. In Sistema Penale, 11 gennaio 2022.

MORGANTE, G.; FIORINELLI, G. **Promesse e rischi della compliance penale digitalizzata**. In Archivio Penale, 2/2022.

PALIERO, C.E.; PIERGALLINI, C.**La colpa da organizzazione, in Responsabilità amministrativa società enti**. 3/2006.

PULITANÒ, D. **La responsabilità «da reato» degli enti: i criteri di imputazione**. In Riv. It. Dir. Proc. Pen., 2002.

RUSSELL, S; NORVIG, P.**Artificial Intelligence. A Modern Approach**. 4th edition, Pearson, 2022.

RUSSO, G.**I modelli di organizzazione, gestione e controllo. Letteratura, prassi e innovazioni tecnologiche**. FrancoAngeli, 2022.

SIMMLER-N. M. **Markwalder, Roboter in der Verantwortung?** – Zur Neuauflage der Debatte um den funktionalen Schuldbegriff, in Zeitschrift für die gesamte Strafrechtswissenschaft, 129, 2017.

19
O CONTROLE DO CONTROLE: AS EXPERIÊNCIAS DAS CÂMERAS CORPORAIS NA POLÍCIA OSTENSIVA DE SÃO PAULO

HUMBERTO BARRIONUEVO FABRETTI

Introdução

O fenômeno do avanço tecnológico impacta nos mais diversos aspectos da sociedade, incluindo a segurança pública. Nesse contexto de novas tecnologias de vigilância, as câmeras corporais na atividade policial ostensiva têm se destacado como instrumento de gestão da segurança no país. Sua utilização pela polícia ostensiva brasileira tem suscitado intensos debates. Implementadas recentemente em alguns estados,[1] as câmeras corporais têm particular relevância no controle das práticas policial nas atividades ostensivas, sobretudo considerando o contexto violento no qual se inserem as políticas de segurança no país.

Na primeira parte do trabalho é realizado um levantamento dos dados existentes sobre a dinâmica do funcionamento da segurança pública do país, demonstrando a estrutura violenta que molda a segurança pública e suas instituições. Há um uso desproporcional da força, sendo a interrupção de vidas humanas uma de suas principais e mais graves manifestações, legitimadas por uma pretensa manutenção da ordem e resguardo do "direito à segurança" de poucos.

[1] A questão da distribuição de competência federativa no campo das políticas de segurança pública – ou a falta dela – é um dos espectros críticos que permeia a gestão da segurança no país. Muito embora não seja o objetivo desse estudo, a previsão constitucional da segurança pública atribui aos estados um maior protagonismo na elaboração e monitoramento das políticas de segurança, ocasionando uma série de políticas dispersas e contraproducentes no sentido de garantia de direitos.

O objetivo primordial do trabalho é analisar esses aparatos tecnológicos no contexto da segurança pública brasileira, a partir da experiência paulista recém implementada, considerando ser uma das grandes iniciativas de uso de câmeras corporais nas atividades policiais mundo afora.[2] Para tanto, a pesquisa se vale do levantamento de pesquisas empíricas sobre a violência letal no funcionamento da segurança do país, além de evidências recentes sobre o uso das câmeras corporais em policiais na rotina ostensiva.

O ano de 2020 marca o início do "Programa Olho Vivo" na Polícia Militar de São Paulo, que implementou as câmeras corporais nas fardas policiais para gravação ininterrupta da atividade ostensiva dos agentes de segurança. Até o final de 2022, mais de 60 dos 135 batalhões da Polícia Militar paulista faziam parte do programa.[3] Apesar da existência de críticas, a experiência paulista na utilização das *bodycams* é apontada por pesquisas indiciárias como uma possível causa de redução da letalidade e vitimização policiais. As discussões em torno do programa são estudadas na segunda parte do artigo.

O uso das câmeras corporais nos uniformes policiais tem repercutido mundialmente.[4] No Brasil, elas são contemporâneas à realidade das políticas de segurança anunciadas pelas pesquisas existentes sobre o tema, que escancaram o distanciamento entre pautas democráticas e gestão da segurança. O país se destaca no mundo pelo número de homicídios e de mortes decorrentes de intervenções policiais. Apesar de eventuais oscilações ao longo dos anos dos números, os "aparatos de segurança"[5] direcionados a um mesmo grupo social – homens, jovens e negros – se destaca como uma constante.

[2] MONTEIRO, Joana; CARNEIRO, Luis Piquet; CARVALHO, Eduardo Fagundes; FERNANDES, Júlia Guerra. Fundação Getúlio Vargas. **Avaliação do impacto do uso de câmeras corporais pela Polícia Militar do Estado de São Paulo (Relatório de Pesquisa).** 2022, p. 3.

[3] FÓRUM BRASILEIRO DE SEGURANÇA PÚBLICA. **As câmeras corporais na polícia militar do Estado de São Paulo**: processo de implementação e impacto nas mortes de adolescentes. Coordenação de Samira Bueno. Supervisão Renato Sérgio de Lima. São Paulo: Fórum Brasileiro de Segurança Pública, 2023, p. 19.

[4] Para uma visualização da literatura produzida até então e os respectivos achados, conferir o quadro formulado no estudo: LIMA, Renato Sérgio de; BUENO, Samira; SOBRAL, Isabela; PACHECO, Dennis. Câmeras na farda reduzem a letalidade policial?. **GV EXECUTIVO**, v. 21, p. 17-18, 2022.

[5] FOUCAULT, Michel. **Segurança, território, população**: curso dado no Collège de France (1977-1978). São Paulo: Martins Fontes, 2008.

Em São Paulo, o cenário não é diferente: no ano de 2019, "2.906 pessoas foram vitimadas em homicídios dolosos e 867 morreram em intervenções policiais", o que indica que quase um terço do total de mortes violentas intencionais foram de autoria de policiais, em especial, policiais militares.[6] Nesse cenário turbulento se insere o controle das atividades policiais ostensivas através da tecnologia das câmeras corporais.

Dentro de sua análise de controle, Foucault desenvolve o conceito de governamentalidade, introduzindo a "problematização da governamentalidade na analítica do poder",[7] a partir do final da década de 1970, particularmente relevante para o estudo do manuseio da segurança pelo Estado a partir do risco. Para o autor, governamentalidade é

> o conjunto constituído pelas instituições, os procedimentos, análises e reflexões, os cálculos e as táticas que permitem exercer essa forma bem específica, embora muito complexa, de poder que tem por alvo principal a população, por principal forma de saber a economia política e por instrumento técnico essencial os dispositivos de segurança. Em segundo lugar, por "governamentalidade" entendo a tendência, a linha de força que, em todo o Ocidente, não parou de conduzir, e desde há muito, para a preeminência desse tipo de poder que podemos chamar de "governo" sobre todos os outros – soberania, disciplina – e que trouxe, por um lado, o desenvolvimento de toda uma série de aparelhos específicos de governo e, por outro lado, o desenvolvimento de toda uma série de saberes.[8]

O autor define segurança a partir de três módulos: a lei proibitiva e sua sanção, de um lado; de outro, todo um conjunto de vigilâncias, controles, olhares, que permitem descobrir de forma preventiva a infração ou, ainda, a punição enquanto "prática como o encarceramento" com as "técnicas penitenciárias"; e, por fim, o "módulo da segurança", ou seja, "saber como, no fundo, manter um tipo de criminalidade [...] dentro de limites que sejam social e economicamente aceitáveis e em torno de uma média que vai ser considerada, digamos, ótima para um funcionamento social dado".[9]

[6] LIMA, Renato Sérgio de; BUENO, Samira; SOBRAL, Isabela; PACHECO, Dennis. Câmeras na farda reduzem a letalidade policial?. **GV EXECUTIVO**, v. 21, p. 15, 2022.

[7] CANDIOTTO, Cesar. **A governamentalidade política no pensamento de Foucault**. Filosofia Unisinos. Rio Grande do Sul, v. 11, n. 1, p. 34, jan/abr. 2010.

[8] FOUCAULT, Michel. **Segurança, território, população**: curso dado no Collège de France (1977-1978). São Paulo: Martins Fontes, 2008, p. 143-144.

[9] FOUCAULT, Michel. **Segurança, território, população**: curso dado no Collège de France (1977-1978). São Paulo: Martins Fontes, 2008, p. 7-8.

No terceiro módulo foucaultiano estão inseridas as tecnologias de segurança como mecanismos de controle social.[10] Esses mecanismos de segurança atuam naquilo que o pensador francês cunhou por "Estado de Governo",[11] definido pela "massa da população, com seu volume, sua densidade, com, e claro, o território no qual ela se estende".[12] Da mesma forma que os dispositivos de segurança constituem um dos "aparelhos específicos de segurança" do conceito introduzido por Foucault, o risco se apresenta como um dos "saberes específicos" utilizados no controle da população. Nesse sentido, "todo o controle é exercido através dos 'aparatos de segurança', que são típicos do Estado governamentalizado".[13]

E na complexidade dos aparatos de vigilância e controle da população, as câmeras corporais despontam como mecanismos que monitoram práticas policiais ostensivas, em um país no qual a violência funciona como um dos alicerces da sociedade. Para compreender o controle das atividades policiais, é preciso esmiuçar os números que conformam a segurança pública no Brasil e sua dinâmica repressiva de funcionamento.

1. A gestão da segurança pública no Brasil: a violência em números

Passados mais de trinta anos da reafirmação do Estado Democrático de Direito no Brasil, estudar a segurança pública e analisar criticamente a dinâmica de seu funcionamento seguem como campos atuais de estudo, considerando sua conotação exclusivamente policial.[14] A interpretação prevalecente da segurança pública não privilegiou a cognição de proteção de

[10] FOUCAULT, Michel. **Segurança, território, população**: curso dado no Collège de France (1977-1978). São Paulo: Martins Fontes, 2008, p. 10.

[11] Foucault não compreende o "governo" como sucessão da disciplina e da soberania, senão o oposto: "quando ele identificou a sociedade moderna como uma sociedade disciplinar, ele não afirmou o desaparecimento do *modos operandi* da soberania; igualmente uma sociedade governamentalizada não vem substituir a sociedade disciplinar. [...] Poder-se-ia dizer que, no conceito de governamentalidade que Foucault se propõe a analisar, a soberania, as disciplinas e a gestão governamental estão articuladas". CANDIOTTO, Cesar. A governamentalidade política no pensamento de Foucault. **Filosofia Unisinos**. Rio Grande do Sul, v. 11, n. 1, p. 39, jan/abr. 2010.

[12] FOUCAULT, Michel. **Segurança, território, população**: curso dado no Collège de France (1977-1978). São Paulo: Martins Fontes, 2008, p. 145-146.

[13] FABRETTI, Humberto Barrionuevo. **Segurança pública**: fundamentos jurídicos para uma abordagem constitucional. São Paulo: Atlas, 2014, p. 36.

[14] LIMA, Renato Sérgio de; BUENO, Samira; MINGARDI, Guaracy. Estado, polícias e segurança pública no Brasil. **Revista Direito GV**. São Paulo, v. 12, n. 1, p. 50, jan./abr 2016.

direitos a todos os cidadãos, muito embora a segurança conste no rol do artigo 6º do texto constitucional, que estabelece os direitos sociais. Nesse intento, o paradigma da ordem pública que permanece no Brasil quanto à segurança pública prioriza a fruição individual do direito à segurança, para o qual "estar seguro" confunde-se com a defesa de uma parcela da população dos "maus cidadãos", "garantindo que os primeiros jamais sejam vitimados pelos segundos".[15]

Na realidade brasileira, a questão da segurança como um direito social desloca-se para um paradigma que privilegia uma ótica restritiva de combate à criminalidade em prol de uma dita ordem que atenda aos anseios de diminuta parcela da população, a partir de, não raras vezes, práticas que confrontam à legalidade e que violam direitos e garantias fundamentais daqueles que não estão resguardados pelos direitos da cidadania, objetos – e não sujeitos – da segurança.[16]

A ineficácia das políticas de segurança no Brasil, no tocante ao objetivo declarado de manutenção da ordem, revela que a segurança pública ainda não foi contemplada pelos avanços democráticos consolidados pela Constituição Federal de 1988. Ditas políticas foram, a bem da verdade, bem-sucedidas no processo de exclusão que a dinâmica de funcionamento da segurança pública no país conforma de um grupo de pessoas excluído política e socialmente. Conforme dados selecionados e esmiuçados abaixo, a população negra, masculina e entre 15 e 29 anos, constitui o perfil protagonista nos índices de homicídio do país e nos números de vítimas pela letalidade policial pelas polícias militar e civil, evidenciando o descompasso existente entre os avanços democráticos e políticas de segurança no Brasil.

Com efeito, uma das ramificações de estudo em torno do complexo funcionamento da segurança pública brasileira é a análise dos dados existen-

[15] FABRETTI, Humberto Barrionuevo. **Segurança pública**: fundamentos jurídicos para uma abordagem constitucional. São Paulo: Atlas, 2014, p. 118.

[16] Com efeito, no Brasil, "esquecem-se, governo e população, no mais das vezes, de se garantir e pleitear direitos fundamentais básicos, mas não se esquecem de prometer e exigir mais segurança, como se fosse possível falar da segurança como um direito fundamental autônomo, isolado e superior que pode ser gozado pelos cidadãos independentemente de outros direitos fundamentais. Ainda, aumenta-se cada vez mais o número de leis penais e processuais penais que restringem a liberdade individual e desenvolvem-se mais e mais ações policiais violentas, sempre sob o argumento de se melhorar/aumentar/garantir o direito dos cidadãos à segurança". FABRETTI, Humberto Barrionuevo. **Segurança pública**: fundamentos jurídicos para uma abordagem constitucional. São Paulo: Atlas, 2014, p. 119.

tes e divulgados sobre os índices de violência no país, incluindo a violência policial, seja a partir da letalidade advinda de intervenções policiais, seja a partir da vitimização policial.

O Brasil é um dos países mais violentos do mundo. Segundo apurado pelo Fórum Brasileiro de Segurança Pública, em 2022, o país registrou 47.508 mil mortes violentas intencionais, categoria que congrega as vítimas de homicídio doloso, incluindo os casos de feminicídios e de policiais assassinados, roubos seguidos de morte, lesão corporal seguida de morte e as mortes decorrentes de intervenções policiais. Isso implica em uma taxa de 23,4 mortes para cada 100 mil habitantes,[17] o que, embora represente uma queda em relação ao ano anterior, ainda sinaliza que a violência, sobretudo em sua manifestação letal, reside na sociedade brasileira.

No tocante ao número de homicídios, o país concentra mais de 10% das mortes de todo o mundo, muito embora corresponda a 3% de toda a população mundial.[18] Segundo pesquisa divulgada pela Organização das Nações Unidas (ONU), com dados relativos ao ano de 2017, o Brasil e a Nigéria, em números absolutos, possuíam 5% da população mundial e concentraram 28% do total de homicídios do mundo.[19]

Em 2019, o país registrou 45.503 mil homicídios e uma taxa de 21,7 homicídios a cada 100 mil habitantes.[20] O estudo aponta para uma possível diminuição na taxa de homicídios no Brasil em 2019, o que, contudo, não necessariamente condiz com a realidade, considerando que 16.648 mil mortes violentas foram registradas sem causa especificada.[21]

[17] FÓRUM BRASILEIRO DE SEGURANÇA PÚBLICA (Org.). **Anuário Brasileiro de Segurança Pública.** São Paulo: FBSP, 2023, p. 24. Disponível em: https://forumseguranca.org.br/anuario-brasileiro-seguranca-publica/. Acesso em 20 jul. 2023.

[18] LIMA, Renato Sérgio de; BUENO, Samira; SOBRAL, Isabela; PACHECO, Dennis. Câmeras na farda reduzem a letalidade policial?. **GV EXECUTIVO**, v. 21, p. 15, 2022.

[19] UNITES NATIONS. **Global study on homicide. Homicide**: extente, patterns, trends and criminal justice response. Viena: UNODC, 2019, p. 18.

[20] INSTITUTO DE PESQUISA ECONÔMICA APLICADA. **Atlas da violência**. São Paulo: Fórum Brasileiro de Segurança Pública, 2021, p. 11.

[21] Nesse aspecto, vale pontuar que em 35,2% das mortes violentas registradas no ano de 2019, não houve indicação de causa. Assim, a pesquisa ressalta que o número total de homicídios em 2019 e sua queda em relação aos anos anteriores podem ser aspectos aparentes e não reais, as 16.648 mil mortes violentas sem causa especificada. Assim, o total de homicídios no Brasil pode ter atingido, em 2019, o total de 62.151 mil pessoas, número superior ao ano de 2018, que contou com 57.956 mil homicídios no país. INSTITUTO DE PESQUISA ECONÔMICA APLICADA. **Atlas da violência**. São Paulo: Fórum Brasileiro de Segurança Pública, 2021, p. 20.

Do total de homicídios registrados em 2019, 51,3% foram de jovens entre 15 e 29 anos. Segundo o Instituto de Pesquisa Econômica Aplicada, "são 23.327 jovens que tiveram suas vidas ceifadas prematuramente, em uma média de 64 jovens assassinados por dia no país".[22] As mortes seguem não apenas um critério etário, como também um viés racial bem delimitado: em 77% das vítimas de homicídio no país em 2019 foram pessoas negras e pardas. Segundo o estudo realizado pelo Instituto de Pesquisa Econômica Aplicada, a taxa de violência letal contra pessoas negras foi 162% maior que entre não negras, no ano de 2019.[23]

Um outro aspecto da violência característica da sociedade brasileira é a análise da letalidade policial no país. Desde o ano de 2013, o Fórum Brasileiro de Segurança Pública realiza relevante monitoramento sobre a dinâmica letal do funcionamento da segurança pública no país. Entre os anos de 2013 e 2021, o total de 43.171 mil pessoas foram vítimas de intervenções das polícias militar e civil.[24] Em 2023, foram constatadas outras 6.430 mil vítimas da letalidade policial, cujas taxas para grupos de 100 mil pessoas variam de acordo com cada estado.

Ainda, o perfil prioritário dessas mortes é semelhante ao constatado no sistema carcerário brasileiro, o qual, igualmente, o Brasil assume posição de destaque no cenário mundial. Das 6.145 mil mortes por intervenções policiais no ano de 2021, 65,2% eram pessoas entre 15 e 29 anos e 84,1% eram negros e pardos. Em 2023, do total de 6.430 mil mortes, em 68,1% dos casos, as vítimas eram pessoas entre 18 e 29 anos e em 83,1%, eram negros e pardos.

Contudo, se as polícias civil e militar são caracterizadas como responsáveis pela truculência nas políticas de segurança, ressalta-se que a vitimização policial é uma outra faceta da violência brasileira. Em 2021, 190 policiais foram assassinados no Brasil, sendo 77,4% desse total em folga.[25]

[22] INSTITUTO DE PESQUISA ECONÔMICA APLICADA. **Atlas da violência**. São Paulo: Fórum Brasileiro de Segurança Pública, 2021, p. 27.

[23] INSTITUTO DE PESQUISA ECONÔMICA APLICADA. **Atlas da violência**. São Paulo: Fórum Brasileiro de Segurança Pública, 2021, p. 49.

[24] FÓRUM BRASILEIRO DE SEGURANÇA PÚBLICA (Org.). **Anuário Brasileiro de Segurança Pública.** São Paulo: FBSP, 2022, p. 78. Disponível em: https://forumseguranca.org.br/anuario-brasileiro-seguranca-publica/. Acesso em: 4 jul. 2023.

[25] FÓRUM BRASILEIRO DE SEGURANÇA PÚBLICA (Org.). **Anuário Brasileiro de Segurança Pública.** São Paulo: FBSP, 2022, p. 66-68. Disponível em: https://forumseguranca.org.br/anuario-brasileiro-seguranca-publica/. Acesso em 4 jul. 2023.

Em 2022, 173 policiais – civis e militares – foram assassinados, sendo preponderante a morte em confronto ou por lesão não natural fora de serviço.

Considerando o objetivo do artigo, em São Paulo, no ano de 2020, a taxa das mortes em decorrência da letalidade policial é de 8,1 para cada 100 mil pessoas, o que não coloca o estado como um dos com mais altas taxas de letalidade.[26] De todo modo, políticas de segurança em São Paulo são moldadas pelo mesmo paradigma da ordem pública que impera na interpretação constitucional da segurança pública, implicando em um modo de funcionamento violento que ocasiona resultados letais (gráfico 1).

Gráfico 1

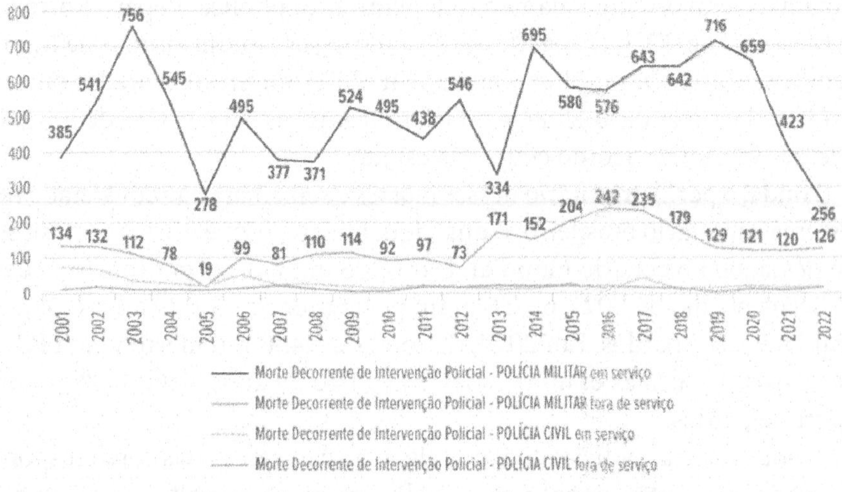

Fonte: Fórum Brasileiro de Segurança Pública, 2023, p. 8.

O perfil das vítimas das mortes decorrentes de intervenção policial em São Paulo segue o padrão brasileiro, com a particularidade de crianças e adolescentes. Em 2019, 102 adolescentes foram vítimas da letalidade policial e, em 2022, esse número reduziu para 34.[27] A redução das mortes de

[26] MONTEIRO, Joana; CARNEIRO, Luis Piquet; CARVALHO, Eduardo Fagundes; FERNANDES, Júlia Guerra. **Avaliação do impacto do uso de câmeras corporais pela Polícia Militar do Estado de São Paulo (Relatório de Pesquisa).** Fundação Getúlio Vargas, 2022, p. 4-5.

[27] FÓRUM BRASILEIRO DE SEGURANÇA PÚBLICA. **As câmeras corporais na polícia militar do Estado de São Paulo**: processo de implementação e impacto nas mortes de

adolescentes em São Paulo apontada pelo estudo do Fórum Brasileiro de Segurança Pública é objeto de estudo do próximo tópico, porquanto consubstancia uma das relevantes discussões em torno das câmeras corporais.

É notório o ciclo de violência que se sustenta a partir de políticas de segurança desestruturadas e desarticuladas do ponto de vista da cidadania.[28] Fica evidente, a partir dos dados analisados acima, que os alicerces da segurança no país não privilegiam a promoção de direitos, senão o exato oposto, em particular, à população jovem e negra. Nesse contexto que se situam a ascensão das câmeras corporais enquanto tecnologia a serviço da segurança pública e do objetivo de manutenção de uma ordem que seja, efetivamente, democrática e inclusiva.

2. Câmeras corporais na segurança pública: discussões a partir da experiência paulista

As câmeras corporais na atividade policial já possuam estudos consolidados na literatura internacional e, no Brasil, antes do Programa Olho Vivo, outros estados já buscam implementar a medida. Contudo, ainda não há, no Brasil, uma regulamentação federal sobre a sua utilização, cabendo a normativas internas de cada instituição. Em São Paulo, destacam-se quatro normativas administrativas: 1) a Diretriz nº PM3-008/20/20, que dispõe sobre as Câmeras Operacionais Portáteis (COP); 2) a Nota de Serviço Nº PM3-001/02/21, que estabelece procedimentos de implementação de câmeras operacionais portáteis – COP; 3) o Procedimento Operacional Padrão – POP nº 5.16.00 – Câmeras Operacionais Portáteis e; 4) a Cartilha da Câmera Operacional Portátil.

Em 2020, a Polícia Militar de São Paulo iniciou o projeto "Olho Vivo", com a introdução de 585 câmeras distribuídas em três batalhões. Em junho de 2021, o Programa "Olho Vivo" foi lançado, com a distribuição de mais 2.500 câmeras a outros 18 batalhões. Até setembro de 2022, mais de 10.000 mil câmeras foram entregues a mais de 60 batalhões,[29] o que denota a

adolescentes. Coordenação de Samira Bueno. Supervisão Renato Sérgio de Lima. São Paulo: Fórum Brasileiro de Segurança Pública, 2023, p. 7.

[28] FABRETTI, Humberto Barrionuevo. **Segurança pública**: fundamentos jurídicos para uma abordagem constitucional. São Paulo: Atlas, 2014, p. 68.

[29] MONTEIRO, Joana; CARNEIRO, Luis Piquet; CARVALHO, Eduardo Fagundes; FERNANDES, Júlia Guerra. **Avaliação do impacto do uso de câmeras corporais pela Polícia Militar do Estado de São Paulo (Relatório de Pesquisa).** Fundação Getúlio Vargas, 2022, p. 11.

magnitude do projeto e a relevância de sua análise para compreensão da utilização dessa tecnologia de controle na segurança pública brasileira.

A previsão de implementação de *bodycams* nos uniformes teve como finalidade o monitoramento da rotina de trabalho dos policiais, resguardando também a cadeia de custódia dessas imagens. As câmeras corporais são de uso obrigatório enquanto os agentes estiverem em serviço, com gravação ininterrupta das atividades policiais, sem que sejam dotados de livre autonomia para iniciar ou finalizar as gravações, uma das controvérsias das câmeras corporais no programa paulista.

As gravações das câmeras corporais em São Paulo possuem dois modos de coleta: o vídeo de rotina, realizados automaticamente pelo equipamento, e o vídeo intencional, no qual o próprio policial aciona de forma deliberada com a finalidade de gravar uma ocorrência. O critério para acioná-la é o do "interesse policial" – ou seja, probatório – e não do cidadão. Pauta-se, portanto, pelos interesses punitivos estatais e não pelo resguardo dos direitos fundamentais do cidadão, considerando a lógica pela qual a segurança pública no Brasil é operada.

Algumas das principais discussões no que tange à utilização das câmeras corporais nas fardas policiais residem no sopesamento entre as garantias individuais do policial e do cidadão, quanto ao direito de privacidade, proteção dos dados e transparência das imagens. Há, na legislação brasileira, lei específica voltada à proteção de dados que, contudo, excepcionam no caso de dados de segurança pública.[30] Quanto ao acesso aos dados das câmeras, a discussão se dá na distinção do sigilo de dados relacionados à segurança pública (proteção de dados), com a inviolabilidade da privacidade e o direito do cidadão de acesso ao seu próprio dado, que deve ser amplamente disponível a quem fizer parte daquela imagem.

De notar, contudo, que estudos preliminares sobre a recém prática paulista de implementação das câmeras corporais em São Paulo preservaram vidas, incluindo a dos próprios policiais.[31] O Fórum Brasileiro de

[30] Artigo 4º da Lei n. 13.709/2018 (Lei Geral de Proteção de Dados): "Esta Lei não se aplica ao tratamento de dados pessoais: [...] III – realizado para fins exclusivos de: a) segurança pública; b) defesa nacional; c) segurança do Estado; ou d) atividades de investigação e repressão de infrações penais".

[31] MONTEIRO, Joana; CARNEIRO, Luis Piquet; CARVALHO, Eduardo Fagundes; FERNANDES, Júlia Guerra. **Avaliação do impacto do uso de câmeras corporais pela Polícia Militar do Estado de São Paulo (Relatório de Pesquisa)**. Fundação Getúlio Vargas, 2022, p. 21.

Segurança Pública, em estudo divulgado em 2022, sinalizou a utilização desses aparatos no controle das atividades da polícia ostensiva como uma das possíveis causas da redução da letalidade policial no ano de 2021.[32]

A partir da análise de dados sobre a letalidade policial, comparando aqueles batalhões que participam do Programa Olho Vivo e aqueles que não participam, estudo do Fórum Brasileiro de Segurança Pública constatou, de um lado, que a redução operada na letalidade foi de 76,2% aos que participam do programa em contraposição aos 33,3% em relação aos batalhões que não participam (gráfico 2), considerando os agentes em serviço.[33] A média geral de redução constatada pelo estudo após o Programa Olho Vivo foi de 62,7%.

A possibilidade[34] de que o uso das câmeras esteja relacionado à redução das letalidades, considerando os dados dos batalhões que participam do programa paulista, foi igualmente sugerida por pesquisadores da Fundação Getúlio Vargas, que indicam, ainda, a conjugação das câmeras com

[32] Conforme trabalhado na primeira parte do artigo, as reduções nos dados existentes não desconstituem que a violência permeia como uma característica da sociedade brasileira e do controle social, que permanece como uma questão latente na segurança pública, sobretudo em sua dissociação com os direitos da cidadania. Para Lima, Bueno e Mingardi, a segurança pública "acaba subsumida às forças policiais e, mesmo após a Constituição de 1988, não consegue ser pensada para além da gestão da atividade policial e da lógica do direito penal". Concluem os autores que "se é verdade que o Brasil tem melhorado seus indicadores econômicos e sociais, o quadro de violência do país indica a convivência com taxas de crimes letais em muito superiores às de outros países e nos coloca no triste ranking das sociedades mais violentas do mundo, isso sem contar as altas taxas endêmicas de outros crimes violentos (roubos, sequestros, lesões, mortes pela polícia, etc.)". LIMA, Renato Sérgio de; BUENO, Samira; MINGARDI, Guaracy. Estado, polícias e segurança pública no Brasil. **Revista Direito GV**. São Paulo, v. 12, n. 1, p. 50-51, jan./abr 2016.

[33] Segundo a pesquisa, a queda de letalidade entre crianças e adolescentes foi expressiva após o Programa Olho Vivo, fator apontado como relevante para a análise dessa redução em São Paulo. FÓRUM BRASILEIRO DE SEGURANÇA PÚBLICA. **As câmeras corporais na polícia militar do Estado de São Paulo**: processo de implementação e impacto nas mortes de adolescentes. Coordenação de Samira Bueno. Supervisão Renato Sérgio de Lima. São Paulo: Fórum Brasileiro de Segurança Pública, 2023, p. 21-25.

[34] Os autores ressaltam que as câmeras enquanto tecnologias de controle, sozinhas, não possuem o condão de alterar a dinâmica do uso policial da força na atividade ostensiva. Além da própria postura política estadual de controle da atividade policial, impacta na efetividade das câmeras corporais "programas voltados a reforçar compliance, *accountability* e mecanismos de valorização profissional". LIMA, Renato Sérgio de; BUENO, Samira; SOBRAL, Isabela; PACHECO, Dennis. **Câmeras na farda reduzem a letalidade policial?**. **GV EXECUTIVO**, v. 21, p. 20, 2022.

fatores da "mensagem política" do programa e "questão da liderança das corporações policiais" (gráfico 3).

Gráfico 2

	Demais batalhões	Batalhões do Programa Olho Vivo	Total Geral
2019	219	478	697
2020	197	465	662
2021	159	283	442
2022	146	114	260
Variação (em %)	-33,3	-76,2	-62,7

Fonte: Fórum Brasileiro de Segurança Pública, 2023, p. 20.

Gráfico 3

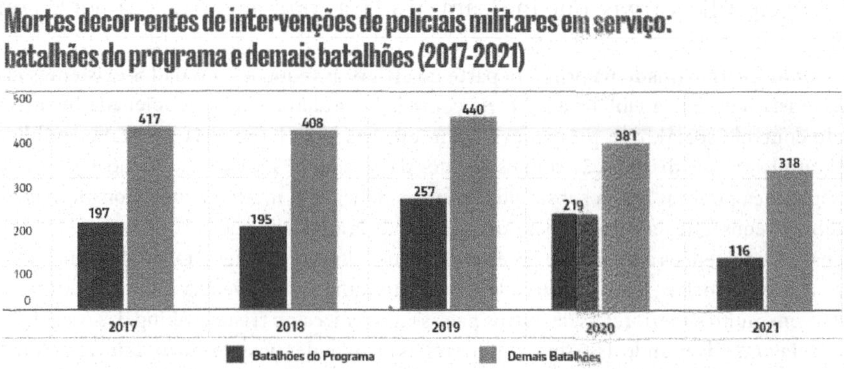

Fonte: Lima; Bueno; Sobral; Pacheco, 2022, p. 19 .

Não é possível atribuir à redução da letalidade em São Paulo somente ao programa paulista de implementação das câmeras corporais, contudo, os dados apresentados sobre a recente experiência sinalizam sua influência. Se é verdade que as câmeras corporais, seu funcionamento, armazenamento e compartilhamento de dados ainda padece de legislação e melhor regulamentação, não é menos verdade de que essas câmeras, enquanto instrumentos de controle da atividade policial, podem, em conjunto com outros fatores de ordens política, social e jurídica, constituir instrumentos à serviço de uma ordem democrática, constitucional e cidadã.

Conclusões

A violência que permeia e condiciona a segurança pública no país é evidenciada pelos dados apresentados na primeira parte do artigo, que comprovam uma permanência na interrupção de vidas humanas como prática de segurança naturalizada no Brasil. Ainda, a possibilidade de que o número de homicídios, em 2019, seja superior ao constatado pela pesquisa, corrobora com a estrutura violenta que conforma a segurança pública e os órgãos que a compõe.

Dentre as inúmeras possibilidades de análise do complexo e multifacetado fenômeno da violência no Brasil, o trabalho teve como objetivo analisar as câmeras corporais enquanto aparatos tecnológicos de controle das atividades policiais. Nesse intento, a segunda parte do trabalho dedicou-se à análise da experiência paulista na implantação dessa tecnologia de controle, dado o pioneirismo e os resultados preliminares existentes dessa aplicação. Atualmente, na maioria dos batalhões paulistas funciona o Programa Olho Vivo com resultados que sinalizam, ao menos a priori, para a redução da letalidade decorrente de intervenções policiais.

As pesquisas elaboradas recentemente com base nos dados do programa paulista indicam que as mortes decorrentes de intervenções policiais pela Polícia Militar – considerando os agentes em serviço – tiveram uma queda em período contemporâneo à implementação e aprimoramento das câmeras nos uniformes policiais.

A utilização das câmeras corporais carece de legislação federal ou estadual que regulamentem o tema. Na situação paulista, normas internas regulamentam o funcionamento das câmeras, seu acionamento e desligamento, armazenamento e acesso às imagens e vídeos pelos cidadãos. Nesses aspectos estão algumas das discussões no uso das *bodycams*, apontadas na segunda parte do trabalho de modo não exaustivo. Trata-se de experiência brasileira de controle profícua para múltiplos aspectos de análise, tendo como premissa a segurança enquanto resguardo e garantia de direitos.

Nesse intento, distante de qualquer linha conclusiva, o artigo propôs uma análise propositiva do uso das câmeras corporais, considerando a dinâmica violenta que alicerça a segurança pública no Brasil, bem como a relevância que a experiência paulista recente tem assumido no Brasil e no mundo. Tanto quanto funcionais tecnologias de vigilância do uso da força, as câmeras corporais podem não esgotar suas potencialidades por circunstâncias diversas como a falta de regulamentação precisa, acesso às informações e resguardo ao armazenamento de dados, imagens e vídeos.

Referências

CANDIOTTO, Cesar. A governamentalidade política no pensamento de Foucault. **Filosofia Unisinos**. Rio Grande do Sul, v. 11, n. 1, p. 33-43, jan/abr. 2010.

FABRETTI, Humberto Barrionuevo. **Segurança pública**: fundamentos jurídicos para uma abordagem constitucional. São Paulo: Atlas, 2014.

FÓRUM BRASILEIRO DE SEGURANÇA PÚBLICA (Org.). **Anuário Brasileiro de Segurança Pública.** São Paulo: FBSP, 2022. Disponível em: https://forumseguranca.org.br/anuario-brasileiro-seguranca-publica/. Acesso em 4 jul. 2023.

FÓRUM BRASILEIRO DE SEGURANÇA PÚBLICA (Org.). **Anuário Brasileiro de Segurança Pública.** São Paulo: FBSP, 2023. Disponível em: https://forumseguranca.org.br/anuario-brasileiro-seguranca-publica/. Acesso em 20 jul. 2023.

FÓRUM BRASILEIRO DE SEGURANÇA PÚBLICA. **As câmeras corporais na polícia militar do Estado de São Paulo**: processo de implementação e impacto nas mortes de adolescentes. Coordenação de Samira Bueno. Supervisão Renato Sérgio de Lima. São Paulo: Fórum Brasileiro de Segurança Pública, 2023.

FOUCAULT, Michel. **Segurança, território, população**: curso dado no Collège de France (1977-1978). São Paulo: Martins Fontes, 2008.

INSTITUTO DE PESQUISA ECONÔMICA APLICADA. **Atlas da violência.** São Paulo: Fórum Brasileiro de Segurança Pública, 2021.

LIMA, Renato Sérgio de; BUENO, Samira; MINGARDI, Guaracy. Estado, polícias e segurança pública no Brasil. **Revista Direito GV**. São Paulo, v. 12, n. 1, p. 49-85, jan./abr 2016.

LIMA, Renato Sérgio de; BUENO, Samira; SOBRAL, Isabela; PACHECO, Dennis. Câmeras na farda reduzem a letalidade policial?. **GV EXECUTIVO**, v. 21, p. 13-21, 2022.

MONTEIRO, Joana; CARNEIRO, Luis Piquet; CARVALHO, Eduardo Fagundes; FERNANDES, Júlia Guerra. **Avaliação do impacto do uso de câmeras corporais pela Polícia Militar do Estado de São Paulo (Relatório de Pesquisa).** Fundação Getúlio Vargas, 2022, p. 1-28.

UNITED NATIONS. **Global study on homicide. Homicide**: extente, patterns, trends and criminal justice response. Viena: UNODC, 2019.

19
IL CONTROLLO DEL CONTROLLO: LE ESPERIENZE DELLE TELECAMERE DEL CORPO NELLA POLIZIA OSTENSIVA DI SAN PAOLO

HUMBERTO BARRIONUEVO FABRETTI

Introduzione

Il fenomeno dell'avanzamento tecnologico impatta sui più diversi aspetti della società, compresa la pubblica sicurezza. In questo contesto di nuove tecnologie di sorveglianza, le telecamere del corpo nell'ostentata attività di polizia si sono distinte come strumento di gestione della sicurezza nel paese. Il suo utilizzo da parte dell'apparente polizia brasiliana ha sollevato intensi dibattiti. Recentemente implementato in alcuni stati,[1] le telecamere del corpo sono particolarmente rilevanti nel controllo delle pratiche di polizia nelle attività aperte, soprattutto considerando il contesto violento in cui sono inserite le politiche di sicurezza nel paese.

Nella prima parte dell'articolo viene svolta una ricognizione dei dati esistenti sulle dinamiche della pubblica sicurezza nel paese, dimostrando la struttura violenta che plasma la pubblica sicurezza e le sue istituzioni. Vi è un uso sproporzionato della forza, di cui l'interruzione di vite umane ne è una delle principali e più gravi manifestazioni, legittimata da un presunto mantenimento dell'ordine e tutela del "diritto alla sicurezza" di pochi.

[1] La questione della distribuzione delle competenze federali nel campo delle politiche di pubblica sicurezza – o della loro mancanza – è uno degli spettri critici che permea la gestione della sicurezza nel paese. Sebbene non sia l'obiettivo del presente studio, la previsione costituzionale di pubblica sicurezza assegna agli Stati un ruolo maggiore nell'elaborazione e nel monitoraggio delle politiche di sicurezza, determinando una serie di politiche disperse e controproducenti nel senso di garantire i diritti.

L'obiettivo principale dell'articolo è analizzare questi dispositivi tecnologici nel contesto della sicurezza pubblica brasiliana, sulla base dell'esperienza di San Paolo che è stata recentemente implementata, considerandola una delle grandi iniziative per l'uso delle telecamere del corpo nelle attività di polizia intorno al mondo.[2] A tal fine, la ricerca attinge alla ricerca empirica sulla violenza letale nel funzionamento della sicurezza del paese, oltre a recenti prove sull'uso di telecamere del corpo da parte degli agenti di polizia nella loro routine ostensiva.

L'anno 2020 segna l'inizio del "Programma Olho Vivo" nella polizia militare di San Paolo, che ha implementato telecamere per il corpo nelle uniformi della polizia per la registrazione ininterrotta dell'attività ostentata degli agenti di sicurezza. Entro la fine del 2022, più di 60 dei 135 battaglioni della Polizia Militare di San Paolo facevano parte del programma.[3] Nonostante l'esistenza di critiche, l'esperienza di San Paolo nell'uso delle *bodycam* è indicata da indagini sulle prove come una possibile causa della riduzione della letalità e della vittimizzazione da parte della polizia. Le discussioni intorno al programma sono studiate nella seconda parte dell'articolo.

L'uso di telecamere per il corpo nelle uniformi della polizia ha avuto risonanza in tutto il mondo.[4] In Brasile, sono contemporanei alla realtà delle politiche di sicurezza annunciate dalla ricerca esistente sull'argomento, che allargano il divario tra agende democratiche e gestione della sicurezza. Il paese si distingue nel mondo per il numero di omicidi e morti conseguenti agli interventi della polizia. Nonostante le possibili fluttuazioni negli anni dei numeri, i "dispositivi di sicurezza"[5] rivolta allo stesso gruppo sociale – uomini, giovani e neri – si distingue come una costante.

[2] MONTEIRO, Joana; CARNEIRO, Luis Piquet; CARVALHO, Eduardo Fagundes; FERNANDES, Júlia Guerra. Fundação Getúlio Vargas. **Avaliação do impacto do uso de câmeras corporais pela Polícia Militar do Estado de São Paulo (Relatório de Pesquisa).** 2022, p. 3.

[3] FÓRUM BRASILEIRO DE SEGURANÇA PÚBLICA. **As câmeras corporais na polícia militar do Estado de São Paulo**: processo de implementação e impacto nas mortes de adolescentes. Coordenação de Samira Bueno. Supervisão Renato Sérgio de Lima. São Paulo: Fórum Brasileiro de Segurança Pública, 2023, p. 19.

[4] Per una visualizzazione della letteratura finora prodotta e dei relativi risultati, consultare la tabella formulata nello studio: LIMA, Renato Sérgio de; BUENO, Samira; SOBRAL, Isabela; PACHECO, Dennis. **Câmeras na farda reduzem a letalidade policial?. GV EXECUTIVO**, v. 21, p. 17-18, 2022.

[5] FOUCAULT, Michel. **Segurança, território, população**: curso dado no Collège de France (1977-1978). São Paulo: Martins Fontes, 2008.

A San Paolo lo scenario non è diverso: nel 2019 "2.906 persone sono state vittime di omicidi intenzionali e 867 sono morte in interventi di polizia", il che indica che quasi un terzo di tutte le morti violente intenzionali sono state commesse da agenti di polizia, in particolare militari Polizia Stradale.[6] In questo turbolento scenario si inserisce il controllo delle ostensive attività di polizia attraverso la tecnologia delle body camera.

Nella sua analisi del controllo, Michel Foucault sviluppa il concetto di governamentalità, introducendo la "problematizzazione della governamentalità nell'analisi del potere",[7] dalla fine degli anni '70, particolarmente rilevante per lo studio della gestione della sicurezza da parte dello Stato in base al rischio. Per l'autore, la governamentalità lo è

> L'insieme costituito da istituzioni, procedure, analisi e riflessioni, calcoli e tattiche che consentono l'esercizio di questa ben specifica, seppur molto complessa, forma di potere che ha come principale bersaglio la popolazione, l'economia politica come principale forma di conoscenza e per strumento tecnico essenziale i dispositivi di sicurezza. In secondo luogo, per "governamentalità" intendo la tendenza, la forza che, in tutto l'"Occidente, non ha cessato di condurre, e lo è da tempo, verso la preminenza di quel tipo di potere che possiamo chiamare "governo". su tutti i paesi altri – sovranità, disciplina – e che ha portato, da un lato, lo sviluppo di tutta una serie di specifici apparati di governo e, dall'altro, lo sviluppo di tutta una serie di conoscenze.[8]

L'autore definisce la sicurezza sulla base di tre moduli: la legge proibitiva e la sua sanzione, da un lato; dall'altro, tutto un insieme di sorveglianze, controlli, sguardi, che permettono di scoprire, in via preventiva, l'infrazione o, addirittura, la pena come "pratica come la carcerazione" con "tecniche penitenziarie"; e, infine, il "modulo sicurezza", cioè "saper mantenere, in fondo, un tipo di criminalità [...] entro limiti socialmente ed economicamente accettabili e attorno ad una media che si considererà, diciamo così, , ottimale per un dato funzionamento sociale".[9]

[6] LIMA, Renato Sérgio de; BUENO, Samira; SOBRAL, Isabela; PACHECO, Dennis. **Câmeras na farda reduzem a letalidade policial?. GV EXECUTIVO**, v. 21, p. 15, 2022.

[7] CANDIOTTO, Cesar. **A governamentalidade política no pensamento de Foucault. Filosofia Unisinos**. Rio Grande do Sul, v. 11, n. 1, p. 34, jan/abr. 2010, libera traduzione dell'autore.

[8] FOUCAULT, Michel. **Segurança, território, população**: curso dado no Collège de France (1977-1978). São Paulo: Martins Fontes, 2008, p. 143-144, libera traduzione dell'autore.

[9] FOUCAULT, Michel. **Segurança, território, população**: curso dado no Collège de France (1977-1978). São Paulo: Martins Fontes, 2008, p. 7-8, libera traduzione dell'autore.

Il terzo modulo foucauldiano include le tecnologie di sicurezza come meccanismi di controllo sociale.[10] Questi meccanismi di sicurezza agiscono in quello che il pensatore francese ha coniato come "Stato di governo",[11] definito dalla "massa della popolazione, con il suo volume, la sua densità, con, e naturalmente, il territorio in cui si estende".[12] Allo stesso modo in cui i dispositivi di sicurezza costituiscono uno dei "dispositivi di sicurezza specifici" del concetto introdotto da Foucault, il rischio si presenta come una delle "conoscenze specifiche" utilizzate nel controllo della popolazione. In questo senso, "ogni controllo è esercitato attraverso gli 'apparati di sicurezza', tipici dello Stato governamentalizzato".[13]

Nella complessità degli apparati di sorveglianza e di controllo della popolazione, le telecamere del corpo emergono come meccanismi che monitorano le pratiche palesi della polizia, in un paese in cui la violenza funziona come uno dei fondamenti della società. Per comprendere il controllo delle attività di polizia, è necessario scrutare i numeri che compongono la sicurezza pubblica in Brasile e le sue dinamiche operative repressive.

1. Gestione della pubblica sicurezza in Brasile: la violenza in cifre

Dopo più di trent'anni dalla riaffermazione dello Stato di diritto democratico in Brasile, lo studio della sicurezza pubblica e l'analisi critica delle dinamiche del suo funzionamento rimangono campi di studio attuali, considerata la sua connotazione esclusivamente poliziesca.[14] L'interpretazione

[10] Foucault, Michel. **Segurança, território, população**: curso dado no Collège de France (1977-1978). São Paulo: Martins Fontes, 2008, p. 10.

[11] Michel Foucault non intende il "governo" come una successione di disciplina e sovranità, ma il contrario: "quando identificava la società moderna come una società disciplinare, non affermava la scomparsa dei modi operandi della sovranità; Allo stesso modo, una società governamentalizzata non sostituisce la società disciplinare. [...] Si potrebbe dire che, nel concetto di governamentalità che Foucault si propone di analizzare, si articolano sovranità, discipline e gestione governativa". Candiotto, Cesar. A governamentalidade política no pensamento de Foucault. **Filosofia Unisinos**. Rio Grande do Sul, v. 11, n. 1, p. 39, jan/abr. 2010, libera traduzione dell'autore.

[12] Foucault, Michel. **Segurança, território, população**: curso dado no Collège de France (1977-1978). São Paulo: Martins Fontes, 2008, p. 145-146, libera traduzione dell'autore.

[13] Fabretti, Humberto Barrionuevo. **Segurança pública**: fundamentos jurídicos para uma abordagem constitucional. São Paulo: Atlas, 2014, p. 36, libera traduzione dell'autore.

[14] Lima, Renato Sérgio de; Bueno, Samira; Mingardi, Guaracy. Estado, polícias e segurança pública no Brasil. **Revista Direito GV**. São Paulo, v. 12, n. 1, p. 50, jan./abr 2016.

prevalente di pubblica sicurezza non privilegiava il riconoscimento della tutela dei diritti per tutti i cittadini, anche se la sicurezza è compresa nell'elenco dell'articolo sei del testo costituzionale, che istituisce i diritti sociali. A questo proposito, il paradigma di ordine pubblico che permane in Brasile in termini di sicurezza pubblica privilegia il godimento individuale del diritto alla sicurezza, per cui "essere al sicuro" si confonde con la difesa di una parte della popolazione dai "cattivi cittadini", "garantire che i primi non siano mai vittimizzati dai secondi".[15]

Nella realtà brasiliana il tema della sicurezza come diritto sociale si sposta verso un paradigma che privilegia una prospettiva restrittiva di contrasto alla criminalità a favore di un cosiddetto ordine che soddisfi i desideri di una piccola parte della popolazione, da, non di rado, pratiche che si scontrano con la legalità e che violano diritti e garanzie fondamentali di chi non è tutelato dai diritti di cittadinanza, oggetto – e non soggetto – di sicurezza.[16]

L'inefficacia delle politiche di sicurezza in Brasile, rispetto all'obiettivo dichiarato di mantenere l'ordine, rivela che la sicurezza pubblica non è stata ancora contemplata dai progressi democratici consolidati dalla Costituzione federale del 1988. Tali politiche hanno, infatti, avuto successo nel processo di esclusione che le dinamiche di funzionamento della pubblica sicurezza nel paese si conformano a un gruppo di persone escluse politicamente e socialmente. Secondo i dati selezionati e dettagliati di seguito, la popolazione nera, di sesso maschile e di età compresa tra i 15 e i 29 anni, costituisce il profilo protagonista nei tassi di omicidi nel paese e nei numeri delle vittime per letalità della polizia da parte della polizia militare e civile, evidenziando la squilibrio esistente tra i progressi della democrazia e le politiche di sicurezza in Brasile.

[15] FABRETTI, Humberto Barrionuevo. **Segurança pública**: fundamentos jurídicos para uma abordagem constitucional. São Paulo: Atlas, 2014, p. 118, libera traduzione dell'autore.

[16] In Brasile, infatti, "il governo e la popolazione, il più delle volte, dimenticano di garantire e rivendicare i diritti fondamentali fondamentali, ma non dimenticano di promettere e chiedere più sicurezza, come se si potesse parlare di sicurezza come diritto diritto fondamentale autonomo, isolato e superiore, di cui i cittadini possono godere indipendentemente dagli altri diritti fondamentali. Tuttavia, il numero di leggi penali e procedure penali che limitano la libertà individuale è in aumento e si stanno sviluppando azioni di polizia sempre più violente, sempre sotto l'argomento di migliorare/aumentare/garantire il diritto alla sicurezza dei cittadini". FABRETTI, Humberto Barrionuevo. **Segurança pública**: fundamentos jurídicos para uma abordagem constitucional. São Paulo: Atlas, 2014, p. 119, libera traduzione dell'autore.

In effetti, uno dei rami di studio attorno al complesso funzionamento della pubblica sicurezza brasiliana è l'analisi dei dati esistenti e pubblicati sui tassi di violenza nel paese, compresa la violenza della polizia, sia dalla letalità derivante dagli interventi della polizia, sia dalla polizia vittimizzazione.

Il Brasile è uno dei paesi più violenti al mondo. Secondo il Forum brasiliano di pubblica sicurezza, nel 2022 il paese ha registrato 47.508 morti violente intenzionali, una categoria che riunisce le vittime di omicidio volontario, inclusi casi di femminicidio e agenti di polizia assassinati, rapine seguite da morte, lesioni personali seguite da morte. decessi causati da interventi della polizia. Ciò implica un tasso di 23,4 morti ogni 100.000 abitanti,[17] che, sebbene rappresenti un calo rispetto all'anno precedente, segnala ancora che la violenza, soprattutto nella sua manifestazione letale, risiede nella società brasiliana.

Per quanto riguarda il numero degli omicidi, il paese concentra oltre il 10% dei decessi a livello mondiale, anche se corrisponde al 3% dell'intera popolazione mondiale.[18] Secondo una ricerca diffusa dalle Nazioni Unite, con dati relativi all'anno 2017, Brasile e Nigeria, in numeri assoluti, avevano il 5% della popolazione mondiale e concentravano il 28% del totale degli omicidi mondiali.[19]

Nell'anno 2019, il paese ha registrato 45.503 omicidi e un tasso di 21,7 omicidi ogni 100.000 abitanti.[20] Lo studio indica una possibile diminuzione del tasso di omicidi in Brasile nel 2019, che però non corrisponde necessariamente alla realtà, considerando che sono state registrate 16.648 mila morti violente senza una causa specifica.[21]

[17] FÓRUM BRASILEIRO DE SEGURANÇA PÚBLICA (Org.). **Anuário Brasileiro de Segurança Pública.** São Paulo: FBSP, 2023, p. 24. Disponível em: https://forumseguranca.org.br/anuario-brasileiro-seguranca-publica/. Acesso em 20 jul. 2023.

[18] LIMA, Renato Sérgio de; BUENO, Samira; SOBRAL, Isabela; PACHECO, Dennis. **Câmeras na farda reduzem a letalidade policial?. GV EXECUTIVO**, v. 21, p. 15, 2022.

[19] UNITED NATIONS. **Global study on homicide. Homicide**: extente, patterns, trends and criminal justice response. Viena: UNODC, 2019, p. 18.

[20] INSTITUTO DE PESQUISA ECONÔMICA APLICADA. **Atlas da violência**. São Paulo: Fórum Brasileiro de Segurança Pública, 2021, p. 11.

[21] A questo proposito, vale la pena notare che nel 35,2% delle morti violente registrate nel 2019 non vi era alcuna indicazione di causa. Pertanto, la ricerca sottolinea che il numero totale di omicidi nel 2019 e la sua diminuzione rispetto agli anni precedenti possono essere aspetti apparenti e non reali, le 16.648 mila morti violente senza causa specificata. Pertanto,

Sul totale degli omicidi registrati nel 2019, il 51,3% riguarda giovani tra i 15 e i 29 anni. Secondo l'Institute of Applied Economic Research, "ci sono 23.327 giovani che hanno avuto la vita prematuramente interrotta, in una media di 64 giovani assassinati al giorno nel paese".[22] I decessi seguono non solo un criterio di età, ma anche un pregiudizio razziale ben definito: il 77% delle vittime di omicidi nel paese nel 2019 erano persone di colore. Secondo uno studio condotto dal Second Institute for Applied Economic Research, nel 2019 il tasso di violenza letale contro i neri è stato del 162% superiore a quello tra i non neri.[23]

Un altro aspetto della violenza caratteristica della società brasiliana è l'analisi della letalità della polizia nel paese. Dal 2013, il Forum di pubblica sicurezza brasiliano ha effettuato un monitoraggio rilevante delle dinamiche letali della pubblica sicurezza nel paese. Tra il 2013 e il 2021, un totale di 43.171 mila persone sono state vittime di interventi della polizia militare e civile.[24] Nel 2023 sono state riscontrate altre 6.430.000 vittime di letalità della polizia, i cui tassi per gruppi di 100.000 persone variano a seconda dello stato.

Tuttavia, il profilo prioritario di queste morti è simile a quello riscontrato nel sistema carcerario brasiliano, che, allo stesso modo, il Brasile assume una posizione di rilievo sulla scena mondiale. Dei 6.145.000 decessi per interventi della polizia nel 2021, il 65,2% erano persone di età compresa tra 15 e 29 anni e l'84,1% erano neri. Nel 2023, su un totale di 6.430mila morti, nel 68,1% dei casi le vittime erano persone tra i 18 e i 29 anni e nell'83,1% erano neri.

Tuttavia, se la polizia civile e militare è considerata responsabile della truculenza nelle politiche di sicurezza, si sottolinea che la vittimizzazione della polizia è un altro aspetto della violenza brasiliana. Nel 2021 in Brasile

il numero totale di omicidi in Brasile potrebbe aver raggiunto, nel 2019, un totale di 62.151 mila persone, un numero superiore rispetto all'anno 2018, che ha avuto 57.956 mila omicidi nel paese. INSTITUTO DE PESQUISA ECONÔMICA APLICADA. **Atlas da violência**. São Paulo: Fórum Brasileiro de Segurança Pública, 2021, p. 20.

[22] INSTITUTO DE PESQUISA ECONÔMICA APLICADA. **Atlas da violência**. São Paulo: Fórum Brasileiro de Segurança Pública, 2021, p. 27, libera traduzione dell'autore.

[23] INSTITUTO DE PESQUISA ECONÔMICA APLICADA. **Atlas da violência**. São Paulo: Fórum Brasileiro de Segurança Pública, 2021, p. 49.

[24] FÓRUM BRASILEIRO DE SEGURANÇA PÚBLICA (Org.). **Anuário Brasileiro de Segurança Pública.** São Paulo: FBSP, 2022, p. 78. Disponível em: https://forumseguranca.org.br/anuario-brasileiro-seguranca-publica/. Acesso em: 4 jul. 2023.

sono stati assassinati 190 poliziotti, di cui il 77,4% in congedo.[25] Nel 2022 sono stati assassinati 173 agenti di polizia – civili e militari, con la morte prevalente per scontro o per ferite innaturali fuori servizio.

Considerando l'obiettivo dell'articolo, a San Paolo, nell'anno 2020, il tasso di mortalità dovuto alla letalità della polizia è di 8,1 ogni 100 mila persone, il che non colloca lo stato tra gli stati con i più alti tassi di letalità.[26] In ogni caso, le politiche di sicurezza a San Paolo sono modellate dallo stesso paradigma di ordine pubblico che prevale nell'interpretazione costituzionale della sicurezza pubblica, implicando un modo di operare violento che provoca risultati letali (figura 1).

Figura 1

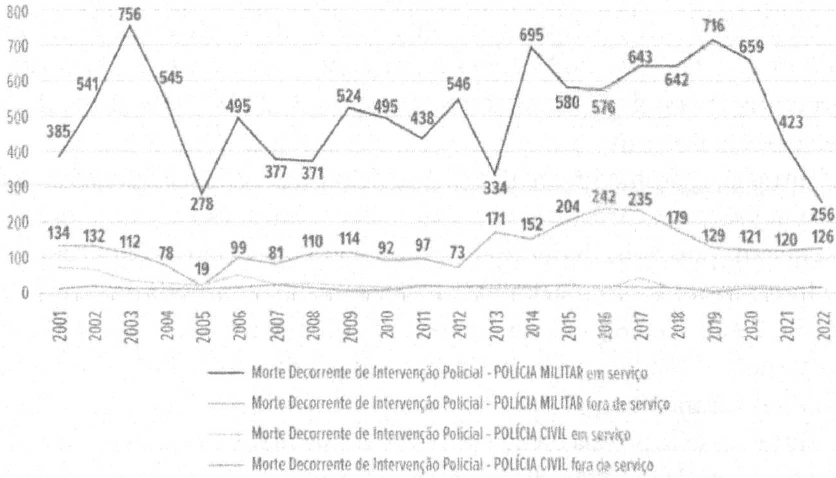

FÓRUM BRASILEIRO DE SEGURANÇA PÚBLICA, 2023, p. 8.

Il profilo delle vittime di decessi risultanti dall'intervento della polizia a San Paolo segue il modello brasiliano, con la particolarità di bambini e

[25] FÓRUM BRASILEIRO DE SEGURANÇA PÚBLICA (Org.). **Anuário Brasileiro de Segurança Pública.** São Paulo: FBSP, 2022, p. 66-68. Disponível em: https://forumseguranca.org.br/anuario-brasileiro-seguranca-publica/. Acesso em 4 jul. 2023.

[26] MONTEIRO, Joana; CARNEIRO, Luis Piquet; CARVALHO, Eduardo Fagundes; FERNANDES, Júlia Guerra. **Avaliação do impacto do uso de câmeras corporais pela Polícia Militar do Estado de São Paulo (Relatório de Pesquisa).** Fundação Getúlio Vargas, 2022, p. 4-5.

adolescenti. Nel 2019, 102 adolescenti sono stati vittime della letalità della polizia e, nel 2022, quel numero si è ridotto a 34.[27] La riduzione dei decessi adolescenziali a San Paolo evidenziata dallo studio del Forum brasiliano di pubblica sicurezza è oggetto di studio nel prossimo argomento, in quanto incarna una delle discussioni rilevanti sulle telecamere del corpo.

È noto il ciclo di violenza sostenuto da politiche di sicurezza destrutturate e disarticolate dal punto di vista della cittadinanza.[28] È evidente, dai dati sopra analizzati, che i fondamenti della sicurezza nel paese non favoriscono la promozione dei diritti, ma l'esatto contrario, in particolare, la popolazione giovane e nera. È in questo contesto che si colloca l'ascesa delle body camera come tecnologia al servizio della sicurezza pubblica e l'obiettivo di mantenere un ordine effettivamente democratico e inclusivo.

2. Telecamere del corpo nella pubblica sicurezza: discussioni basate sull'esperienza a San Paolo

Le telecamere del corpo nell'attività di polizia hanno già studi consolidati nella letteratura internazionale e, in Brasile, prima del programma Olho Vivo, altri stati hanno già cercato di attuare la misura. Tuttavia, non esiste ancora una regolamentazione federale sul suo utilizzo in Brasile, lasciandola ai regolamenti interni di ciascuna istituzione. A San Paolo spiccano quattro norme amministrative: 1) Direttiva n. PM3-008/20/20, che prevede telecamere operative portatili; 2) Nota di servizio n. PM3-001/02/21, che stabilisce le procedure di implementazione per le telecamere operative portatili; 3) Procedura operativa standard n. 5.16.00 e; 4) il libretto della fotocamera operativa portatile.

Nel 2020, la Polizia Militare di San Paolo ha avviato il progetto "Olho Vivo", con l'introduzione di 585 telecamere distribuite in tre battaglioni. Nel giugno 2021 è stato lanciato il Programma "Olho Vivo", con la distribuzione di oltre 2.500 telecamere ad altri 18 battaglioni. Entro settembre 2022, più di 10.000 telecamere sono state consegnate a più di 60

[27] FÓRUM BRASILEIRO DE SEGURANÇA PÚBLICA. **As câmeras corporais na polícia militar do Estado de São Paulo**: processo de implementação e impacto nas mortes de adolescentes. Coordenação de Samira Bueno. Supervisão Renato Sérgio de Lima. São Paulo: Fórum Brasileiro de Segurança Pública, 2023, p. 7.

[28] FABRETTI, Humberto Barrionuevo. **Segurança pública**: fundamentos jurídicos para uma abordagem constitucional. São Paulo: Atlas, 2014, p. 68.

battaglioni,[29] che denota l'entità del progetto e la rilevanza della sua analisi per comprendere l'uso di questa tecnologia di controllo nella sicurezza pubblica brasiliana.

Lo scopo dell'implementazione delle *bodycam* sulle divise era quello di monitorare la routine lavorativa della polizia, salvaguardando anche la catena di custodia di queste immagini. Le telecamere del corpo sono obbligatorie da usare mentre gli agenti sono in servizio, con registrazione ininterrotta delle attività di polizia, senza essere dotate di autonomia gratuita per iniziare o terminare le registrazioni, una delle polemiche delle telecamere del corpo nel programma di San Paolo.

Le registrazioni delle telecamere del corpo a San Paolo vengono raccolte in due modi: video di routine, eseguito automaticamente dall'attrezzatura, e video intenzionale, in cui il poliziotto lo utilizza deliberatamente per registrare un incidente. Il criterio per farla scattare è quello dell'interesse di polizia – cioè della prova – e non quello del cittadino. È guidato, quindi, dagli interessi statali punitivi e non dalla tutela dei diritti fondamentali del cittadino, considerata la logica con cui è gestita la pubblica sicurezza in Brasile.

Alcune delle principali discussioni sull'uso delle *body camera* nelle divise della polizia risiedono nel bilanciamento delle garanzie individuali del poliziotto e del cittadino, in merito al diritto alla privacy, alla protezione dei dati e alla trasparenza delle immagini. Esiste, nella legislazione brasiliana, una legge specifica volta alla protezione dei dati, che però fa un'eccezione nel caso di dati di pubblica sicurezza. Per quanto riguarda l'accesso ai dati delle telecamere, il discorso si svolge nel distinguere la segretezza dei dati relativi alla sicurezza pubblica (protezione dei dati), con l'inviolabilità della privacy e il diritto del cittadino di accedere ai propri dati, che devono essere ampiamente disponibili di quell'immagine.

Va notato, tuttavia, che gli studi preliminari sulla recente pratica di San Paolo di implementare telecamere per il corpo a San Paolo hanno preservato vite, compresa quella della stessa polizia.[30] Il Forum brasiliano di

[29] MONTEIRO, Joana; CARNEIRO, Luis Piquet; CARVALHO, Eduardo Fagundes; FERNANDES, Júlia Guerra. **Avaliação do impacto do uso de câmeras corporais pela Polícia Militar do Estado de São Paulo (Relatório de Pesquisa).** Fundação Getúlio Vargas, 2022, p. 11.

[30] MONTEIRO, Joana; CARNEIRO, Luis Piquet; CARVALHO, Eduardo Fagundes; FERNANDES, Júlia Guerra. **Avaliação do impacto do uso de câmeras corporais pela Polícia Militar do Estado de São Paulo (Relatório de Pesquisa).** Fundação Getúlio Vargas, 2022, p. 21.

pubblica sicurezza, in uno studio pubblicato nel 2022, ha segnalato l'uso di questi dispositivi per controllare le attività palesi della polizia come una delle possibili cause della riduzione della letalità della polizia nel 2021.[31]

Sulla base dell'analisi dei dati sulla letalità della polizia, confrontando i battaglioni che partecipano al Programma "Olho Vivo" e quelli che non lo fanno, uno studio del Forum brasiliano di pubblica sicurezza ha rilevato, da un lato, che la riduzione della letalità è stata del 76,2% per coloro che partecipano al programma contro il 33,3% dei battaglioni che non partecipano (figura 2), considerando gli agenti in servizio.[32] La riduzione media complessiva riscontrata dallo studio dopo il Programma "Olho Vivo" è stata del 62,7%.

La possibilità [33] che l'uso delle telecamere è correlato alla riduzione delle vittime, considerando i dati dei battaglioni che partecipano al programma San Paolo, è stato suggerito anche dai ricercatori della Fondazione Getulio Vargas, che indicano anche la combinazione di telecamere con fattori del

[31] Come discusso nella prima parte dell'articolo, le riduzioni dei dati esistenti non negano che la violenza permea come una caratteristica della società brasiliana e il controllo sociale, che rimane un problema latente nella sicurezza pubblica, soprattutto nella sua dissociazione dai diritti di cittadinanza. Per Lima, Bueno e Mingardi la sicurezza pubblica "finisce per essere sussunta alle forze dell'ordine e, anche dopo la Costituzione del 1988, non può essere pensata al di fuori della gestione dell'attività di polizia e della logica del diritto penale". Gli autori concludono che "se è vero che il Brasile ha migliorato i suoi indicatori economici e sociali, la situazione di violenza del paese indica che convive con tassi di criminalità letale molto più alti di quelli di altri Paesi e ci colloca nella triste classifica delle società più violente ... nel mondo, senza contare gli alti tassi endemici di altri crimini violenti (rapine, rapimenti, lesioni, uccisioni da parte della polizia, ecc.)". LIMA, Renato Sérgio de; BUENO, Samira; MINGARDI, Guaracy. Estado, polícias e segurança pública no Brasil. **Revista Direito GV**. São Paulo, v. 12, n. 1, p. 50-51, jan./abr 2016, libera traduzione dell'autore.

[32] Secondo il sondaggio, il calo della letalità tra bambini e adolescenti è stato significativo dopo il Programma Olho Vivo, un fattore identificato come rilevante per l'analisi di questa riduzione a San Paolo. FÓRUM BRASILEIRO DE SEGURANÇA PÚBLICA. **As câmeras corporais na polícia militar do Estado de São Paulo**: processo de implementação e impacto nas mortes de adolescentes. Coordenação de Samira Bueno. Supervisão Renato Sérgio de Lima. São Paulo: Fórum Brasileiro de Segurança Pública, 2023, p. 21-25.

[33] Gli autori sottolineano che le telecamere come tecnologie di controllo, da sole, non hanno la capacità di cambiare le dinamiche dell'uso della forza da parte della polizia in attività palesi. Oltre alla posizione politica di controllo dell'attività di polizia dello Stato, ha un impatto sull'efficacia delle telecamere del corpo "programmi volti a rafforzare la conformità, la responsabilità e i meccanismi di valutazione professionale". LIMA, Renato Sérgio de; BUENO, Samira; SOBRAL, Isabela; PACHECO, Dennis. **Câmeras na farda reduzem a letalidade policial?. GV EXECUTIVO**, v. 21, p. 20, 2022, libera traduzione dell'autore.

"messaggio politico" del programma e "questione della leadership delle corporazioni di polizia" (figura 3).

Figura 2

	Demais batalhões	Batalhões do Programa Olho Vivo	Total Geral
2019	219	478	697
2020	197	465	662
2021	159	283	442
2022	146	114	260
Variação (em %)	-33,3	-76,2	-62,7

FÓRUM BRASILEIRO DE SEGURANÇA PÚBLICA, 2023, p. 20.

Figura 3

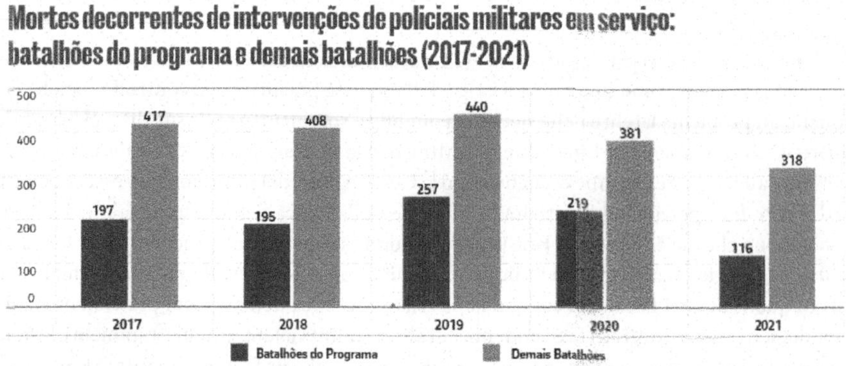

LIMA, Renato Sérgio de; BUENO, Samira; SOBRAL, Isabela; PACHECO, Dennis, 2022, p. 19 .

Non è possibile attribuire la riduzione della letalità a San Paolo solo al programma San Paolo per l'implementazione di telecamere per il corpo, tuttavia i dati presentati sulla recente esperienza ne indicano l'influenza. Se è vero che le *body camera*, il loro funzionamento, l'archiviazione e la condivisione dei dati risentono ancora di una legislazione e di una migliore regolamentazione, non è meno vero che queste telecamere, in quanto strumenti di controllo dell'attività di polizia, possono, insieme ad altri fattori di ordine politico, sociale e legali, costituiscono strumenti al servizio di un ordine democratico, costituzionale e cittadino.

Conclusioni

La violenza che permea e condiziona la sicurezza pubblica nel paese è testimoniata dai dati presentati nella prima parte dell'articolo, che dimostrano che l'interruzione di vite umane rimane una pratica di sicurezza naturalizzata in Brasile. Tuttavia, la possibilità che il numero di omicidi nel 2019 sia superiore a quello rilevato dall'indagine, avvalora la struttura violenta che plasma la sicurezza pubblica e gli organismi che la compongono.

Tra le innumerevoli possibilità di analisi del complesso e sfaccettato fenomeno della violenza in Brasile, l'obiettivo di questo lavoro è stato quello di analizzare le *body camera* come dispositivi tecnologici per il controllo delle attività di polizia. In questo tentativo, la seconda parte del lavoro è stata dedicata all'analisi dell'esperienza di San Paolo nell'implementazione di questa tecnologia di controllo, dato lo spirito pionieristico ei risultati preliminari esistenti di questa applicazione. Attualmente, il Programma Olho Vivo opera nella maggior parte dei battaglioni a San Paolo, con risultati che indicano, almeno a priori, una riduzione della letalità derivante dagli interventi della polizia.

Una ricerca recentemente condotta sulla base dei dati del programma São Paulo indica che i decessi derivanti da interventi di polizia da parte della Polizia Militare – considerando gli agenti in servizio – hanno avuto un calo in un periodo contemporaneo all'implementazione e al miglioramento delle telecamere sulle divise della polizia.

L'uso di telecamere per il corpo manca di una legislazione federale o statale che regoli l'argomento. Nella situazione di San Paolo, le norme interne regolano il funzionamento delle telecamere, la loro attivazione e disattivazione, l'archiviazione e l'accesso a immagini e video da parte dei cittadini. In questi aspetti si collocano alcune delle discussioni sull'uso delle *bodycam*, evidenziate nella seconda parte del lavoro in maniera non esaustiva. È un'esperienza brasiliana di fecondo controllo per molteplici aspetti di analisi, avendo come presupposto la sicurezza pur tutelando e garantendo i diritti.

In questo tentativo, lungi da ogni linea conclusiva, l'articolo ha proposto un'analisi propositiva dell'uso delle *body camera*, considerando le dinamiche violente che stanno alla base della sicurezza pubblica in Brasile, nonché la rilevanza che la recente esperienza di San Paolo ha assunto in Brasile e nel mondo. Tanto quanto le tecnologie di sorveglianza funzionali all'uso della forza, le body camera potrebbero non esaurire il loro potenziale a causa di diverse circostanze come la mancanza di una regolamentazione precisa, l'accesso alle informazioni e la salvaguardia dell'archiviazione di dati, immagini e video.

Riferimenti

CANDIOTTO, Cesar. A governamentalidade política no pensamento de Foucault. **Filosofia Unisinos**. Rio Grande do Sul, v. 11, n. 1, p. 33-43, jan/abr. 2010.

FABRETTI, Humberto Barrionuevo. **Segurança pública**: fundamentos jurídicos para uma abordagem constitucional. São Paulo: Atlas, 2014.

FÓRUM BRASILEIRO DE SEGURANÇA PÚBLICA (Org.). **Anuário Brasileiro de Segurança Pública.** São Paulo: FBSP, 2022. Disponível em: https://forumseguranca.org.br/anuario-brasileiro-seguranca-publica/. Acesso em 4 jul. 2023.

FÓRUM BRASILEIRO DE SEGURANÇA PÚBLICA (Org.). **Anuário Brasileiro de Segurança Pública.** São Paulo: FBSP, 2023. Disponível em: https://forumseguranca.org.br/anuario-brasileiro-seguranca-publica/. Acesso em 20 jul. 2023.

FÓRUM BRASILEIRO DE SEGURANÇA PÚBLICA. **As câmeras corporais na polícia militar do Estado de São Paulo**: processo de implementação e impacto nas mortes de adolescentes. Coordenação de Samira Bueno. Supervisão Renato Sérgio de Lima. São Paulo: Fórum Brasileiro de Segurança Pública, 2023.

FOUCAULT, Michel. **Segurança, território, população**: curso dado no Collège de France (1977-1978). São Paulo: Martins Fontes, 2008.

INSTITUTO DE PESQUISA ECONÔMICA APLICADA. **Atlas da violência**. São Paulo: Fórum Brasileiro de Segurança Pública, 2021.

LIMA, Renato Sérgio de; BUENO, Samira; MINGARDI, Guaracy. Estado, polícias e segurança pública no Brasil. **Revista Direito GV**. São Paulo, v. 12, n. 1, p. 49-85, jan./abr 2016.

LIMA, Renato Sérgio de; BUENO, Samira; SOBRAL, Isabela; PACHECO, Dennis. Câmeras na farda reduzem a letalidade policial?. **GV EXECUTIVO**, v. 21, p. 13-21, 2022.

MONTEIRO, Joana; CARNEIRO, Luis Piquet; CARVALHO, Eduardo Fagundes; FERNANDES, Júlia Guerra. **Avaliação do impacto do uso de câmeras corporais pela Polícia Militar do Estado de São Paulo (Relatório de Pesquisa).** Fundação Getúlio Vargas, 2022, p. 1-28.

UNITED NATIONS. **Global study on homicide. Homicide**: extente, patterns, trends and criminal justice response. Viena: UNODC, 2019.

20

LE «*CHIACCHIERE DELLA CRIMINOLOGIA*» E LE LUSINGHE DELLA TECNOLOGIA: IL RUOLO DEL DIRITTO PENALE TRA POTERE PUNITIVO E POTERI DISCIPLINARI

Francesco Schiaffo

1. Oltre la retorica delle c.d. "scienze ausiliari": il modello di integrazione della scienza penale proposto da Alessandro Baratta

La necessità di integrare prassi, scienza ed elaborazione dommatica del diritto penale con altre competenze scientifiche ha sempre trovato un riferimento privilegiato nella criminologia e, in particolare, nella politica criminale, spesso annoverate in posizione prioritaria tra le scienze c.d. ausiliari[1].

Negli anni Settanta, tuttavia, il tradizionale modello di integrazione inizia ad essere messo diffusamente e radicalmente in discussione nell'ambito del dibattito scientifico europeo.

In modo esemplare la affermazione della necessità di superarlo irrompe, in particolare, nel pensiero di Alessandro Baratta.

Secondo Baratta «*al posto del classico modello integrato di scienza penalistica può sorgere solo un* nuovo modello, *in cui il rapporto tra scienza sociale e discorso dei giuristi non è più il rapporto tra due scienze, ma un rapporto tra* scienza e tecnica.

[1] In specifico riferimento alla politica criminale un modello del tutto contratio a qualsiasi forma di integrazione fu quello a lungo prevalente del tecnicismo giuridico, notoriamente proposto nella prolusione sassarese di Arturo Rocco laddove esplicitamente si affermava la necessità di «*accentuare sempre più la distinzione, non dico già la separazione, della scienza giuridica penale, dalla antropologia, dalla psicologia, dalla sociologia ed anche dalla filosofia del diritto e dalla politica criminale, arte o scienza che sia*»: così Art. Rocco. **Il problema e il metodo della scienza del diritto penale (1910)**, in Id., *Opere giuridiche*, vol.III, Roma 1933, p.263 ss., 274 s.

Per tecnica giuridica *si intende l'apprestamento di* strumenti legislativi *(tecnica legislativa),* interpretativi *e* dogmatici *in vista di finalità e di opzioni politico-criminali coscientemente perseguite nell'ambito della correttezza logico-argomentativa e della discrezionalità valutativa al giurista attribuita, in questi diversi livelli della propria attività, dal sistema giuridico-politico*»[2].

Proponendo una chiara definizione «*del momento tecnico-giuridico e della sua dipendenza dalla scienza sociale nell'ambito di un nuovo modello integrato di scienza penalistica*»[3], Baratta attribuisce chiaramente al giurista innanzitutto il compito di provvedere all'«*apprestamento di* strumenti legislativi *(tecnica legislativa),* interpretativi *e* dogmatici *in vista di finalità e di opzioni politico-criminali*», evidentemente da definire in via di assoluta priorità.

Non si tratta, tuttavia, della libera definizione delle migliori e più efficaci strategie per ridurre i tassi di criminalità perché, altrettanto chiaramente, Baratta ne definisce i limiti secondo criteri rigorosamente e chiaramente giuridici che, nella prospettiva di un sistema di diritto positivo, emergono evidenti nel suo riferimento all'«*ambito della correttezza logico-argomentativa e della discrezionalità valutativa al giurista attribuita* [...] *dal sistema giuridico-politico*».

Con esemplare chiarezza Baratta definisce, così, un "momento giudico" che è essenzialmente diverso da quello meramente "tecnico" e che è immediatamente riferito, invece, al «*sistema giuridico-politico*» ovvero costituzionale.

La sua proposta di un «*nuovo modello*» di integrazione tra «*scienza sociale*» e discorso giuridico si caratterizza, dunque, per una definizione dei rispettivi ruoli assolutamente originale, molto più complessa e, comunque, profondamente diversa da quella che, nei modelli tradizionali, si risolveva nella funzione meramente ausiliare della criminologia: l'assunto di un «*ambito*» di «*correttezza logico-argomentativa*» e di «*discrezionalità valutativa*» ne è, probabilmente, solo il nodo centrale.

2. La chiara affermazione di un punto fermo: «*vincolatività del diritto*» e politica criminale nel modello di integrazione di Claus Roxin.

Dato il contesto e la prospettiva del suo contributo, Baratta non dedicava ulteriori approfondimenti allo statuto epistemologico della nuova scienza penalistica integrata.

[2] A. Baratta. **Criminologia liberale e ideologia della difesa sociale**, in *Questione criminale* 1975, p.7 ss., 55 s. (le evidenziazioni grafiche sono dell'A.).

[3] A. Baratta. **Criminologia liberale e ideologia della difesa sociale**, cit., p.56.

Cinque anni prima, però, da un punto di vista più specificamente giuridico anche Roxin, nell'ambito della sua proposta metodologica notoriamente rappresentata in *Kriminalpolitik und Strafrechtssystem*[4], aveva chiaramente escluso una dimensione meramente empirica delle opzioni politico-criminali rilevanti per il giurista, proponendone, invece, una sintesi con la «vincolatività del diritto».

Sul punto Roxin aveva proposto una metafora che, evidentemente, non è soltanto un espediente retorico, ma anche per i contenuti è perfettamente adeguata al contesto delle sue argomentazioni: «*la vincolatività del diritto ed il finalismo della politica criminale non possono essere in contraddizione, ma devono ricondursi a sintesi, così come stato di diritto e stato sociale non costituiscono in realtà inconciliabili opposti, bensì una unità dialettica*»[5].

Nella stessa «*unità dialettica*» tra stato di diritto e stato sociale, dunque, va collocato anche il ruolo della politica criminale e delle altre scienze ausiliari ed empiriche.

In particolare, in quanto «*essenza di quei principi secondo i quali lo Stato deve condurre la lotta contro il delitto, attraverso la pena e le istituzioni ad essa collegate*»[6], la politica criminale contribuisce chiaramente a definire l'azione politica di «*uno stato pianificatore ed assistenziale*»; tuttavia, «*senza le conquiste dello stato di diritto che garantiscono la libertà*» esso non «*può pretendere di essere riconosciuto come stato sociale*»[7].

2.1. Un vecchio metodo per una nuova dommatica: la *teleologische Begriffsbildung* dei giuristi di ispirazione neokantiana per una scienza penale integrata con la politica criminale

Già nel 1970, dunque, Roxin assumeva i principi fondamentali dell'ordinamento giuridico di uno stato sociale di diritto per definire e limitare normativamente l'ambito di operatività della politica criminale nel contesto di una proposta di integrazione chiarissima che, peraltro, risultava anche di evidente originalità in ragione della sua immediata praticabilità già in una prospettiva *de lege lata*[8].

[4] C. Roxin. **Politica criminale e sistema del diritto penale (1970)**, in Id., *Politica criminale e sistema del diritto penale. Saggi di teoria del reato,* a cura di S. Moccia, Napoli 1998, p.37 ss.

[5] C. Roxin. **Politica criminale e sistema del diritto penale**, cit., p.46 s.

[6] F. von Liszt, **Kriminalpolitische Aufgaben (1889-1992)**, in Id., *Strafrechtliche Aufsätze und Vorträge,* Berlin 1905, vol.I, p.290 ss., 291.

[7] C. Roxin. **Politica criminale e sistema del diritto penale**, cit., p.46 s..

[8] Era limitato esclusivamente ad una prospettiva *de lege ferenda*, invece, il ruolo attribuito alla politica criminale da Franz von Liszt che la assumeva come strumento fondamentale

Un fondamentale riferimento della proposta di Roxin era rappresentato, infatti, dalla «*metodologia del neokantismo assiologicamente orientata, che negli anni Venti ebbe il predominio scientifico*»[9] in quanto metodo di elaborazione dei concetti giuridico-penali e che fu notoriamente condivisa anche dai giuristi tedeschi che promossero l'involuzione autoritaria del diritto penale nazista[10].

Roxin, tuttavia, precisa immediatamente ed inequivocabilmente termini e limiti del proprio rinvio ai postulati metodologici del neokantismo. Esso «*avrebbe potuto condurre, dal punto di vista normativo, ad una "immagine del sistema penale" del tutto nuova, se avesse scelto delle direttive di politica criminale come criterio cui informare tutte le formulazioni dommatiche. Ma da queste basi non è mai scaturito un sistema capace di sostituire la costruzione logico-formale della tradizionale teoria del reato. Il suo sviluppo ha portato soltanto a* [...] *risultati*» che Roxin considera molto specifici e, dunque, parziali e in cui, tuttavia, «*risiedono importanti principi che permettono l'introduzione di finalità politico-criminali nel lavoro dommatico*»[11].

Sebbene sia riportato comunque tra virgolette, in *Kriminalpolitik und Strafrechtssystem* non compare una esplicita attribuzione del riferimento di Roxin ad un "*neues Bild des Strafrechtssystems*", che, d'altra parte, avrebbe potuto essere anche superflua.

Nel contesto tedesco, infatti, risulta evidente l'omaggio di Roxin a Welzel e, in particolare, ad una delle sue opere che, nel secondo dopoguerra, più efficacemente ne rappresentarono il ruolo nel percorso per il radicale superamento della involuzione del diritto penale nazionalsocialista[12].

del «*compito politico*» della *Strafrechtswissenschaft* da lui teorizzata, che, alternativo al «*compito pedagogico*» e al «*compito scientifico*», consiste nello «*sviluppo della legislazione nel senso di una consapevole lotta al delitto, in particolare anche, ma non esclusivamente, attraverso la pena e le norme ad essa collegate ("politica criminale")*»: così F. von Liszt. **Die Aufgaben und die Methode der Strafrechtswissenschaft (1899)**, in Id., *Strafrechtliche Aufsätze und Vorträge*, Berlin 1905, vol. II, p.284 ss., 296.

9 C. Roxin. **Politica criminale e sistema del diritto penale**, cit., p.48.

10 Cfr. sul punto il magistrale e recente contributo di E.R. Zaffaroni. **La doctrina penal nazi. La dogmatica penal alemana entre 1933 y 1945**, Buenos Aires 2017, p.161 ss., *passim*.

11 C. Roxin. **Politica criminale e sistema del diritto penale**, cit., p.48 s.

12 **Das neue Bild des Strafrechtssystems** è il titolo di un piccolo ma significativo volume pubblicato da Hans Welzel nel 1951, successivamente tradotto e pubblicato anche in Italia nel 1952: H. Welzel. **Il nuovo volto del sistema penale**, in *Jus* 1952, p.31 ss.

Ma Welzel era chiaramente orientato in tal senso già nel 1935 ovvero proprio nell'anno in cui, con la riforma del § 2 *StGB*, il regime nazista superava il principio di legalità in materia penale e, nella nuova disposizione del codice penale, attribuiva la più ampia rilevanza legale al metodo di derivazione neokantiana per una elaborazione del concetto di reato teleologicamente orientata al «*sano sentimento del popolo*» e agli altri valori del nazionalsocialismo.

In *Naturalismus und Wertphilosophie*, infatti, Welzel con argomentazioni radicali e di evidente spessore culturale ancor prima che giuridico, aveva posto solidissime premesse per il superamento dell'amplissimo consenso che il teleologismo neokantiano aveva riscosso presso la dottrina penalistica tedesca.

3. Un postulato diverso per un analogo modello di integrazione: la critica di Hans Welzel all'orientamento neokantiano della scienza giuridico-penale e l'interpretazione di Raul Zaffaroni

L'«*integrazione di un nuovo modello*» di scienza giuridico-penale orientata anche alla politica criminale e, comunque, alla realtà del contesto storico e sociale è proposta anche da Raul Zaffaroni[13] che, per questo, assume a postulato di riferimento la elaborazione delle *sachlogische Strukturen* di Hans Welzel.

3.1. La critica: il pericolo di una involuzione scientista della scienza giuridico-penale

In particolare, in *Naturalismus und Wertphilosophie*, definendo una diversa e dettagliata opzione metodologica, Welzel rivede lo stesso statuto epistemologico della scienza giuridico-penale.

La premessa è rappresentata dalla critica dei postulati filosofici del metodo di elaborazione concettuale teleologicamente orientata che era stato proposto dai giuristi di ispirazione neokantiana per essere poi ampiamente condiviso presso la dottrina penalistica tedesca.

È evidente lo spessore delle sue argomentazioni: «*Quando si è visto nei profondi motivi metafisici tutt'al più dei resti della metafisica precritica, allora si è limitato il concetto di filosofia – per dirla con Kant (Kritik der reinen Vernunft, II ed., p.866) – alla filosofia come "concetto scolastico", cioè ad "un sistema della conoscenza, la quale viene cercata soltanto come scienza" e si rifiutava espressamente*

[13] V. *infra* par.5.

una filosofia come "concetto cosmico", nel quale "il filosofo non è soltanto un artista della ragione, bensì il legislatore della ragione umana". Si sostituiva il primato della ragion pratica di Kant con un primato della ragione teoretica, secondo cui "il sistema dei valori comprende completamente la verità nel puro senso di obiettiva validità". Già in questa posizione "scientista" e nel deciso rifiuto di ogni metafisica appaiono i tratti comuni di kantismo e positivismo»[14].

Secondo Welzel, dunque, i filosofi neokantiani, pur avendo definito la loro proposta in alternativa a quelle del positivismo scientifico, ne condividevano comunque la fondamentale opzione naturalistica, ovvero lo stesso concetto di realtà[15].

Mentre, però, i positivisti lo accettavano come dogma, i neokantiani, sulla base di un ritorno a Kant che a Welzel appare soltanto parziale[16], si interrogano sui suoi presupposti categoriali (valori), che, tuttavia, non sono considerati immanenti alla realtà, ma "aderiscono" ad essa grazie all'attività di pensiero del soggetto della conoscenza: non si comprende, secondo Welzel, da dove questi valori derivino e in che cosa, esattamente, consista la loro "adesione" al dato ontico[17].

In particolare, nel sistema elaborato da Rickert, la distanza dei valori dal dato ontico appare evidente nella affermazione del principio della *Wertneutralität* ovvero nella definizione di un sistema di valori volutamente aperto[18]: «*la filosofia deve determinare tutti i possibili concetti di valore, separarli tra loro e, infine, rappresentare un sistema in cui tutti trovino il loro posto*» perché scegliere i valori non è compito del filosofo che rispetto ad essi deve conservare, invece, un atteggiamento di mera "contemplazione"[19].

[14] H. Welzel. **Naturalismus und Wertphilosophie im Strafrecht**, Mannheim-Berlin-Leipzig 1935, p.42. Le citazioni di Kant proposte da Welzel sono qui riportate dalla traduzione di Colli: I. Kant. **Critica della ragione pura (1781, II ed. 1787)**, trad. it. di G. Colli, Milano 1976, III ed. 2001, p.811; l'ultima citazione riportata nel brano di Welzel è, invece, tratta da Bruno Bauch, filosofo neokantiano: B. Bauch. **Wahrheit, Wert und Wirklichkeit**, Leipzig 1923, p.483 ss., 486.

[15] In tal senso anche E. Bodenheimer. **Phänomenologie und Rechtsquellenlehre**, in *Phänomenologie Rechtsphilosophie Jurisprudenz. Festschrift für Gerhart Husserl*, Frankfurt a. M. 1969, p.72 ss., 75 s.

[16] H. Welzel. **Naturalismus und Wertphilosophie im Strafrecht**, cit., p.44.

[17] H. Welzel. **Naturalismus und Wertphilosophie im Strafrecht**, cit., p.53.

[18] Ad una «adesione» aveva fatto esplicito riferimento H. Rickert. **System der Philosophie**, Tübingen 1921, p.113.

[19] Cfr. H. Rickert. **System der Philosophie**, cit., p.154 ss., 31 ss.

Nella diversa e particolare prospettiva della filosofia giuridica, Welzel considera Emil Lask tra i massimi e più autorevoli giuristi di ispirazione neokantiana e lo assume a riferimento privilegiato delle sue considerazioni critiche: le «*argomentazioni di Lask offrono certamente una rappresentazione molto approfondita sul fondamentale atteggiamento spirituale della filosofia dei valori riguardo all'essere ontico che, nonostante il richiamo alla svolta copernicana di Kant, è lontanissimo da quella del Kant metafisico. È una posizione che, nel modo più adeguato, si potrebbe qualificare come "scientista": come naturalismo o psicologismo applicano il superiore concetto del meccanicismo causale o della psicologia in ambiti non meccanici o non psicologici, così lo "scientismo" applica il concetto superiore della scienza sull'ontico. Lo scientismo vede in prima linea i concetti scientifici e non l'ontico. Esso deprava l'ontico ad un continuum eterogeneo e senza valori, togliendo ad esso, e ponendo in un irreale "mondo dei concetti", l'ordine legale e la distinzione di valore immanente all'essere. Così esso priva la storia e la natura del loro ontico carattere di Esserci e ne fa prodotti di metodologiche elaborazioni concettuali, pezzi di una rappresa ragione teorica. La filosofia dei valori offre immediatamente la giustificazione per il fondamento della scienza (innanzitutto le scienze della cultura) veteroliberale: la prevalenza del concetto sull'essere ontico*»[20].

La scienza giuridica che applica il metodo per la elaborazione concettuale teleologicamente orientata proposto dai neokantiani sarebbe, pertanto, lontana dalla realtà e, quindi, esposta al rischio di una deriva scientista[21].

3.2. La funzione metodologica delle *sachlogische Strukturen* nell'interpretazione di Raul Zaffaroni

Ma le ragioni che hanno fatto di Welzel un imprescindibile riferimento per qualsiasi ricostruzione storica della evoluzione della dottrina giuridico penale in qualsiasi contesto geografico si affermano nel secondo dopoguerra[22] ovvero quando si manifesta in assoluta e palese evidenza la sua aspirazione ad un "*neues Bild des Strafrechtssystems*" radicalmente alternativo a quello che aveva definito il regime nazista, strumentalizzando le

[20] H. Welzel. **Naturalismus und Wertphilosophie im Strafrecht**, cit., p.48 s.

[21] Sul punto sia consentito il rinvio a F. Schiaffo. **Il diritto penale tra scienza e scientismo. Derive autoritarie e falsificabilità nella scienza del diritto penale**, Napoli 2012, p.15 ss., 37 ss.

[22] Esemplare, in questi termini, proprio H. Welzel. **Das neue Bild des Strafrechtssystems**, Göttingen 1951, p.9, *passim*.

teorizzazioni dei giuristi neokantiani e applicandole in modo esemplare anche nella riforma del § 2 *StGB*.

Divenne, allora, ancor più evidente e costante il riferimento di Welzel alle *sachlogische Strukturen* di chiara matrice fenomenologica che egli assunse come vincolo necessario ed insuperabile anche per il legislatore[23]: la capacità dell'uomo di prevedere e guidare il decorso causale delle proprie azioni – che fu il fondamento del suo concetto finalistico di azione[24] – ne rappresenta solo l'esempio più noto.

Ben oltre specifiche applicazioni dommatiche limitate alla teoria del reato, la coerente assunzione delle *sachlogische Strukturen*, secondo l'interpretazione di Raul Zaffaroni, ha consentito a Welzel di prendere «*dalla realtà ciò di cui ha bisogno per potere assolvere alla finalità politica che assegna al diritto penale, ma senza inventare ciò che nella realtà non esiste, a differenza del neokantismo*».

In via di estrema ed efficacissima sintesi, Zaffaroni ritiene che il metodo proposto da Welzel «*rispetta il mondo, non lo inventa*». Sarebbe, anzi, proprio questo il «*contributo più importante del finalismo*» perché «*il diritto penale che non rispetta il mondo può costruirsi come una tecnica asettica per risolvere casi concreti, che consenta ai giudici di passare, impavidi, sopra i dati più terrificanti della realtà. La finestra sulla realtà che fu aperta con la teoria delle strutture logiche delle cose impedisce un tale autismo tecnocratico. Il mondo esiste ed ha i suoi ordini. Si può costruire una teoria penale con l'obiettivo politico che si voglia, ma questi ordini devono essere rispettati; l'esistenza del mondo deve essere rispettata*»[25].

Poste in questi termini, appaiono evidenti le ragioni per cui la proposta metodologica di Hans Welzel, ben oltre la assoluta rilevanza storicamente riconosciuta del suo contributo dommatico, avrebbe potuto portare realmente ad una "*nuova immagine del sistema penale*" che sarebbe stata nient'altro che il coerente esito normativo di un nuovo statuto epistemologico della scienza penalistica.

[23] H. Welzel. **Naturrecht und Rechtpositivismus**, in *Festschrift für Niedermeyer*, Göttingen 1953, p.279 ss., 292 ss.

[24] H. Welzel. **Kausalität und Handlung, in Zeitschrift für die gsamten Strafrechtswissenschaften 1931**, p.703 ss., 709 ss., 718 ss.; Id. **Studien zum System des Strafrechts**, in *Zeitschrift für die gsamten Strafrechtswissenschaften* 1939, p.491 ss., 502 s.

[25] E.R. Zaffaroni. **Che cosa resta del finalismo in America Latina?**, in Aa.Vv., *Significato e prospettive del finalismo nell'esperienza giuspenalistica*, a cura di S. Moccia, Napoli 2007, p.265 ss., 271 s.

4. I nuovi rischi del nuovo modello di scienza penale integrata: i diritti dell'uomo tra potere punitivo e poteri disciplinari

Ricostruita in questi termini, l'aspirazione di Welzel ad una «*nuova immagine del sistema del diritto penale*» e della scienza penalistica – che «*non può essere mera giurisprudenza ma deve rimanere in strettissimo contatto con la vita storica, economica, sociologica, religiosa e filosofica*»[26] – sembra ripetersi sia nell'auspicio di Roxin – favorevole alla scelta di «*direttive di politica criminale come criterio cui informare tutte le formulazioni dommatiche*» – che in quello di Baratta ad un «*nuovo modello*» di integrazione tra «*discorso dei giuristi*» – esplicitamente e provocatoriamente ridotto a «*tecnica*» – e «*scienza sociale*».

In entrambe le prospettive, però, è chiaramente ribadita ed efficacemente rappresentata la essenziale funzione del diritto penale per la tutela di diritti fondamentali.

Questo sembra il senso del riferimento alla «*vincolatività del diritto*» nella proposta di integrazione di Claus Roxin e del riferimento all'«*ambito della correttezza logico-argomentativa e della discrezionalità valutativa al giurista attribuita* [...] *dal sistema giuridico*» nella proposta di integrazione di Alessandro Baratta.

Si tratta solo di riaffermarne l'imprescindibilità anche in relazione ad una scienza che non è più semplicemente quella elaborata sulle forme della legittimazione legale della violenza punitiva – trasfigurata, pertanto, nelle forme di un legittimo esercizio di un potere punitivo –[27], ma quella integrata nel contesto di tutte le altre discipline necessarie, per dirla con Welzel, a «*rimanere in strettissimo contatto con la vita storica, economica, sociologica, religiosa e filosofica*».

In altre parole, in riferimento alla maggiore complessità di questo contesto epistemologico, va evitato che assuma le funzioni del potere sovrano e punitivo dello Stato un altro potere che diventa «*disciplinare*» nel contesto del pensiero di Michel Foucault definito in esplicita alternativa alla «*macrofisica della sovranità*»[28].

[26] H. Welzel. **Naturalismus und Wertphilosophie im Strafrecht,** cit., p.75 s.

[27] È la classica e notoria distinzione tra legittimazione razionale (potere legale), tradizionale (potere tradizionale) e carismatica (potere carismatico) definita da Max Weber. **Economia e società (1922)**, a cura di P. Rossi, Milano 1961, vol.I, p.210 s.

[28] M. Foucault. **Il potere psichiatrico. Corso al Collège de France (1973-1974)** (2003), Milano 2010, p.29 ss.

4.1. Il potere punitivo "snaturato": Michel Foucault e le «*chiacchiere della criminologia*»

Nel corso sul potere psichiatrico tenuto al Collège de France nel 1973/1974, con una efficace esemplificazione Foucault utilizzò la rappresentazione di un episodio storico come metafora di quella che, nelle esposizioni immediatamente successive del suo pensiero, sarebbe diventata la esplicita proposta di «*una filosofia politica che non sia costruita intorno al problema della sovranità, dunque della legge, dunque dell'interdizione*» e che, a mo' di *slogan*, sintetizzò efficacemente affermando la necessità di «*tagliare la testa del re*»[29].

Foucault aveva proposto, in particolare, la scena dell'internamento di Giorgio III descritta da Pinel nel "Traité médico-philosophique" del 1800, per rappresentare chiaramente il potere sovrano del re «*in preda alla mania*» che soccombe a quello della psichiatria, ovvero per rappresentare «*lo scontro, la sottomissione, la cerniera tra un potere sovrano e un potere disciplinare*»: «*ci troviamo dunque di fronte ad un atto di destituzione, di caduta del re* [...] *qualcosa di nuovo, di diverso, per esempio, rispetto a quel che potremmo trovare in un dramma shakespeariano. Non abbiamo qui a che fare né con Riccardo III minacciato di cadere sotto il potere di un altro sovrano, né con re Lear che, spogliato della sua regalità, erra per il mondo immerso nella solitudine, nella miseria, nella follia*», ma con «*un potere di genere affatto diverso da quello della sovranità, e che anzi,* [...] *vi si oppone in tutto e per tutto*» perché «*anonimo, senza nome, senza volto, un potere che risulta suddiviso tra diverse persone e che si manifesta attraverso l'implacabilità di un regolamento che non viene nemmeno formulato*».

Infatti, «*mentre il potere sovrano si manifesta essenzialmente attraverso i simboli della forza sfolgorante dell'individuo che lo detiene, il potere disciplinare è un*

[29] M. Foucault. **Microfisica del potere. Interventi politici (1971-1977)**, Torino 1977, p.15 s.: secondo Foucault, si tratta, in particolare, di superare un contesto teorico «*legato all'istituzione della monarchia. Essa si è instaurata nel Medioevo sullo sfondo delle lotte permanenti fra i poteri feudali preesistenti. Si è presentata come arbitro, come potere di far cessare la guerra, di porre termine alle violenze, alle esazioni, di dire "no" alle lotte e alle liti private. Si è resa accettabile dandosi un ruolo giuridico e negativo, che ha beninteso sopravanzato subito. Il sovrano, la legge, l'interdizione tutto ciò ha costituito un sistema di rappresentazioni del potere che è stato in seguito trasmesso dalle teorie del diritto: la teoria politica è rimasta ossessionata dal personaggio del sovrano. Queste teorie pongono tutte ancora il problema della sovranità*» (p.15); in realtà, infatti, «*lo Stato è sovrastrutturale in rapporto a tutt'una serie di reti di potere che passano attraverso i corpi, la sessualità, la famiglia, gli atteggiamenti, i saperi, le tecniche, ecc., e questi rapporti sono in una relazione di condizionante-condizionato nei confronti di una specie di metapotere che è strutturato per l'essenziale intorno ad un certo numero di grandi funzioni d'interdizione*» (p.16).

potere discreto, ripartito» che «*funziona solo attraverso un reticolo di relazioni, e che diventa visibile solo mediante la docilità e la sottomissione di coloro sui quali, in silenzio, esso si esercita*»[30].

«*A seguirne le tracce*», Foucault ritrova gli stessi «*dispositivi disciplinari* [...] *nelle comunità religiose*», «*regolari*» o «*spontanee*», del Medioevo, «*isolotti*» di «*ricerche disciplinari*»[31], poi applicate nelle «*colonizzazioni*» disciplinari, fino al «*terzo tipo di colonizzazione*», ovvero alla «*colonizzazione interna dei vagabondi, dei mendicanti, dei nomadi, dei delinquenti, delle prostitute e così via che ha dato origine all'intero sistema di internamento*»[32].

Ad esso sarebbe stato specificamente dedicato *Survellier et punir*, pubblicato nel 1975 ovvero poco più di un anno dopo il corso al Collège de France sul potere psichiatrico.

Nelle pagine conclusive del lavoro, Foucault, riferendosi ai «*giudici*», afferma che «*il loro immenso "appetito di medicina" che si manifesta incessantemente – dall'appello agli esperti psichiatri fino all'attenzione alle chiacchiere della criminologia – esprime il fatto più importante: il potere che essi esercitano è stato "snaturato"*»[33].

La valutazione, evidentemente critica, posta in termini di «*chiacchiere*» è riferita da Foucault principalmente alla criminologia che si afferma «*nel secolo XIX*» quando l'«*"uomo", scoperto nel criminale*» in occasione della «*protesta contro i supplizi*» che «*troviamo ovunque, nella seconda metà del secolo XVIII*», diventa «*il bersaglio dell'intervento penale, l'oggetto ch'esso pretende di correggere e di trasformare, il campo di tutta una serie di scienze pratiche e specifiche – "penitenziarie", "criminologiche"*»[34].

Sulla premessa, assolutamente condivisibile, della «*protesta contro i supplizi*», la criminologia rischia, dunque, di diventare il veicolo per attribuire ai giudici e alle altre agenzie del controllo penale un potere punitivo del tutto o parzialmente svincolato dalla sovranità e, pertanto, «*"snaturato"*».

[30] M. Foucault. **Il potere psichiatrico**, cit., p.30-32.

[31] M. Foucault. **Il potere psichiatrico**, cit., p.68-70.

[32] M. Foucault. **Il potere psichiatrico**, cit., p.75.

[33] M. Foucault. **Sorvegliare e punire. Nascita della prigione (1975)**, Torino 1993, p.336.

[34] M. Foucault. **Sorvegliare e punire**, cit., p.79 s.

5. La ragione essenziale di un nuovo modello di integrazione: la tutela di diritti umani

Date queste premesse, appare allora a maggior ragione necessario ed urgente aderire ad un nuovo modello di integrazione che assuma e confermi comunque la essenziale prospettiva del diritto penale per la tutela di diritti umani.

In tal senso appare chiaramente orientata la proposta di Raul Zaffaroni laddove si afferma che «*la criminologia deve superare un serio pregiudizio – già abbastanza screditato – che è quello della sua asepsi ideologica*» per «*porre in essere una critica dei discorsi sulla base di un impegno ideologico per i diritti umani*»[35].

Alle valutazioni critiche della criminologia, dunque, egli attribuisce un ruolo che non è più semplicemente euristico, ma immediatamente operativo e concreto ovvero, in altre parole, politico in quanto essenziale alla organizzazione e alla gestione della *polis*.

Già negli anni Novanta, infatti, Zaffaroni auspicava, per l'«*inizio del terzo millennio*», un diritto penale che fosse «*il "diritto umanitario" del momento della politica (sul modello del "diritto umanitario del momento della guerra")*» e, soprattutto, prospettava la necessità di «*riconciliare con l'etica il diritto penale, di riconciliare con l'etica il potere, con ciò imponendo ad esso l'obbligo di esercitare il controllo riduttore e divenire autenticamente liberale*»[36].

In questa prospettiva per la scienza e la legislazione penale è indispensabile il «*contributo permanente dei dati della realtà relativi all'esercizio del potere punitivo, provenienti dalla criminologia*»[37].

[35] E.R. Zaffaroni. **La pericolosità e i crimini di massa**, in Aa.Vv., *Il modello integrato di scienza penale di fronte alle nuove questioni sociali*, a cura di S. Moccia e A. Cavaliere, Napoli 2016, p.75 ss., 93.

[36] E.R. Zaffaroni. **La rinascita del diritto penale liberale o la "Croce Rossa" giudiziaria**, in Aa.Vv., *Le ragioni del garantismo. Discutendo con Luigi Ferrajoli*, a cura di L. Gianformaggio, Torino 1993, p.383 ss., 395. In senso analogo già A. Baratta. **Criminologia e dogmatica penale. Passato e futuro del modello integrato di scienza penalistica**, in *Questione criminale* 1979, p.147 ss. affermava la necessità di una «*drastica riduzione*» dell'impiego della politica penale e delle misure detentive «*a problemi di protezione non altrimenti risolvibili*» e dell'«*apprestamento di un sistema di misure di politica criminale che agiscano nel tempo medio e nel tempo lungo, da controllarsi sulla base degli effetti e dei costi sociali*» (p.172) e, in esplicito riferimento a Radbruch, considerava un «*segno importante di progresso*», la «*cattiva coscienza*» acquisita dal penalista con la consapevolezza della assoluta contraddittorietà tra funzioni dichiarate e funzioni reali del sistema penale (p.170 s.).

[37] E.R. Zaffaroni. **La pericolosità e i crimini di massa**, cit., p.76.

Infatti, con «*l'integrazione del nuovo modello*» di scienza giuridico-penale, «*quello che la criminologia nel futuro apporterà al diritto penale saranno, giustamente, i dati relativi alla pericolosità del potere punitivo*» perché, anche se «*sembrava un concetto abbandonato* [...] *oggi la pericolosità dovrebbe rinascere diafana e vivace, però non incentrata sul reo comune, bensì sullo stesso potere punitivo*»[38].

6. Le forme "snaturate" del potere punitivo e gli esiti del «*nuovo modello*» per la tutela dei diritti umani: prospettive *de lege lata*

Nella prospettiva di un «*nuovo modello*» di scienza penalistica allargata ai contributi della criminologia o di altre scienze empiriche e sociali, la definizione e l'attribuzione di forme "snaturate" del potere punitivo potrebbe rappresentare l'esito di qualsiasi integrazione del «*discorso dei giuristi*» che, diversamente da quanto propongono Roxin e Baratta, non sia comunque limitata dalla «*vincolatività del diritto*» o entro l'«*ambito della correttezza logico-argomentativa e della discrezionalità valutativa al giurista attribuita* [...] *dal sistema giuridico*».

D'altra parte, nel diritto positivo vigente la disciplina legislativa di alcune tipiche occasioni di integrazione sembra già realizzare esemplari ipotesi di concreta applicazione del modello auspicato da Roxin e da Baratta e chiaramente definito anche da Zaffaroni.

Valutati in questa prospettiva, si tratta di esempi di una integrazione che è stata già realizzata entro i limiti del rigoroso ed imprescindibile rispetto dei diritti umani.

Sotto questo profilo appare esemplare di un rigoroso rispetto dei diritti umani il divieto di trattamenti sanzionatori inumani e degradanti, affermato all'art.5 della Dichiarazione universale dei diritti dell'uomo del 1948, ripreso all'art.3 della Convenzione Europea dei Diritti dell'Uomo nel 1950 e ampiamente condiviso nelle Costituzioni moderne.

Nell'ambito specifico dell'ordinamento giuridico italiano una disposizione analoga circa i «*trattamenti contrari al senso di umanità*» è posta all'art.27 co.3 prima parte della Costituzione repubblicana del 1948.

In termini altrettanto limpidi ed ormai assolutamente inequivocabili la stessa funzione è evidentemente svolta dalla disposizione di cui al successivo co.4 dell'art.27 Cost. secondo cui «*non è ammessa la pena di morte*».

Come è noto, infatti, il relativo divieto è diventato assoluto in Italia dopo la riforma di cui alla legge costituzionale n.1 del 2007 che, dalla stessa

[38] E.R. Zaffaroni. **La pericolosità e i crimini di massa**, cit., p.95.

disposizione, ha eliminato la previsione conclusiva della possibilità di una eccezione al divieto «*nei casi previsti dalle leggi militari di guerra*»[39].

Dunque, anche se, sulla base di consolidate acquisizioni criminologiche, fosse prevedibile con certezza pressoché assoluta o persino scientificamente ed inequivocabilmente dimostrata la probabilissima efficacia della pena di morte o di trattamenti contrari al senso di umanità per la prevenzione di forme di criminalità anche gravissime, particolarissime ed eccezionali in momenti delicatissimi per la stabilità politica e sociale, oggi in Italia ne sarebbero comunque illegittime e, dunque, giuridicamente impossibili la previsione legislativa e, a maggior ragione, la concreta applicazione.

6.1. La esemplare disciplina processualpenalistica della perizia

Tra le disposizioni di legislazione ordinaria, appare esemplare, sotto questo profilo, la disciplina della perizia prevista nel codice di procedura penale.

Infatti, nella prospettiva della definizione dello statuto epistemologico della scienza del diritto penale, la perizia rappresenta la manifestazione più evidente e concreta della necessità di una integrazione.

Molto efficacemente si è affermato che essa rappresenta uno strumento fondamentale per l'accertamento in sede processuale delle «*sottigliezze empiriche*» del sistema penale ovvero di quei «*punti in cui la "crosta" normativa del sistema penale è così "sottile" da potersi "rompere" in qualsiasi momento o comunque da far presentire l'esistenza di sorgenti e giacimenti da cui in qualsiasi momento potrebbero esplodere zampilli di esperienza capaci di inondare e vivificare le costruzioni concettuali edificate dal giurista*»[40]: il perito porta, dunque, nel processo penale quegli zampilli di esperienza che il giurista non necessariamente possiede.

Eppure nella disciplina prevista nel codice di procedura non è sempre ammesso il ricorso alla perizia: appare evidentemente riferibile ad esi-

[39] Sull'art.27 co.4 Cost. sia consentito il rinvio a F. Schiaffo, **Stato d'eccezione, diritti umani e sistema penale: la politica criminale negli "assiomi oscuri" dell'ordinamento costituzionale**, in Aa.Vv., *Diritti dell'uomo e sistema penale*, a cura di S. Moccia, Napoli 2002, vol.I, p.147 ss., 194 dove se ne auspicava la riforma perché, dato il tenore letterale della disposizione costituzionale, una interpretazione 'emergenziale' del divieto di pena di morte avrebbe ben potuto risolverlo nella mera affermazione di una riserva di legge marziale.

[40] G. Forti. **L'immane concretezza. Metamorfosi del crimine e controllo penale**, Milano 2000, p.101 ss., 106 ss.

genze di certezza nella tutela della libertà – e, quindi, alle forme tipicamente penalistiche di tutela di diritti umani – il divieto di cui all'art.220 co.2 c.p.p..

Peraltro nel 1989, dopo quasi sessanta anni, la disposizione del nuovo codice di procedura penale ripete, pressoché identica, quella di cui all'art.314 co.2 del codice di procedura penale del 1930, come se, a monte di disposizioni del tutto identiche, potessero sussistere anche diversi orientamenti politico-criminali, rispettivamente corrispondenti a diversi sistemi politico-istituzionali.

Infatti, per definire il contenuto normativo delle disposizioni è decisiva non la considerazione delle intenzioni e degli obiettivi del legislatore, ma, conformemente ai canoni consolidati ed imprescindibili della interpretazione sistematica, la valutazione del contesto ordinamentale in cui si collocano disposizioni che, sotto il profilo letterale, potrebbero anche essere identiche.

Nel nostro caso, nella stessa disposizione sul divieto di perizia, ripetuta dopo quasi sessanta anni, emerge evidente innanzitutto una identica esigenza di certezza.

Essa, però, può essere perseguita a tutela della libertà personale o, viceversa, a tutela della effettività di una legislazione penale che, per affermarne l'orientamento chiaramente autoritario, era stata contestualmente e contemporaneamente rivista nei suoi testi fondamentali di diritto sostanziale e processuale: la sua effettività sarebbe stata garantita anche dalla esclusione dal processo penale di poteri disciplinari politicamente non controllabili[41].

Sotto questo profilo non sembra un dettaglio – ma è, invece, estremamente significativa del diverso orientamento politico-criminale di disposizioni altrimenti identiche – la salvezza iniziale che non era prevista all'art.314 del codice di procedura penale del 1930, ma è stata inserita all'art.220 co.2 del codice procedura penale vigente[42]: infatti, la possibilità

[41] Per una sintetica ed efficace rappresentazione delle diverse interpretazioni proposte e ipotizzabili per il divieto di perizia di cui all'art.314 del codice di procedura penale del 1930 cfr. F. Eramo. **Il commento (nota a Cassazione penale, Sez.I, 13 settembre 2006 n.30402)**, in *Diritto penale e processo* 2007, p.927 ss., 931 ss., 932 s.

[42] Appaiono esemplari dello stesso orientamento le vicende legislative relative al divieto di perizia di cui all'art.314 del codice di procedura penale del 1930 successive all'entrata in vigore della Costituzione: nonostante il prevalente orientamento di giuristi e scienziati favorevoli al

di ricorrere nella fase della esecuzione della pena a perizie sulla personalità e sul carattere è del tutto conforme alla disposizione di cui all'art.27 co.3 Cost. ovvero alla necessità giuridica di un «*trattamento rieducativo*» di condannati e internati «*attuato secondo un criterio di individualizzazione in rapporto alle specifiche condizioni dei soggetti*» (art.1 co.6 l. n.354/1975) e fondato sulla «*osservazione scientifica della personalità per rilevare le carenze fisiopsichiche e le altre cause di disadattamento sociale*» (art.13 co.2 l. n.354/1975) condotta con l'ausilio di «*professionisti esperti in psicologia, servizio sociale, pedagogia, psichiatria e criminologia clinica*» (art.80 co.4 l. n.354/1975).

Considerata la salvezza iniziale si cui all'attuale art.220 co.2 c.p.p. e, soprattutto, dato il diverso sistema politico-istituzionale e giuridico-ordinamentale di riferimento, oggi assume un significato diverso la disposizione che, mutuata praticamente identica dal codice di procedura penale del 1930, prevede il divieto di perizia «*per stabilire* [...] *il carattere e la personalità dell'imputato e in genere le qualità psichiche indipendenti da cause patologiche*».

Oggi, infatti, esso si risolve evidentemente in una sorta di censura del contributo che, nel processo penale di cognizione, potrebbero fornire

superamento del divieto di perizia previsto nel codice del 1930, esso fu confermato, infatti, già in occasione del primo adeguamento del codice ai criteri costituzionali realizzato con la legge n.517/1955 che, pur intervenendo sull'art.314 c.p.p., per ridefinire le modalità di conferimento dell'incarico di perizia, ne lasciò immutato il co.2 (art.15 l. n.517/1955): sul punto cfr. P. Moscarini. **La perizia psicologica e il "giusto processo"**, in *Diritto penale e processo* 2006, p.929 ss.

D'altra parte, lo stesso orientamento risulta confermato e condiviso anche nei progetti di riforma del codice di procedura penale elaborati da entrambe le Commissioni ministeriali istituite nel 2004 e nel 2006: i divieti di cui all'attuale art.220 co.2 c.p.p. sono ripetuti pressoché identici all'art.235 del Progetto elaborato dalla Commissione ministeriale per la riforma del codice di procedura penale istituita il 29 luglio 2004 (cfr. Proposta di legge per un Nuovo codice di procedura penale, d'iniziativa dei Deputati Pecorella e Costa, presentata l'8 maggio 2008 e pubblicata in Atti Parlamentari – Camera dei Deputati, n.873, p.150) e, in fase di cognizione, anche nella relazione e, poi, nelle direttive della bozza di legge delega elaborata dalla Commissione ministeriale per la riforma del codice di procedura penale istituita il 27.7.2006, nell'ambito della quale un orientamento parzialmente diverso, ma comunque in sintonia con il sistema vigente è seguito solo in riferimento alla proposta di istituire un "giudice della pena" ed alle relative competenze (cfr. Commissione per la riforma del codice di procedura penale, *Relazione*, punto 29, nonché *Bozza di delega legislativa al Governo della Repubblica per la emanazione del nuovo codice di procedura penale*, art.2, direttive 35.5 e 105.5): i lavori di entrambe le Commissioni sono disponibili in https://www.giustizia.it/giustizia/it/contentview.page?contentId=ART47434&previsiousPage=mg_2_7_6 (consultato il 24.7.2023).

scienze ausiliarie evidentemente ritenute ancora non adeguate al necessario rispetto delle esigenze di certezza nella tutela della libertà e di altri diritti fondamentali che sono tipiche del sistema penale di uno stato di diritto.

Nella misura in cui il divieto di cui al'art.220 co.2 c.p.p. coinvolge «*la personalità dell'imputato e in genere le qualità psichiche indipendenti da cause patologiche*», la "censura" riguarda evidentemente discipline che si caratterizzano per un dibattito particolarmente controverso sulle relative acquisizioni scientifiche.

Talvolta, infatti, esse non consentono neppure la definizione di un *trend* evolutivo unanimemente condiviso e, molto più spesso di quanto accade in altri settori scientifico-disciplinari, appaiono lontane da uno stato di consolidamento sufficiente ad una applicazione diagnostica e terapeutica unanimemente o, almeno, significativamente condivisa.

Le ragioni appaiono riconducibili al fondamento empirico delle relative attività di ricerca che è più incerto che in altri settori.

Sotto questo profilo, esso potrebbe essere efficacemente rappresentato con la posizione di chi, segnando un momento fondamentale nella evoluzione della psicologia, ha ipotizzato la rinuncia a qualsiasi «*ipotesi intrapsichica (che è fondamentalmente inverificabile)*» per applicare «*a problemi psicologici e psichiatrici* [...] *un concetto elaborato nel settore delle telecomunicazioni, cioè quello di "scatola nera"*»; come la psiche, «*l'hardware elettronico è così complesso*» che «*conviene trascurare la struttura interna di un dispositivo e studiare esclusivamente i suoi rapporti specifici di ingresso-uscita*», ovvero «*studiare la funzione del dispositivo nel sistema più grande di cui fa parte*»[43].

In definitiva, dunque, nella prospettiva specificamente giuridica delle esigenze di certezza nella tutela della libertà che sono tipiche del diritto

[43] Si tratta di una efficace rappresentazione di sintesi dei postulati della Scuola di Paolo Alto: così P. Watzlawick – J. H. Beavin – D.D. Jackson. **Pragmatica della comunicazione umana. Studio dei modelli interattivi delle patologie e dei paradossi (1967)**, Roma 1971, p.36 s. Usava, d'altra parte, argomenti analoghi ed è altrettanto nota la critica severissima e tagliente che Karl Popper mosse al modello psicanalitico freudiano: «*quanto all'epica freudiana dell'Io, del Super-io e dell'Es, non si può avanzare nessuna pretesa ad uno stato scientifico, più fondatamente di quanto lo si possa fare per l'insieme delle favole omeriche dell'Olimpo. Queste teorie descrivono alcuni fatti, ma alla maniera dei miti. Esse contengono delle suggestioni psicologiche assai interessanti, ma in una forma non suscettibile di controllo*»: cfr. K. Popper. **La scienza: congetture e confutazioni (1957)**, in Id., *Congetture e confutazioni. Lo sviluppo della conoscenza scientifica* (1962, III ed. 1969), trad. it. di G. Pancaldi, Bologna 1972, rist. 2009, p.61 ss., 69.

penale appare evidentemente decisivo lo stato di consolidamento delle acquisizioni scientifiche che, di volta in volta, il sistema penale dovrebbe assumere nell'ambito del processo.

D'altra parte, la disposizione di cui all'art.220 co.2 c.p.p. è un evidente corollario dell'art.187 c.p.p. che, dedicato all'«*oggetto della prova*», lo definisce per tre volte in riferimento ai «*fatti*»: i «*fatti che si riferiscono all'imputazione, alla punibilità e alla determinazione della pena o della misura di sicurezza*», i «*fatti da cui dipende l'applicazione di norme processuali*», i «*fatti inerenti alla responsabilità civile derivante dal reato*» (art.187 co.1, 2 e 3 c.p.p.)[44].

E, a sua volta, l'art.187 c.p.p. è chiaramente un corollario immediato della disposizione di cui all'art.25 co.2 Cost. che, affermando il principio di legalità in materia penale, assume il «*fatto*» come riferimento essenziale e diventa, così, anche la esplicita costituzionalizzazione del principio di materialità[45], ovvero di un ulteriore fondamentale principio che fa, del diritto penale, un essenziale strumento per la tutela della libertà e di altri diritti fondamentali.

Riferimenti

BARATTA, A. **Criminologia e dogmatica penale. Passato e futuro del modello integrato di scienza penalistica**. In *Questione criminale* 1979.

__________. **Criminologia liberale e ideologia della difesa sociale**. In *Questione criminale* 1975.

__________. **La rinascita del diritto penale liberale o la "Croce Rossa" giudiziaria**. In Aa.Vv., *Le ragioni del garantismo. Discutendo con Luigi Ferrajoli*, a cura di L. Gianformaggio, Torino 1993.

BODENHEIMER, E. **Phänomenologie und Rechtsquellenlehre**. In *Phänomenologie Rechtsphilosophie Jurisprudenz. Festschrift für Gerhart Husserl*, Frankfurt a. M. 1969.

BRICOLA, F. **Teoria generale del reato**. In *Nss. D. I.*, XIX, Torino 1973.

ERAMO, F. **Il commento (nota a Cassazione penale, Sez.I, 13 settembre 2006 n.30402)**. In *Diritto penale e processo* 2007.

FORTI, G. **L'immane concretezza. Metamorfosi del crimine e controllo penale**. Milano 2000.

FOUCAULT, M. **Il potere psichiatrico**. *Corso al Collège de France (1973-1974)* (2003), Milano 2010.

[44] In una analoga prospettiva, sul punto sia consentito il rinvio a F. Schiaffo. **Strafrecht zwischen Wissenschaft und Szientismus. Autoritäre Verirrungen und Falsifizierbarkeit** *in der Strafretchtwissenschaft*, versione rielaborata e ampliata dell'edizione italiana, Wien-Zurich 2018, p.107 ss.

[45] F. Bricola, **Teoria generale del reato**, in *Nss. D. I.*, XIX, Torino 1973, p.7 ss., 82 s.

__________. **Microfisica del potere. Interventi politici** (1971-1977), Torino 1977.

__________. **Sorvegliare e punire. Nascita della prigione** (1975), Torino 1993.

KANT, I. **Critica della ragione pura** (1781, II ed. 1787), trad. it. di G. Colli, Milano 1976, I ed. 2001.

MOSCARINI, P. **La perizia psicologica e il "giusto processo"**. In *Diritto penale e processo* 2006.

POPPER, K. **La scienza: congetture e confutazioni (1957)**. In Id., *Congetture e confutazioni. Lo sviluppo della conoscenza scientifica* (1962, III ed. 1969), trad. it. di G. Pancaldi, Bologna 1972, rist. 2009.

RICKERT, H. **System der Philosophie**. Tübingen 1921.

ROXIN, C. **Politica criminale e sistema del diritto penale.**In Id., *Politica criminale e sistema del diritto penale. Saggi di teoria del reato,* a cura di S. Moccia, Napoli 1998.

SCHIAFFO, F. **Il diritto penale tra scienza e scientismo. Derive autoritarie e falsificabilità nella scienza del diritto penale.** Napoli 2012.

__________. **Stato d'eccezione, diritti umani e sistema penale: la politica criminale negli "assiomi oscuri" dell'ordinamento costituzionale**. In Aa.Vv., *Diritti dell'uomo e sistema penale,* a cura di S. Moccia, Napoli 2002.

__________. **Strafrecht zwischen Wissenschaft und Szientismus. Autoritäre Verirrungen und Falsifizierbarkeit.** In der Strafretchtwissenschaft, versione rielaborata e ampliata dell'edizione italiana, Wien-Zurich 2018.

VON LISZT, F. **Die Aufgaben und die Methode der Strafrechtswissenschaft (1899)**. In Id., *Strafrechtliche Aufsätze und Vorträge,* Berlin 1905.

__________. **Kriminalpolitische Aufgaben** (1889-1992). In Id., *Strafrechtliche Aufsätze und Vorträge,* Berlin 1905.

__________. **La doctrina penal nazi. La dogmatica penal alemana entre 1933** y **1945**. Buenos Aires 2017.

__________**. La pericolosità e i crimini di massa**. In Aa.Vv., *Il modello integrato di scienza penale di fronte alle nuove questioni sociali,* a cura di S. Moccia e A. Cavaliere, Napoli 2016, p.75 ss., 93.

WATZLAWICK, P.; BEAVIN, J. H.; JACKSON, J. H.**Pragmatica della comunicazione umana. Studio dei modelli interattivi delle patologie e dei paradossi** (1967), Roma 1971.

WEBER, M. **Economia e società. (1922)** a cura di P. Rossi, Milano 1961.

WELZEL, H. **Das neue Bild des Strafrechtssystems**, Göttingen 1951.

__________. **Il nuovo volto del sistema penale**. In *Jus* 1952.

__________. **Kausalität und Handlung**. In *Zeitschrift für die gsamten Strafrechtswissenschaften* 1931.

__________. **Naturalismus und Wertphilosophie im Strafrecht**. Mannheim-Berlin-Leipzig 1935.

__________. **Naturrecht und Rechtpositivismus**. In *Festschrift für Niedermeyer,* Göttingen 1953.

ZAFFARONI, E.R. **Che cosa resta del finalismo in America Latina?** In Aa.Vv., *Significato e prospettive del finalismo nell'esperienza giuspenalistica,* a cura di S. Moccia, Napoli 2007.